自然法与国际法（第一、二卷）

On the Law of Nature and Nations （Volume Ⅰ,Ⅱ）

〔德〕塞缪尔·冯·普芬道夫 著

罗国强 刘瑛 译

图书在版编目(CIP)数据

自然法与国际法(第一、二卷)/(德)普芬道夫著;罗国强,刘瑛译. —北京:北京大学出版社,2012.2
 ISBN 978-7-301-19730-1

Ⅰ.①自… Ⅱ.①普… ②罗… ③刘… Ⅲ.①自然法学派-研究 ②国际法-研究 Ⅳ.①D909.1 ②D99

中国版本图书馆 CIP 数据核字(2011)第 232240 号

书　　　名：自然法与国际法(第一、二卷)
著作责任者：〔德〕塞缪尔·普芬道夫　著　罗国强　刘瑛　译
责 任 编 辑：郭薇薇
标 准 书 号：ISBN 978-7-301-19730-1/D·2985
出 版 发 行：北京大学出版社
地　　　　址：北京市海淀区成府路 205 号　100871
网　　　　址：http://www.pup.cn　电子邮箱：law@pup.pku.edu.cn
电　　　　话：邮购部 62752015　发行部 62750672　编辑部 62752027
　　　　　　　出版部 62754962
印 　刷 　者：北京宏伟双华印刷有限公司
经 　销 　者：新华书店
　　　　　　　730 毫米×1020 毫米　16 开本　26.25 印张　448 千字
　　　　　　　2012 年 2 月第 1 版　2012 年 2 月第 1 次印刷
定　　　　价：48.00 元

未经许可,不得以任何方式复制或抄袭本书之部分或全部内容。
版权所有,侵权必究
举报电话:010-62752024　电子邮箱:fd@pup.pku.edu.cn

国家社科基金后期资助项目
出 版 说 明

  后期资助项目是国家社科基金设立的一类重要项目,旨在鼓励广大社科研究者潜心治学,扶持基础研究的优秀成果。它是经过严格评审,从接近完成的科研成果中遴选立项的。为扩大后期资助项目的影响,更好地推动学术发展,促进成果转化,全国哲学社会科学规划办公室按照"统一标识、统一版式、符合主题、封面各异"的总体要求,组织出版国家社科基金后期资助项目成果。

全国哲学社会科学规划办公室

本书根据1934年牛津大学出版社出版的由查理斯·亨利·奥德法瑟和威廉·阿博特·奥德法瑟就1688年拉丁文版《自然法与国际法》（八卷本）所译的英译本译出。

全书内容

普芬道夫《自然法与国际法》理论述评(代中译者序) ／1

1934年英译版序言 ／25

1934年英译版译者前言 ／69

拉丁文版第二版前言 ／73

总目录 ／1

第一卷 ／1

第二卷 ／155

普芬道夫《自然法与国际法》理论述评
（代中译者序）

1672年，德国学者塞缪尔·冯·普芬道夫在隆德用拉丁文出版了自己最重要的著作《自然法与国际法》（八卷本）。该书出版后获得了巨大的成功，其拉丁文原版不仅被广泛传阅，而且在后来被翻译成法文、英文和意大利文，还引来诸多的评论。普芬道夫由此创建了一套独具特色的自然法与国际法理论体系，并成为继格老秀斯之后近代西方最重要的自然法学派学者与国际法学者。近四百年过去了，在21世纪，实在法面临着挑战，自然法经历着复兴。① 一种对于自然法的新的否定之否定（或曰扬弃），将成为深入研究与发展法哲学理论的基础和契机。② 这其中，《自然法与国际法》这本经典著作以及其中所包含的理论，无疑是当代学人需要参考的重要文献资料。但目前在中国，对于普芬道夫的自然法与国际法理论，学术界了解得不多，有关的深入探讨更无从谈起。基于此，笔者拟通过解读《自然法与国际法》这本经典著作，向读者系统地评述普芬道夫的自然法与国际法理论体系。

一、普芬道夫自然法与国际法理论的体系架构

普芬道夫在《自然法与国际法》中建立了一个庞大的法哲学体系，其所涵盖的范围，既超出一般意义上的市民法（国内法或者民法），也超出一般意义上的万民法（国际法）的范畴；既超出实在法的范畴，也不仅仅局限于自然法的范畴。可以认为，普芬道夫是希望通过探讨普遍适用于人类社会关系（包括国际关系在内）的自然法以及某些与之相对应的实在法，为解决当时社会上的主要法律问题提供一套思路。

全书共分八卷。

第一卷包含以下九章：《道德存在的起源与分类》；《道德科学的确定性》；《道德行为中的人类认知》；《道德行为中的人类意志》；《道德行为概述及其对行为人的适用，或使得道德行为可被归责的原因》；《道德行为规则或

---

① 参见罗国强：《西方自然法思想的流变》，载《国外社会科学》2008年第3期，第33—40页。
② 参见罗国强：《论对自然法的否定之否定与国际法的构成》，载《法学评论》2007年第4期，第37—43页。

法律之概述》;《道德行为的品质》;《道德行为的参量》;《道德行为的归责》。

第二卷包含以下六章:《在没有法律的社会中生活不符合人的本性》;《人的自然状态》;《自然法概述》;《人在陶冶情操以及照顾自己身体和生命中对自己的义务》;《自卫》;《必要性之权利与特权》。

第三卷包括以下九章:《人应不受伤害且若损害已经造成应给予报偿》;《每个人都是自然地平等的》;《人类的普遍义务》;《遵守诚信与义务的划分》;《承诺和契约的性质概说》;《承诺与契约中所要求的同意》;《承诺与契约的内容》;《承诺的条件》;《约定义务的代理人概说》。

第四卷包括以下十三章:《言论及与之伴随的义务》;《宣誓》;《人类对事物的权力》;《所有权的起源》;《所有权的对象》;《占有》;《孳息的取得》;《对他人财产的权利》;《所有权转让概说》;《遗嘱》;《法定继承》;《取得时效》;《基于所有权产生的义务》。

第五卷包括以下十三章:《价格》;《预定价格的合同概说》;《在有偿契约中所应遵守的平等》;《获利型合同专论》;《有偿契约专论,先论及物物交换、买与售》;《租赁与雇佣》;《消费商品的借贷(消费借贷)》;《合伙》;《射幸合同》;《附属合同》;《履行合同义务的方法》;《解释》;《自然自由状态下处理争端的方式》。

第六卷包括以下三章:《婚姻》;《父母的权力》;《主人的权力》。

第七卷包括以下九章:《导致国家建立的动机》;《国家内部结构》;《最高公民主权或君权的创立》;《最高主权的组成部分及其之间的天然联系》;《国家形式》;《主权的特征》;《取得主权,尤其是君主主权的方式》;《最高主权在国内的神圣性》;《最高主权者的义务》。

第八卷包括以下十二章:《引导公民行为的权利》;《在保卫国家中最高主权对公民生命的权力》;《基于公民犯罪的理由而产生的最高主权对公民生命财产的权力》;《公民主权在决定公民价值中的权力》;《最高主权对于国家和个人占有物的权力》;《战争法》;《与战争有关的条约》;《恢复和平的条约》;《条约》;《国王间的各种条约》;《个人中止其公民主体资格的方式》;《国家内部变化与国家消亡》。

二、普芬道夫自然法与国际法理论的主要观点

(一) 自然法的普遍性以及自然法的主体

普芬道夫试图在《自然法与国际法》中构建一个普遍的自然法体系。① 他宣称,其自然法体系,不论宗教差异,对所有人类都适用。他指出,自然法是真正的法律而不仅仅是一种道德指南,只要还存在着法,自然法就不应被终结,自然法不依赖于国家间的合意,主权者必须服从自然法。②

由此,自然法与国际法拥有共同的主体,那就是他所称的"道德存在"。普芬道夫用"道德存在"一词,来描述那些非由自然所创造,而从自然生命的精神中提升出来的存在。只要人通过自己的精神力量,而非在动物本能的支配之下,来指挥与规范自己的生活和行为,这些存在就属于人自己。这一存在也属于在一个共同的道德目标的向心力作用下联合起来的人类社会。

依据其目标属性,普芬道夫将道德存在分为单一道德存在与复合道德存在两种类型。他进一步界定说,追逐自身利益的是私人存在,致力于改善市民社会的是公共存在;就公共存在而言,最高的单一道德存在是统治者;最高的复合道德存在是处于自身辖区内的国家或者教廷。在有关政治类型的道德存在("政治人物")的讨论中,作者在提及官员的时候,特别关注了那些具有代表能力,即依靠其他人所赋予的权力和指令的力量而非依靠自身的权威,代表其他主体行事的官员。③

普芬道夫详细地阐述了道德存在的地位,尤其是人的自然状态。他认为,即使自然状态附带着某种权利义务,但该状态与附带状态或外来状态在这些权利义务的普遍性上显著不同。这种外来状态并非是在出生或者此前赋予所有人的;相反,是由特殊的人类体制赋予他们的。普芬道夫斥责了霍布斯和斯宾诺莎所作出的关于一切人反对一切人的人类社会自然状态的悲观论述。他试图表明,自然理性已经教会了人类通过自然所赋予的方式达成一项和睦的旨在满足生活需要的安排的好处,而非经常争吵的好处。某些个人的病态好战倾向不应被推论为所有人的自然状态。相反,人生来就是一个社会存在,在社会中不是其他人的仇敌,即使当他在自然状态下,也就是说他既不服从也不命令他们,面对他们的时候也是如此。普芬道夫教导说,人类

---

① 在其第一本著作《普遍法理学精义》(两卷本)中,普芬道夫也提出了自然法是普遍的、基本的法的观点。See Samuel Pufendorf, *Elementorum Jurisprudentiae Universalis*, Oxford: Clarendon Press, 1931, Vol.2, p.208.
② See Samuel Pufendorf, *De Jure Naturae et Gentium*, Oxford: Clarendon Press, 1934, p.179.
③ Ibid., pp.3—6.

的自然状态,与其说是战争,不如说是和平;人类的相互关系,与其说是敌对,不如说是友谊。这一点,从人类沿袭自始祖的共同血统这个事实那里,就可以被推断出来。他认为,如果一个人丧失了这种对于社会关系的自觉性并视其他人为敌,他就背离了初始的自然状态。同时,对自然理性的运用也引导我们倾向于和平。

至于道德存在的消灭,普芬道夫将其区分为两种情况,一种是物质基础同时消灭,另一种是仅仅外加状态(如官方性质、贵族身份)终止而物质基础继续存在。

(二) 自然法的起源及其与实在法的关系

普芬道夫驳斥了所有法律都建立在一项社会契约的基础之上的观点,着重指出了独立于人类意志之外的自然法规范的存在,并补充说,一个世俗立法者所制定的规范既不是一项条约也不是一项协议,而是一项主权行为。普芬道夫将人法与神法、自然法与实在法区分开来。人法,从狭义上讲,就是由人类明确制定的法律,它始终是实在的;而神法,普芬道夫坚持认为,它部分属于自然法、部分属于实在法。普芬道夫明确否认人类之间的和平自然状态建立在一项协议的基础上,或者需要一项协议来造就人类彼此之间和平行事的义务。他认为,这样的一项条约无法赋予源于自然法的和平义务任何更高的义务性。

为此,普芬道夫试图论述自然法的起源。他的出发点是这样一种理念,即神在将人创造为一个本性上是理性的、社会性的存在的时候,已经同时赋予了他基于上述本性的权利和义务。尽管如此,他坚决反对托马斯主义的那种从人与神的关系中推导出自然法内容的企图。[①]

同时,他也拒绝承认,自然法规则可以从所有人或者所有国家,或者至少多数的、最为开化的人和国家的协商一致的意见中推导出来。他认为对于这样一种观点的论证既是困难的也是不可靠的:首先是因为,不同国家的习惯和法律不但几乎没有一致,而且显然相互矛盾;其次是因为,不存在完全从自然法中制定规范的国家。相反,它们都制定了很多实在的习惯法和制定法规则。在这样的环境之下,要在有关的法律体系中分辨自然法与实在法是困难的。

---

① 托马斯·阿奎那在其《神学大全·论法》中对自然法的定义是,"在理性动物中,对永恒法的参与",阿奎那认为永恒法是唯一正确的理性,但是这种理性不是人类的理性而是上帝的理性,其他的法都来源于永恒法。See St Thomas Aquinas, *Summa Theologia*, Cambridge: Cambridge University Press, 2006, Vol.28, p.23, p.77, p.93.

普芬道夫指出,实在法的多样性不是否认约束所有人类的自然法之存在的理由;也不构成将法的起源归于某个特殊时期的人类社会之优越性的理由。他表示,这样一种对法律的物质主义与实用主义的解释有悖于个人与国家的真正福祉;其不仅导致不公平,而且导致有害的后果。另一方面,对于人和国家的权利的自然平等性的承认与考虑,从长远来看将被证明是有益的。一项野蛮征服政策的短暂胜利不足以作出相反的论证。罗马人不是为其主宰当时的已知世界付出了内部衰退、而后不堪重负的帝国分崩离析的代价吗?因此,显而易见,自然法不是源自多数实在法那样的临时便宜之考虑,而是源自不变的人类理性之命令。

然而,普芬道夫提醒说,这一理论并不是指所有人都清楚地意识到自然戒律及其基础的存在。大众会根据神根植于人类灵魂中的情操来判断对与错。而最终,这一判断是真实地反映了自然法还是源自错误的人类评价,只能经由对自然理性的首要和真实原则的仔细审视和逻辑结论来确定。

他由此推论说,探寻自然法的最佳方法,在于仔细观察人的本性及其生存状态,以及其倾向与欲望。人的本质特征在于:具有一种强烈的自我保护的本能;不与他人合作就无力实现上述目标;具有一种从事有益的社会工作的伟大天赋,但也时常具有一种恶毒、傲慢、暴躁和毁灭的倾向。这样的一种生物本质上具有社会性,但对其有害本性的考察殊为必要。于是普芬道夫列出以下内容作为自然法的一项基本原则:一切为实现社会目的(社会性)所必需的应被认为是法律所要求的,而一切妨碍或阻挠社会性的应被视为法律所禁止的。①

普芬道夫谴责了作为霍布斯理论的一种夸大其词的结论性的、认为所有自然法规则都来自人类利己主义的态度。普芬道夫认为,如果充分理解个人利己主义与社会利己主义的话,则它们并非是互相排斥的。但是无论如何,对于共同利益或者同类权利的考虑同时也有利于我们自己的利益。与霍布斯不同,普芬道夫将有关的规则建立在约束所有人的自然法与道德义务的基础上,而非利己主义的基础上。从这一本身要求一个人对其他所有人承担责任的有关实现社会性的普遍义务中,普芬道夫辨别出了令更小社会范围的个人与该社会成员合作的法律的特殊联系。在这种情况下,如果不损害那一项普遍义务,则利己主义可以成为首要因素;但即便如此,人们也认为公共利益必须不受损害。

---

① See Samuel Pufendorf, *De Jure Naturae et Gentium*, Oxford: Clarendon Press, 1934, pp. 201—207.

普芬道夫勉强承认,所有自然法上的主张都可以成为实用主义的考量,即便是那些要求个人作出最大牺牲的主张。例如,士兵被认为应冒死为祖国而战,公民为了国家的需要不得不放弃自己的财富。即便在这里,如果我们恰当地考量这一情势的话,个人利益与社会利益也是契合的。另一方面,普芬道夫反对这种实用主义考量能够赋予自然法规则拘束力的主张。他坚持这一信念,即,将人创造为一种理性社会存在的神,已经赋予其对应于其本性的命令,而要受这些命令的拘束并不需要将其先融合到实在法中。

(三)自然法上某些权利义务的转换

首先,普芬道夫审视了何种程度上自卫能够成为一项义务这一问题。

普芬道夫认为,在放弃自卫就是给予作恶者进一步为害社会的机会的情况下,自卫可以成为一项义务。尽管他本人不提倡使用不必要的武力,而主张在小的纠纷中尽量和解,并宽待悔过的侵略者,但是对于那些坚持冒犯和违反法律的人,他则持异常强硬的态度。为此,毁灭或者极大地削弱罪犯等严厉措施都是必要的,因为这一切都是为了大众的福祉。

普芬道夫对一个市民国家成员的自卫权加诸了严格的限制。他认为,只有在有责任防止不正当行为的权威机构的援助无效或无法获得之后,才存在自卫的问题。在这种情况下,他认为自然状态被重建了。依据其主张,权威机构不仅有义务防止伤害,而且有义务带来报偿以及对受威胁者的后续保护。由此,普芬道夫在回答人在自卫时是否可以越过抵挡侵略所需要的界限,或者当人能够在没有困难与危险的情况下从侵略中抽身而退的时候是否必须要诉诸战争等问题的时候,对自然状态与市民状态作出了一项区分。就市民状态而言,对第一个问题的回答是否定的,对第二个问题的回答则是肯定的。但是在涉及自然状态、尤其是涉及国际法的情况下考虑这些问题的时候,普芬道夫决定作出相反的选择。因为在自然状态中侵略者就是敌人,这是简单明了的;而即便假设侵略仅涉及受攻击者的一项比起生命不那么具有法律依据的利益,此人也可以最大程度地对抗侵略者以保护自己,这不但是他的权利,而且是他的义务。①

但无论如何,普芬道夫都提醒我们不要滥用自卫权。他坚持认为,这一权利并未允许任何人出于对一项可能的而非现实的侵略的恐惧而袭击一个假想敌。这其中包含了对预防性战争的谴责。

其次,普芬道夫讨论了这样一个问题:一个人如何经由一项并非与生俱

---

① See Samuel Pufendorf, *De Jure Naturae et Gentium*, Oxford: Clarendon Press, 1934, pp.264—278.

来的而是后天获得的义务将其权利转让给另一个人?

对此,霍布斯的主张是,在自然法的基础上,每个人都享有一项取得任何事物的权利,因此在行使这一权利的过程中他也就是任何其他人的竞争对手。照霍布斯看来,权利的转让仅仅在于一方就这一竞争性权利的行使作出有利于另一方的放弃。另一方获得的并非新的权利,而仅仅是一个特定的竞争对手在行使其普遍性权利的过程中所放弃的权利。权利的转让在于不抵抗——这就是霍布斯的公式。①

而作为人类社会自然状态的宣告者,普芬道夫显然反对霍布斯的这种建立在一切人反对一切人的自然战争状态的假设之上的公式。在其所宣告的自然状态中,他所看到的只是,所有人都有一个平等的机会,来为自己谋取自然界有生命的与无生命的恩赐,来满足自己的需求。他认为,一项利用自然界的特定惠赐的权利,只有在这一单独利用的资格被社会成员以明示或默示的方式批准的时候才能得到确立。

普芬道夫完全否认存在一种授权一个人役使他人的关于主权的自然权利。这种权利只能来自一项协议,因为其有悖于人的自然平等。但若假设一项对物或对人的权利已经以这种方式产生,则情况就变成这样:通过这种转让,一方失去了其原本享有的一项实在法上的利益而另一方获得了其原本不享有的一项利益。仅仅是一项普遍性权利的不行使,不能使该权利转移到另一方,因为这种不行使并未令这一权利的预定承继者从其他所有享有同等权利的人的竞争中脱颖而出。

(四) 关于条约与契约的一般规则

普芬道夫坚持"约定必须遵守"这一原则作为一项自然法公理之有效性,并将人类的社会本性作为其基础。他指出,如果条约没有得到虔诚的遵守,则神所赋予人类的宗旨将不能实现。

普芬道夫列举了各种类型的公约。它们分为两种主要类型:一种是简单重复国家在自然法之下的相互义务的,另一种则是界定或补充上述义务的。仅包含当事方互不侵害承诺的单纯的友好和平条约就属于第一种类型。第二种类型可以细分为平等的和不平等的公约。两者可以有相同的调整对象,如通商关系、共同战争行为、战时提供援军,等等。如果缔约方相互规定了平等的或对等的履行行为,比如,提供同等数额的援军,或者将共同的领土边界非军事化,那么该公约就是平等的;如果履行行为根据缔约国的能力不同而

---

① See Samuel Pufendorf, *De Jure Naturae et Gentium*, Oxford: Clarendon Press, 1934, pp. 390—391.

存在差异,那么一方就处于较低位置,条约就是不平等的。作为一个不平等条约的例子,作者提到了罗马和迦太基在第二次迦太基战争后订立的条约。通过这一条约,迦太基使自己承担了未经罗马同意不得发动任何战争的义务。如此制定的条约不仅是不平等的,而且剥夺了处于劣势的缔约方的部分主权。而一项单纯偿付战争赔款的义务则不属于此种情况。

普芬道夫阐述了一整套有关条约解释的规则。他举出了一系列历史上的议定约文的例子,这些约文已经成为争议的对象。对这些案件中的每一项,他都试图给出一个建立在自然法基础上的解决方法。在此特别具有现实意义的是对以下条款的考察,即未经战胜国的同意战败国不得在未来发动战争,这一条款自远古时代以来就时常被强加在和平条约之中。根据普芬道夫的解释,这一条款仅涉及侵略战争而不包括自卫。①

普芬道夫向我们呈现了各种类型的履行基于债所产生的义务的方式。他认为自然法上的履行方式是真实履行,而不是金钱赔偿。普芬道夫描述了通常情况下的其他请求权消灭的方式。他强调说,当一项双边协议中的一方故意不付款的时候,与其说是一项债务没有得到履行,不如说是债务被废除了。在这种情况下,另一方的义务也被解除。这在普芬道夫的任何著作中,都是一项自然法原则,该原则在国际法上是有效的,恰如其在私法上那样。

在考察合同义务的时候,普芬道夫假设了这样一个问题,即不具备形式要件的合同或者承诺是否必须得到当事方的信守。一般来讲,在普通法上是不存在此种义务的,因为缺乏确定的形式或者明确的对价乃是普通法否认合同有效性的重要理由。但与普通法的上述理论相对立,普芬道夫认为在国际法上,"约定必须遵守"这一原则是如此地重要以至于其构成了国际法最为基本的有效性,因此形式要件的缺乏不足以成为否认信守条约或者承诺的理由。他继而驳斥了需要更多的材料才能确立义务的那种主张,并指出,诚实与信任要求我们在人类社会中必须信守承诺,这适用于国际关系并具有特殊的拘束力。如果以无形式的方式作出并且尚未得到双方履行的协议根本不需要信守,那么国际关系将为互相的不信任所严重扰乱。②

普芬道夫讨论了作为一项有效契约的初步要件的同意。在此他详细考查了一个问题,即依据自然法与国际法,一项在胁迫之下订立的协议是否具有拘束力。普芬道夫不赞同格老秀斯的观点,后者认为这些协议是有拘束力

---

① See Samuel Pufendorf, *De Jure Naturae et Gentium*, Oxford: Clarendon Press, 1934, pp. 1329—1341.
② Ibid., pp. 402—404.

的,因为在缔约方之间存在某种类型的协商一致,不管这是在何种基础上达成的。持相反主张的普芬道夫从自然法的角度出发,从一开始就否认这样的一项契约具有真正的拘束力。他辩称,当个人在国内缔结此种因强迫而订立的协议的时候,法官将宣告其无效。基于同样的理由,他对于霍布斯的说法持反对态度,后者主张赋予强迫性的条约以拘束力,理由是人类社会一切法律的起源都无一例外地可以追溯到初始自然状态中的出于苦难的压力以及对于更大不幸的畏惧。

在讨论了社会契约之后,普芬道夫论及了射幸合同的问题。他认为两个国家为了一个未能和平解决的问题而走向战争的决定存在一种赌博成分。从这一战争中的偶然因素出发,他推出了一项国际法上的主张,即被施加了一项于己不利的和平条约的战败国没有权利以强迫为由反对和平条件的实施。[1]

(五) 关于财产权的规则

普芬道夫将源于初始共同占有的财产权的发展,界定为自然法上的一项直接的、派生的制度。由此他就与格老秀斯的理论相契合,而与当时的众多学者背道而驰。他未将财产权视为神所批准的一种命令,而是视其为一种建立在明示或默示协议基础上的人定制度。人类既可以规定全部或部分东西维持共有状态,也可以反其道而行之,以财产的形式将东西分配给一部分个人而将其他人排除在外。但他指出,即便在采用了此种分配的地方,仍然存在人定规则必须让位于自然状态的情况。在极度穷困的情况下,一个贫苦的人可以使用其所需要的东西而置财产权于不顾。在战时,与敌国的条约条款被中止,故而一方有权捕获另一方的财产。普芬道夫还认为,通过占有取得财产是对自然状态的背离与违反。例如,自然法不能解释,为什么在国际法上先占能够确立一种较之于首次发现更为优越的法律权利。这种仅看事实上的占有而不看单纯的发现的原则,乃是实在国际法上主权权利的基础。

在普芬道夫所使用的"财产权"这一术语之下,还应当理解国家的主权权利。这一主权权利仅在他论及海洋控制权的时候才得到考虑。他坚称一项对海洋的财产权无论从哪一方面来看都是可能的,且在某些方面是在国际法上无可辩驳的。他详尽地举出了对港口、近水、海峡与海湾的主权权利,以及对包括适合捕捞牡蛎、珊瑚和海绵的海洋与公海区域在内的渔区的专属开发权利。这些权利都是他从实在的人定规范而非固有的自然法中推出来的。

---

[1] See Samuel Pufendorf, *De Jure Naturae et Gentium*, Oxford: Clarendon Press, 1934, pp. 766—770.

根据普芬道夫的观点,公海可任作和平的通常用途尤其是可让所有国家自由航行这一点,并非自然法上的理论,而是源自这一事实,即迄今为止这一特权未被赋予个人以排除其他国家对公海的使用。并且,一项要求这一特权的主张将是难以执行的;更何况,其将被作为愚蠢的野心或卑鄙的贪欲的结果而从道德上被拒绝。因此,普芬道夫实际上支持格老秀斯有关海洋自由的理论。与这一态度并不矛盾的是,他认为在国际法上对贸易自由作出某些限制是可允许的,单个的沿海国可以禁止其他沿海国沿海岸航行,或者可以就此与后者达成安排。①

普芬道夫了探讨原始取得与派生取得的区别,尤其是通过占有而产生的原始取得问题。他讨论了战时占有,即通过军事占领或者对战利品的权利而取得财产权的问题。在此,普芬道夫一如既往地对战利品上的权利做了如下解释:在战争状态下,与其说是敌人的财产权中止了,倒不如说是缔约方相互承认财产权的条约义务暂停了。普芬道夫未将财产的最终取得时间从捕获敌人财物的时候算起,而是从敌人在和约中放弃重新取得这些财物的时候算起。普芬道夫提出,战时占有的一个独有特征是,由此途径不仅可以取得对物的财产权而且可以取得对人的主权。在这一点上,他不赞成格老秀斯主张财产与主权可以平等地作为占有客体的理论;因为他认为,通常所见的占有无主物的有关占有的例子,不可能用在对人的主权的取得上。一个没有主人的人就是自己的主人,故而不能被放到一个等同于无主物的地位上,因此,当对居民的主权的取得与对其领土的占有相关联的时候,这种取得就是一种非原始性的,而不是一种真正意义上的原始取得。与这一阐释相适应的是,普芬道夫将领土主权视为一种所有权,而倾向于将帝权这一概念限制在个人主权上。

普芬道夫介绍了罗马法上的取得时效理论。接下来他提出了这样的一个问题,取得时效是否如格老秀斯所提出的,是自然法上的一项制度,或者是否如库贾西斯所坚称的,其与自然法格格不入故而其源头在于实在规范?普芬道夫倾向于格老秀斯的观点,因为引入取得时效服务于与引入财产权相同的目的——为了维持人类社会的和平。基于同样的考虑,他宣称取得时效也是国际法上的一项制度,而考虑到有关领土主权的国际争端是比有关财产权的个人争讼更为重要的事件,情况就更是如此了。将其主张建立在大量历史中的学者和事例之上,普芬道夫反对对原属于其祖先但已经长期处于另一政

---

① See Samuel Pufendorf, *De Jure Naturae et Gentium*, Oxford: Clarendon Press, 1934, pp.562—568.

权无可争议的统治之下的领土提出的主权要求。如果能够指明这一建立在国际法上的领土主权的归属,如通过战争取得的占领地,甚至不用诉诸长期占有,就可以使上述要求归于无效。当然,在战争状态下,通过占领不能取得永久的占有权;因为这里我们面临着为国际法上所承认的武力光复的可能性。只有和平条约能够确认其归属权。对于一国通过和平手段获得一块领土的主权的情况,另一当事国长期未对这一块领土提出法律主张这一事实本身,就构成了一项关于合法占有的有力推断。①

(六) 关于争端解决的规则

普芬道夫仔细考察了那些为了防止武装冲突的爆发而引入的和平解决争端的手段。他指出,自然法规则要求,即便在使用武力的权力可以推定的情况下,也要先为达成一项和平友好协议作出一次尝试。

为此,普芬道夫详细讨论了仲裁的问题。他着重说明,很多国际争端确定无疑地是由仲裁裁决解决的,仲裁员与当事双方无合同关系而处于不偏不倚的地位。当然,他也承认某些例外的情况:比如,仲裁员受贿或显失公平。对于存在疑问的情况,他为仲裁员施加了依据法律原则而非仅仅依据公平判案的义务。他审视了这一问题,即在提请仲裁的当事国的一项争议中,一项关于占有状态的中间裁决是否可以延续下去。格老秀斯对这一问题的回答是否定的,因为在主权者之间不存在普遍的实在法规范,而仅存在与占有的法律手段不相配的、自然法中固有的规范,且由于仲裁员是被指定来裁决主要问题的,故而其职权是有限的。普芬道夫不同意上述观点,他宣称,仲裁庭应当首先规制占有的问题以便正确地分配举证责任并使得在议的问题不会在程序中被更改,这是一项自然法上的命令。

在仲裁程序之外,他还讨论了调解和干涉等和平解决争端的方式。他毫无保留地赞扬这些阻止或缩短战争的方法,甚至认为这些友好的斡旋是基督徒的一项义务。②

他指出,对于坚持拒绝已判定的赔偿的当事方,自然法上仅仅提供了一项救济措施,即使用武力,也就是发动战争。与国内法不同,国际法在战胜国无法通过强制手段获得应有赔付的时候,授权战胜国转而夺取其他物品或领土以补偿自己。上述手段可以被作为一种为获得应有偿付而施加压力的工具来使用,或者在未偿付的情况下,被夺取的财产将被永久地留下来。但是

---

① See Samuel Pufendorf, *De Jure Naturae et Gentium*, Oxford: Clarendon Press, 1934, pp.625—645.
② Ibid., pp.825—838.

在上述两种情况下,在夺取财产或领土之后,债权国必须让债务国有一个自我赎回的机会,即通过支付其所欠款项,取回作为替代物的东西。

(七) 关于国家的理论

首先,普芬道夫分析了国家的起源。

普芬道夫发现,国家的起源在于萦绕在凡人心头的对于敌人入侵的恐惧,这促使他们联合起来为彼此提供相互的保护。显而易见的是,仅仅依靠对自然法的遵从、对仲裁的尊重抑或对协议的信守,都是不足以维护人类之间和平的,因为人总是会出于各种理由来违背既定规则并打破和平状态——只要这看起来满足了其自身的眼前利益。由此,就需要一种较之各人更为强大的、系统的社会控制,来强行约束那些蠢蠢欲动的人们,这就是以军队、警察、司法系统为代表的国家暴力,而这种暴力必须在国家权力的范畴之内获得提供和运作。

与只承认一项社会契约构成了国家的霍布斯不同,普芬道夫依次设想了三项社会契约:第一项是由一定数量的个人为了共同保卫自己而联合起来的契约;第二项是由此形成的社会组织界定其希望如何被管理的一项决议;第三项是关于任命某人到国家政府所指派的职位上的契约。普芬道夫指出,这一统治者与被统治者之间的契约,不仅在君主政治和贵族政治中是必要的,而且在民主政治中也是必要的,尽管在后者中统治权被赋予了人民。由于人民是与个人的集合不同的范畴,因此,享有主权的人民和受到统治的个人之间的一项契约是完全可能的。①

其次,普芬道夫对国家最高权力作了界定与划分。

与同时代的学者一样,普芬道夫将国家最高权力追溯到神,但这似乎仅仅是出于对该惯性思维的某种尊重或者回避。实际上,普芬道夫并不真心拥护所谓的"君权神授"理论,或者说,他看重的并非"君权",而是"神授",尤其是神赋予人类的理性。基于此,国家之所以存在,乃是由于个人在理性的指导之下,将其基于自然法上的自由而持有的权力中的一部分授予国家,这就意味着,统治者的权力不过是构成一个国家的所有个人的权力之集合而已。

尽管缺乏明确的对于国家权力的三重划分,普芬道夫还是依次列举了立法权、惩罚权、司法权、战争与和平权、提名权(分配职位)以及征税权等国家权力。虽然没有提出一个全面的执行权的概念,但作为补偿,权力之间的连贯性得到了更加充分的阐释。普芬道夫向人们展示了,如果国家机构的分立

---

① See Samuel Pufendorf, *De Jure Naturae et Gentium*, Oxford: Clarendon Press, 1934, pp.974—977.

权力的行使者让他们的部门彼此之间完全独立的话,将给国家生活造成怎样的混乱。他坚持认为,所有人都必须服从最高的意志。

再次,普芬道夫具体分析了三种国家形式。

普芬道夫认为存在着三种基本的国家形式:君主政治、贵族政治与民主政治。区分这三种国家形式的标准在于,谁享有最高的权力?是单独的君主、一个小范围内的寡头或者权贵们,还是所有享有投票权的公民?不过正如普芬道夫已然指出的,国家形式是可变的,是为了统治的便利而服务,因而不是非常重要的一个问题。一个民主政体可以被一个人民领袖以一种君主制的方式来管理,一个君主政体也可以通过一个秘密顾问团以一种贵族政治的方式进行统治。除此之外,还存在着数不胜数的基本形式的变种,这部分是由于它们在一个国家内部产生了融合,部分是由于几个国家之间或多或少的紧密关系。

普芬道夫认为纯粹的民主制是最古老的国家形式,因为这是最接近于自然自由和自然平等的形式。但他并不认为这是最好的形式。他指出,这种为柏拉图所赞同的形式,仅仅适合一个由同一类型的公民所组成的社会,他们属于同一种族、拥有共同的祖先、就像同胞兄弟一样。在描述民主政治的特点的时候,普芬道夫在很多其他特点中间专门提到了多数原则。在他看来,多数平等主体的意志凌驾于少数人意志之上是与自然法上的自由相违背的。因此,当一定数量的自由人为了建立一个国家而集合在一起的时候,那些不同意联合决议的人可以保持其自然自由并处于这个国家之外。然而,如果所有同意建国的人都就作为国家形式的、建立在多数原则之上的一种民主政治达成了一致,那么所有人都受到接下来的决议的约束。少数必须服从多数的决定,因为这在宪法意义上体现了所有人的意志。但同时,按照普芬道夫的观点,在常见的国家联邦中,多数原则没有用武之地,因为其消弭了主权;恰当的原则是全体一致原则。他坚持主张,数个成员国不得在未取得其他成员国同意的情况下行使某些主权权利的义务,不与联邦单个组成部分的自由相违背。

根据普芬道夫的观点,当按照组建国家的契约,制宪决议规定国家的最高权力应当由一个少数公民组成的、根据既定规则组织起来的团体来行使的时候,贵族政治的国家形式就产生了。通过接受这一团体的指令,该团体与全体单个的公民之间就产生了一种契约关系。依据这一契约关系,承受最高主权者应当为其治下的个人提供法律保护,而后者应当服从前者。普芬道夫指出,在君主政治中,君主制定违反自然法的法律是个人错误;而在民主政治和贵族政治中,则不存在所有公民或者贵族团体的错误,违背自然法的非正义法律被通过,仍将被认为是致使该恶法被通过的特定的单个或者数个自然人所犯之错误。①

普芬道夫还指出,国家形式的改变并不使得国家本身被终结,且之后其国际法上的义务维持不变。但当国家分裂为几个国家,或者与另一国合并,或者作为一个省被他国吞并的时候,我们就面临着国家自身的变化。普芬道夫指出,在国家分裂的时候,如果没有相关的特别协定,则其财产和义务必须以恰当的比例分配给各新国家。普芬道夫强调,只要一个国家维持其统一和独立,就不会因单纯的领土变更而遭受灭亡。

最后,普芬道夫专门讨论了主权的问题。

普芬道夫认为,主权最本质的特征是主权者对于任何世俗权威的不可归责性,主权者仅对神负责。

普芬道夫讨论了获得主权的不同方式。他认为合法获得主权的方式是选举与继承。除此之外,普芬道夫还讨论了通过武力所实现的非法获取方式。在此他不仅提及了君主对人民的武力征服,而且提及了人民对统治者的武力废黜。在第一种情况下,如果有关的人民原先在一个自由国家的宪法之下生活,征服可以因善治而变得合法;如果这些人民原先被一位君主统治,征服可以因合法王朝的终结而变得合法。但是,上述两种假设都建立在新君主在一段时期内不间断地实行治理的基础上。在第二种情况下,要废黜一位统治者,需要一项与旧统治者的协议以及对新宪法的承认,或者前任君主已被合法地剥夺其对政府的控制权的确定无疑的证据,或者,最好是前任君主在长时间内不提出其主张。

关于王位继承纠纷的解决,普芬道夫认为,基于这些纠纷的特有性质,它们既不能由一个国内法院来裁判也不能由行政部门所做的一项权威声明来决定,不论纠纷是涉及不同王位候选人关系的时候还是涉及单个觊觎王位者以及将受其统治的人民的时候都是如此。此类争端的当事方既没有一个共同的法官也没有一个共同的君主。从自然法以及国际法的角度出发,除了以下的两种手段,再无其他替代的解决方式——那就是,王位继承战争或者仲裁。

普芬道夫明确提出国家最高主权的神圣性。同时,他还讨论了人民是否具有反抗君主严重侵害其权益的权利的问题,与格老秀斯一样,他对这一问题的回答是肯定的。他否认服从征服者的义务是一项原则,尽管他在征服者

---

① See Samuel Pufendorf, *De Jure Naturae et Gentium*, Oxford: Clarendon Press, 1934, pp. 1023—1054.

的政府被证明具有长久统治性的情况下确认上述义务的存在。①

(八) 对于自然法基本原则的论述

首先来看普芬道夫对于正义原则的论述。

普芬道夫反对霍布斯所持的正义仅仅根植于国家意志之上且其仅仅意味着约定义务之实现的观点,他争论道,正义同样要求关注那些不论任何国家规范或合同义务如何,都自然地属于人类的权利。普芬道夫认为,正义有的时候是行为的属性,有的时候是人的属性。作为人的属性,正义通常被界定为一种经常性的、不可取消的让人各得其所的意愿;作为行为的属性,正义就是指在对待他人时候的举止得当。在其后来出版的旨在简要概括自己在《自然法与国际法》中主要观点的《人和公民的义务》中,普芬道夫指出,不存在一致的有关正义分类的意见,但是最广为接受的,是普遍正义和个别正义的分类。普遍正义是指对他人履行任何类型的义务,即便这些义务不通过强制力或司法诉讼来主张;个别正义是指对他人履行其有权主张的特定义务。其中,个别正义又通常分为分配正义和交换正义,分配正义建立在社会及其成员之间的一项有关按比例分配收益与损失的协议之上,而交换正义则建立在一项专门有关商业事务和行为的双边合同之上。②

根据普芬道夫的观点,立法者受到那些来自神并与人类的本质和理性相一致的规范的约束,它们是检验法律是符合还是违背正义的标准。普芬道夫抨击了马基雅维利和霍布斯的观点,后者坚持认为国家之外无法律,国家是法律的唯一创造者。他提出,如果那些试图通过契约从自然状态转入有组织的政府状态的人事先不知道信守契约是正义的而违背契约是非正义的,那么国家如何才能建立起来?他又问道,如果仅在国家内部才有正义,那么如何主张统治者在违背条约、或者相互抢夺彼此财产的时候是非正义的,难道它们彼此之间不是生活在自然状态之下、不受国内法规范的约束吗?

普芬道夫提出,为了说明战争依据自然法是正义的,就需要一项正当的理由。正当的理由可以分为三种类型。第一种是我们拥有保卫自己人身和财产不受他人侵犯的自由;第二种建立在通过武力夺取的、债务人不愿履行的合法主张的结果的基础之上;第三种在于我们强迫不当侵害我们的人支付赔偿并对未来作出保证的权利。但是,单纯对于未来伤害的担忧永远都不足

---

① See Samuel Pufendorf, *De Jure Naturae et Gentium*, Oxford: Clarendon Press, 1934, pp.1103—1116.
② See Samuel Pufendorf, *On the Duty of Man and Citizen*, Cambridge: Cambridge University Press, 1991, pp.30—31.

以授权发动一场预防性的战争,因为只有对于权利的实在的侵害、而非仅仅是一国所处的威胁性地位,才为诉诸战争提供了依据。①

其次来看普芬道夫对于公平原则的论述。

普芬道夫宣布,人们在自然法之下首要的和最根本的义务,就是尊重相互之间的权利且不去伤害他人及其权利,而已经造成的损害应当得到报偿,这是所有社会秩序与权利的基础。他还采取了与真提利类似的立场②,宣布"对待邻人要向我们希望他们对待我们一样"为自然法的"黄金律"。普芬道夫还特别提到,人的力量是有界限的,人不应逾越这一界限;人追求声望、财富、愉悦的热情应当受到理性的限制,这种追求应当是有限度的。③

再次来看普芬道夫对于平等原则的论述。

普芬道夫发展出了一套建立在自然法基础上的关于人类平等的理论,主张平等超越所有肉体与精神差别而存在。

普芬道夫强调一种自然法上的平等(natural equality)。普芬道夫指出,自然法对任何人都具有平等的约束力,任何人都不能违反。他还强调说,国际法上的人格者处于自然状态之下,因而也是平等的。在他看来,承认其他人在法律上的平等地位,乃是自然法所施加的一项绝对义务;人们享有平等的权利,因为谋求社会生活的义务平等地拘束所有人;对平等的考虑使人们可以互相帮助。普芬道夫认为,自然法上的平等要求一视同仁地对待他人,除非某些人拥有某些特殊的权利;为此他驳斥了自古希腊以来的认为某些人生来就是奴隶的观点,并指出只有在国家权力机构授予某些公民以特权的情况下才能打破自然法上的平等。④ 普芬道夫之后在《人和公民的义务》中还补充说,人类的平等不仅包含成人体力大致相当这一事实,而且包含人必须对他人践履自然法的戒律、他人亦必须如此这一因素;优越性不是可以合法地侵害他人权益的理由;在分配某项权利时,应当视当事人为平等主体并不偏不倚地对待之,由此推之,共有财产应在平等主体间以同等比例分配。⑤

他指出,在人类交往中,每一项行为必定有其相应的报偿;作为一项原则,在商品和服务的分配中,几个当事方中的每一个人都应当被平等地对待;

---

① See Samuel Pufendorf, *De Jure Naturae et Gentium*, Oxford: Clarendon Press, 1934, p.1296.
② 真提利在其著作中提出了作为最高神学标准的所谓"黄金律",那就是"己所不欲,勿施于人"(not doing to others what you would not wish to have done to you)。See Alberico Gentili, *De Jure Belli Tres*, Oxford: Clarendon Press, 1933, p.224.
③ See Samuel Pufendorf, *De Jure Naturae et Gentium*, Oxford: Clarendon Press, 1934, p.313.
④ See Samuel Pufendorf, *On the Duty of Man and Citizen*, Cambridge: Cambridge University Press, 1991, pp.330—345.
⑤ Ibid., pp.61—62.

没有人可以傲慢地将自己抬高到其他人之上,或者拒绝给予其他人同样的个人尊严,特别是不得通过外在差别侵犯这一尊严。普芬道夫宣称,这种形式的不平等以及并非依据年龄、性别或者物质与精神力量的自然差异而产生的任何其他形式的不平等,乃是实在法的一项产物。即便是产生一个联邦所必要的权力不平等,普芬道夫也视其为对人因享有平等自由而享有平等权力这一自然法原则的一种人为的违反。如此说来,不论是依据自然法还是依据实在法,财产的不平等都不应当被允许作为反对人类平等的一项重要内容起作用。

作为一项原则,普芬道夫反对任何特权。在认可人和公民的义务的同时,他也认可人和公民的权利,这一权利在一个国家中是平等地属于每个人的。他坚定地拥护一切独立的国家不论领土面积、人口数量或者势力强弱在国际上都是平等的这一原则。

最后来看普芬道夫关于善意原则的论述。

普芬道夫认为,善意对于协议的缔结方而言,乃是自然法之下的绝对义务,人们必须善意地履行其承诺和协议的条款。承诺和协议需要明示或默示的同意,而同意以理性的运用为前提。他推崇"约定必须遵守",但又主张由无缔约权者、误解、欺诈、胁迫所订立的协议是自始无效的。① 普芬道夫进一步主张,人们只有义务去履行具有可行性的协议条款,而没有义务去履行违反法律的条款。② 有学者认为,在善意问题上,格老秀斯与普芬道夫的共同点在于,他们都认为,善意原则是一项已经被转化为实在法的自然法原则,而且这种转化是不全面的。③

三、普芬道夫自然法与国际法理论之评点

(一)学术界对普芬道夫自然法与国际法理论的评价

《自然法与国际法》一书是普芬道夫声望的主要来源。该书被译为几乎

---

① 这些主张与格老秀斯在《战争与和平法》中的主张大致相同。格老秀斯认为,善意原则是整个国际法律关系的基础,它尤其适用于条约关系。在他所提出的五项自然法主要原则中,有一项就是"遵守合约并践履诺言";格老秀斯坚信善意是正义的一部分,并认为在条约的解释与适用问题上,重要的是真实意图而非表面文字;格老秀斯指出,即便是与奸诈的、不守信用的敌人订立的协议,也要善意履行;而违背被迫订立的契约则是正当的。See Hugo Grotius, *De Jure Belli Ac Pacis Libri Tres*, Oxford: Clarendon Press, 1925, Prolegomena. 8, pp. 324—414, 619—862.
② See Samuel Pufendorf, *De Jure Naturae et Gentium*, Oxford: Clarendon Press, 1934, pp. 402—428.
③ See J. F. O'Conner, *Good Faith in International Law*, Aldershot: Dartmouth Publishing Company, 1991, p. 66.

所有主要的欧洲文字,多次重印,并在很多欧洲大陆、苏格兰和美洲殖民地的大学中被用作课本。普芬道夫由此被视为18世纪伦理学史上的一个主要人物。① 在书中,普芬道夫煞费苦心地大量引用圣经、经典文献和学术论著来证实他所发现的真理,尽管其学究式的、冗长的述评方式将我们带回了人文主义时期,但无论如何,由于此书的存在,普芬道夫在法学理论上得以自成一家,使得自己不仅仅是一个格老秀斯的追随者和评论者。相应的,学术界对普芬道夫的这本书以及书中所构建的自然法与国际法理论体系,也给予了中肯的评价。

杰佛瑞认为,普芬道夫乃是17世纪晚期直接继承格老秀斯思想的学者中最为重要的一位,但是前者并未亦步亦趋地紧紧跟随被其誉为"思想之父"的后者,而是在充分尊重和肯定后者主张的基础上提出了自己的批判性主张;普芬道夫试图调和格老秀斯与霍布斯的主张;而他将自然法与道德区分开来的做法与格老秀斯的研究进路是大相径庭的。②

卡尔和赛德尔指出,那种"任何人都必须力所能及地培养并维持一种总体上符合人类内在本性与目标的针对他人的和平的社会性"的观点,乃是普芬道夫的道德和政治主张的关键,也是其最为持久的贡献所在;普芬道夫在这方面的成功从其著作自17世纪晚期出版直到18世纪的多数时期中的巨大影响中可见一斑;普芬道夫的主张对国家道德合法性的确立作出了极大的贡献。③

诺特克威茨评价说,普芬道夫更为关注法的本体状态而非具体状态;他的理论与霍布斯和斯宾诺莎的都不相同,其既不是在系统的自然状态理论中也不是在传统的神法理论中寻求不证自明的原则,而是在运行着的法律体系本身中寻求之;其理论的提出试图表明,在一个运行着的法律体系中,法律和道德并非泾渭分明;其对义务的界定早于康德的绝对命令(categorical imperative)。④

斯利文德相信,若要理解伦理学的历史就必须理解普芬道夫的理论,因为其体现了一种使旧有道德观适应于新的社会要求的张力,并为后来伦理学的重要发展提供了起点;其对物质存在和道德存在的划分,是一种主要通过

---

① See Richard Tuck, *Natural Rights Theories*, Cambridge: Cambridge University Press, 1979, pp. 175—176.
② See Renée Jeffery, *Hugo Grotius in International Thoughts*, New York: Palgrave Macmillan, 2006, pp. 57—61.
③ See Craig L. Carr and Michael J. Seidler, Pufendorf, "Sociality and the Modern State", *History of Political Thought*, Vol.17, No.3, 1996, pp. 354—378.
④ See Michael Nutkiewicz, Samuel Pufendorf: "Obligation as the Basis of the State", *Journal of the History of Philosophy*, Vol.21, No.1, 1983, pp. 15—29.

有关物质世界的价值联系和义务的新见解来思考问题的尝试,这即便不是最为原创的,也是最为卓著的;而其对"自然的善"的讨论也是极为重要的。①

塔利称赞道,普芬道夫的理论在结构上通过六步划界法把自然法道德转换成为一种社会理论,从而决定性地变更了古典的自然目的论学说;其以社会性为核心,通过两重契约理论修正了霍布斯的一重契约理论,从而不但为稳固的君主政体奠定了基础,而且为新兴之近代国家的社会发展提供了可能性;普芬道夫是瞻顾威斯特伐利亚和约而给现代欧洲国家制度提供全面理论可能性的第一人,其作品是开创近代以自然科学为模式的现代自然法学派的最为经典的历史性阐述之一。②

而近几年中国学者对普芬道夫及其理论的认识,也较之以往简单地照搬西方实在法学者加在其身上的"极端自然法学者"的标签有了进步。徐国栋认为,普芬道夫最重要的贡献是建立了现代行为能力理论,他明确了行为能力制度的基础是理性,由此把现代民法奠基在理性主义的基础上,把它与关系主义的古罗马法区分开;他的理论推动了当代人对能力问题的研究,其核心观点成为19世纪德语世界普通法学的重要内容,以至于1794年生效的《为普鲁士国家制定的普通邦法》直接采用了普芬道夫的理论结构。③ 程华认为,普芬道夫的自然法思想突出了人性或人自然本性的重要地位,对其他社会科学、文化思想的发展影响很大,并起着联结格老秀斯和霍布斯的思想的作用;普芬道夫特别重视对义务的研究,其契约论思想影响深远;其既是近代古典自然法思想的先驱人物和奠基人,更是德国法哲学的真正创始人。④ 杨代雄指出,普芬道夫提出的伦理存在体概念以及立基于该概念之上的自然法理论体系,在德国乃至整个欧陆的伦理学与法学史上具有极其重要的意义,它标志着对于人的一种全新的理解。⑤

可见,普芬道夫的自然法与国际法理论,对哲学、法学、伦理学、政治学等诸多研究领域都具有积极的、深远的影响,对此学术界已经基本上达成了共识。

---

① See J. B. Schneewind, "Pufendorf's Place in the History of Ethics", *Synthese*, Vol. 72, No. 2, 1987, pp. 123—155.
② 参见〔加〕塔利:《〈人和公民的自然法义务〉编者引言》,梁晓杰译,载《世界哲学》2006年第5期,第101页。
③ 参见徐国栋:《从身份到理性——现代民法中的行为能力制度沿革考》,载《法律科学》2006年第4期,第69—70页。
④ 参见程华:《普芬道夫法哲学思想论析》,载《武汉大学学报》(哲学社会科学版)2008年第1期,第99—104页。
⑤ 参见杨代雄:《伦理人概念对民法体系构造的影响》,载《法制与社会发展》2008年第6期,第77页。

(二)"极端的"理论体系?

毋庸质疑的是,从19世纪早期到20世纪中后期,乃是实在法主义逐渐兴盛并大行其道的时代,普芬道夫与其他具有自然法哲学倾向的学者一样,都不可避免地受到了彼时主流的实在法学者的批判。但由于普芬道夫的理论体系特别强调自然国际法的作用,故而他一度受到特别激烈的批判,并被列为"极端的"自然法学者之首。①

然而应当指出的是,作为历史上首位"自然法与国际法"讲座教授,普芬道夫并非如很多后来的实在法学者所批判的那样,是一个"极端的"自然法学者。普芬道夫的整个理论体系虽然以"自然法与国际法"命名,但这并不意味着这一体系就必然是极端倾向于自然法、而忽视实在法及其作用的,更不意味着这一体系只将自然法视为唯一调整社会关系的法。

虽然普芬道夫在其《普遍法理学精义》上卷第13定义处说过"除了自然法以外,不存在任何国际法"这样的"狠话",但应该认为他的意思仅仅是强调没有自然法就没有国际法;因为他在同一处也指出:国家相互之间享有普遍的权利,是因为"它们已由各国的立法者通过特定的规则建立起来"。② 而在该书的下卷中,他再次明确,单是自然法还不足以直接维护人类的社会生活,在特定社会里,也有必要建立起不同种类的权威。

而在其更具有成熟性、代表性的作品《自然法与国际法》中,他并没有对自然国际法作出极端的表述。在讨论自然法与国际法关系的时候,他只是引用了霍布斯《论公民》中的一段话并对其主张国际法就是国家的自然法的观点表示赞成——显然,如果真的要扣一顶"极端自然法学者"的帽子的话,那么在这个问题的论证上被他所援引的霍布斯似乎更有资格。实际上,普芬道夫在论证这一问题的时候所想要强调的乃是以下几点:第一,不存在任何源出于上位者的国际法;第二,取得方式、契约等或者属于自然法或者属于市民法的规范不能单独构成一个法律部门;第三,建立在自然法之上的国际习惯

---

① 实在法学者通常认为,普芬道夫理论的主要特点在于:国家的自然法就是国际法,而在自然的国际法之外,就没有任何具有真正法律效力的意志或实在的国际法;国家之间的法律关系只能在自然法中找到,并没有独立国际法。See Manfred Lachs, *The teacher in International Law*, 2nd edition, Kluwer Law International, 1987, p.57; Nussbaum, Arthur, A Concise History of the Law of Nations, New York: The Macmillan Company, 1947, p.116;〔英〕劳特派特:《奥本海国际法》(第八版),王铁崖、陈体强译,商务印书馆1981年版,上卷,第1分册,第65页。由此就有了普芬道夫的理论"师承格老秀斯的'自然法'推向极端而自成体系"之说。参见李家善:《国际法学史新论》,法律出版社1987年版,第108页。

② See Samuel Pufendorf, *Elementorum jurisprudentiale universalis*, Washington: Carnegie Endowment, 1931, p.165.

比建立在国家默示协议之上的国际习惯具有更大的拘束力和更高的地位;第四,少数国家之间的暂时性的协议不属于国际法;第五,并非所有实在法都是自然法的一部分,自然法和市民法之间存在巨大差异。①

此外,普芬道夫在《自然法与国际法》中还在多处肯定了实在国际法的作用。比如,他专门驳斥了某些人所宣称的"最初指引人类的自然法继续如是发挥作用,只不过一两项实在法可能会被补充进来"的观点,并断言在没有实在法的情况下形成市民社会是不可能的。② 又如,在讨论过境权或附属权利的取得的第四卷第七章中,他不愿诉诸自然法的初始原则而是论及单个国家间的实在法律体系,并规划了一些可用于解决当界河改道时其所分隔的国家之间可能发生的争端的规则。

可见,普芬道夫的自然法与国际法理论体系,只不过是比较着重于自然法的阐述、强调自然法的作用③,并未刻意贬低或者忽视实在法。普芬道夫将自然法与实在法区分开来,只是想表明,实在法的多样性并非否认约束所有人类的自然法的存在的理由;自然法不是源自多数实在法那样的临时便宜考虑,而是源自不变的人类理性的命令;实在法应当符合自然法,实在法应当具备一定道德价值……而这些主张,在后来的实在法学派日渐做大并一统天下的背景中来看,确实是"极端的",因为强调自然法的作用并将其置于实在法之上,已经犯了实在法学派的大忌,更何况这一理论还打着"自然法与国际法"的旗号!

总之,将普芬道夫的自然法与国际法理论理解为"极端的"体系,是后来的实在法学派对其的贬损和误读。这一理论体系只是侧重于探讨自然国际法而已,并非刻意忽视实在法在构建国际法中的作用。时至今日,各种法哲学流派的融合共处乃是大势所趋,对于普芬道夫的理论体系,已经没有了那么激烈的批评。从而我们也就有条件站在一个更为中立的立场上,来为普芬道夫的理论正名——其并非是一个"极端的"理论体系,而是一个以倡导自然国际法为最大特色的、有价值的理论体系。

---

① See Samuel Pufendorf, *De Jure Naturae et Gentium*, Oxford: Clarendon Press, 1934, pp. 226—230.
② Ibid., p. 11.
③ 正如其所盛赞的,自然法与人类的自然和社会属性是如此地和谐以至于人类缺了它就不会有良好而和平的社会组织结构,自然法基于自身对全体人类的持续的功效而具有一种天然的利益和效用,自然法能够经由人类所特有的、作为人类普遍特性来考虑的思想天赋而被发现和理解。See Samuel Pufendorf, *De Jure Naturae et Gentium*, Oxford: Clarendon Press, 1934, p. 112.

(三) 普芬道夫自然法与国际法理论体系的意义

在其自然法与国际法理论体系中，普芬道夫抛弃了法律的神学教条主义与历史人文主义基础，并坚决地结合当时国际国内的重大法律问题，在人类理性规则与事物本质属性之中探寻其法学体系的真正渊源。因此，不论在内容上还是形式上，普芬道夫的自然法与国际法体系在当时都具有极大的新颖性。普芬道夫也宣称，考虑到发生在机械、物理以及数学领域内的迅猛进步，那种进行改革的主张也必须为法学所承认。为此，他严厉批判了因循守旧的经院方法和法律教权主义，从而使自己的著作具有启蒙时代的新特色。

在《自然法与国际法》这部著作中，严格来讲，国际法仅占一个不起眼的部分，普芬道夫甚至没有系统地论述之。只有在本书的第八卷中，我们才能发现有关国际法、尤其是战争法，以及有关政府更迭和国家消灭的理论的论述。我们不得不从各章中收集那些被附带论及的与题目有关的国际法原则。其原因在于，普芬道夫在为"道德存在"之间的法律社会起草规则的时候，既没有区分物理主体和法律主体，也没有区分私法主体和公法主体。由此而导致的后果就是，他在国际法上所论断的那些特殊规则，不过是同样适用于个人的更为普遍的自然法原则的例证而已。尽管此种内容安排有些怪异，但以现代国际法的角度通览这本巨著的所有部分，仍是受益匪浅的。因为书中所提到的很多问题，在当今的时代中并没有得到完全解决、甚至是完全没有得到解决。由此，他在书中所详细思考的某些国际公法和国际私法问题，比如自然法与实在法的关系问题、国家主权的问题、国家领土变更的问题、条约解释与执行的问题、自卫权的问题、和平解决国际争端的问题、干涉的问题、贬值货币的国际债务结算问题等等，至今仍对我们具有借鉴意义。

普芬道夫在书中所提出的很多观点远远超前于其所处的时代，并对后世国际法的发展产生了深远影响。从某种程度上讲，他不仅预见了启蒙时代的观点，而且预见了 19 世纪乃至 20 世纪的观点。

比如，普芬道夫所阐述的关于国家最高权力的界定与划分的理论，不仅早于孟德斯鸠关于三权分立的著名理论，而且对于构成美利坚合众国宪法基石的人权理论具有很大影响。又如，在他那个时代，同一个联邦的公民之间面对着大量严格划分的、界限分明的协会、行会和阶级，这一时期几乎比其他任何时期都充斥着特权与不平等，而普芬道夫却旗帜鲜明地强调自然的平等，这的确是革命性的。再如，普芬道夫倡导为了和平目的而进行的调解、仲裁乃至干涉，如今这些程序都已经在不同程度上被实在国际法所落实。从《联合国宪章》、《世界贸易组织协定》中的某些条款来看，国际社会始终鼓励有关国家通过磋商、调解、仲裁来解决各种类型的国际争端;在争端解决方面享有共同利益的国家可以就联合调解达成协议;国际社会在需要的时候可以采取集体的或者集体授权的干涉行动(如联合国维持和平行动)以维护国际和平与安全,还可以在考察争端以后,依据正义与公平,决定对争端当事方施加何种和平条件(如作出相关的安理会决议)。

总之,《自然法与国际法》作为普芬道夫的代表作,对法哲学和国际法的理论与实践产生了强有力的影响,这不仅是在普芬道夫有生之年,而且在其去世很久之后的今天也是如此。基于其固有的显著优点,普芬道夫的自然法与国际法理论值得引起所有在法哲学和国际法领域从事研究的学者的持续关注,并可以作为新世纪自然法与国际法否定之否定发展的重要参考资料。

四、中译者的几点说明

为便于读者更好地阅读和理解《自然法与国际法》的中译本,在此谨就以下几点作出说明:

第一,对本书的翻译工作是译者长期研习国际法基本理论的产物。早在2003年,译者在复旦大学法学院追随张乃根教授攻读博士学位期间,就初步接触了普芬道夫的自然法与国际法理论,之后译者对这一理论一直保持着关注,并将有关的分析论证纳入自己的首部专著《国际法本体论》中。及至2008年,译者在硕士导师黄进教授的引荐之下到武汉大学法学院(国际法研究所)任教,旋即决定翻译《自然法与国际法》一书,以填补普芬道夫之代表作尚未被译成中文之缺憾。经过三年的努力,《自然法与国际法》(第一卷、第二卷)终可付梓。译者将继续努力,力争完成之后六卷的翻译工作,从而将普芬道夫的自然法与国际法理论完整地呈现给读者——当然,此事尚需假以时日。

第二,译者所选取的翻译文本,乃是较为权威的英译本。《自然法与国际法》原书用拉丁文写成,而即便是拉丁文本至少也有十几个不同的版本,至于英文、法文、德文、意大利文等译本,就更是数不胜数。在此我们选取的是1934年牛津大学(克拉伦登)出版社出版的英译本。此项英译工作所依据的是1688年出版于荷兰阿姆斯特丹的拉丁文本,这是由普芬道夫亲自修订并撰写前言的,并且是作者有生之年对该书的最后一次修订。可以说,1688年拉丁文本是普芬道夫自然法与国际法理论的最终体现。而在此基础上作出的1934年英译本,则是由颇具历史学、语言学、文学与法学功底的奥德法瑟兄弟①完成的，其不仅最大限度地保留了全书原貌②，而且对原书的所有引注做了细致的核查并对其中出现的一些错误③做了说明，同时还更正了原书中的拉丁文和希腊文打字错误。显然，牛津大学出版社选择奥德法瑟兄弟的英译本作为"国际法学经典"来出版，不是没有理由的。因此，译者相信，选取1934年英译本作为翻译对象，有利于将这本经典法学著作的精髓最大限度地用中文表述出来。

第三，本书的翻译原则，一是完全的汉译，二是尽量保持英译本的原貌。在全书内容的翻译上，译者首先确保将英译本从正文到标题、注释、索引、参考文献、乃至英译者说明等内容全部翻译出来，不留任何翻译死角；其次，译者采取忠实于英译本内容的态度，并在此基础上尽量用流畅的中文将其内容表述出来，而在忠实原著和流畅行文不可兼得之时，则只能选择生硬拗口的表达方式。在全书格式的排版上，译者尽量保持英译本原有的排版顺序与格式，除了加入中文本页码、中译者序以及每一卷的目录以外，除非确有必要，避免在正文中加入中译者注以及其他说明或标注，避免改变原有的章节编排和引注格式(尽管这些格式在今天看来有点怪异)。比如，原书实际上收录了普芬道夫撰写的两份前言(第一版前言和第二版前言)，但仅在开头处标明"第二版前言"，对此译者不作更改而仅通过注释予以说明；又如，原书中第一卷有卷名，但之后的第二到第七卷却没有卷名，对此笔者亦未擅自加名。

第四，《自然法与国际法》的翻译难度很大，且属首次汉译，而译者才疏学浅，水平有限，不过出于弘法之心勉为其难而已，其中谬误在所难免，望各位学界同仁给予谅解并不吝指正。

罗国强
2011年10月于珞珈山麓

主要内容原载《浙江大学学报》(人文社会科学版)2010年第4期

---

① 查理斯·亨利·奥德法瑟(1887—1954)，内布拉斯加大学古代历史与文学教授；威廉·阿博特·奥德法瑟(1880—1945)，伊利诺斯大学古典文学教授。
② 当然这也导致英译本在引注部分保留了较多的拉丁文和希腊文，从而增加了汉译的难度。
③ 包括文献作者、名称、章节段落出处、文意比对与概括等方面。

1934年英译版序言

作为卡内基国际和平基金会与国际法有关部门的著名执行官,詹姆斯·布朗·斯科特博士已经成功地将塞缪尔·冯·普芬道夫的三部主要法学著作纳入其"国际法经典"系列丛书中,他通过出版这一系列丛书而对法律科学作出了巨大贡献。普芬道夫的这些著作对宪法和国际法的理论与实践产生了强有力的影响,这不仅是在普芬道夫有生之年,而且在其去世很久之后也是如此。基于其固有的显著优点,这些著作值得引起所有在国际法的历史和理论领域从事研究的学者的持续关注。当然,应该承认,普芬道夫在国际法领域中并非一个可与诸如弗朗西斯科·维多利亚或胡果·格老秀斯等人相提并论的先驱者。但无论如何,我们不能否认其在国际法学史上的经典作家地位。以下的一点考虑很重要,即,较早于普芬道夫的英国学者苏支专门阐发格老秀斯理论的实在主义方面,而普芬道夫则着重从自然法的角度解释上述理论并取得了最为全面的成功。

在詹姆斯·布朗·斯科特博士令人赞赏的、煞费苦心的经营下,维多利亚仅在最近才为人所知,其无可辩驳的价值在于,他从一项本质上仍然属于中世纪的、核心为神学的理论中推演出了振奋人心而充满智慧的有关宪法和国家间法律关系的现代概念。这些概念指向一个我们迄今为止只能预想的未来。

与之相对应,胡果·格老秀斯则拥有全面的神学、哲学和人文主义修养。因而他有能力归纳出一个完整的体系,这一体系整合了从古典学者那里流传下来并由中世纪和晚近的学者丰富了的人类法学思想遗产。

而普芬道夫的态度则有所不同:他抛弃了法律的神学教条主义与历史人文主义基础;尽管拥有作为其生活时代特征的卓越的渊博学识,他仍然坚决地在人类理性法则与事物本质属性之中探寻其法学体系的真正渊源。

在就争论不休的宗教问题和与之相关的有关教会和国家的问题所展开的激烈斗争中,16世纪和17世纪上半叶已经以压倒性的优势搜刮了欧洲人民的精神与肉体能力,并且已经在相当程度上消耗了这些能力。在《威斯特伐里亚和约》之后,学者和文明国家舆论的注意力逐渐被吸引到数学和物理科学上。尤其是数学,是它主导着这一时期的精神生活。自勒奈·笛卡尔

(卡特苏斯,1596—1650)赋予这一科学以新的生命以来,就几乎不存在一种更为高超的、不在其特定领域进一步发展数学方法或者不将该数学方法适用到其他知识分支的思想者。这一论断不仅对艾萨克·牛顿(1642—1727)和戈特弗里德·威廉·莱布尼茨(1646—1716)这样以微积分创建的孰先孰后为其众所周知的争论之焦点的人适用,而且对与普芬道夫同时代的人同样适用。这里我只需提一下试图用数学方法来讲授哲学的巴鲁赫·斯宾诺莎(1632—77),就足以说明这一点了。因此,普芬道夫也受到其生活时代的这一潮流的影响,就不足为怪了。

塞缪尔·普芬道夫于1632年1月8日生于萨克森的开姆尼茨附近的弗洛汉的一个小村庄,是当地一个牧师的儿子。他的父亲为他规划了一个神学职业生涯。于是,普芬道夫到莱比锡学习神学,但他并未将这一学业继续下去,而是很快转攻法学。到耶拿后,他不仅学习了自然法而且学习了数学。这两门在我们看来似乎是风马牛不相及的学科分支,当时是由杰出的数学家艾哈德·魏格教授同时讲授的。普芬道夫终其一生都保持着对这位卓越的老师的感恩与忠诚。我们甚至在普芬道夫后期的著作中都不时发现其对魏格言论的援引。这位老师的方法对于其弟子笔下写就的首部重要著作的形式具有决定意义。

13a 这一著作的源起应归于特定的环境。由于德国在三十年战争之后在经济上处于分裂状态,对一位年轻学者来讲,机会是少得可怜的。普芬道夫无法指望在自己的故乡——萨克森找到一个满意的职位。因此他不得不把目光投向外国。他获得了一份为瑞典大使考耶特担任家庭教师的工作。这位当时在丹麦朝廷充当瑞典王室利益代理人的先生,在1658年把普芬道夫召到了哥本哈根。但命运却与普芬道夫开了个玩笑,他没有在那里干上多久。尽管结束了三十年战争的《威斯特伐里亚和约》试图给予欧洲一个新的、持久的缔约国间秩序,但在接下来的几十年里,它仍旧无力扑灭欧洲战场上层出不穷、四面八方的喧嚣战火。普芬道夫抵达哥本哈根后不久,丹麦和瑞典就爆发了战争。置外交特权与豁免于不顾,丹麦羁押了考耶特的随员,其家庭教师普芬道夫也未能幸免。在超过八个月的收押期间,普芬道夫撰写了自己的第一部、可能也是最具独创性的一部著作——《普遍法理学精义》(两卷本)(*Elementorum Jurisprudentiae Universalis Libri Duo*)。毫无疑问,在此期间,他无法进行学术交流,也无法查阅图书资料。这本被作为"国际法经典"第15部丛书而再版的著作,在形式上是以魏格的数学方法为基础的。在内容方面,该书主要遵循格老秀斯的理论。该书的意义已经由汉斯·温伯格博士(日内瓦)在前面提到的再版序言中以其高深的学识阐明了。

这本著作是由普芬道夫在被丹麦释放之后,于 1660 年在海牙出版的。他并没有立即从哥本哈根返回德国,而是转道荷兰,并在莱顿大学注册入学。这本书是献给选帝侯卡尔·路德维格的。于是普芬道夫一下子获得了令人羡慕的声望,选帝侯还于 1661 年把他召到海德堡大学任教。这一任命在法学史上具有划时代的意义,因为其意味着首个国际法大学教席的设立。

普芬道夫利用滞留丹麦与荷兰的机会,更加不带偏见地审视了自己祖国的复杂局势并得出了一个更为客观的判断,而若是身处三十年战争后境遇悲惨的德国的话,他的判断就不可能如此客观。考虑到他对一切有关宪法和国际法的问题的强烈兴趣,我们可以推断他经常阅读那些在这场欧洲战争期间和之后大量出现的宣传册。之后的《威斯特伐里亚和约》以削弱皇权的方式,裁定了皇权与领主权几个世纪以来的争斗。从前的帝国臣属如今成为了拥有主权的君主。然而,从理论上讲,这一斗争并未结束。在这样的环境之下,要想对这些情势著书立说而又不引起对本人政治立场的怀疑,是相当困难的。基于上述原因,普芬道夫决定用笔名发表自己对德意志帝国时局的看法及其对改革的建议。1664 年,他在海德堡用笔名塞韦里努斯·德·蒙扎姆巴诺出版了《论德意志帝国的现状》(*De Statu Imperii Germanici*)一书。他在书中把自己塑造成一个试图在这些问题上点醒自己的兄弟莱伊利乌斯的一个"来自维罗纳的贵族"。这本书立即引起了最为强烈的关注并为他赢得了持久的声誉。在书中,普芬道夫指出了在通过《威斯特伐里亚和约》重构帝国中所犯下的错误。实际上,人们后来发现,通过建立中欧国家体系所导致的皇权削弱是此后震撼整个欧洲大陆的大范围动荡的主要成因。但我们的作者并未将自己的笔触局限于批评之中;他还为更好地规范德国现状提供了建议。其中的某些主张在拿破仑一世把持德国朝政期间,以及在此后俾斯麦建立德意志帝国期间得到了落实。

14a

1670 年,普芬道夫应瑞典国王查尔斯十一世之邀,辞去了海德堡大学的教职,后者任命他为隆德大学首席法学教授。通过普芬道夫,这所新近成立的大学很快变得在欧洲有名起来。仅仅在其接受这一教职的两年之后,普芬道夫就在隆德出版了自己最重要的著作:《自然法与国际法》(八卷本)(*De Jure Naturae et Gentium Libri Octo*)。该书的内容我们将在后面详细讨论。在这一著作中,普芬道夫正式与数学方法分道扬镳,尽管毫无疑问地,人们时常会在他的定义和结论体系中发现数学方法的痕迹。作为对这一微小瑕疵的充分补偿,他创造了一套从自然法立场出发的、涵盖整个法学领域的新体系。这套体系在一个世纪之后,至少部分地在腓特烈大帝制定《普鲁士法典》的时候被适用了。

普芬道夫还因本书而获得了一个巨大的成功。该书的拉丁文原版不仅被广泛传阅（其流传范围比拘泥于形式且某种程度上过于古板的《普遍法理学精义》更广），而且在后来被翻译成法文、英文和意大利文，还引来诸多的评论。考虑到这一著作的庞大规模，并且为使自己的理论更易被非专业人士所了解，当时已被授予贵族头衔的普芬道夫出版了一本标题为《人和公民的义务》（两卷本）（*De Officio Hominis et Civis Libri Duo*）的概述其自然法体系的书。因而我们可以说，正如《普遍法理学精义》是《自然法与国际法》的一部准备性著作一样，《人和公民的义务》一书为《自然法与国际法》提供了一份节略本。无论如何，即便是这样的一份节略本也是有其独立价值的。因此，该书被詹姆斯·布朗·斯科特作为"国际法经典"的第 10 部丛书，附上现任海牙常设国际法院法官瓦勒·舒金教授所作的序言来再版，是再合适不过的了。这一著作有好几个翻译版本。让·巴贝拉克所译的法文本标题为《人和公民的权利》（*Les devoirs de l'homme et du citoyen*）。这个一词之差的标题在 1789 年法国国民大会所做的著名的有关人和公民的权利的宣言[《人权宣言》（*Déclaration sur les droits de l'homme et citoyen*）]中再次得到了表述，由此也体现了普芬道夫时常表露的真实的革命思想的巨大意义。

15a 　　普芬道夫并未将自己限定在宪法与国际法这一项学术领域中，因为在与此有关的研究中他对历史旁征博引，并继而对政治实践表现出兴趣。基于上述原因，他于 1667 年被瑞典国王召到斯德哥尔摩担任皇家史官。他在这一职位上出版了几本关于瑞典历史的著作。他还就那些针对其主要著作的诸多攻击写了一篇反驳的文章，题目为《斯堪的纳维亚驳斥》（*Eris Scandica*）。

　　然而，命运并未宣告他只能在外国施展自己的卓越才干。1686 年，在他 54 岁的时候，他应勃兰登堡选帝侯腓特烈·威廉的召唤，到了柏林。在他生命的最后几年里，他没有在自然法与国际法领域内进一步发表任何著作。与其新职位相适应，他将精力用在撰写历史和政治论文上，并最终转而运用其赖以开始学者生涯的学识来钻研富有争议性的神学问题。1694 年 10 月 26 日，在欧洲学术界享有崇高声望的普芬道夫逝世于柏林。

　　他的声望的主要来源，是并且仍然是其关于自然法与国际法的著作，该著作现在由卡内基基金会再版。其学究式的、冗长的述评方式将我们带回了人文主义时期。与格老秀斯以及其他前辈一样，普芬道夫煞费苦心地大量引用圣经、经典文献和当代学者的作品来证实他所发现的真理。但最终经过更为仔细的比较，我们发现他的引证方法与胡果·格老秀斯存在显著区别。格老秀斯作为一个荷兰人，其对具有实在意义并在历史上被实际适用了的法律的强调远甚于学术观点。从某种意义上讲，他的引证更多的是在盎格鲁—撒克逊法中践行着的具有先例和**既判力***的案例。而普芬道夫则更多地依赖著名学者的观点来支撑其主张。胡果·格老秀斯还通过对自然法思想的独立阐释和系统分析,进一步丰富了其引证的内容;在上述两种方法的结合之下,他既成为了实在国际法学派的创始人,也成为了自然国际法学派的创始人。也许我们有理由将普芬道夫与实在法学者区分开来,但毋庸置疑的是,他应当被列为自然法学家。从这个意义上讲,普芬道夫在那些一个世纪之前的学者著作中寻求支持,以替代那种从被揭示的神谕中学究式地推演出全部法律的西班牙学派的推理方法。比起 19 世纪,我们的时代在有关法哲学的发展方向上更为接近 17 和 18 世纪。摒弃了作为上个世纪标志的对历史基础和实在主义的夸大其实的推崇的人性,如今已经决然地取得了绝对的价值,没有它,个人和国家生活行为的安全就变得不可能。即使在作为案例法势力范围的盎格鲁—撒克逊国家中,也可以看到一个显著的变化,即从对先例的无条件崇拜到一种依据法哲学原理的法学体系构建。因此,普芬道夫的理论在我们所处的时代更加引人关注。在此值得注意的是,他的某些阐释让我们想起现代信奉天主教的学者的论著。然而,他本人一贯强调其纯粹的路德宗信仰,并且从不引用信奉天主教的学者的观点。

16a

  他的宗教观可以由以下事实来证明,即,他显然几乎不了解如今越来越受到关注的西班牙学派的著作;至少他对该学派的代表人物并不关注。他偶尔提及苏亚利兹,但我从未在他的著作中找到任何提及维多利亚之处。考虑到他所体现出的对于西班牙文献的某种了解,这确实令人惊讶。他关于自然法状态的阐述经常建立在讨论西班牙征服者的功绩并描述他们所征服的国家的西班牙著作的基础之上。这些著作中的第一部就是加尔西拉索·德·拉·维加撰写的关于中南美洲航行的书。从普芬道夫的引注中可以看出,他显然认为那些国家中的土著居民的自治形式无论怎样都应算作是国家组织;他从国际法的角度出发,认为他们应当享有一定程度的独立权,正如维多利亚所指出的那样。当我们审视他对信奉天主教的学者、尤其是神学学者的冷淡态度的时候,我们应当注意,他的著作是在瑞典这个严守路德宗的国家写就的。对于当时的学者而言,那个时代的正统路德宗信仰,至少是与天主教会一样排斥异己的。

  普芬道夫还小心谨慎地在其著作中论及了其所处时代的宪法。如今,我们不应忘记,他生活在一个君主专制的年代;君主们可以随心所欲地残酷迫害那些他们讨厌的学者。不管怎样,他表达了对免于偏见的、充分自由的政

---

 * 本书中加粗文字对应英文版斜体着重文字。——中译者注

治环境的赞赏。从这个意义上讲他是超前于自己所处的时代的。我们在讨论其著作内容的时候应当清醒地认识到这一点。

17a 在这部著作中,严格来讲,国际法仅占一个不起眼的部分,作者也没有系统地论述之。我们不得不从各章中搜罗那些被附带论及的与题目有关的国际法原则。其原因在于,普芬道夫在为"道德存在"之间的法律社会起草规则的时候,既没有区分物理主体和法律主体,也没有区分私法主体和公法主体。由此导致的后果就是,他在国际法的语境中所论证的特定规则,只不过是对个人同样有效的更为普遍的自然法原则的阐发而已。

只有在本书的第八卷中,我们才能发现有关国际法、尤其是战争法,以及有关政府更迭和国家消灭的理论的论述。我将在后面更为详细地探讨该卷。

尽管内容安排得有些怪异,但以现代国际法的角度通读这本巨著仍是受益匪浅的,因为普芬道夫著书的时代在很多方面——既包括政治方面又包括经济方面——与我们自己的时代类似。一场在规模和时间上都骇人听闻的战争,不仅改变了欧洲传统上的势力状态,而且造成了巨大的经济损害——至少在中欧是如此。而与此同时,在北欧,诸多货币的币值已经变得不稳定。因此,他当时所缜密思考的某些国际公法和国际私法问题,比如贬值货币的国际债务结算,无疑对我们具有借鉴意义。

在我看来,这些问题也属于有关人和国家的平等的问题。作为一项原则,普芬道夫反对任何特权;他反对为诸如贵族身份与君主地位之类的制度设计一个故弄玄虚的基础。在认可人和公民的义务的同时,他也认可人和公民的权利,这一权利在一个国家组织中是平等地属于每个人的。普芬道夫必定会严厉谴责作为当代欧洲民族主义一种极端表现的对少数族裔任何形式的压迫,并与少数条约针锋相对地宣称所谓的"国民"拥有既定的权利。他坚定地拥护一切独立的国家不论领土面积、人口数量或者势力强弱在国际上都是平等的这一原则。考虑到普芬道夫的自然国际法概念,他是绝对不会认可一个建立在平等原则基础上但却始终维持成员间在关键主权事务上的不平等状态的国际联盟。当然,他认可通过条约对主权施加某种限制。若没有这种限制的话,一个国际组织就跟一个由享有不受限制的自然自由的个人所组成的社区一样是无法想象的。而他坚持认为,这样的一种限制必须是自愿的,否则就与国家作为**最高权力拥有者**的尊严不相适应。因此,对于成员国

18a 的共同决议,作为一项原则,他要求一致同意;而这正是1919年《国际联盟盟约》所制定的规则。

在有关其著作宗旨与安排的扉页和序言中,作者为我们提供了将此书献给瑞典国王查尔斯十一世的详细信息。他在献词中指出,他(普芬道夫)所

拥有的关于自然法的学识很大程度上都是由国王赋予的,后者在其领土内的大学里授予了他这一法学分支的公共教席。他解释说,按照国王的愿望,他首先要努力做到的,就是在法律领域为个人与国家明确并规范神的戒律。这些戒律必须为统治者和公民所遵守。他将有关人类道德与习惯的研究,以及有关国家为了维护内部稳定与外部安全所采取的措施的研究与上述研究结合了起来。作为例子,他举出了很多统治者、尤其是瑞典国王先辈的伟大事迹。为了阐明相互影响的人类权利义务、不同国家之间达成的法律、公民社会和君权的形式、君主之间的关系以及其他有关权利与义务的问题,他煞费苦心。具有讽刺意味的是,他指出事实上存在的矛盾是,所有大学的讲堂上都充斥着乌尔比安和帕比尼安的格言,但有关人类社会的神的戒律与自然法却被忽视了。

　　在本书第一版的前言中,普芬道夫承认,自己年轻时撰写的著作《普遍法理学精义》是为了回报其支持者们所给予他的照顾;而如今他必须努力以一本更为成熟的著作来代替它。考虑到其前人业已取得的成就,这样一部著作是否仍然是有必要的? 在回答这一问题的时候,他以崇敬的心情提到了胡果·格老秀斯的名字;但他指出,这位伟人或者完全遗漏了某些问题,或者只是对它们敷衍了事,并且,格老秀斯的某些言论证明他自己也不过是一个容易犯错误的凡人。普芬道夫特色鲜明地将其前辈格老秀斯的著作中背离基督教教义的段落作为其著作的缺陷提出来。在简单提及格老秀斯的评论者之后,他转而谈论那些选择从一个全新观念来看待所有问题的学者。其中,他提到了霍布斯和约翰·塞尔登。他称赞了霍布斯的睿智与创见,但批评其背离了教义。至于塞尔登,他为这位博学之士在其论著中没有给予普遍自然法以等同于希伯莱实在法那样的特别关注而感到遗憾。普芬道夫并非仅仅成为了一个格老秀斯的评论者,他为自己在自成一家的学者中赢得了一个位置。他坚决否认对革新的一种可能的指责:考虑到发生在机械、物理以及数学领域内的迅猛进步,他声称,那种进行改革的主张也必须为法学所承认。他不认为自己属于那种自以为掌握了全部真理并因而拒绝承认错误的人。为了支持自己的观点,他声称,自己时常求助于那些公认的古代学者的著作。另一方面,他拒绝考虑所有晚近学者的主张,认为那是多此一举。他在自己的论述中明确指出,自己毫不考虑那些格老秀斯经常引用的"天主教派"学者的观点。普芬道夫对经院方法和法律教权主义的严厉批判,作为启蒙时代,即18世纪主基调的第一乐章,给我们留下了深刻印象。他在述及那些不承认人类"社会性"原则是自然法的一项充分基础的学术对立者的时候,阐明了自己的立场。后者的消极态度建立在对"社会性"这一概念的武

19a

断臆想之上，与基督教道德的教导截然不同，他们认为其既不具有拘束力，也不足以让人实现对上帝和自己的义务。作者强调，自己这一著作的基本观点在于，神将人创造为社会存在，因而从人类本性中产生的人类社会法律也同样符合神的戒律，所以，它们的源头不能被追溯成一项人类之间自由意志的协议。因此，普芬道夫宣称其自然法体系，不论宗教差异，对所有人类都适用。

这一体系在他的这部代表作中得到了如下的体现：

在确立其体系前提的第一卷中，一些基本的法律概念被提出，即，第一章中"道德存在"（moral beings）的来源，其各种类型与品质，及其消灭。当然，这些存在与物质存在具有本质区别，因为它们不是像后者那样的实质意义上的存在，而仅仅是**形式**意义上的存在。但是，它们在很大程度上通过对物质存在的类推，而得到分类与评价。普芬道夫用道德存在来描述那些非由自然所创造，而从自然生命的精神中提升出来的存在。只要人通过自己的精神力量，而非在动物本能的支配之下，来指挥与规范自己的生活和行为，这些存在就属于人自己。这一存在也属于在一个共同的道德目标的向心力作用下联合起来的人类社会。单一道德存在与复合道德存在这两种类型的道德存在，是依据其目标属性来细分的。追逐自身利益的是私人存在，致力于改善市民社会的是公共存在。就公共存在而言，最高的单一道德存在是统治者；最高的复合道德存在是处于自身辖区内的国家或者教廷。在有关政治类型的道德存在（"政治人物"）的讨论中，作者在提及官员的时候，特别关注了那些具有代表能力，即依靠其他人所赋予的权力和指令的力量而非依靠自身的权威，代表其他主体行事的官员。由此，普芬道夫一方面准确地界定了大使与大臣的区别，另一方面准确地区分了临时代办与驻办公使的区别。他将公共领域内的代表人与私人领域中的监护人和保管人相比较。与霍布斯[《利维坦》(Leviathan)第16章]针锋相对，他反对这一解释，即在一座教堂、一间医院或一座大桥等无灵魂事物的代表之中，教会职员的辖区也必须被视为一个道德存在。在驳斥这一谬论的时候，他将这些机构代表视为从国家处得到为达到某种确定目标而管理某项事务的委托的主体。

20a

他详细地阐述了道德意义上的人的法律地位，尤其是人类自然状态的概念。即使自然状态带有某种权利义务，但这些权利义务在普遍性上与附带状态或外来状态（**外加状态**）显著不同。这种外来状态并非是在所有人出生或者在此之前就赋予所有人的；相反，是由特定的人类体制赋予他们的。而在普芬道夫看来，家庭状态也是出自这种特定的人类体制。

在这一基础章节中，我们发现了对诸多与国际法存在某种关联的，适用于道德存在及其状态、性质和行为的法律概念的一个系统性的解释。其中和平与战争状态、权力、权威以及义务（**权限、法、义务**）等概念都得到了阐明。至于道德存在的消灭，普芬道夫将其区分为两种情况，一种是物质基础同时消灭，另一种是仅仅外加状态（如官方性质、贵族身份）终止而物质基础继续存在。作为一个路德教徒，他攻击了关于教士不能剥夺的特征（**不能褫夺的身份**）的天主教教义。

在第二章中，他通过对照数学的确定程度，考察了伦理学的确定程度（如今我们谈论的是精密科学与形而上学的区别）。在此，他对可追溯到亚里士多德的有关道德原则确定性较差的理论提出了挑战。与他的老师魏格一样，他试图证明，从作为一种精神与社会存在的人类之天命出发，遵循严格的逻辑推理路径，我们就可以得出与物理和化学研究一样确定的结论。然而，这里非常需要将关于善与恶、错与对的理论跟关于有用与有害的理论区分开来，大量的事实表明，后者不可能具有绝对的确定性。这里我们看到，普芬道夫用精练的话语道出了作为一类的伦理学和法学与作为另一类的政治学在方法论上的区别。在这个问题上他拒绝了霍布斯的理论，后者认为没有人定的规则和协定就不存在权利义务规范。他同样也否认这样的暗示，即，既然习惯和法律格言是多样而可变的，那么关于道德和权利的科学就必定是不确定的和摇摆的。仅在一个方面他承认精密科学相对于道德科学的优越性。他承认前者更为准确地确定了其研究对象的数量，而对于道德对象的评估总是局限在人类自由评价的范围内。然而，当我们不得不确定性质——是善还是恶，是正义还是非正义——的时候，科学意义上的确定性就能够从基本的原则中推出来。但这里我们必须防止将这一确定性与源自事实证据的有关罪与非罪的决定的确定性相混淆。

第三章探究了道德行为中的人类理性（**知性**）的意义，作者在这里还讨论了道德行为所涉及的对象的概念，以及对于着手从事一项作为或不作为的动机的衡量。有关错误的理论在此也得到了**完整的呈现**。

第四章致力于从与道德行为的关系上来研究人类意志。强烈批评霍布斯理论的普芬道夫坚持人类意志自由的主张。他宣称，没有它，一个国家的健康存续是无法想象的。他讨论了意志自由的不同程度与诸如情绪、冲动以及**不可抗力**等事物。

接下来的第五章是对一个问题的审视：在什么条件下、在何种程度上，可以将一项行为及其结果归于一个特定的道德意义上的人，尤其是，在什么情况下一个人的行为可以被归于另一个人？

在第六章中，作者将法律的概念与建议、协议以及权利的概念区别开来。

21a

他驳斥了所有法律都建立在一项社会契约的基础之上的观点,着重指出了独立于人类意志之外的**神法**与**自然法**规范,并补充说,一个世俗立法者所制定的规范既不是一项条约也不是一项协议,而是一项主权行为。最后,普芬道夫将人法与神法、自然法与实在法区分开来。人法,从狭义上讲,就是由人类明确制定的法律,它始终是实在的;而神法,普芬道夫坚持认为,它部分属于自然法、部分属于实在法。

第七章题为"道德行为的性质",其主要致力于审视正义与非正义(**合法与违法**)的概念。在这里,普芬道夫界定了自己不同于亚里士多德、格老秀斯以及霍布斯主张的法哲学立场。他反对霍布斯所持的正义仅仅根植于国家意志之上且其仅仅意味着约定义务之实现的观点。这一即使在当代也被算作主流的观点,对于国际法的解释具有有害的影响。针对这一观点,普芬道夫争论道,正义同样要求那些不管任何国家规范或合同义务如何规定都自然地属于人类的权利得到遵守。

在第八章中,与其体系相一致,普芬道夫分析了道德行为参量方面的问题,如它们的相对价值等。这一价值本质上由作为行为基础的意图(意向)类型以及行为实现这一意图的程度所决定。在此,作者否认了斯多葛学派关于所有不端行为恶性相等的教条。

在第九章、也是最后一章中,作者以各种方式讨论了道德行为(善的或恶的)的作用,以及既可作为功绩又可作为罪过的、归于行为人或第三人的不作为。

直到开启第二卷的时候,作者方才论及他的主题。在第一章中,他提出了似乎存在于人类意志自由与为权利和法律所限定的人类存在之间的矛盾。动物的自由是不受这种限制的。普芬道夫为人类对法律的服从所寻找到的解释是,这部分是由于上帝赋予了人类更大的、要求人类将其行为置于一项确定的原则规范之下的尊严;部分是由于民众迫使、且其各类情绪也要求限制理性的事实;部分是由于人类早期的无助状态,这一状态使其比其他任何生物都在更大的程度上、更长的时间内依赖于社会保护、也由此依赖于作为对自然自由的一种限制的自然法上的社会秩序。

在第二章中,在有可能存在一种未开化的人类状态的假设前提下,人类的自然状态以两种方式得到了描述:首先,未开化的个人的状态被勾画出来;其次,一个未开化的人类社会成员总是处于人类的未开化状态有可能存在这一抽象的假设之下。但是,普芬道夫彻底粉碎了这一虚构,他指出,即便是在伊甸园中的亚当夏娃也不处于这样一种自然自由的状态,因为上帝令其处于婚姻状态。由此,他斥责了霍布斯和斯宾诺莎所做的关于一切人反对一切人的人类社会自然状态的悲观论述。他试图表明,自然理性已经教会了人类通过自然所赋予的手段达成一项和睦的旨在满足生活需要的安排而非争吵不休的好处。某些个人的病态好战倾向不应被推论为所有人的自然状态。相反,人生来就是一个社会存在,在社会中不是其他人的仇敌,即使当他在自然状态下,也就是说他既不服从也不命令他们,面对他们的时候也是如此。普芬道夫同样驳斥了霍布斯的这一观点,即,尽管一个人作为其他所有人的敌人的情况可能不会出现,然而人类社会中的主权者却总是互为敌人的。这一观点违反了圣经,圣经教导说,人类的自然状态,与其说是战争,不如说是和平;人类的相互关系,与其说是敌对,不如说是友谊。这一点,从人类同根同源这个事实中,就可以推断出来。我们的作者认为,如果一个人丧失了这种对于社会关系的自觉性并视其他人为敌,他就背离了初始的自然状态。同时,对自然理性的运用也引导我们倾向于和平。当处于或者非处于国家社会中的人,被迫或者非被迫,不得不进行战争的时候,其所遭受的惨痛经历也促使其倾向于同样的目标。

23a

普芬道夫明确否认人类之间的和平自然状态建立在一项协议的基础上,或者需要一项协议来造就人类之间的和平行事的义务。这样一项普遍性的条约(如今我们可以补充说,诸如《白里安—凯洛格公约》)无法赋予源于自然法的和平义务任何更高的义务性。必须承认,考虑到对于权力和占有的贪欲,这种和平状态将总是处于不稳定的状态,在普芬道夫看来,这一贪欲在人类中是如此强烈,以至于对和平的循循劝诱、慈爱、容恕、仁厚、对和解的乐于接受、谦恭以及蔑视世俗财富和权力的耶稣的教诲,都不足以阻止基督教国家们走向罪恶的阴谋、战争和压迫。因此,普芬道夫提倡一种对待邻国的和平友好的态度,但同时他也暗示了一项时刻保持警惕、留意这些邻国可能的好战倾向的政治义务。他完全同意迪奥·克瑞索托的观点,即备战最充分的国家将在维护和平的过程中处于最有利的地位。他似乎并未注意到,备战是怎样经常性地将国家卷入战争中去的。普芬道夫的瑞典君主的继任者(我们称之为查尔斯十二世)令人难忘地示范了这一建立在经验基础之上的原则。

在接下来的八章中,作者致力于论述自然法的起源。他的出发点是这一理念,即神在将人创造为一个本质上是理性的、社会性的存在的时候,已经同时赋予了他基于上述本性的权利和义务。尽管如此,他坚决反对那种从人与神的关系中推导出自然法内容的企图。同时他也拒绝承认,自然法规则可以从所有人、或者所有国家,或者至少多数的、最为开化的人和国家的协商一致的意见中推导出来。他认为对于这样一种观点的证明既是困难的也是不可靠的,首先是因为,不同国家的习惯和法律不但几乎不存在一致,而且显然相

24a

互矛盾;其次是因为,不存在完全从自然法中提取规范的国家。相反,它们都制定了很多实在的习惯法和成文法规范。在这样的环境之下,要在有关的法律体系中分辨自然法与实在法是困难的。普芬道夫指出,实在法的多样性并非否认约束所有人类的自然法存在的理由;也不构成将法的起源归于某个特定时期的各种类型的人类社会利益的理由。他指出,这样一种对法律的唯物主义与功利主义的解释有悖于个人与国家的真正福祉;它不仅导致不公平,而且导致有害的后果。另一方面,对于人和国家的权利的自然平等性的承认与考虑,从长远来看将被证明是有益的。一项野蛮征服政策的短暂胜利不足以导致相反的结论。罗马人不是为其主宰当时的已知世界付出了内部衰退、而后不堪重负的帝国分崩离析的代价吗?由此可见,自然法不是源自多数实在法那样的临时便宜考虑,而是源自不变的人类理性的命令。不过,普芬道夫提出这一理论并不是指所有人都清楚地意识到自然戒律及其基础的存在。大众会根据神根植于人类灵魂中的情操来判断对与错。而最终,这一决定是真实地反映了自然法还是源自错误的人类判断,只能经由对自然理性首要的和真实的原则的仔细审视和逻辑论证来确定。最为清晰与明确的自然法戒律之一就是教导我们已所不欲勿施于人的黄金律。但是这一规则本身也需要从一项更高的自然法原则中推导出来,即人类权利的平等。我们的作者推论说,探寻自然法的最佳方法,在于仔细观察人的本性和他的生存状态,以及

25a 其倾向与欲望。人的本质特征在于:具有一种强烈的自我保存的本能;不与他人合作就无力实现上述目标;具有一种从事有益的社会工作的伟大天赋,但也时常具有一种恶毒、傲慢、暴躁和毁灭的倾向。这样的一种生物本质上具有社会性,但其有害本能也不可不查。于是普芬道夫列出以下内容作为自然法的一项基本原则:一切为实现社会目的(**社会性**)所必需的应被认为是法律所要求的,而一切妨碍或阻挠社会性的应被视为法律所禁止的。在此,我们的作者在界定其立场的时候提及了那些受到霍布斯理论影响的学者,他们坚称,任何人类社会都处于一种对立于自然状态的制度中,因为在自然状态下斗争主导了人与人之间的关系。普芬道夫谴责了作为霍布斯理论的一种夸大其词的结论的、认为所有自然法规则都来自人类利己主义的态度。他认为,如果充分理解个人利己主义与社会利己主义的话,它们并非是互相排斥的。而无论如何,对于共同利益或者同类权利的考虑同时也符合我们自己的利益,与霍布斯针锋相对,普芬道夫将有关的规则建立在约束所有人的自然法与道德义务的基础上,而非利己主义的基础上。普芬道夫将这一本身要求一个人对其他所有人承担责任的有关实现社会性的普遍义务,与要求更小社会范围的个人与该社会成员合作的特殊法律联系区分开来。在不损害那

一项普遍义务的情况下,利己主义可以成为首要因素;但即便如此,人们也认为公共利益必须不受损害。不管怎样,自然法并不主张所有此种类型的社会都源自相互的仁爱。普芬道夫勉强承认,所有自然法上的、即便是那些要求个人作出最大牺牲的主张,都可以被用来做功利主义的考量。例如,士兵应当冒死为祖国而战,或者公民为了国家的需要不得不放弃自己的财富。即便在这里,如果我们恰当地考量这一情势的话,个人利益与社会利益也是契合的。另一方面,我们的作者反对那种认为该功利主义考量能够赋予自然法规则拘束力的主张。要让自然法有拘束力,对神的信仰是不可或缺的。我们必须坚定地坚持这一信念,即,将人创造为一种理性社会存在的神,已经赋予其对应于其本性的命令。要受这些命令的拘束并不需要将其先融合到实在法中。

普芬道夫接着提出了这样一个问题:什么惩罚能够确保对自然法规则的遵守,以及对遵守或不遵守的情况应采取何种奖惩措施? 与约伯一样,他没有得出任何明确的结论。他不能回避这一事实,即,在这个世界上总是有太多正直的人受苦受难,而为非作歹者却被允许享受其以不正当方式谋取的果实。尽管如此,即便不计善行与恶行在内在精神上的后果,他还是强调了一种极大的可能性,即,就算在外在事物中,遵守自然法的命令也是值得的,而不遵守将遭到报应。最后,他向我们提及了《圣经》中关于来世报的教诲。

第二卷的前三章看起来称得上是一个全面的概述,因为其涵盖了普芬道夫关于自然法的基本理论。本卷的其他章节和另外的六卷体现了这些理论对于人类生活具体情况的适用。显然,这一适用主要涉及实在的法律制度。作者像对自然法规则一样对这些规则予以了界定。但是,他指出了一项存在于那些在自然状态中被直接赋予人类的严格意义上的自然规范,以及那些可以从上述直接规范中推导出来的被他称之为自然法上的间接措施之间的区别。他认为这些间接措施完全属于建立在当时当地情况基础上的实在法。由于国家之间所建立的关系比起一个国家的公民之间的关系更为接近自然状态,故而从第二卷中搜集普芬道夫的国际法概念比从后面的卷中搜集要容易得多。直到第八卷,他的探讨才更为接近专门的国际法问题。

按照其独特的体系,作者首先讨论了人对自己的自然义务,这包括智力与身体的发展(第二卷第四章)。在此普芬道夫为我们提供了一份完整的有关人生的智慧与艺术的要目。本章以对未将个人生命光荣地奉献给神所允许的目标的、任何形式的自杀行为的一项严厉谴责而结束。自卫是个人自然权利的一种(第五章);普芬道夫审视了何种程度上自卫能够成为一项义务这一问题,并得出这一结论,即,在放弃自卫就是给予作恶者进一步为害社会的机会的情况下,自卫可以成为一项义务。在触及这一问题的思考中,普芬道夫与耶林在其名著《为权利而斗争》(Der Kampf ums Recht)中所采取的立场非常接近。但是他对耶林理屈词穷的论断的片面性保持着警惕,他警告不要诉诸不必要的武力,并提倡在小的纠纷中乐于和解,以及宽待悔过的侵略者。但是他对持续冒犯和违反法律者的态度是不同的。为了大众的福祉,普芬道夫要求采取严厉措施,这些措施甚至达到了毁灭罪犯或者至少将其削弱到足以不危害社会的程度。这显然仅仅涉及人类自然状态中的法律状况(因此也涉及国际法)。即便在这里,普芬道夫还是提醒我们不要滥用自卫权。他坚持认为,这一权利并未允许任何人出于对一项可能的而非现实的侵略的恐惧而袭击一个假想敌。这其中包含了对预防性战争的谴责。

27a

而明显更为严格的则是普芬道夫加诸单个市民国家成员的限制。在此,只有在有责任防止不正当行为的权威机构的援助无效或无法获得之后,才存在自卫的问题。在这种情况下,他认为自然状态被重建了。依据其主张,权威机构不仅有义务防止伤害,而且有义务给予报偿以及为受威胁者提供未来的保障。由此,普芬道夫在回答人在自卫时是否可以越过反抗侵害所需要的界限,或者当人能够在没有困难与危险的情况下从侵害中抽身而退的时候是否必须要诉诸战争等问题的时候,对自然状态与市民状态作出了一项区分。就市民状态而言,对第一个问题的回答是否定的,对第二个问题的回答则是肯定的。但是在涉及自然状态、尤其是涉及国际法的情况下考虑这些问题的时候,普芬道夫决定作出相反的选择。因为在自然状态中加害人就是敌人,这是简单明了的;而即便假设侵害仅涉及受害人一项比起生命不那么有法律依据的利益,后者也可以最大程度地反抗加害人以保护自己,这不但是他的权利,而且是他的义务。

在对本章作出总结的时候,作者提出了一个在国际法上具有重大意义的问题,即,已经因一项违法的侵害而变得有罪的当事方是否可以采取强制手段以避免受害方的回击?对于最初受到攻击的当事方拒绝接受对其所遭受的伤害作出的恰当补偿的情况,他作出了肯定的回答。

第六章探讨紧急情况。在此,普芬道夫审视了谚语"有必需则无法律"的基础。他作出了一项区分:是一项紧急情况赋予了一种违背法律的权利?还是其仅仅为违法者提供了一个借口?看起来,他在自然法上接受第一种选择,在实在法上则接受第二种选择。尽管如此,他还是承认,在两种法律范畴之内可能存在必须实现的、甚至不惜付出生命的代价来实现的绝对命令。在

28a

此他阐明了这一问题,即是否极度的需要赋予了穷人以武力夺取生活必需品的权利,如果富人不自觉给予他们这些东西的话。他指出,这种行为与牵涉

财产不可侵犯性的自然法所建议的调解方法相抵触。而普芬道夫认为,在这一建议之下,富人方面担负着一种同时源自于自然法和人道主义原则的、将其富余的财物给予穷人以满足其必需的义务。这一义务可以从自然法上的不完备形式,通过实在法被转化为更为完备的形式,从而令其能够被法院和权威机构所执行。而这正是希伯莱法之下的状况,正如普芬道夫援引赛尔登的论著所讲述的那样。他认为,只有在这些实在法行之有效的地方,处罚因贫困所引发的盗窃和抢劫才是公平的。我们不可避免地会推断说,在我们的时代普芬道夫会建议对失业者提供公共救济。但是他抨击了格老秀斯的这种理论,即在这样一种贫困状态下由自然法所派生出来的关于私人财产的法律概念将让位于在自然法上建立的原始共产主义状态,由此既然这些东西都成为无主物了,那么穷人也就可以各取所需了。

　　第三卷从自然法的视角分析了有关义务的法律。在第一章中,普芬道夫对产生于侵权行为中的义务做了讨论,并阐释了损害赔偿原则。在第二章,与霍布斯频频背道而驰的普芬道夫发展出了一套建立在自然法基础上的关于人类平等的理论,主张平等超越所有肉体与精神差别而存在。他指出,在人类交往中,每一项行为都必定有其相应的补偿;作为一项原则,在商品和服务的分配中,几个当事方中的每一个人都应当被平等地对待;没有人可以傲慢地将自己抬高到其他人之上,或者拒绝给予其他人同样的个人尊严,特别是不得通过外在差别侵犯这一尊严。普芬道夫尖锐地攻击了那种某些人命中注定要做奴隶的陈词滥调。他宣称,这种形式的不平等以及并非依据年龄、性别或者物质与精神力量的自然差异而产生的任何其他形式的不平等,乃是实在法的一项产物。即便是产生一个国家所必不可少的权力不平等,普芬道夫也视其为对人因享有平等的自由而具有平等的权力这一自然法原则的一种人为的违反。严格来讲,不论是依据自然法还是依据实在法,都不应当允许财产的不平等作为反对人类平等的一项重要内容起作用。

　　我们注意到,在这一章中,普芬道夫远远超前于其所处的时代;他不仅预见了启蒙时代的观点,而且预见了19与20世纪的观点。我们应当记得,在他那个时代,摆在同一个国家公民面前的是大量严格划分的、界限分明的协会、行会和阶级。这一时期几乎比其他任何时期都充斥着特权。考虑到这一切,普芬道夫对自然平等的强调,的确是革命性的。该卷中探讨各种人道义务的第三章被注入了一种平等进步的思想。一项作为人类交往的基础要求被提出,即顾及他人福祉乃是一项人类义务。从这一原则出发,普芬道夫引申出了穿越他人土地的紧急权利,以及越过外国领土从事贸易的权利。他从同一渊源中推出了运输工具的主人在紧急情况下停靠外国陆地的权利;以及

29a

同样情况下给予外国人适当待遇的义务。愿意服从东道国法律的外国人应被允许在当地法院处理纠纷并获得求偿。自由的贸易关系应被赋予其他的国家;这仅在例外的情况下才能受到限制。他甚至倡导跨国婚姻。但他反对格老秀斯提出的从平等原则中可以推出一项普遍的最惠国待遇的权利的观点。在普芬道夫看来,任何主张这一权利的主体都必须将其主张建立在一项特殊协定的基础之上。

第四章讨论了支配关于义务问题的法律的一般规则。作者坚持**约定必须遵守**这一原则作为一项自然法上的公理的有效性,并将人类的社会本性作为其基础,如果条约没有得到虔诚的遵守,则神所赋予人类的宗旨将不能实现。接下来他将义务分为固有的与后定的两种。他将对神的崇敬与遵从放到第一种类型之中。由此他表达了与霍布斯截然相反的观点,后者坚称对神的不敬是一种愚蠢无知的表现,故而不应受到惩罚。他既不倾向于将对神不敬者视作好比是上帝的合法敌人那样来对待,而我们作为中立的一方,可将对其的惩罚留给上帝;也不认为我们将其作为天上与人间秩序的背叛者来惩罚是合法而正当的。进而,他区分了自然法意义以及市民法意义上的法律义务。作为一项原则,前者只能通过友好的手段来执行,而对于后者,国家可以强制执行。此外,普芬道夫还区分了暂时的与永久的义务、单边的与互惠的义务。

在第五章中,作者讨论了这一问题:一个人如何通过一种并非先天的而是继受的义务的方式将其权利转让给另一个人? 在此他提出了对立于霍布斯的观点,后者坚信,在自然法的基础上,每个人都享有一项取得任何事物的权利,因此在行使这一权利的过程中他也就是任何其他人的竞争对手。照霍布斯看来,权利的转让仅仅在于一方就这一竞争性权利的行使作出有利于另一方的放弃。另一方获得的并非新的权利,而仅仅是一个特定的竞争对手在行使其普遍性权利的过程中所放弃的权利。权利的转让在于不抵抗——这就是霍布斯的公式。毫无疑问,作为人类天生的**社会性**的宣告者,普芬道夫不得不反对这一建立在一种一切人反对一切人的自然战争状态的假设之上的公式。在其所宣告的自然状态中,他所看到的只是,所有人都有一个平等的机会,来为自己谋取大自然所赐予的有生命的与无生命的事物,来满足自己的需求。一项利用大自然的特定惠赐的权利,只有在单独利用该项资源的这一资格被社会成员以明示或默示的方式批准的时候才能得到确立。普芬道夫完全否认存在一种授权一个人役使他人的关于主权的自然权利。这种权利只能来自一项协议,因为其有悖于人的自然平等。但若假设一项对物或对人的权利已经以这种方式产生,则情况就变成这样:通过这种转让,一方失去了其原本享有的一项实在法上的利益而另一方获得了其原本不享有的一项利益。仅仅是一项普遍性权利的不行使,不能使该权利转移到另一方,因为这种不行使并未令想要获取该项权利的那个人从其他所有享有同等权利者的竞争中脱颖而出。尽管这种争执在实在国内法上可能显得让人难以理解,但其在国家间权利的取得与转让方面将会变得异常重要。从现代国际法的观点来看,我认为普芬道夫的阐释在各方面都优于霍布斯。

在对各种单边或多边合同义务的审视中,普芬道夫还提出了无形式的合同(**裸体简约**)与无形式的承诺(**裸体誓言**)是否必须信守这一假设的问题。众所周知,盎格鲁—撒克逊法律不承认这样的一项义务,而是坚持要求协议或者承诺具备某种特定的形式,或者,在另一方面,坚持要求对一方所拥有的权利作出修改,比如一项在另一方所做承诺的基础上作出修改的对价。与上述理论相对立,普芬道夫支持**约定必须遵守**这一在国际法上发挥着至关重要作用的规则的基础有效性。他继而逐个驳斥了支持更加唯物的原则的主张。他指出,诚实与信任要求我们在人类社会中必须信守承诺。这适用于国际关系——在此普芬道夫同意格老秀斯的观点——并具有特殊的拘束力。如果以无形式的方式作出并且尚未得到双方履行的协议根本不需要信守,那么国际关系将为相互之间的不信任所严重扰乱。

31a

在第六章中,我们的作者讨论了作为一项有效契约的初步要件的同意。在此他详细考查了一个问题,即依据自然法与国际法,一项在胁迫之下订立的协议是否具有拘束力。普芬道夫不赞同格老秀斯的观点,后者认为这些协议是有拘束力的,因为在缔约方之间存在某种类型的协商一致,不管这是在何种基础上达成的。持相反主张的普芬道夫从自然法的角度出发,开宗明义地否认这样的一项契约具有真正的拘束力。他辩称,当个人在国内缔结此种因强迫而订立的协议的时候,法官将宣告其无效。在同样的基础上,他也反对霍布斯的解释,后者考虑到人类社会一切法律的起源都无一例外地可以追溯到原始自然状态中因贫困而受到的压力以及对于更大不幸的畏惧,故而赋予强迫性的条约以拘束力。这里他正确地宣称,霍布斯在此将强迫的概念与另外两个不同的含义搞混了。

而正如我们在后面会看到的,在第八卷中,对于通过武力所强加的条约,普芬道夫调整了自己的立场。他认为,这些条约通常不能被归于无效。

第七章探讨承诺与契约这一主题。本章更多地讨论了履行不能的、违背法律或道德的条款,以及这种条款与承诺或者契约的拘束力相关联的后果。普芬道夫还考察了这一问题,即在何种程度上一个人处分他人的货物或者处分他已经承诺给予另一方的物品与服务的行为对他自己具有拘束力。在此对国际法具有重要意义的是我们的作者所宣示的观点,即未得其本应效忠的君主的同意,没有人能够合法地改变国籍,以这样的方式承诺将君主赐予自己的权利转让给他人乃是无效的转让行为。

在第八章中,普芬道夫分析了可附加在合法交易之上的条件与限制的重要性。在第九章中他转而讨论商事交易中的代理问题。在此我们读到了一些从国际法的角度来看很有些价值的有关大使地位的意见。他提到了一种情况,即一个大使同时拥有两份证书,一份是他提交给另一方的全权证书,另一份是较之全权证书更多地限制了其自由裁量权的秘密证书。在这种情况下,大使在全权证书授权范围内订立的协议拘束其派遣国,即使其超出了秘密指令的授权范围。

在之后的几卷中,作者论及了人类业已通过明示或默示的协议建立起来的旨在扩大与整合自然所赐予的权利的机制。这其中,他列举了语言、财产、物品价格以及主权关系(**言论、所有权、价值、支配权**)。正是依据这一纲目,他对本书剩余的部分作了细分。第四卷第一到第三章讨论言论以及由此产生的义务问题,第四到第十三章讨论财产问题。第五卷是有关价格问题的,而且我们还可以在其中看到一项关于各种类型的预定价格合同的讨论。第六卷探讨主权关系问题,并涉及种族权利;第七卷就国家权力的起源、形式及其取得展开讨论;在第八卷中,第一到第五章探讨国家权力的内容,第六到第十章探讨战争法、缔结和约、以及国家间的联盟和其他条约问题。在第十一和第十二章中,公民权的丧失以及国家的变革和分立等问题得到了讨论。

普芬道夫在亚里士多德的一个命题中找到了其考察言论之拘束力的出发点,即,很多动物都具有借由声音表达自己对压力和痛苦的感受的能力,但是只有人类,才注定会通过约定俗成的话语,来交流有关何为有用、有害、善、恶、正当或不正当的想法,这一上天的恩赐正是家族与国家中的人类社会的根基。普芬道夫接着将其注意力转到有关语言起源的不同理论上。他坚信,特定概念与特定发音的结合,并非建立在人类本性或者任何所谓的内在必需的基础之上,而是建立在人类自主的决定与安排的基础之上。否则就无法解释这一情况,即相同的想法或概念在不同的民族中可以通过如此数量繁多且差异巨大的语言形式来表达。他驳斥了在柏拉图的《克拉底鲁篇》(*Kratylos*)中苏格拉底所提出的任何事物本质上都有其注定的名字的观点。他从仅仅适用于某一种特定语言的对单词的词源学解释的例子(第四卷第十章)中,推出了对上述观点的**反证**。作为一种严格的理性主义解释,作者的语言学阐释是有益的。它们举出了大量关于词汇的一般和普遍意义,以及关于歧义、词汇概念改变及其后果的详实资料。对这一阐释,普芬道夫还从法哲学的角度,补充了一些有关伦理与逻辑的真实性、有关真实义务的程度以及虚假概念的限制的阐释。他还界定了获得真实信息的权利以及相应的对真相保持沉默的权利。他尤其反对模糊其辞与秘而不宣(**内心保留**)。基于其对国际法的重要性,尤为值得一提的事实是,普芬道夫赞同柏拉图在其所著的《理想国》(*Republic*)中所持的观点,承认统治者为了国家利益有权利欺骗臣民与其他统治者。而对于医生与律师,他也承认其在职业上具有背离真相的权利。

第四卷第二章着手对宣誓及其性质、类型与效果,以及对誓言的违背做了一番详细的探讨。讨论人类利用动物与植物界的权利的第三章,是财产权理论的前奏。在第四章中,他所界定的从初始共同占有中发展起来的财产权制度,在自然法上不是一项直接的、而是一项派生的制度。由此他就与格老秀斯的理论相契合,而与当时的众多学者背道而驰。他未将财产权视为神所作出的一项命令,而是视其为一种建立在明示或默示协议基础上的人类制度。诚然,神已经将地球以及生长与生活于其上的一切事物授予人类以及动物来使用;但是这种使用的范围、其内在与外在标准,是留给人类自由裁量的。人类完全可以一方面规定全部或部分东西维持共有状态,也可以另一方面以财产的形式将某些东西分配给一部分个人而将其他人排除在外。但即便在采用了此种分配方法的地方,仍然存在人定规则必须让位于自然状态的情况。在极度穷困的情况下,一个贫苦的人可以使用其所需要的东西而置财产权于不顾。在战时,与敌国的条约条款被中止,故而一方有权没收另一方的财产。普芬道夫还认为通过占有取得财产是对自然状态的背离与违反。例如,自然法不能解释,为什么在国际法上先占能够确立一种较之于首次发现更为优越的法律权利。这种仅看事实上的占有而不看单纯的发现的原则,乃是隶属于实在国际法的主权权利的基础。

在第五章中,处于财产权之下的各种事物得到了讨论。这其中作者仅仅列出了能够为人所用的以及排除他人权利而由个人专享的事物。这种排除的表明不必借助人为的屏障;仅仅是这些事物的界限已经以任意方式标明这一事实就足够了。基于这一原因(在这一点上与格老秀斯有所不同)普芬道夫认为对河流(但不是对流经的水)的财产权在法律上是可行的。而在他所使用的"财产权"这一术语之下,国家的主权权利也可以得到理解。

这一主权权利仅在他论及**海洋控制权**的时候才会考量。他坚持认为一项对海洋的财产权无论从哪一方面来看都是可能的,而且从某些方面来讲在国际法上是无可辩驳的。他**详尽地**举出了对港口、近水、海峡与海湾的主权权利,以及对包括适合捕捞牡蛎、珊瑚和海绵的海洋与公海海域在内的渔

34a

区的专属开发权利。这些权利都是他从实在的人定规范而非固有的自然法中推出来的。根据普芬道夫的观点,公海开放给所有国家和平而共同地使用、尤其是用作自由航行这一点,并非自然法上的理论,而是源自这一事实,即迄今为止任何单个国家都未被赋予排除其他国家对公海使用的特权。并且,一项要求获取这一特权的主张将是难以执行的;更何况,其将被作为愚蠢的野心或卑鄙的贪欲之结果而从道德上被拒绝。因此,普芬道夫实际上支持格老秀斯有关**海洋自由**的理论。与这一态度并不矛盾的是,他认为在国际法上对贸易自由作出某些限制是可以允许的,单个的沿海国可以禁止其他沿海国沿本国海岸航行,或者可以就此与后者达成安排。

第六章讨论原始取得与派生取得的区别,并专门探讨了通过占有而产生的原始取得。在对这一主题的所有阐释之中,最后一节异常有趣。它讨论了战时占有,即通过军事占领或者对战利品的权利而取得财产权的问题。在此,普芬道夫一如既往地对战利品上的权利做了如下解释:在战争状态下,与其说是敌人的财产权中止了,倒不如说是缔约方相互承认财产权的条约义务暂停了。普芬道夫未将财产的最终取得时间从捕获敌人财物的时候算起,而是从敌人在和约中放弃重新取得这些财物的时候算起。普芬道夫提出,**战时占有**的一个独有特征是,经此途径不仅可以取得对物的财产权而且可以取得对人的主权。在这一点上,他不赞成格老秀斯所主张财产与主权可以平等地作为占有对象的理论;因为他认为,通常所见的占有无主物的有关占有的例子,不可能用在对人的主权的取得上。一个没有主人的人就是自己的主人,故而不能被放到一个等同于**无主物**的地位上,因此,当对居民的主权的取得与对其领土的占有相关联的时候,这种取得就是一种非原始性的,而不是一种真正意义上的原始取得。与这一阐释相适应的是,普芬道夫将领土主权视为一种所有权,而倾向于将**帝权**这一概念限制在个人主权上。

在讨论添附物或者从属物的取得的第七章中,对国际法有意义的唯有普芬道夫所作的涉及国家领土主权的有关冲积地(**冲击土层**)的论述。在此他同样不愿诉诸自然法的初始原则,而是论及单个国家间的实在法律体系。尽管如此,他还是规划了一些可用于解决当界河改道时其所分隔的国家之间可能发生的争端的规则。对此他区分了以下的情况:是否已经与邻国就河床本身做了分割以及是否边界的土地已经通过勘查或一套测量体系做了明显的标记;是否对岸的河流仅属于其中一个邻国的人民,抑或它是开放给邻国人民共同使用的。在第一种情况下,河流的改道不会带来任何主权或财产权的变化。在第二种情况下,冲积地属于拥有河岸的国家而河中出现的岛屿则属于河流的拥有者。在第三种情况下,两者都属于先占者,但条件是,对冲积地的先占权是拥有由此而扩大了的河岸的国家的一项特权;对于新出现的岛屿,其权利属于河岸与之最近的国家。在普芬道夫看来,总而言之这里有一个前提,即双方的主权和财产权延伸至河的中央。另一方面,他并未讳言自己的这一观点,即起到蚕食一边河岸而将固体物质沉积到另一边作用的河道的逐渐改变,也会影响领土与财产之边界。但当一条河流突然为自己掘出一个新的河床的时候,则废弃河床的中间线仍然是领土与财产的边界。

第八章致力于探讨对他人财产的权利的理论。普芬道夫仅从民法的角度谈论了这一问题,且并未关注颇具争议的国际地役概念。

第九章探讨财产转让的问题。在这一标题之下,作者还详细说明了占有的法律意义;因为他不得不在考虑这一古老的争论不休的问题的前提下确定自己的态度,即,为使财产转让生效,是否买卖双方的意思表示已经足够,或者是否必须随之进行实际的转让。普芬道夫对这一假设性问题做了如下结论:就财产转让本身而言(即从道德上来说)意思一致是足够的,但行使对售出对象的切实权力则要求财产的实际转让。显然,这里所讨论的转让,不能够再是建立在财产权基础上的一项行为——因其已经被转让给另一方——而仅仅是一项建立在合同义务基础上的给予财产取得者对财产的实际占有的行为。在此,为了更接近于盎格鲁—撒克逊以及晚近的法国法上的阐释,普芬道夫曲解了罗马法的规定。必须指出的是,他的主张与当代德国法正好相反。

在第十章中,作者讨论了死亡情况下的遗嘱与遗赠问题。他的立场与格老秀斯相反。后者认为,遗嘱的不同形式是实在法的产物,而所有人在其死后处分其财产的权利则是一项从自然法的角度出发的财产权概念的结果。相反,普芬道夫坚称,只有发生在活人之间的对财产权对象的处分才是符合自然法的,而任何以死亡为生效条件的,以及仅在死后才具有强制力的作出一项让与的法律安排,都应被归为实在的人定规范。值得一提的并且只能被解释为对规范遗赠关系的罗马法的偏爱的一种后遗症的是,普芬道夫并没有将未留遗嘱而逝去者的财产对其法定继承人的转让追溯到自然法上,而是追溯到适用于未留遗嘱情况的逝者的推定意愿上。这一阐释是完全与德意志法背道而驰的。更何况,普芬道夫并非不了解通过遗嘱进行遗赠这一据说建立在梭伦立法基础上的罗马法上的自由的缺陷。与博丹相一致[《论国家》(*De Republica*)第五卷第二章],他专门批判了通过遗嘱处分不动产的可能性。毫无疑问,他将强烈反对其后来的君主勃兰登堡大选帝侯的做法,后者毫不迟疑地通过遗嘱性的分割处分了自己的领地,就好像那是动产一般。

第十二章讨论取得时效的问题。我们的作者介绍了罗马法上的理论。

37a 接下来他提出了这样的一个问题,取得时效是否如格老秀斯所提出的那样,是自然法上的一项制度,或者是否如居雅士所坚称的那样,其与自然法格格不入且由此其源头在于实在法规范。普芬道夫倾向于格老秀斯的观点,因为引入取得时效服务于与引入财产权相同的目的,也就是说,是为了维持人类社会的和平。基于同样的考虑,他宣称取得时效也是国际法上的一项制度,而考虑到有关领土主权的国际争端是比有关财产权的个人争讼更为重要的事件,情况就更是如此了。普芬道夫在大量引证历史上的学者论著和事例的基础上,反对对原属于其祖先但已经长期处于另一政权无可争议的统治之下的领土提出的主权要求。要推翻上述要求,甚至不需要诉诸很长的时效期间,只要能够指明这一领土主权的归属,是建立在诸如战争征服的国际法的基础上就可以了。

当然,在战争状态下,通过占领不能取得永久的占有权;因为这里我们面临着为国际法上所承认的武力光复的可能性。只有和平条约能够确认其归属权。对于一国通过和平手段获得一块领土的主权的情况,另一当事国长期未对这一块领土提出法律主张这一事实本身,就构成了一项对于合法占有的有力推断。

在第十三章中,基于财产所有权而产生的各种债务关系被列出和讨论。普芬道夫的探讨从一切非所有人不得干涉所有人对其财产的和平享受与利用这一普遍义务出发,到**善意**或**恶意**占有人就属于他人的东西对所有人所负的特定义务结束。在诸多例子中,他提到了一个国际法上的例子,一个之前被驱逐后来又在其国土上复辟的统治者对篡位者从该统治者的领土内提取并存放在国外的财政收入提出了一项主张。他支持那种认为过渡政权是建立在不正当的暴力之上的主张(对立于波利比乌斯的观点)。

38a 第五卷探讨合同法理论。普芬道夫的出发点是作为合同所涉商品的价值之标准的价格。一件商品的价格数值,并非如格老秀斯所宣称的那样,是依据其能够满足人类需要的程度来规定的,因为诸如空气和水这样最必需的东西因其取之不尽而没有价格,而诸如奢侈品那样的完全非必需的东西却往往是最昂贵的。价格的标准不如说是东西的稀缺程度、珍贵程度,或者工艺精湛程度。在说明了商品的普遍价值最初是由物物交换来确定这一状态之后,普芬道夫转而论述作为通用的价值度量衡的金属硬币的起源。尽管金属货币的价值是依据人定规范与协议确定的,然而普芬道夫警告统治者不要过于随意地确定这一价值。就国内贸易而言他们或许可以制定一项强制性的估定价格,但就对外贸易而言高估货币价值并不现实。统治者也不能授权将货币贬值,除非在国内需求使这一做法绝对必要的时候。即便是没有受到任何法律干预的由自然原因引发的货币价格波动,也是有害于国际经济体系的。在这种情况下,究竟是商品过多压制了物价还是金属货币过多抬高了物价也就并不重要了。这两种情况都频发于美洲大发现与普芬道夫所处时代之间的两个世纪中。然而,就普芬道夫的观点来看,这些缓慢发生且不易察觉的波动无损于货币作为一种价值度量横的特性。这些波动并未触动处于波动中的货币经合意的价格的合法性,而货币价格的任意性与突然性变化则会动摇其基础。普芬道夫在此触及到了一个在其所处的三十年战争后的时代里,其重要程度不亚于我们所处的世界大战之后的时代里的一个问题。

在本卷第二章中,作者在罗马法的指引下,区分了各种类型的合同。在第三章中,他讨论了平等履行的原则以及作为有偿契约宗旨的一种自然后果的赔偿问题。这样的赔偿也适用于国家机关与永久的以及临时的国民订立的强制性合同,正如其同样适用于征用与没收一样。在此国家同样有义务支付一份公平的对价。在接下来的章节中,作者对不同类型的合同做了一项阐释。在第四章中普芬道夫论及了不具有金钱对价的合同,例如有关委托、信托、以及出借货物的合同。在第五到第七章中,他考察了带有某种金钱对价的合同,尤其是有关易货、销售、租赁与租借、以及贷款的合同。在贷款这一题目之下,他转而讨论有关货币兑换的问题,并且他通过详细的说明,竭力为各种因货币贬值而必定会出现的情况寻找一个解决办法。他赞同当时流行的观点,即以全值货币支付的一份贷款,当以被大肆贬值的原有票面金额之货币偿付的时候,应当相应地提高其偿付金额(即重估价值)。饶有趣味的是他在第七章从法律史的角度为有关利息的禁止所提供的解释。他认为,这一禁止只不过是一项针对犹太人的实在法规范,而依据自然法,对一笔贷款可以按照所贷款项预期获得收益的一定比率达成一项利率。

39a

在于第八章中讨论了社会契约之后,普芬道夫在第九章中论及了射幸合同的问题。他认为两个国家为了一个未能和平解决的问题而走向战争的决定存在一种赌博成分。从这一战争中的偶然因素出发,他推出了一项国际法上的主张,即被施加了一项于己不利的和平条约的战败国没有权利以强迫为由反对和平条件的实施。普芬道夫后来又再次提到了该项主张。

第十章关注所谓的附属合同(**附加从属条件的契约**),这一合同可以从一开始就导致主合同的某种变化,也可以之后补充或修改主合同,就如在保证与信托的情况下那样。在这部分内容中普芬道夫还解释了关于抵押物的理论。

第十一章呈现了各种类型的履行基于债所产生的义务的方式。自然法上的履行方式是真实履行,而不是金钱赔偿。普芬道夫描述了通常情况下的其他请求权消灭的方式。他强调说,当一项双边协议中的一方故意不付款的时候,与其说是一项债务没有得到履行,不如说是该项债务被废除了。在这种情况下,另一方的义务也被解除。这在普芬道夫的任何著作中,都是一项自然法原则,该原则在国际法上是有效的,恰如其在私法上那样。

作者在第十二章中所阐述的一整套有关条约解释的规则也是如此。他举出了一系列历史上的议定约文的例子,这些约文已经成为争议的对象。对每一个这样的案件,他都试图给出一个建立在自然法基础上的解决方法。在此特别具有现实意义的是对以下条款的考察,即未经战胜国的同意战败国不得在未来发动战争,这一条款自远古时代以来就时常被强加在和平条约之中。根据普芬道夫的解释,这一条款仅涉及侵略战争而不包括自卫。

在第十三章中,他仔细考察了那些似乎是为了防止武装冲突的爆发而引入的手段。在此,普芬道夫也是将国家间的相互关系放在与自然状态下的人类之间相互关系同样的程度上来讨论。在上述两种情况下,他都发现存在着一项自然法规则,该规则要求,即便在使用武力的权力可以推定的情况下,也要先为达成一项和平友好协议作出一次尝试。就这一点,普芬道夫详细讨论了仲裁的问题。他着重说明了这一要点,即,仲裁员的立场及其所做仲裁裁决不可能由仲裁协议来决定,而争端则确定无疑地是由仲裁裁决来解决的。当然,他也承认某些例外的情况:比如,仲裁员受贿或显失公平。对于存在疑问的情况,他为仲裁员施加了依据法律原则而非仅仅依据公平原则判案的义务。

接下来,我们的作者审视了这一问题,即在一项当事国提请仲裁的争议中,是否可以作出一项涉及占有状态的中间裁决。格老秀斯对这一问题的回答是否定的,因为在主权者之间不存在普遍的实在法规范,而仅存在自然法上固有的缺乏合法占有手段的规范,且由于仲裁员是被指定来裁决主要问题的,故而其职权是有限的。普芬道夫不同意上述观点,他宣称,仲裁庭应当首先规范占有的问题以便正确地分配举证责任并使得在议的问题不会在仲裁程序中被更改,这是一项自然法上的命令。

他将调解(**友好的和解**)和干涉与仲裁程序区分开来。他毫无保留地赞扬这些阻止或缩短战争的方法,甚至认为这些友好的斡旋是基督徒的一项义务。他指出,即便是通常被视为"欺名盗世"之作的《古兰经》,也为两支发生争议的伊斯兰力量规定了一种类似的程序。普芬道夫所倡导的程序让我们想起了《国际联盟盟约》中的某些条款。在争端解决方面享有共同利益的国家可以就联合调解达成协议;同时他们还可以规定每一个国家能够在多大程度上干涉已经爆发的战争。同样地,他们可以在考察争端以后,依据正义与公平,决定对争端当事方施加何种和平条件。这些条件由他们联合起来作为双方的友好国家提出,并附带告知双方,他们准备以武力支持接受这些条件的当事方来对抗拒绝这些条件的当事方。这样的一种程序不能被理解为对于仲裁员职权的一种强行僭越,也不能被理解为一种超国家主权的体现。考虑到主权的敏感性,仍然有证据表明国家排斥一切形式的干涉,我们意识到普芬道夫是多么地超前于其所处的时代。远至1899年和1907年《和平解决争端的海牙公约》,都包含有规定缔约国不得视一项调解尝试为一种不友好举动的条款。而《国际联盟盟约》除了认定其关于联盟机构的调解行为的规范明显地符合成员国维护和平的共同利益之外,更是别无选择。

41a

对于仲裁的程序,第十三章仅包含少量基本规则。对于仲裁裁决的执行也是一样。对于坚持拒绝既判赔偿的当事方,自然法仅仅提供了一项救济措施,即使用武力,也就是战争。与民法不同,国际法在战胜国无法通过强制手段获得应有赔付的时候,授权战胜国转而夺取战败国的其他财物或领土以补偿自己。上述手段可以被作为一种为获得应有偿付而施加压力的工具来使用,或者在未偿付的情况下,被夺取的财产将被永久地留下来。但是在上述两种情况下,在夺取财产或领土之后,债权国必须让债务国有一个自我赎回的机会,即通过支付其所欠款项,取回作为替代物的东西。

第六卷第一章讨论婚姻法,第二章讨论家长权,第三章讨论主人对奴隶的权力。不论是关于国际公法还是国际私法,在这里我们都找不到太多的资料。可以提及的是,除了丈夫对妻子享有支配权的婚姻形式以外,普芬道夫还考虑到了另一种夫妻关系与前者相反的婚姻形式。他称之为"印第安式婚姻"并宣称其是违反自然法的。他并未从自然法中推导出男性对女性的婚内权威,因为婚姻的自然目标可以在没有这样一种强制关系的情况下达成。在他看来,这是一种实在的规范。与其路德宗信仰相一致,他声称,依据自然法,婚姻可基于通奸、恶意离弃以及坚持拒绝履行婚内义务等原因而解除。他谴责了婚姻不可解除的教会法原则。在讨论家长权力的章节中,遵循霍布斯的作法,普芬道夫也提及了母权关系。他认为,只要性别的联合不是永久的,母权就是与自然状态相一致的。自从引入婚姻之后,由父亲行使家长权就成为规则,由母亲行使家长权则成为例外。详细分析第六卷中关于家庭关系的冗长讨论并不会取得太多成果。至于奴隶制,他拒绝承认其与自然状态相一致。他明确表示,这一制度起初源自弱者对强者的自愿臣服,之后又源自战争中的捕获。当霍布斯认为奴隶制作为一种战争的副产品,是一项自然法上的制度的时候,他斥责霍布斯是犯了错误。

对我们来说,资料更为丰富的是第七卷。该卷的九章与第八卷的前五章

42a 一起,涵盖了普芬道夫有关政治法律的原理。在第一章中,他分析了国家的起源,并发现这一起源在于萦绕在凡人心头的对于敌人入侵的恐惧,这促使他们联合起来为彼此提供相互的保护。显然,无论是对自然法的遵从、公断人的行为还是通过妥协达成的协议,都不具有足够的力量来维护人类之间和平。和平总是被源于人类不同判断的不同观点所打断。需要一种更为强有力的控制力量来将人类的好斗性约束起来。而这种控制力量就在国家权力之中。

第二章展现了普芬道夫的国家契约理论。与只承认一项**社会契约**(正如卢梭所称的那样)构成了国家的霍布斯不同,我们的作者依次设想了几项社会契约:首先是一项由一定数量的个人为了共同自保而联合起来的契约;接下来是由此形成的社会组织所作的界定其希望如何被管理的一项决议;最后是一项关于任命某人到国家政府所指派的职位上的契约。这一统治者与被统治者之间的契约,不仅在君主政治和贵族政治中是必要的,而且在民主政治中也是必要的,尽管在后者中统治权被赋予了人民。由于人民是与个人的集合不同的范畴,因此,享有主权的人民和受到统治的个人之间的一项契约是完全可能的。众所周知,霍布斯否认这样一项契约的可能性,即便是在一个君主国家中。但显而易见的是,其著作《利维坦》所具有的反对那种一个国家通过革命推翻不合法的统治政权的主张的倾向,将其引入了歧途。我们清楚地知道,这样的一种主张,在当时经常作为一种反叛的口号被提出。尽管王权被视为神圣不可侵犯并应免受不满分子的攻击对人类社会的福祉的确是至关重要的,但另一方面在君主和公民之间也毫无疑问地存在着一项双边契约。借由这一契约的力量,君主应当为公民提供保护,而公民则应当服从君主。没有这样的一项契约,则上述两项义务中的任何一项都不能存在。普芬道夫始终坚持这一观点,并总是缜密地驳斥霍布斯的主张。这样一来,他就将斧子砍向了其终身所侍奉的君主们的绝对权力的根基。

尽管在第三章中,他将君主的权力与其他主权形式一样追溯到神,但他的思想中并不存在一种"君权神授"的、仿佛万能的神一下子就创造了这一权力的神秘主义体系。相反,他在其中看到了一个结果,那就是神所赋予的人类理性。他对格老秀斯过度实用主义的观点保持着警觉,后者认为国家权

43a 力是被凡人所创造来保护其安全的,只不过是由神所批准而已。归根结底,国家权力的缔造者是神,只不过这种缔造是间接的。他甚为严厉地谴责了君主的仆臣和溜须拍马者的论调,后者在当时经常诱骗统治者们相信,神已经将其自身的部分权力授予了作为其在人世间代理者的他们。他认为真实情况是,统治者的权力不过是构成一个国家的所有个人的权力之集合,个人将

其基于自然法上的自由而持有的权力中的一部分授予在位的主权机关。在此，普芬道夫似乎成为了构成《美利坚合众国宪法》基石的关于人权的起源和程度之理论的直接先驱。

对国际法具有重要意义的是本章的结论（第九）段。普芬道夫在此展示了其观点，即只有全体公民才有权授予被赋予了主权的单个人以统治者的头衔。由此，如果一个统治者在全国公民的同意之下获得了国王的头衔，他不需要为此得到其他国家的批准，就如同他获得权利不需要他国批准一样。如果别的君主否认其国王头衔，从国际法的角度来讲，这不会造成比该外国君王对其主权的主张更大的损害。只有当该统治者并非一个完全主权者、而是一个封建王公之附庸的时候，后者的同意才是其取得国王头衔所必须的。在这种情况下，小国君主的王位是派生性的。但总的说来，对一个原先不具备独立地位的统治者取得国王头衔的认可，也就同时意味着对其未来的完全主权和独立的承认。这些主张是普芬道夫在勃兰登堡大选帝侯腓特烈一世的继任者（腓特烈三世）以神圣罗马帝国皇帝旗下诸侯之一的身份获得普鲁士国王腓特烈一世头衔之前写就的。我们甚至可以说，这些主张看起来对这一历史事件不无影响。普芬道夫所阐述的主张的一个反响也许能够在之后的一个历史事件中得到体现。当普鲁士国王威廉一世在其精神失常的兄弟腓特烈·威廉四世死去、他经过摄政之后成为国王的时候，虽然他的王冠确实是从主的祭坛中取得的，但他作为国王获得了全国代表的宣誓效忠。

普芬道夫在第四章中所阐述的其关于国家最高权力的划分的理论，早于孟德斯鸠关于三权分立的著名理论。只不过普芬道夫的理论缺乏明确的对于权力的三重划分。作者依次列举了立法权、惩罚权、司法权、战争与和平权、提名权（分配职位）、以及征税权。尽管没有提出一个全面的行政权的概念，但作为补偿（在第二节），权力之间的连贯性得到了更加充分的阐释。作者向人们展示了，如果国家机构的分立权力的行使者让其部门之间彼此完全独立的话，将给国家生活造成怎样的混乱。他坚持认为，所有人都必须服从最高的意志。在普芬道夫看来，这对教化功能也同样是有效的。如果民众的教化者可以随意用永恒谴责来威胁公民去从事那些执法者以极刑来禁止其实施的行为的话，那这绝对是难以容忍的，并且可能引发暴乱。我们的作者绝对不会认可一种完全的教化自由。他避免详细讨论教廷与国家之间的关系。但他试图驳斥某些出于对亚里士多德理论的某种误解而倡导一种更为广泛的权力分立的人的观点。在这些人中间他还抨击了格老秀斯。

在这种情况下，他对格老秀斯的理论提出了挑战，即依据国家宪法，权力可以在国王和人民之间以某种方式分配，从而使得强迫或者惩罚国王成为可

44a

能。无论哪个国家在宪法中达成了这样的规定,握有主权的就都不是国王而是人民了。因此,国家权力根本就是不可分割的。如果我们假设存在这样一种权力分割的状况的话,那么政治压力的释放就只有通过两种途径才有可能。若我们考虑通过法律途径这么做,那这就是无法操作的,因为人民和国王并不承认一个居于其上的共同裁判者的存在。若我们考虑通过使用武力的话,那这就是以自然状态为前提并会由此摧毁国家的本质。我们在读到这些阐释的时候不禁想到了那场克伦威尔将英王查理一世推上断头台的审判。

第五章对于国家的形式做了一番非常详尽的讨论。遵循亚里士多德的观点,普芬道夫认为存在着三种基本的形式:君主政治、贵族政治与民主政治。这里的标准是,究竟是一个单独的人、还是一个由指定的人们构成的委员会、抑或所有享有投票权的公民被授予了最高的权力。在普芬道夫看来,这一权力以何种方式被付诸实践并不重要。一个民主政体可以被一个人民领袖以一种君主制的方式来管理,一个君主政体也可以通过一个秘密顾问团以一种贵族政治的方式进行统治。除此之外,还存在着数不胜数的基本形式的变种,这部分是由于其在一个国家内部产生了融合,部分是由于几个国家之间或多或少的紧密关系。作者认为纯粹的民主制是最古老的国家形式,因为这是最接近于自然自由和自然平等的形式。但他明确表示自己不会由此得出这就是最佳形式的结论。他认为,这种为柏拉图所赞同的形式,仅仅适合于一个由同一类型公民所组成的社会,他们属于同一种族、拥有共同的祖先、就像同胞兄弟一样。如果亚里士多德认为最古老的国家形式是君主政治的话,那么他就是误将族长视作在位的国家统治当局了。他还忽视了这一事实,即英雄时代的所谓国王们与其说是自己同胞的统治者,不如说是带头人或领导人,故而其只能被视为一个由人民集体主权所授予职位的执掌者。

在描述民主政治的特点的时候,普芬道夫在很多其他特点中间专门提到了多数原则。在他看来,多数平等主体的意志凌驾于少数人的意志之上是与自然自由相违背的。因此,当一定数量的自由人为了建立一个国家而集合在一起的时候,那些不同意联合决议的人可以保持其自然自由并处于这个国家之外。然而,如果所有同意建国的人都就作为国家形式的、建立在多数原则之上的一种民主政治达成了一致,那么所有人都受到接下来的决议的约束。他们必须服从多数的决定,因为这在宪法意义上体现了所有人的意志。

根据普芬道夫的观点,当按照组建国家的契约,制宪决议规定国家的最高权力应当由一个少数公民组成的、根据既定规则组织起来的团体来行使的时候,贵族政治的国家形式就产生了。通过接受这一团体的指令,该团体与全体单个的公民之间就产生了一种契约关系。对于这一问题的解释,我们的作者正如其在有关民主政治与君主政治的解释中所做的那样,坚持站在霍布斯的对立面。依据这一契约关系,握有最高主权的人应当为其治下的个人提供法律保护,而后者应当服从前者。另一方面,普芬道夫赞同霍布斯的这一观点,即在君主政治中,最高权力的把持者制定违反自然法的法律是个人错误;而在民主政治和贵族政治中,这种法律不会被视为上述被赋予最高权力的团体所犯的错误,而将被视为那些因其行为而导致非正义的法律得以通过的自然人所犯的错误。

依循亚里士多德的理论,作者接下来转而讨论常见政府组织形式的不健全类型以及混合形式。他认为"混合形式"这一术语实在是误导人。在此我们不得不要么忍受一种较为常见的统一的最高权力通过代理人间接行使的形式,要么忍受一种绝对异常的缺乏一个统一主权实体的形式。这些政府组织形式总是会受到内部分裂而早早崩溃的威胁。普芬道夫与其此前提到过的匿名发表的小册子中的做法一样,将所谓的"德意志罗马帝国"也归入了其中。

另一方面,他将这些组织形式与联邦国家区分开来。显然,对于这种类型而言,不存在附属于帝国的、处于单独管理之下的行省,因为正如霍布斯所坚称的,这些行省不享有任何意义上的主权;确切地说,这种国家类型就是由以身合或者政合的方式联合起来的几个国家组成的。普芬道夫详细阐述了这两种方式之间的区别,并且说明了一种方式如何转换为另一种方式。在各成员国对于王位继承有着不同的宪法规范的身合的情况下,共同统治者的驾崩将导致联邦的解体。比如,当联邦中的一个成员国有一名男性继承人,而另一个成员国有一名女性继承人,他们都对王位享有最接近的继承权的时候,上述情况就将发生。(这让我们想起了导致1862年丹麦战争的关于人称易北河大公的继承问题的纠纷。)为了防止此种不测的发生,有必要在利益攸关的国家之间缔结一项调整王位继承顺序的协约,或者由最后的共同统治者发布一道庄严的、必须由全部成员国各自并共同接受的赦令。这样一来,就只有一种共同的继承顺序是有效的了。需要承认是,这样一种做法可能会将原先具有独立地位的成员国降格为一个统一国家的行省,这样一来,他们之间的联邦关系将消亡。在此,普芬道夫预见了奥地利世袭领地的未来。起先这些领地是基于哈布斯堡统治者的婚姻而联合在一起的,并形成了具有不同王位继承权的独立单位。最后一位哈布斯堡统治者、神圣罗马帝国皇帝查尔斯六世,通过"国事遗诏"的方式将它们整合成一份统一的遗产,留给自己的女儿玛丽娅·特蕾西娅大公继承。最终这些领地仅仅是奥匈二元制君主帝国的行省而已。但这位著名的女皇不得不一开始就在奥地利王位继承战

46a

争中为使自己的此项权利获得承认而战。

按照普芬道夫的观点,在常见的联邦国家中,多数原则没有用武之地,因为其消弭了主权;恰当的原则是全体一致原则,而这正是《国际联盟盟约》中所规定的原则。他坚持主张,数个成员国有义务不在未取得其他成员国同意的情况下行使某些主权权利,不与单个联邦成员国的自由相违背。例如,在今天,考虑到要求集团成员国不得在未经其他成员国同意的情况下实施任何对外政治行为的小协约国集团中的联盟关系,他可能会将该集团归为国家之间的一种联盟而非一个联邦。后一种形式只有当各成员国已经就一项共同的宪法达成一致、而依据该宪法它们在所有联邦事务上都明确服从多数成员的决定的时候才会出现。然而依据普芬道夫的观点,在这样做的时候,它们已经不再具有完全的主权。由此出发,我们可以推断出普芬道夫会将诸如俾斯麦治下的德意志帝国或者美洲国家组织等归入哪一种类型。

在第六章中我们发现了关于主权的意义及其拥有者的权限的别出心裁的观点。其最本质的特征在于君主对于任何世俗权威的不可归责性。君主仅对神负责。由此普芬道夫支持格老秀斯所提出的与亚里士多德以及某些晚近学者针锋相对的观点,即,君主作为主权者对其人民不负责任,且君主的绝对权力本身并不违反自然法,因其绝不像共和主义者所相信的那样等同于专制。我们的作者仍然倾向于一种君主立宪政体。在他看来这甚至是较之民主政体更高层次的组织形式,因为多数人民的专制可以随意更改法律而不受法律的约束。与霍布斯的主张相对立,他坚持认为,君主尽管在法律上不承担责任,但仍然在道义上受到自然法规范以及其与人民所达成的宪法的约束。一旦在国家中存在一个能够要求他承担责任的团体,那么就是这个团体、而非君主掌握了主权。

第七章讨论了获得主权、尤其是在君主制之下获得主权的不同方式。选举与继承这些主要的方式也能够在贵族政体中找到。除了合法的获得主权的方式之外,普芬道夫还讨论了通过武力所实现的非法获取方式。在此他不仅提及了君主对人民的武力征服,而且提及了人民对统治者的武力废黜。在第一种情况下,如果有关的人民原先在一个自由国家的宪法之下生活,征服可以因善治而变得合法;如果这些人民原先被一位君主统治,征服可以因合法王朝的终结而变得合法。但是,上述两种假设都建立在新君主在一段时期内不间断地实行治理的基础上。在第二种情况下,要废黜一位统治者,需要与旧统治者达成一项协议并取得其对新宪法的承认,或者需要前任君主已被合法地剥夺其对政府的控制权的确凿证据,或者作为最后的手段,需要前任君主在长时间内不提出其主张。

在这里,我们没有必要深究普芬道夫就有关选举的或世袭的王位以及各种王位继承形式的所做的讨论。只有他关于王位继承纠纷解决的论述是具有重要意义的,因为这些内容与国际法具有紧密联系。基于这些纠纷的特有性质,它们既不能由一个国内法院来裁判也不能由行政部门所做的一项权威声明来决定,不论纠纷是涉及不同王位候选人关系的时候还是涉及单个觊觎王位者以及将受其统治的人民的时候都是如此。此类争端的当事方既没有一个共同的法官也没有一个共同的君主。从自然法以及国际法的角度出发,除了以下的两种手段,再无其他替代的解决方式——那就是,王位继承战争或者仲裁。

第八章的标题是:"最高主权在国内的神圣性"。在此,普芬道夫在讨论其他问题的同时,还讨论了人民是否具有反抗君主严重侵害其权益的权利的问题,与格老秀斯一样,他对这一问题的回答是肯定的。他否认服从征服者的义务是一项原则,尽管他在征服者的政府被证明具有长久统治性的情况下确认上述义务的存在。在第九章中他列举了统治者的各种义务并且提供了充满智慧的意见作为其指引。在当代值得一提的是普芬道夫对于苛捐杂税的警告,因为他坚持认为公民的财产安全就是最值得统治者依赖的财富。同时他建议国家统治者避免歧视性地对纳税人征税,并不要采取将本可以通过富人捐赠而获得的所谓自愿捐税强加于人民的有害做法。

第八卷以有关立法的理论开头。普芬道夫对霍布斯的理论持有不同意见,后者认为实在法绝不可能与自然法相冲突,因为实在法在特定的案件中自己就可以界定何为对错。根据普芬道夫的观点,立法者受到那些来自神并与人类的本质和理性相一致的规范的约束。它们确实向我们呈现了检验法律是否符合正义的标准。因此普芬道夫会同意益格鲁—撒克逊法庭所作出的宣布不适用违反关于正义和理性之自然秩序的法律的决定。① 在这个问题上,他还抨击了马基雅维利和霍布斯的观点,后者坚持认为国家之外无法律,国家是法律的唯一创造者。他反问道,如果那些试图通过契约从自然状态转入有组织的政府状态的人此前并没有信守契约为正义而违背契约为非正义的概念,那么国家如何才能建立起来?他又问道,如果仅在国家内部才有正义,那么如何主张统治者在违背条约、或者相互抢夺彼此之间财产的时候是非正义的,难道它们彼此之间不是生活在自然状态之下、不受国内法规

---

① 参见柯克爵士在"博纳姆医生案"中的裁决,载《柯克报告》第 8 卷第 107A 及以下;《王座法院》第 6 卷第 638 页及以下。又见威廉·M. 梅格斯:《司法与宪法的关系》(*The Relation of the Judiciary to the Constitution*),纽约 1919 年版,第 31 页及以下,第 50 页。

范约束的吗?

　　作者进而分析了一个甚至在世界大战之后都在被人们热烈讨论的、并导致德国最高法院(德意志帝国法院)作出一项广受争议的判决的问题。这个问题就是,一个实施了不法行为的人是否能够以其统治者或其合法上级作出有拘束力的命令为由主张免责。在此,普芬道夫将神法和自然法这一方面的范畴与实在法这一方面的范畴区别开来。统治者的命令可以免除任何公民违反实在法的责任,但不能免除其违反神法和自然法的责任。这里普芬道夫也不同意霍布斯所宣称的这样一种主张具有煽动性的说法。但普芬道夫劝诫我们,绝不要滥用任何国家赋予一项命令的合法性来作为拒绝遵守法律的借口。在存在疑问的情况下,通常的想法是接受相关问题中的命令的合法性。下级通常不会仔细审查作出命令的原因。而且,普芬道夫承认,在紧迫的情况下,当执行命令的人仅仅是指挥者的一个纯粹的工具的时候,那么就是后者而非前者将为不法行为单独承担责任。

　　在第二章中,作者描述了统治者权力的一种特殊属性:在保卫国家的战争中支配公民生命的权力。他坚持认为这一权力是没有资格限制的和涵盖一切的。而依据实在法,那些基于年龄、职业或宗教等原因而没有战斗能力的人尽管被允许作为例外而不受支配,但是当苦难和极度的危险要求国家竭尽全力的时候,所有这些例外都变得微不足道。普芬道夫不会赞同那种真心实意的反对者原则上可以被解除兵役义务的主张,因为他坚持认为,从国际法的角度来讲,战争是一种可以允许被用来解决不同国家之间争端的程序。在公法上他认可集体利益相对于个人考虑的优越性。

　　基于同样的原因,作者也反对格老秀斯的观点,后者主张公民必须不参加其祖国发动的一场明显非正义的战争,因为这样做的话他将成为其君主犯罪的帮凶。对于这种情况,作者在自愿的军事服役与合法的强制兵役之间做了区分。只有在第一种状况下格老秀斯的规则才能够适用;至于第二种状况,公民必须服从其君主的命令,并问心无愧地将战争责任留给其统治者,后者必须在上帝面前为此负责。

　　本章中的另外两项观点也与国际法有关。第一项涉及战俘在缴械之后被释放的问题。依据普芬道夫的观点,国家应当尊重这样一项对于公民的义务,且仅当国家命悬一线且人手匮乏的时候才能搁置这一义务。另一项评论涉及国际法上的人质制度问题。作者认为国家有权将其公民作为人质交给敌国,而且在不危及国家生存就无法救他们的情况下甚至可以牺牲他们的生命。

　　第三章讨论了国家的刑罚权,包括决定公民生死的权力。普芬道夫考虑了在自然状态下没有刑罚权的个人怎么可能在组建一个国家的时候将这样的一种权利转授给君主这一问题。在此普芬道夫求助于类比的方法，因为他没有注意到，报复，作为一种自然法上的形式，与损害赔偿一道，承担了国家之外的惩罚功能。我们的作者认为刑罚的本质在于对一项**不法行为**施加一项**处罚的报偿**。同时他要求这种处罚符合人类社会的利益。在此他遵循了柏拉图、格老秀斯和霍布斯的主张。刑罚的真正意义在于预防未来的犯罪，从而使得对罪犯的处罚遏止他人从事类似行为，这或者通过改造罪犯，或者通过阻止其从事新的罪行，或者通过打击其从事犯罪行为来实现。在此我们面对的是一种关于刑罚的折衷主义的理论，我们可以认为，这一理论涵盖了现代法律刑罚理论的所有要素，除了最近的被称之为犯罪学的理论，在这一理论中不存在刑罚权的问题，只存在保障与维护社会不受反社会行为侵害的问题。

对于这一理论，作者仅在涉及海盗和拦路抢劫犯的问题上予以承认。他认为，对这些人，社会是与之处于战争状态的。问题不在于惩罚，而在于让他们不危害社会。任何人都有权与他们作战。当然，作者建议那些希望参加针对海盗的战斗的、拥有船舶的私人，从其上级处获得一份书面的允许其参战的委任状。

普芬道夫以特别强调的口吻，反对太过频繁和轻率地实施免罪和特赦，因为这会削弱公民对刑法的尊重。他首先告诫我们不要赋予法官任何形式的以宽恕之力替代正义的权利。但是他认为，在有证据表明情有可原的情况下，让法官对量刑享有一个宽泛的自由裁量权是一个明智的决策。事实上，他采取了反对同态惩罚的立场，并宣称其不适合作为一项刑罚标准。无论在何种情况下，都不允许为了报复而将惩罚施加于凶手之外的任何人，即便——正如格老秀斯在为这一措施辩护的时候所说的——通过这种做法可以达到施加一项惩罚的客观目的，就像在所谓的"十中抽一"的抽杀程序中那样。

在第四章中，我们的作者讨论了君主决定国家公民荣誉身份的权力，这一讨论集合了很多对常见公民荣誉及其丧失，对特权阶层的特殊荣誉及其来源、尤其是贵族身份的历史发展及其在欧洲国家中的地位，以及其他问题的考察。依据普芬道夫的观点，单纯的个人荣誉是自然状态的附属物，而特殊的荣誉和贵族身份则是主权的产物。在比较各种不同荣誉等级的时候，他提出了先后顺序的问题，这一问题在他所处的那个世纪在国际关系中发挥着如此重要的作用，以至于结束三十年战争的缔约谈判必须在明斯特和奥斯纳布吕克两个不同的地方举行，因为只有这样才能避免先后顺序上的冲突。普芬道夫拒绝在各国统治者的身份地位上划分任何等级。作为一项原则,每个主权国家都是平等的。不论一个统治者的领土是否广阔或者其权力是否强大,抑或这个统治者是集权者而另一位是立宪君主,都一视同仁。从这些观点出发,则没有国王被认为是比别的国王低一等的。同理,没有共和国被认为是比别的共和国低一等的,即便后者年代更为久远或者更有权势。作者甚至否认君主制国家位阶比共和国更高。一个共和国的大使也没有义务迁就一个君主国的大使。但是在国际会议中,君主较之共和国的代表享有优先顺序,因为他们是主权的化身而共和国的代表仅仅是本国元首的代言人。为了排除关于几个同等位阶的人士参加会议中的优先顺序的争议,可以采用**圆桌会议制度**。在经常举行会议的永久性国际组织中,依据加入组织的次序决定先后顺序是一种惯常的做法。这一方法也适用于驻在一国首都的外交使团。

52a 普芬道夫坚决反对那种以自己是最先信奉基督教的国家为由而要求取得优先于其他国家的世俗权力的主张。他仅允许在宗教会议中存在这种优先顺序,在古代的宗教会议中这种顺序得到了采用。值得一提的是,普芬道夫压根就不是一个世袭贵族制的鼓吹者。在他看来,这种贵族特权总是在每个人所做的有价值的事情——**贵族义务**——的基础上重新建立的。

第五章讨论了有关课税和征收,有关公共财产和国家领土的权利,以及有关国家领土全部或部分割让的国家主权权利。对于割让的问题,作者否认君主在不征得人民同意的情况下就具有处分其领土的权利。如果他打算割让一部分领土,那么他为此不仅需要得到剩余领土之上人民的同意,而且首先需要得到将被割让的领土之上人民的同意。在此,普芬道夫确立了国际法上有关割让程序的基本原则,这一原则在之后的时代经常以"全民公决"的名义被采用。在他看来,君主要让国家接受任何国际义务或削弱国家的国际权利,也需要人民的同意。而在一个统治者打算将部分领土交给另一统治者以作为债务抵押的情况下,也应当如此。

第六章开始进入专门探讨国际法的专题部分。这一部分原创性的思想最少。普芬道夫在很大程度上遵循着国际法大师格老秀斯的足迹前进,并接受了后者在对这一问题的考察中所得出的结论。但在此,普芬道夫还是通过提出自己的信念来表明了其与霍布斯针锋相对的立场,即,即便在国际关系中,自然状态也跟在个人关系中一样,是和平而不是战争。因此,为了说明战争在自然法上是正义的,就需要一项正当的理由。正当的理由可以分为三种类型:第一种是我们拥有保卫自己人身和财产不受他人侵犯的自由;第二种建立在对债务人所不愿履行的合法主张进行强制执行的权利的基础之上;第三种在于我们强迫不当侵害我们的人支付赔偿并对未来作出保证的权利。

但仅仅是对未来伤害的担忧永远都不足以授权发动一场预防性的战争,因为只有对于权利的实际侵害、而非仅仅是一国所处的威胁性地位,才为诉诸战争提供了依据。就好像对人类而言,国家应当被认为是公正而爱好和平的,除非有证据证明事实恰恰相反一样。显然,从格老秀斯的理论到《白里安—凯洛格公约》有很长的路要走。尽管该公约承认自卫战争的合法性,但绝对没有给为了强迫国家履行基于条约或者不法行为的义务而发动的战争留下空间。由于不存在以国际社会的强制行为代替单个国家针对恶意债务国所实施的行为的国际机制,且由于在不远的将来锻造出这种机制的希望渺茫,故而我认为普芬道夫的理论仍然与我们当今的国际法相适应。而且,普芬道夫教导说,依据自然法与国际法,国家和个人都应当在诉诸武力执行正义诉求之前用尽所有和平手段。

53a

另一方面,普芬道夫意识到,一场正义战争的实际发动不受实在法上正义原则的判断。参与这一战争的人没有义务严格按照发动战争时所提出的主张,对敌人仅作如是的打击或者仅剥夺如是的权益。战争手段本质上不是刑罚措施;它们不具有刑罚性的目标,它们是国家为了自卫、实现权利并确保未来免受不法侵害之安全而采取的行为。为此,所有服务于上述目标的手段都是正当的。在这一点上普芬道夫比格老秀斯走得更远。但他建议,征服者应当对被征服者展示出自己的仁慈与慷慨。他认为这一态度取决于道义考量。除非必要,不应当超出在市民关系中被认为是公正的报复标准的限度。

特别有意思的是作者在讨论一个国家不是为了自身利益而是为了他国利益而发动战争这种情况的时候所提出的观点。在这种情况下,为了证明战争是正义的,必须满足两项条件。被援助的国家必须具有正当的对敌国开战的理由,且干涉国必须通过一种授权其将被援助国的敌人视为自己的敌人的特殊关系的存在来证明自己有权采取上述行动。在某些情况下,干涉战争不仅是可允许的,而且是义务性的。一国不仅被允许干涉,而且在某些情况下负有应当干涉的义务,比如当涉及被保护国的防卫的时候。但这里普芬道夫承认一种例外情况。在被保护国在进入保护关系之前已经给了其敌国发动战争的正当理由的情况下,无论是进行干涉战争的权利还是义务就都无法得到证明。保护公民个人的国家义务也包含当公民利益被他国侵害时保护这些利益的权利。为此,所有手段甚至包括武力手段,都在备选之列。但只有当这样一种作法不威胁多数公民和国家的利益的时候,才能够产生这种义务。

54a

发动干涉战争的义务也可以建立在联盟条约的基础之上。但依据普芬道夫的观点,如果有义务提供此项援助的国家不损害对本国人民的军事保护就无法提供这一援助,则该义务应当中止履行。因此,只有愚蠢的政界人士才会依赖于另一方没有利益去遵守的一项联盟条约。当盟国发动一场非正义战争的时候,也不存在干涉的义务。作为一项规则,现代的联盟条约以这种方式规定了这一原则,即联盟"仅在第三方发起无端攻击的情况下"是有效的。我们的作者不倾向于承认一种广泛的国家对另一个受到非正当攻击的国家提供武力援助的权利。作为一项规则,他认为受到攻击的国家一方至少应当事先作出一项要求军事援助的请求。普芬道夫明确地谴责某个未卷入战争的国家自以为是地在其他国家的争斗之中充当法官的态度。这与自然法上的国家平等是相违背的,而且会让整个世界分心于两场战争而非集中于处理一场战争。这样的一种作法可能导致所有国家对所有国家的战争,因为没有国家是绝对置身于非正义战争的罪恶之外的。

在第六章中,作者还讨论了这一问题:在何种情况下,作为一种例外,国家中的个人拥有发动战争的权利——这一权利在自然状态中是所有人都普遍拥有的,而在组织起来的国家中则专属于最高权力机关。发生这种例外的最主要例子,就是当一国公民在一块无主地上伤害另一国公民的情况。依据普芬道夫的观点,在这种情况下,受害人可依据战争法对付加害人。上述情况从普芬道夫的时代直到世界大战都在斯匹茨卑尔根群岛上发生着,作为缺乏具有惩罚权的权威机构的结果,捕鲸者、捕鱼者和捕猎者频繁爆发冲突。对这一群岛具有利益的各国尝试通过1914年斯匹茨卑尔根会议改善这一局面。遵循格老秀斯的路径,普芬道夫还结合内战与叛乱的特点,并结合政府官员在某种情况下采取先斩后奏的军事行动的权力,研究了正式战争与非正式战争的区别。最后,普芬道夫思考了国家对其公民不法行为的责任问题。普芬道夫承认,仅在国家原本可以阻止该不法行为的或者国家在此后包庇罪犯的情况下,国家才会为这些不法行为对他国承担责任(参见瑞士和苏俄之间有关俄国代表沃罗夫斯基在洛桑被暗杀,而瑞士法院对被告作出无罪判决的争端)。在结论中,本章提到了有关战利品以及通过征服取得领土的法律。作为普芬道夫本人对这一主题的附加部分,国际法上一个特定案例的详细探讨应当为我们所提及,这一案件发生在希腊历史上并在近邻同盟委员会上得到了仲裁。亚历山大大帝在征服底比斯后,免除了其盟友色萨利人此前对底比斯人的一笔欠款。但后来,在卡萨德重建了色萨利人的王国之后,亚历山大的继承人要求色萨利人无论如何都得作出偿付。在本案中,普芬道夫讨论了适用于无形财产的对于战利品的权利,并最终提出底比斯人的要求不具有充分法律依据的观点。这样一种对于战利品的权利在世界大战中被交战国发挥到了极致,并在和约中被战胜国所确认。其中的很多纠纷后来都成为混合仲裁法庭争端解决程序的主题。

第七章涉及战争期间或与战争有关的对敌协议的问题。在此普芬道夫同样紧紧跟随格老秀斯所阐述的观点；但从一开始他就质疑后者提出的所有此类协议都应遵守的原则。他划分了两种协议，一种旨在实现和平，另一种则以战争的延续为前提。在他的观点中，后一种协议类型缺乏拘束力，因为他争辩说，契约要求缔约方之间的信任，而战争为敌对国之间带来了一种武力和谋略因素。因此，不存在遵守此类安排的法律义务，且就这些安排而言，唯一值得考虑的重要因素就是权宜的需要，因为一个被违反此类安排而激怒的敌人比一个看到安排得到遵守的敌人更加危险。普芬道夫还怀疑，此类旨在缓解战争严酷性的安排是否与战争的目的并行不悖。他认为它们事实上倾向于延长战争；但无论如何，他不得不承认，文明国家认可一种符合骑士精神的战地条约的拘束力。

这种条约的主要例子就是停战协定。对于这一问题，普芬道夫所讲的都是从格老秀斯的著作中拿来的，而他关于其他类型的条约以及何种程度上军事统帅或个人能够缔结此种协定的讨论也是如此。

在第八章中，作者进而讨论和平条约。他认识到格老秀斯已经如此完整地研究了这一领域以至于可留给他继续研究的东西已经不多了。然而，有一个重要的问题存在于这一阶段的研究主题之中，即一个战败国是否能够以被强迫缔约为由对和约提出异议。对于正式战争的情况，格老秀斯依据国际习惯法对这一问题作出了完全否定的回答。普芬道夫质疑上述习惯法是否对非正义战争中的战胜国强加于其对手的一项和约具有法律效力，除非无意于达成一项和解的双方已经诉诸武力并将其争斗的最终结果留待战争中的命运来决定。

第九章列举了各种类型的政府条约。它们分为两种主要类型：一种是简单重复国家在自然法之下的相互义务的，另一种则是界定或补充上述义务的。仅包含当事方互不侵害承诺的纯粹的友好和平条约就属于第一种类型。第二种类型可以细分为平等的和不平等的政府条约。两者可以有相同的调整对象，如通商关系、共同战争行为、战时提供援军，等等。如果缔约方相互规定了平等的或对等的履行行为，比如，提供同等数额的援军，或者将共同的领土边界非军事化，那么该政府条约就是平等的；如果履行行为根据缔约国的能力不同而存在差异，那么一方就处于较低位置，条约就是不平等的。作为一个不平等条约的例子，作者提到了罗马和迦太基在第二次迦太基战争后订立的条约。通过这一条约，迦太基使自己承担了未经罗马同意不得发动任何战争的义务。以这种方式制定的条约不仅是不平等的，而且剥夺了处于劣势的缔约方的部分主权,尽管一项单纯偿付战争赔款的义务不属于此种情况。从这一观点出发,只要《凡尔赛和约》中有关莱茵河边界地区单方面非军事化以及单方面裁军的规定没有与平等权利的原则达到一致,普芬道夫就会认为德国在国际联盟中的条约地位不仅是不平等的,而且是减损了其主权的。

  作者还在个人的条约与真正的条约之间做了区分。前者仅在缔结它们的君主的有生之年对个人有效;后者对以这些君主为元首的国家有效。共和国之间的条约通常属于后一种类型,除非发生了某种国家形式的变化。君主之间的条约应当依据其宗旨和内容做这种或那种解释。对这一由格老秀斯确立的规则,普芬道夫给予了支持并补充了一些决疑法上的论断。在一些有关国际条约的特殊国际法问题中,作者提出了有期限的条约在议定期限届满后是否应当被视为默示展期的这一问题。他的回答是否定的,而且他否认缔约方在议定期限届满后依据条约所从事的行为**就其本身而言**可以被推断为对条约展期的表示。事实上,建立在自然法基础之上的和平友好关系即便在实在的条约期限届满之后也仍然是存在的。在结论中,普芬道夫让读者了解到了大使签订的协定和君主间政府条约的区别;并附带论及了批准的概念。

  在第十章中,我们的作者罗列了大量在君主之间、或者君主及其国民之间生效的条约。他讨论了统治者能够在多大程度上让自己及其继承人承担条约义务、尤其是缔约主体是否能够依据这些条约对他们提起诉讼的问题。

  第十一章讨论国籍丧失的问题。这在一个统治者死后没有留下王位继承人的情况下并不会发生。上述情况的后果仅仅是国民共奉一位君主的关系不复存在;但作为当时广为接受的原则,这不会导致国民退回最初的自然自由状态;相反,在政权空白期,国民仍然受到其最初契约的约束。国籍是通过移居外国而丧失的。应当由各国的实在法来界定移居外国和移民入境的自由是否、以及在何种程度上存在。从自然法的角度出发,普芬道夫赞成这一自由。他甚至反对格老秀斯的大量移居外国的行为因与市民社会的宗旨相悖而不为自然法所允许的观点。普芬道夫回应说,允许一个人做的事情就不能够禁止一群人去做;且既然国家无权违背个人的意志扣留某个人,那么大量个人的离去是否会导致国家权力的削弱就无关紧要了。

  另一方面,没有国家可以专断地随意驱逐其国民。只有当一个国民被判定从事了针对国家的犯罪行为,他才能够在违背意志的情况下被剥夺国籍并被驱逐出境。基于军事征服或者涉及割地的政府条约的、旨在避免战争威胁的领土变更,有时也会导致国籍的强制变更。最后,一个国家可以自由地将其国民交给外国来处罚,如果该国民冒犯或者伤害了该外国的话。在这种情况下,如果受害国接受了那个人,则其国籍也将随之改变。

第十二章,也是最后一章,讨论的是国家形式的改变以及国家消亡的问题。普芬道夫一开始就提出这样一个原则,即国家形式的改变并不意味着国家本身的终结,相应地国家在国际法上的义务也不受影响。他否认一个共和政府有拒绝承认和履行一个专制君主为自己而非人民的利益所缔结条约的义务的权利,因为"讨人厌的首脑仍然是首脑"并由此正当地统治着肢体。普芬道夫不会赞赏苏维埃政权不偿还此前的专制政府所欠债务的行为。

但是当国家分裂为几个国家,或者与另一国合并,或者被他国吞并为一个省的时候,我们就面临国家本身的变化了。普芬道夫依据宪法和国际法对上述变化的后果做了分析,其结论与格老秀斯的观点部分吻合、部分相悖。就我们时代的国际法而言,阅读这些颇为学究气的、哲理性的讨论不会带来多少收获。这里仅仅指出这一原理就足够了,即在国家分裂的时候,如果没有相关的专门协定,则其财产和义务必须以恰当的比例分配给各新国家,正如最近发生的奥匈帝国分裂的例子那样。

最后,就国家的彻底消亡,作者更多地从哲学层面而非国际法层面来探讨了这一问题。对于后一种层面的讨论,他又一次从格老秀斯的著作中寻找依据。我们惊奇地发现,他本人在所举出的例子中并未提及犹太民族的命运,后者在其历史上发生了最令人印象深刻的国家完全消亡。普芬道夫满足于强调这一理论,即只要一个国家维持其统一和独立,就不会因单纯的领土变更而遭受灭亡。为了支持这一主张,他可能会举出日耳曼民族大迁徙的例子。

对普芬道夫这部巨著的以上概括是建立在作者有生之年最后出现的一个版本的基础之上的,他亲自修订了该版本并用一份特殊的前言介绍了该版本。该版本的题目是:"塞缪尔·普芬道夫《自然法与国际法》(八卷本)/作者最新修订版/神圣的凯撒利亚国王和庄严的萨克森选帝侯特许/法兰克福出版,弗里德里希·克洛茨资助,詹妮斯·瓦兹打字/公元一六四九年"(1649)。我手上的这本书来自德意志帝国司法部图书馆;它由 18 页包括题目和前言的开头,1344 页正文,以及 17 页目录和索引组成。该书扉页上提有作者亲笔书写的一句诗:

    但愿那高贵的力量;
    让普芬道夫面前的那位
    立法者,
    充分地认识自然之本性。

正如前面所提到的,本书的第一版是于 1672 年在隆德(隆德出版,阿达米·杰汉斯资助,维特斯·哈勃瑞杰印刷)出版的。该书可以在德意志帝国法院图书馆、巴塞尔大学图书馆、法兰克福大学图书馆、布朗大学图书馆、哥伦比亚大学图书馆以及波士顿公共图书馆找到。我将自己可以查询到或者了解到的其他版本罗列如下:

(1) 1684 年增补版;出版于法兰克福(该书藏于巴伐利亚州立图书馆、德国最高法院图书馆以及巴塞尔大学图书馆、隆德大学图书馆和布朗大学图书馆)。

(2) 1688 年版,出版于阿姆斯特丹(该书藏于大英博物馆、布朗大学图书馆、哥伦比亚大学图书馆)。

(3) 1692 年版,出版于隆德(该书藏于莱比锡大学图书馆)。

(4) 1694 年版,出版于法兰克福(该书藏于巴塞尔大学图书馆、罗斯托克大学图书馆以及国会图书馆)。

(5) 1698 年版,出版于阿姆斯特丹(该书藏于哈佛法学院图书馆、美国国务院图书馆以及国会图书馆)。

(6) 1699 年版,出版于法兰克福(该书藏于柏林国家图书馆以及格拉夫瓦尔德大学图书馆)。

(7) 1704 年版,出版于阿姆斯特丹(该书藏于布朗大学图书馆、哈佛法学院图书馆以及密歇根大学法学院图书馆)。

(8) 1706 年版,附有杰翰·尼古拉斯·赫茨(赫提斯)的评注以及《斯堪的纳维亚驳斥》,出版于法兰克福(该书藏于莱比锡大学图书馆、隆德大学图书馆、卡内基基金会图书馆以及国会图书馆)。

(9) 附有赫提斯评注的一个新版本于 1715 年出版于阿姆斯特丹(该书藏于大英博物馆、哈佛法学院图书馆以及国会图书馆)。

(10) 1716 年版,出版于法兰克福(该书藏于国会图书馆以及美国国务院图书馆)。

(11) 1744 年版,出版于法兰克福和莱比锡:"赫特理和乔·巴贝拉斯评注。附《斯堪的纳维亚驳斥:对于〈自然法和国家法〉异议的破产》(*Eris Scandica qua adversus Libros de jure naturali et gentium objecta diluuntur*)。G. 马斯科维斯点评"两卷本。(该书藏于大英博物馆、科隆大学图书馆、莱比锡大学图书馆、密歇根大学法学院图书馆、卡内基基金会图书馆、美国国务院图书馆以及国会图书馆。)

(12) 1759 年版,两卷本,出版于法兰克福和莱比锡(该书藏于隆德大学图书馆、布朗大学图书馆、哥伦比亚大学图书馆、哈佛法学院图书馆、密歇根大学法学院图书馆、美国国务院图书馆以及国会图书馆)。

译　　本

法文本

(1)《塞缪尔·普芬道夫之自然法与国际法》(*Le Droit de la Nature et des Gens de S, Pufendorf*),让·巴贝拉克等翻译并评注,阿姆斯特丹1706年版,两卷本。(该书藏于大英博物馆和哈佛法学院图书馆)。

(2) 1706年版,出版于法兰克福。(该书藏于哈佛大学图书馆、印第安纳大学图书馆以及美国马萨诸塞州罗切斯特古籍图书馆)。

(3) 附有译者所做"前言"的增补第二版,阿姆斯特丹1712年版(该书藏于巴伐利亚州立图书馆和大英博物馆、海德堡大学图书馆、莱比锡大学图书馆、慕尼黑大学图书馆、斯图加特大学图书馆、蒂宾根大学图书馆、鲍登学院图书馆、哈佛法学院图书馆、堪萨斯大学图书馆,纽约公共图书馆、纽约协会图书馆以及国会图书馆)。

(4) 1717年版,出版于法兰克福。

(5) 巴贝拉克1732年版,出版于巴塞尔(该书藏于国会图书馆以及卡内基基金会图书馆)。

(6) 1734年版,出版于阿姆斯特丹(该书藏于汉堡大学图书馆、隆德大学图书馆、罗斯托克大学图书馆、哈佛法学院图书馆、纽约公共图书馆、美国国务院、卡内基基金会图书馆以及国会图书馆)。

(7) 1740年版,三卷本,出版于伦敦(该书藏于国会图书馆、皮博迪学院图书馆以及卡内基基金会图书馆)。

(8) 1740年版,出版于特莱福(该书藏于哈佛法学院图书馆)。

(9) 1750年版,出版于巴塞尔(该书藏于大英博物馆、哈佛法学院图书馆以及国会图书馆)。

(10) 1759年版,出版于莱顿(该书藏于隆德大学、约翰·克雷斯卡斯图书馆、伊利诺斯州芝加哥图书馆以及哈佛法学院图书馆)。

(11) 1771年版,出版于巴塞尔(该书藏于哥伦比亚大学图书馆、哈佛法学院图书馆以及波士顿公共图书馆)。

英文本

(1)《自然法与国际法》(*Of the Law of Nature and Nations*),塞缪尔·普芬道夫著,巴斯尔·肯内特等译,第二版,经巴贝拉克先生的法文本修正并与之对照并附上他的注释等,牛津,A.和J.邱吉尔出版社1703年版(该书藏于艾摩斯特学院图书馆、哈佛法学院图书馆以及国会图书馆）。

（2）1710年版，出版于牛津（该书藏于大英博物馆、哥伦比亚大学图书馆、伊利诺斯大学图书馆以及普林斯顿大学图书馆）。

（3）1717年版，出版于伦敦（该书藏于哥伦比亚大学图书馆、哈佛法学院图书馆以及波士顿公共图书馆）。

（4）1729年版，"附有尊敬的巴贝拉克先生的序言等。卡鲁先生将其翻译为英文"。出版于伦敦（该书藏于波士顿博物馆、卡内基基金会图书馆、哥伦比亚大学图书馆、哈佛法学院图书馆、西点军校图书馆、波士顿公共图书馆以及国会图书馆）。

（5）1749年版，出版于伦敦（该书藏于哈佛法学院图书馆、美国国务院图书馆以及国会图书馆）。

（6）1763年版，出版于牛津（该书藏于国会图书馆）。除此之外还有一份缩印本。

（7）《普芬道夫之自然法与国际法》（*Pufendorf's Law of Nature and Nations*），原本缩印，对照于受人尊敬的巴贝拉克先生的法文评注本的最后一版，J.斯班范，两卷本，1716年出版于伦敦（该书藏于波士顿博物馆、哥伦比亚大学图书馆、哈佛法学院图书馆以及国会图书馆）。

意大利文本

《自然法与国际法，即关于道德、法律与政治的一般制度》（*Il diritto della natura e delle genti, ossia sistema generale... di Morale, Giurisprudenza, e Politica...*），G.阿尔米西等修正、增补并评注，四卷本，威尼斯1757—1759年版（该书藏于哈佛法学院图书馆以及普林斯顿大学图书馆）。

德文本

1711年版，出版于法兰克福（该书藏于柏林州立图书馆、巴伐利亚州立图书馆、法兰克福州立图书馆、萨克森州立图书馆，以及布雷斯劳大学图书馆、哈勒大学图书馆、马尔堡大学图书馆和明斯特大学图书馆）。

将普芬道夫的这部主要著作和普芬道夫其他两本已在本系列丛书中出版的著作相对照，可以得出以下结果：

本书第一卷对应于《普遍法理学精义》的定义1、2、15、16、17、18和定理1，以及《人和公民的义务》第一卷第一章；第二卷对应于《普遍法理学精义》的定义3、4、5、6、7、8和论点4、5，以及《人和公民的义务》第一卷第二、三、四、五章和第二卷第一章；第三卷对应于《普遍法理学精义》的定义20和21，以及《人和公民的义务》第一卷第四、五、六、七、九章;第四卷对应于《人和公民的义务》第一卷第十、十一、十二和十三章;第五卷对应于《普遍法理学精义》的定义9和10,以及《人和公民的义务》第一卷十四、十五、十六和十七章;第六卷对应于《人和公民的义务》第二卷第二、三、四章;第七卷对应于《人和公民的义务》第二卷第五—十一章;第八卷对应于《普遍法理学精义》的定义9,以及《人和公民的义务》第二卷第十二—十七章。通过比较本书与《人和公民的义务》的章节,并在斯库克林教授在经典著作系列丛书第十辑中所做的指出格老秀斯《战争与和平法》(De Jure Belli ac Pacis)与《人和公民的义务》每一处对应章节的序言的帮助之下——读者可以比较容易地确定普芬道夫理论体系的单个部分在何种程度上与其伟大前辈的主要著作相一致。因此,我在本序言中就不再花更多的篇幅来对这一问题作出详细列举了。

柏林—达荷雷恩

沃特·西蒙斯

1933年3月

1934年英译版译者前言

对塞缪尔·普芬道夫男爵所著的《自然法与国际法》的翻译是建立在阿姆斯特丹1688年出版的单卷本的基础上的。① 让·巴贝拉克翻译的法文本（莱顿1717年版）和巴斯尔·肯内特翻译的英文本（伦敦1710年和1717年版）时常被拿来作参考。

这一著作带给我们一些需要解释的文风与版式问题。对于前一种问题，肯内特在其前言中说："对我们的作者的观点的赞赏并不比对其文风的诟病更为普遍；尽管所有人都承认其观点是明确的，但对多数人而言这些观点都显得晦涩难懂，以至于他们有时会产生词不搭意、而且只剩下一些标志着词义被篡改的不规则语句的感觉。"在翻译中，似乎不仅有必要保持普芬道夫的观点，而且有必要在一定程度上保持其文风，因为其体例上的所有纷繁复杂与含混不清，恰恰是作者的个性及其所处时代的体现，而这是我们不应浑然不知的，正如在巴贝拉克和肯内特通常极度随性发挥的意译作品中也往往保留其文风一样。

至于版式，普芬道夫将其从几乎所有领域的文献中所查找到的参考资料都纳入正文之中。它们可以像巴贝拉克和肯内特所做的那样被转换为注释，但在很多情况下它们构成了一个不可分割的论证部分，而这样的一种转换可能会导致对作者体例的一种误解，同时会使快速通过译文来参阅原文变得更加困难。

除了少数必要的例外之外，参考其他著作的资料都保留了普芬道夫引用它们时候的拉丁文未译。在《引用作者及著作索引》(Index of Authors and Works Cited)中，拉丁文缩写被现代化和标准化了，而且很多最为常见的著作的标题都被译成了英文。

在引用其他著作的时候，普芬道夫通常以相当大的自由度处理这些文本，他随意遗漏单词和短语甚至整句话，同时还改变词语顺序。但显然，他对于不改变其所引证的权威学者的真实观点是最为小心谨慎的。这里就产生了一个问题，即译者是应当就普芬道夫对诸如柏拉图的希腊原文所做的拉丁

---

① 就特许获得连续几个月使用这本书以及1744年马斯科维斯所编版本的权利，我们谨向哥伦比亚大学法学院图书馆以及哈佛法学图书馆致以深深的谢意。

64a 译文进行翻译,还是应当直接翻译柏拉图的希腊文。总体上讲,后一种似乎是应当遵循的恰当做法,尤其是涉及最为著名的作品的时候,即便我们呈现给读者的内容并不在普芬道夫的原文中,而且所有确实值得一提的引注中的偏差也都得到了标明。对更为重要的被引作者以及更长的段落,我们采用了标准译本,并以在引注后紧跟着的圆括号中给出译者姓名大写字母的方式注明出处。第1369页给出了一份这些标准译本的名单。所有普芬道夫对其他作者的直接引注,只要有关著作可查证的,都已经得到核实,而且对引注错误的情况已在方括号中给出了正确的引注。

关于巴贝拉克对普芬道夫所做的洋洋洒洒且往往非常有用的评注的大部分内容,英文读者可以在1717年的肯内特英译本中找到。

插在页边空白处的黑体字表示1688年版本中相应内容的起始页码,与原版完全对照。

在准备《附录》(Appendix)、《希腊作者引文》(The Text of the Quotations from Greek Authors),以及《引用作者索引》(The Index of Authors Cited)的过程中,我们获得了凯瑟林·S.图博博士、玛丽·M.毛若女士、艾德丝·C.琼斯女士,以及马里安·哈曼博士慷慨而宝贵的帮助。

查理斯·亨利·奥德法瑟　　威廉·阿博特·奥德法瑟
内布拉斯加大学　　　　　伊利诺斯大学
1931年4月30日

勘　误　表[*]

页	行	错误	更正
287	38	De Mornay	Mornac
508	33	Mornay	Mornac
630	7	Mornay	Mornac
696	11	Mornay	Mornac
704	3	Mornay	Mornac
720	17	Mornay	Mornac
738	6	Mornay	Mornac

---

[*] 此表为原书所附,页码为英文版页码。——中译者注

[1688年版标题页]

塞缪尔·普芬道夫

自然法与国际法*

八卷本

最新版
大幅度地增补修订

阿姆斯特丹
安德里亚斯·范·霍根胡思恩工作室
1688

---

* 此页以下部分为原拉丁文版内容。——中译者注

拉丁文版第二版前言

尊敬的读者,您好:

您在此看到的是我的著作《自然法与国际法》(*On the Law of Nature and Nations*)的第二版,本版在各处内容中增补了超过1/4的资料,以便使研究更为完整或者更好地论证之。我也曾经有意在书中插入某些人对本书中的这个或那个部分内容所提出的反对意见以及我对此的回应。但是我的朋友们反对这样做,理由是插入这些主要被认为是冥顽不灵的恶念以及污蔑我的狂热所导致的东西,不仅会破坏我的著作的完整性,而且会玷污了我的著作。那些我所反对的观点已经被讨论得够多了,如果依照我的本意,它们本不值得被如此对待。

仍然存在相当多的可用于丰富这一研究的内容,以及让本著作更为全面的内容;但我决意不再向书中增加一个字,以免热衷研究此道的人们因为我的缘故,为购买几卷不同的版本而支出无谓的开销。但若上帝延长我的生命并允许我在从事其他工作的间隙偶尔花几个小时来做此项研究的话,那我一定会对某些章节增补一些内容并对需要进一步推敲的章节做更为详细的阐述。因为除了对这一研究主题的误解四处流传、而驳斥这些误解乃是真理的要求这一事实以外,还存在一些一旦被正确地提出就适合人们再专门增加笔墨来论证并能够更加清晰地显现其意义和真正价值的研究题目。因此,每个人都知道本书中多数与罗马法有关的资料都涉及自然法与国际法,即约束所有人和所有国家的法这一主题;但书中也夹杂着很多有关实在的、适用于罗马国家特定属性的法律的谈论。如果这两种因素没有被仔细地区别开来,那么从中产生的任何有关司法诉讼程序的知识就难免含混不清、无法平衡、并充斥着无谓的纷争。因此,在我看来,对有关罗马法的书做一个简要的索引是非常有必要的,这可以确定其中的哪些部分涉及自然法哪些涉及实在法,还可以确定自然法、或曰普遍法,与所谓罗马法、或曰专属于罗马国家的法之间的界限是否被仔细地划分了。

因此,多年以来,我也一直打算写一篇有关**希腊政治学**的述评,但到目前为止,一些更为重要的事务让我对此无暇顾及。我打算在这篇文章中论述希腊学者的政治理论,尤其是之后将其学说传承给罗马学者以及当代学者和学派的柏拉图和亚里士多德的政治理论,这些理论存在诸多谬误且其中有某些内容对国内暴动和革命的出现负有责任。这样的一部著作完全可能被视为一种对某些人的直接反对,那些人在维护亚里士多德摇摇欲坠的权威的过程中,据说还与喀提林共谋暴乱,更不用说他们在用神圣的誓约彼此约束的时候不是歃血为盟而是共饮大杯浑浊的啤酒。而如果考察在斯多葛学派、塞涅卡、爱比克泰德、以及马可斯·安东尼斯[奥勒留]的著作中是否能够发现任何更为完备和崇高的东西,那也是一件有价值的事情。而基督教道德神学究竟是否凌驾于自然法所确立的普遍义务规则之上、如果是的话在何种程度上凌驾于其之上这个问题,是尤其具有价值的。

最后,由于最高君主与单个国家的行为似乎总是偏离私人社会交往中所遵循的义务规则,故而考察最高君主们究竟是不是免受私法规则的约束、如果是的话在何种程度上不受私法规则约束,以及考察那些通常宣称"为了国家的缘故"①而实施的和属于法语所称的"**政变**"范围内的行为在何种程度上能够被允许,就并非是不合时宜的了。如果任何人着手对这一主题展开研究的话,他就会认识到自己是多么需要诸多与生俱来的智慧和对国家事务的理解。然而,我们是否有足够的闲暇来探讨这些问题呢?前途未卜的未来不允许我们就此作出承诺。也许我们会找到一个有更多闲暇时间的人来以一种有价值的方式着手探讨这些问题,并使我们从这一任务中解脱。此外,由于我的唯一目的就是向公众提供一些与我本人的微弱能力相适应的可资利用的著作,故而我以最大的谦恭请求您,尊敬的读者,让我免受恶意的冷嘲热讽。再会。

尊敬的读者,

  向您致以最诚挚的问候*,

如果我对自己与生俱来的能力或勤勉有着充分自信的话,那么为自己编织投身于此项研究并为这一最为高贵和有用的知识部门添砖加瓦的理由就是徒劳无益的,这一长期在理论上被漠视、在实践中被忽视的知识部门,如今终于开始宣示其尊严了——因为领受全人类的美好祝愿在所有人看来都是一种充分的肯定。但基于最早探索这一主题的学者享有如此崇高的声望,因而为了使自己显得不是在重复前人已经说过的话或者试图对这些巨匠的不朽名著做一毫无价值的比较,说明我所从事的此项研究的理由就并非不恰当

---

① Satus 应为 Status。——英译者注

* 该文为普芬道夫为其拉丁文第一版所作序言。——中译者注

了。第一个原因是,当我还是一个年轻人的时候,我着手出版了这一知识领域中的一些《精义》①,这并非出于鲁莽无知或者对于博学多才的这一代学者的不尊重,由此当时那些对我寄予厚望的人就可以看到我所能够完成的研究的某种雏形,而阅后他们就可以有理由来建议——多数人考虑到我年纪尚轻、努力程度不够故而对我的《精义》给予了宽容——我以一部更为成熟的作品来公开弥补第一部著作中的不成熟之处,是再合适不过了。单是这一考量就戳穿了某个无耻谄媚之徒在其在国外发表的诋毁那部著作的文章中所撒下的弥天大谎。尽管高尚的人们不久就自发起来撰文驳斥了那些污蔑,但对我自己而言,是永远不会属于对其作出回应的。

然而这里还有一个迫使我在这一领域中从事了某些研究的原因:当**最尊敬的选帝侯陛下**极为慷慨地将我召至海德堡大学,并任命我为这一知识部门中的首位讲座教授(其他君主显然也依循了他的先例,在其大学中设立了自然法与国际法讲座教授席位)的时候,对这一刚刚登上公众舞台的研究主题作出某些贡献就成了我这个该主题第一位代言人的首要任务。如今这一主题仍然能够提供要求不低于从业天赋的研究事项,且这一领域中并非仅仅剩下了每位博学多才者的观点的集合;从昆体良《辩学通论》(*Institutes of Qratory*)第五卷第十章[第120节]的格言中无疑可以得出这一结论:"任何类型的辩论都是在获得相关的指导意见之前作出的;且当它们被遵守和搜集起来之后,学者再将其形式发表出来。"确实,人们有理由相信,自然法与国际法第一人的位置属于格老秀斯,他显然是最早呼吁世人关注这一研究领域的,他还为这一领域的研究打下了如此坚实的基础以至于在该领域的相当一部分内容中其他人除了拾其牙慧之外无事可做。然而,无论我们怎样崇敬此人的威望,既然我们被赋予了担当其"继承人"的特殊使命,那么我们最终必须认识到,有为数不少的问题他全然未置一词,有的问题他只是蜻蜓点水而后言他,这说明他归根到底只是一个凡人。

尤其是对于那些恶毒污蔑一本最为高贵的著作的人而言,在他们眼里该书总是偏离既定的正统天主教教义的。提出某些新的宗教理论总让我觉得是一件劳心费神的最不愉快的事情,因为还有如此多的其他事情可干,而干这些事情的话任何人都可以毫无风险地避开最为警惕的卫道士的攻击。②正是通过这种恶毒的污蔑,关于真实而有用的发现的权威著作被忽视,一群

---

① 《普遍法理学精义》(1660)。——英译者注
② 原文是,"弄瞎乌鸦的眼睛",一则拉丁谚语,出自西塞罗《为穆勒纳辩护》(*For Murena*)第十一章第25节,以及昆体良所著书,第八卷第二十章第23节。——英译者注

不堪与作者比肩的批评家纷纷提出了最为尖锐的指责。当然,那些博学多才的人确实试图通过编注他的《战争与和平法》来弥补这一缺陷,且其中的一两位评论家为此作出了让人无可指摘的努力。然而其他人认为,将所有正在讨论中的资料再次展开并将其重构为另一种形式,是更为有用得多的。

于是,霍布斯也在其关于国家政府的学问的著作中,大量论及有关最高价值的问题,理解这些问题的人不会否认,他已经如此完整地探讨了人类的和公民的社会结构以至于在这一领域中几乎达到了前无古人的程度。即便在他论证失误的地方,他也能引发人们对有关问题的思考,而若非有他的论述,人们是无论如何都不会有这样的机会的。然而并不令人觉得奇怪的是,由于其在宗教领域大谈人性本恶,他的理论、尤其是他本人树敌颇多;尽管你可以发现,往往是那些最不阅读他的著作、最不理解他的人对他的谴责最为激烈。

如果约翰·塞尔登以与其将传统适用于《希伯莱人书》同样的精确程度让自己将自然法适用于全人类的话;或者如果单个国家的决定能够被视为一项拘束所有国家的法律的充分宣示的话,那么他在这一领域里就可能居于无人能出其右的地位。

由此,通过上述考量,我着手开展此项任务,并以对我而言最合适的顺序来安排所有的资料;只要可能,我都努力将自己所有的论断建立在充分而清晰的推理之上,并避免陷入我之前的著名学者所犯的错误中去;在做所有这些事情的时候我脑海中浮现着的都是昆体良在《辩学通论》第十二卷第十一章第 27—28 节中的话,"如果人们倾向于认为没人能超越迄今为止的最强者的话,那些现在被认为最强的人当时也就绝不会有出类拔萃的机会。即便无望超越,能够紧随其后也是一种荣耀"。总的来说,尽管我对所有自己从中领教到任何有关这一主题的论述的人都恢复了善意,只要那是他自己的主张,因为"这是心胸宽阔的标志,也是以直率而谦虚地承认受惠于人为特征的品质之体现",但是"一个卑鄙的心灵和堕落的思想是宁愿犯事被抓也不愿承认责任的"①,而在这一以接受理性之权威的统治为特征的领域中,我认为无人能够拥有至高无上的权威,故而我倾向于采纳通过更为合理的考量所导致的结论。由此我一点也不担心冒犯那些仍然在世的博学多才的人、尤其是我的同乡们,因为我已经多次与他们的观点背道而驰,但我怀有一颗谦虚之心、无意贬低他们,且从不在理性上失去平衡。相应地,在那些我不赞同他人主张的领域内,我也允许他人自由地反对我的主张。因为我绝不是那种一

---

① 普林尼,《自然史》(*Natural History*),《前言》第二十一和二十三段。——英译者注

且其任何发言没有被奉为源自神谕就会咒骂不停、暴跳如雷的人,也不是那种立即以让人无法忍受的傲慢大嚷自己没有错的人。

而且我现在可以毫无畏惧地宣称,既然**国王陛下**已经最为令人尊敬地认定这本书值得获得他的出版许可,故而我不担心任何其他权威机构的审查。对于那些批评这本著作的狂妄无知者,或者肆意滋事的吹毛求疵者而言,最好的回答就是重复这句古老的谚语:人人都应恪守本分。如果任何其他人想对本书进行批评的话,他们应当知道,要对付我,除了运用理性之外是无计可施的。因为,如果某些被称为《圣经》解释者的人**已经**开始着手决定某些恰好属于这一研究领域的问题的话,那么他们并不仅仅因此就能够将这些问题变成纯粹关于信仰的论文;他们的最终结论不会对正确理性予以回避;这些人也不会自以为在这些问题上比有关领域内的专家具有更大的权威。的确,在讨论这一主题的时候,只要论证得到了理性的充分支持,我们就不再需要刻意避免标新立异或者担心为此而背上骂名,正如那些与我们同时代的享有不朽荣耀的、通过发现前所未知的事物而在医药、自然科学和社会科学上作出了贡献的人那样。昆体良在《辩学通论》第三卷第六章[第65节]中说:"如果我们不能自由地去发现一些比之前的先进事物更好的东西的话,则研究中吃老本的现象就过多了。"前引书第八卷第六章[第32节]讲道:"而如今,就好像通过那种方式所可能探究的一切都已经获得了似的,我们不再敢于创造一个新的单词,尽管古人创造的很多词汇在今天的日常生活中已经无用了。"还可参见维鲁兰男爵培根在《思想与实质》(*Cogitata et Visa*)第581—582页中关于真理的论述,① 以及他给出"可以说一提到哲学发展及其新领域,整个主题就会被围绕在来自宗教方面的卑劣质疑和无用反感之中"原因所在的《新工具》(*Novum Organum*)第一卷第八十九章。

尽管如此,我丝毫没有减损属于古人的任何荣耀,这从我总是乐于在自己的论文中引用古代学者观点的做法上就可以明显地看出。再引用一批晚近学者的主张来补充上述观点似乎显得多余。尤其是我在自己的著作中排除那些将其喜好引导到人类习惯和意识上的罗马教派信徒、并且就连格老秀斯和其他学者② 都喜欢在其著作中大量引用的作者的原因,是我自认为在所有人看来都独树一帜的。那就是:总的来讲那些人没有为其传统信仰确立扎实的基础或逻辑前提,相反,除了习惯性地借用罗马法学家的意见之外,正如

---

① 这一注释我们无法核实。有关迷信宗教与自然哲学之对立的同样的一般性论证在《论学术的进展》(*The Advancement of Learning*)第五卷第一章中被正式提出。——英译者注
② alliis 应为 alii。——英译者注

他们多半满足于以荒谬的和不足道的强词夺理来建立无用的论断并普遍认为引用一大堆本教派学者是一项杰出的功绩——了解其中一个就了解了所有这些人①——那样,他们都在微不足道的事情上大费周章——而这样做的结果就是,他们几乎在任何问题上都会分裂为各种派系。这一状况的潜在原因是,人类的意识应当不仅受理性的指引而且受神职人员权威的指引乃是构成其神圣国度的支柱之一,故而这些人总是需要有一堆能够证明任何观点的权威文献在身边,以便为其利益去说服任何人。因此我们认为他们属于国民中甚为愚笨者,他们在可靠科学的普世光环之下,仍然试图用那种老掉牙的说教来指导青年人,这正是王国陷入黑暗的起源和最大成因。而且,那些让自己列出正反双方的观点并通过正当理性调和两者的人,就像是在给犁栓缰绳和给公山羊挤奶②般的浪费着时间。

然而,我还觉得指出这一点也同样是恰当的,即我将一切自然法都视为人类社会生活的基础,因为我找不到其他能够让所有人在不违背其自然状态并给予任何其所持信仰以应有尊重的情况下都认可的规则。而在这样的一项基础被确立起来的情况下,这一研究的范围并不会显得比应有的更为狭窄,尽管这是某部重要著作中的《导论》所应承担的任务。的确,俗话说,"自然法先于社会而存在"。然而,姑且不提在可被履行的对象存在之前就将一项义务加诸于个人并非不具有一致性这一事实,早在第一个人被创造出来的时候,上帝就曾说过:"离群索居对人并非好事。"当然,这里还存在着义务或者"对神的善,以及每个人对自己的善"。但既然在宗教触及有关自然法的研究的范围之内,自然法被局限在宗教生活之中,那么在其剩余部分为人类联合提供了最为有效的粘合剂的范围之内,自然法也就由此能够与社会生活相关联。而这些个人本身应当遵守的规范,也令其更好地与社会相适应。

但是那种"放之四海而皆准甚至在人类社会范围之外都应当得到遵守的行为方式的正直性和单纯性"的本质,即不考虑其与他人的关系,我无法去领会。进一步的主张更是胡说八道:"社会形式及其措施的运用留待自然选择来解决,由此如果自然法只是关于社会的法的话,它将不过是任意的、武断的和可变的。"因为总的来说人的本性乃是神为了社会生活而确立的,但是在理性的指引下建立并进入特定的社会则留待人类自己去选择,这一事实意味着自然法绝非武断的。再者,更为明显的是什么呢?那就是,人类的本性在其被造物主塑造成一种社会性的范围之内,乃是任何社会,不论其是一

---

① 特伦斯,《福尔弥昂》(*Phormio*),第 265 页。——英译者注
② 维吉尔,《牧歌》(*Eclogues*),第三章第 91 页。——英译者注

般社会还是特定社会,都必须遵循的规范和法律之基础。而那些如是评论这一基础的人也并未对这一研究提供更大的支持或者作出更大的贡献:"对任何具有自然正义的事物的终极论证在于为自己制定法律的自然本身。自然的指引必须被遵循,且我们必须勤勤恳恳地探寻她在道德事物中是如何指引我们或者如何对我们施加限制的。由此自然法必须在与自然的一致或不一致中来探寻。但为此目的,自然必须被理解为其初创的、未受玷污和腐化的状态,而非如今被堕落的生物和罪恶的举止所败坏的状态。"

除了多数上述说辞看起来是在制造问题并用与问题中一样的模糊概念来解释问题中的模糊概念之外,那种认为人类本性在最先由神创造出来的时候未受玷污而后来被人类的原罪所腐化的主张,是一个事实问题,而且其真实性只有在《圣经》的权威之下才能够得到确立。其结果是,一项如此重要的基础只被那些承认我们的教会所宣称的原罪理论的基督徒所接受。而既然此项研究不仅关乎基督徒而且关乎全人类,那么建立那样一项只要是心智成熟的人就无法否认的原则就当然是更为恰当的了。但是在这个问题上还是让每个有想法的人自己来做决定吧。

总之,正如我希望善良和聪明的人们将认为我的这本著作值得其认可一样,我最为热切地祈求,在每个我犯下错误的地方,他们会将其归因于人类的不完善性;因为,为了一两根杂草就烧掉整个牧场,当然是不人道的、近乎疯狂的愚蠢举动;正如贺拉斯[《诗歌的艺术》(*Art of Poetry*),第 351 页及以下]所言:"当一首诗拥有很多闪光点的时候,我不会因个别出于疏忽大意而留下的或者基于人类弱点而未能检查出来的缺陷而感到不满。"对我而言,这并非一个有关尊严的问题,而我也不会由于岁数大了就顽固到不愿意从更为博学之士的忠告中吸取任何教训或者作出任何改变的程度。不仅如此,我将既乐于无成见地驳斥他人,也乐于被他人驳斥而不动肝火。一个通情达理的人怎么会羞于将马可斯·安东尼斯[奥勒留]在其所著书第六卷第二十段中这些话用到自己身上?"如果任何人能够证明并让我深刻明白我的任何概念或行为是错误的,我会修正错误并感谢他。因为我寻求的是真理,故而没有人因此而受到伤害。反倒是那些坚持自欺欺人和固守无知的人受到了伤害。"我也不在乎被列入亚里士多德在《尼各马可伦理学》(*Nicomachean Ethics*)第七卷第十章中所说的那一类人中去:"坚持己见的、或者无知的、或者粗俗的人,都是难以应付的。"再会。

塞缪尔·普芬道夫

总 目 录①

[页码类别的顺序是：中、英、拉丁]

第 一 卷

第一章	道德存在的起源与分类	7	[3]	[1]
第二章	道德科学的确定性	26	[22]	[14]
第三章	道德行为中的人类认知	42	[38]	[26]
第四章	道德行为中的人类意志	57	[52]	[35]
第五章	道德行为概述及其对行为人的适用,或使得道德行为可被归责的原因	73	[66]	[45]
第六章	道德行为规则或法律之概述	98	[87]	[60]
第七章	道德行为的品质	124	[113]	[78]
第八章	道德行为的参量	143	[131]	[91]
第九章	道德行为的归责	147	[135]	[93]

第 二 卷

第一章	在没有法律的社会中生活不符合人的本性	161	[145]	[99]
第二章	人的自然状态	170	[154]	[105]
第三章	自然法概述	196	[179]	[122]
第四章	人在陶冶情操以及照顾自己身体和生命中对自己的义务	249	[231]	[159]
第五章	自卫	286	[264]	[181]
第六章	必要性之权利与特权	317	[295]	[202]

第 三 卷

第一章	人应不受伤害且若损害已经造成应给予报偿		[313]	[212]
第二章	每个人都是自然地平等的		[330]	[224]

① 此章节目录出现在1688年版最后,第929—930页。——英译者注

第三章	人类的普遍义务	[346] [234]
第四章	遵守诚信与义务的划分	[379] [257]
第五章	承诺和契约的性质概说	[390] [264]
第六章	承诺与契约中所要求的同意	[402] [272]
第七章	承诺与契约的内容	[428] [290]
第八章	承诺的条件	[444] [301]
第九章	约定义务的代理人概说	[449] [305]

第 四 卷

第一章	言论及与之伴随的义务	[457] [309]
第二章	宣誓	[491] [333]
第三章	人类对事物的权力	[524] [356]
第四章	所有权的起源	[532] [362]
第五章	所有权的对象	[558] [380]
第六章	占有	[569] [388]
第七章	孳息的取得	[586] [399]
第八章	对他人财产的权利	[598] [408]
第九章	所有权转让概说	[606] [413]
第十章	遗嘱	[613] [418]
第十一章	法定继承	[625] [426]
第十二章	取得时效	[646] [439]
第十三章	基于所有权产生的义务	[661] [449]

第 五 卷

第一章	价格	[675] [457]
第二章	预定价格的合同概说	[699] [474]
第三章	在有偿契约中所应遵守的平等	[708] [480]
第四章	获利型合同专论	[718] [487]
第五章	有偿契约专论，先论及物物交换、买与售	[728] [494]
第六章	租赁与雇佣	[741] [503]
第七章	消费商品的借贷（消费借贷）	[747] [507]
第八章	合伙	[763] [519]
第九章	射幸合同	[766] [520]
第十章	附属合同	[771] [524]

第十一章　履行合同义务的方法 …………………………… [782] [532]
第十二章　解释 ………………………………………………… [793] [540]
第十三章　自然自由状态下处理争端的方式 ………………… [825] [562]

第　六　卷

第一章　婚姻 …………………………………………………… [839] [570]
第二章　父母的权力 …………………………………………… [910] [620]
第三章　主人的权力 …………………………………………… [934] [637]

第　七　卷

第一章　导致国家建立的动机 ………………………………… [949] [646]
第二章　国家内部结构 ………………………………………… [967] [659]
第三章　最高公民主权或君权的创立 ………………………… [1000] [683]
第四章　最高主权的组成部分及其之间的天然联系 ………… [1010] [690]
第五章　国家形式 ……………………………………………… [1023] [699]
第六章　主权的特征 …………………………………………… [1055] [722]
第七章　取得主权，尤其是君主主权的方式 ………………… [1084] [742]
第八章　最高主权在国内的神圣性 …………………………… [1103] [755]
第九章　最高主权者的义务 …………………………………… [1117] [765]

第　八　卷

第一章　引导公民行为的权利 ………………………………… [1131] [772]
第二章　在保卫国家中最高主权对公民生命的权力 ………… [1148] [783]
第三章　基于公民犯罪的理由而产生的最高主权对公民生命
　　　　财产的权力 ………………………………………… [1158] [790]
第四章　公民主权在决定公民价值中的权力 ………………… [1229] [837]
第五章　最高主权对国家和个人财产的权力 ………………… [1274] [868]
第六章　战争法 ………………………………………………… [1292] [879]
第七章　与战争有关的条约 …………………………………… [1316] [896]
第八章　恢复和平的条约 ……………………………………… [1324] [901]
第九章　条约 …………………………………………………… [1329] [904]
第十章　国王间的各种条约 …………………………………… [1342] [912]
第十一章　个人中止其公民主体资格的方式 ………………… [1348] [917]
第十二章　国家内部变化与国家消亡 ………………………… [1360] [924]

第一卷

自然法与国际法概述

第一卷目录

第一章 道德存在的起源与分类 ………………………… 7
1. 概述 ……………………………………………………… 7
2. 人的生命由道德存在所主宰 …………………………… 8
3. 道德存在的界定,其成因与目的 ……………………… 9
4. 道德存在的产生方法,其对人的赋予,其运作与来源 … 10
5. 道德存在的分类 ………………………………………… 10
6. 道德存在状态的界定 …………………………………… 11
7. 道德存在的自然状态与社会状态 ……………………… 11
8. 和平与战争的界定与形式 ……………………………… 13
9. 变异状态 ………………………………………………… 14
10. 与时间有关的状态 ……………………………………… 14
11. 某些与命令有关的状态 ………………………………… 14
12. 单独个人的类型 ………………………………………… 15
13. 人类群体的类型 ………………………………………… 16
14. 与道德上的个人有关的命令 …………………………… 17
15. 虚假的个人 ……………………………………………… 19
16. 道德事物 ………………………………………………… 20
17. 道德程度的分类 ………………………………………… 20
18. 头衔 ……………………………………………………… 21
19. 权力 ……………………………………………………… 22
20. 权利 ……………………………………………………… 23
21. 其他道德品质 …………………………………………… 24
22. 道德参量 ………………………………………………… 24
23. 道德存在是如何消灭的 ………………………………… 25

第二章 道德科学的确定性 ……………………………… 26
1. 多数人否认道德科学具有任何可论证的确定性 ……… 26
2. 论证的性质 ……………………………………………… 27
3. 论证的原则 ……………………………………………… 27
4. 仅在探究人类行为的善恶的道德科学中论证才是可行的 … 28

5. 对道德事物具有不确定性的说法提出反对 ………… 30
　　6. 道德的善或恶能够被强迫赋予吗? ………………… 31
　　7. 羞耻感是道德被赋予的证据吗? …………………… 35
　　8. 建立在品质基础上的道德行为的程度 ……………… 36
　　9. 对格老秀斯观点的评价 ……………………………… 38
　　10. 在道德参量上允许有余地 ………………………… 39
　　11. 什么能称得上是道德上确定的? ………………… 40

第三章　道德行为中的人类认知 …………………………… 42
　　1. 两种认知能力 ………………………………………… 42
　　2. 具有代表性的认知能力的特征是什么? ……………… 43
　　3. 智识在道德事项上具有天然的正确性 ……………… 43
　　4. 良知的性质与形式 …………………………………… 45
　　5. 正确的良知与可能的良知 …………………………… 45
　　6. 可能的良知之规则 …………………………………… 46
　　7. 选择可获益事物之规则 ……………………………… 47
　　8. 疑惑良知 ……………………………………………… 49
　　9. 谨慎良知 ……………………………………………… 50
　　10. 无知的性质与形式 ………………………………… 51
　　11. 错误之形式 ………………………………………… 52
　　12. 合法行为中的错误 ………………………………… 53
　　13. 必要行为中的推论错误 …………………………… 53
　　14. 中立行为中的推论错误 …………………………… 54
　　15. 实践性错误 ………………………………………… 55
　　16. 罪行中的错误 ……………………………………… 55

第四章　道德行为中的人类意志 …………………………… 57
　　1. 意志行为 ……………………………………………… 57
　　2. 意志自由 ……………………………………………… 58
　　3. 意志的中立性有必要被宣布 ………………………… 59
　　4. 意志如何倾向于善 …………………………………… 61
　　5. 刺激着意志的某些身体性状 ………………………… 63
　　6. 同样刺激着意志的习惯 ……………………………… 64
　　7. 和感情 ………………………………………………… 66
　　8. 以及纵欲 ……………………………………………… 67
　　9. 混合行为 ……………………………………………… 69
　　10. 非自愿行为 ………………………………………… 71

第五章 道德行为概述及其对行为人的适用，或使得道德行为可被归责的原因 …… 73

1. 道德行为的性质 …… 73
2. 其内容 …… 74
3. 其形式；以及道德原因 …… 75
4. 一项被正式考量的道德行为总是一种积极的存在 …… 77
5. 某些事情能够或者不能够被归咎于某个人的原因或基础 …… 78
6. 必要之事不可被归咎于个人 …… 78
7. 人类植物性功能的效果 …… 79
8. 不可能之事 …… 81
9. 强迫之事；以及不折不扣的执行 …… 82
10. 通过无知而为之事 …… 83
11. 梦中所见之事 …… 86
12. 未来的罪恶 …… 87
13. 但是罪恶的行为，即便是出于习惯而为之，在任何情况下都是可归咎的 …… 88
14. 他人的行为如何被归咎于我们 …… 90

第六章 道德行为规则或法律之概述 …… 98

1. 有别于建议的法 …… 98
2. 有别于协议的法 …… 99
3. 有别于权利的法 …… 100
4. 法的性质 …… 100
5. 义务的性质 …… 101
6. 义务的起源 …… 102
7. 没有人对自己负有义务 …… 105
8. 承担义务者必须有一个上级 …… 105
9. 一个人如何对他人施加一项义务 …… 106
10. 仅仅用暴力来施加义务是不可行的 …… 106
11. 仅从任何天然的优越性中也是不可能产生义务的 …… 110
12. 何种力量能够产生一项义务 …… 112
13. 立法者与法律应为人所知 …… 114
14. 法律的实质部分 …… 115
15. 法律的许可 …… 119
16. 法律的素材 …… 121
17. 谁受到法律的约束？ …… 121

18. 法律的分类 ································· 123

第七章　道德行为的品质 ························· 124

1. 道德行为品质的种类 ························· 124
2. 一项必要的与合法的行为 ····················· 124
3. 行为善恶之本质 ····························· 125
4. 一项善行具备所有的条件；而一项恶行则可能仅仅缺乏其中一种 ································· 126
5. 恶的缘由绝不能向神去寻求 ··················· 127
6. 正义的缘由既在于个人也在于行为 ············· 128
7. 什么是行为正义？ ··························· 130
8. 普遍正义与特定正义 ························· 131
9. 分配正义 ··································· 131
10. 矫正正义 ·································· 133
11. 格老秀斯在正义问题上的立场 ················ 133
12. 亚里士多德在正义问题上的立场 ·············· 135
13. 霍布斯在正义与伤害问题上的立场 ············ 136
14. 一项不当行为的性质 ························ 138
15. 伤害的性质 ································ 139
16. 一项伤害可能仅仅来自于过去的道德选择以及错误的性质 ···· 139
17. 自愿接受伤害者所受到的不是伤害 ············ 141

第八章　道德行为的参量 ························· 143

1. 道德行为的绝对参量 ························· 143
2. 神所要求的意图 ····························· 144
3. 法庭足以适用的意图 ························· 144
4. 完善或完备的行为之性质 ····················· 145
5. 行为的相对参量 ····························· 146

第九章　道德行为的归责 ························· 147

1. 源于行为的归责 ····························· 147
2. 源于恩惠的归责 ····························· 147
3. 源于债的归责 ······························· 148
4. 什么能够被有效地归责？ ····················· 149
5. 事实的性质 ································· 150
6. 道德行为的效果如何被消灭 ··················· 152

第一章　道德存在的起源与分类

1. 概述
2. 人的生命由道德存在所主宰
3. 道德存在的界定,其成因与目的
4. 道德存在的产生方法,其对人的赋予,其运作与来源
5. 道德存在的分类
6. 道德存在状态的界定
7. 道德存在的自然状态与社会状态
8. 和平与战争的界定与形式
9. 变异状态
10. 与时间有关的状态
11. 某些与命令有关的状态
12. 单独个人的类型
13. 人类群体的类型
14. 与道德①上的个人有关的命令
15. 虚假的个人
16. 道德事物
17. 道德程度的分类
18. 头衔
19. 权力
20. 权利
21. 其他道德品质
22. 道德参量
23. 道德存在是如何消灭的

1. 首要的哲学[形而上学]的任务,若是旨在实现其特定的自身本性之召唤的话,就是要给予事物最为全面的界定并将其恰当地归入特定的类型,此外还要给出每一类事物的一般属性与状况。对自然事物的分类似乎已经由那些迄今为止从事这一科学研究的人充分地作出了,但是很显然,他们并未像对待自然事物那般给予道德存在(moral entities)应有的关注。确实,很多人完全就没有考虑过这些范畴;其他人也只是对此略有涉及,就好像它们是无关紧要的或者凭空捏造的一样。然而,它们的性质无论如何都应当为人类所知晓,人类被赋予了创造它们的力量同时其生活又深深地受到它们的影响。就我们所着手研究的内容而言,这一考虑迫使我们在开始就对这一迄今为多数学者所忽视的知识领域作出一项探讨;这样一来,我们所给出的关于道德事物的定义就不会基于其模糊性和新颖性而耽误读者的阅读进程,后者

---

① morles 应为 morales。——英译者注

在一般的文章中肯定也遇到过这些术语,只不过这种机会非常罕见。如果那些行文优美的人对这一做法感到不愉快并对那些古拉丁文中不存在的新单词蹙眉的话,我们请求他们谅解,因为,既然我们时常忍受他们出于自身嗜好而使用的过于华丽的辞藻,那么当我们多花一些时间来关注事物的真实意思而非辞藻的华丽性的时候,他们也会谅解我们。因为除了将其放到更令人费解的繁文缛词中之外,我们不知道这些事物如何才能够被更为适宜地表达。西塞罗不会对我们采用新名词的行为加以指责,他在《论道德之目的》(*On Ends*)第三卷[第一章]中指出:"我们不得不给予新事物以新名称。在考虑到任何不常见的学问中都存在各种类型的新名称的情况下,即便是才疏学浅的人也不会对此感到不解。"他接着又补充了文科和工科的例子,并宣称:"这样做对于哲学家而言就是更加应当允许的了;因为哲学是关于生命的学问,一个探讨哲学的人不能借用集会中的语言来表达观点。"马尼留斯在《天文学》(*Astronomica*)第三卷[第39页及以下]中说:

> 我将舍弃你的热情并引导你的思想。
> 尽管会出现某些生僻词汇,
> 你听着难受,觉得刺耳,不协调;
> 但这是论题的错而不是作者的错;
> 有些东西是顽固且不向思想妥协的。
> 我必须直言不讳地说。若是我们的学问已经找到
> 更为合适的表达的话,它早就将这些说法弃之一旁了。

然而,如果一个人无论怎样都不能忍受这些繁文缛词的话,他可以跳过它们并立即转而研究更为容易的领域。

❦❦❦❦❦❦❦❦❦

2. 既然这个宇宙所包含的所有事物都具有由至善至伟的造物主分配和指派到其本质构成之中的自身规则,那么就可以发现每一种事物都具有源于其自身实质的性情和倾向的、依靠造物主所赋予的力量手段在特定的行为中发挥其自身实质的自我属性。我们通常称这些属性为自然的,因为"自然"这一术语通常不仅被指定来表示全部被创造物的总和,而且表示伴随着产生各种情绪类型的固有力量的被创造物的模式和行为,而正如我们所发现的,这个宇宙中的所有事物都是由此种模式和行为所唤起的。那些完全无意识的、或者下意识的、或者有意识但未深思熟虑的所作所为,都仅仅受到自然

本能的指引,且绝不会通过任何自身所采取的手段来得到缓和。但是对于人类而言,其不仅被赋予了身体的形态美与适应性,而且被赋予了独有的智力之光,在它的帮助下人可以更为准确地理解事物、比较事物、触类旁通,以及确定事物之间如何协调一致;以至于正如我们所见到的那样,人不仅不再有必要将自己的行为局限于任何一种模式,而且甚至能够实施、中止或者缓和其行为。并且,为每一项官能塑造或者提供某些能够对其功能行使提供显著帮助和指导的辅助设备的能力,也已经被赋予了人类。列举所有已经发现的相关概念以有助于让知性者不再为无穷尽的事物类型所迷惑,乃是其他人的任务。我们要考察的是,一种特殊类型的属性是怎样主要在意志行为的引导下被赋予事物及其自然运动,从而在人类行为中产生某种特性以及装点人生的显著适应性和秩序的。这些属性被称为道德存在,因为经由它们,人类的道德和行为得到了判断与调和,从而获得了区别于不会说话的动物的原始愚钝状态的一种特性和表现。

〰〰〰〰〰〰〰

3. 相应的,我们似乎能够最为便利地将道德思想界定为某种模式[品质],它们主要是为了引导与调和人类意志行为的自由并由此保障文明生活的某种有序和礼节,而由智能①生物添加到物理的事物和运动中的。我们使用了**模式**这一术语,因为存在这一术语似乎更适合被分为实质与模式的两大分支,而不是被分为实质与事件的两大分支。况且,由于模式是与实质相区别的,故而道德思想显然并非自己存在着的,而是只能将其基础建立在其仅能施加有限影响的实质及其运动之上。可以说,有的模式是正好源于事物本身性质的,而其他的模式则是经由有智力的行为人添加到外界事物和模式中的。因为任何被赋予了智力的生物都有能力通过思考和比对事物而形成适于成为一种持续能力指引的概念。道德存在也属于这种类型。你可以正确地将至善至伟的造物主称为它们的创造者,造物主肯定不会命令说人类应当像野兽那样过没有文明和道德戒律的生活,相反,他们的生活与行为应当受到一套固定行为模式的调整,而如果没有道德存在的话这一行为模式也就不可能存在。尽管如此,多数道德存在都是后来由人类自愿添加的,因为他们觉得引入道德存在将有助于促进人类生活的发展并带来秩序。人类的意图是明显的:这不是为了完善物理存在意义上的自然世界,而是为了通过一种特殊的方式完善人类的生活,以便人能够具有一种超越野兽生活的秩序之

---

① intelligentbus 应为 intelligentibus。——英译者注

美,并在如此善变的人类思想中造就一种令人愉悦的和谐。

❧❧❧❧❧❧❧❧

4. 正如产生物理存在的原始方式是造物一样,对于产生道德存在的方式,没有比用**赋予**一词来表达更好的了。因为它们并非产生于事物物理属性上的固有本质,而是在知性者的意志之下被添加到业已存在且具有物理完整性的事物,以及的确是在其创造者的决断之下才能够存在的事物自然效果之上的。而且这些创造者还赋予了它们某种令其能够在不对其所附加的对象造成改变的情况下被随意消除的效果。因此存在于它们中的主动力量并不在于令其在任何事物中直接产生任何物理运动或变化的能力,而仅仅在于人们清楚地知道应以何种方式来规范自身行为自由,以及人们通过某种特殊的方式能够具有承受某项善或恶并且能够指示他人从事带有某种特定效力的行为的能力。而且神所设置的道德存在的功效来自这一事实,即,作为人类的创造者,其有权对其所赐予人类的意志自由设置某种限制,且当人类抗拒①的时候,其有权通过威胁以任何自己所希望的方式施加某项伤害,来扭转人类的意志。不仅如此,即便是人类自己,也能够通过对某些拒绝服从其命令的人威胁施加某项其力量所及范围内的伤害,来赋予自己所创造的制度以某种强制力。

❧❧❧❧❧❧❧❧

5. 因此,既然道德存在是被设置来为人们的生活带来秩序的,为了达到这一目的,那些必须按规矩生活的人们,就同时被要求在其相互关系之间、在决定其行为的过程中以及最终确定其对人们生活中所使用事物的态度的过程中采取一套固有的标准;出于这一原因,道德存在被理解为主要是**人类**所固有的,同时也是人类行为所固有的,甚至在某种程度上也是事物所固有的,因为它们是在自然中间,或者通过自然本身的运作,或者通过人类的勤奋劳作而被发现的。但即便可以有很充分的理由来依据这三项名目对道德存在作出一项划分,根据物理存在的体系来划分其类型仍旧是更为便利的;而这部分是因为,哲学家们已经对后者进行了仔细的研究,而且通过对两者的比较能够使前者得到更好的阐述,同时也是因为,我们那种在物质实物中浸淫出来的智力不通过类比物理存在②就几乎无法理解道德存在。

---

① reluctartem 应为 reluctantem。——英译者注
② phisicirum 应为 physicirum。——英译者注

6. 尽管道德存在不能单独存在,且由此总的来说不应被划为实体而应被划为模式,然而我们还是可以找到很多被认为类似于实体的道德存在,因为其他道德事物似乎可以直接在道德存在中被找到,就如同数量和质量固有地存在于物理实体中那样。的确,就好像物理实体可以说是下意识地造就它们安置其所占有的自然存在的空间并实施其物理运动那样,人们,尤其是道德意义上的人们,也以同样的类比方式被认定并理解为处于某个可以说有点像是为了他们而下意识地造就或者设立、以便他们在其中实施行为并产生效果的**状态**之中。因此,通过将作为一种被下意识造就的道德存在的状态与空间做类比,就可以恰当地界定状态的性质;因为空间看起来的确不是一种基础性的存在,可以说,其仅仅是被下意识地造就的、处于其他事物之下并以某种固定的方式支持它们的存在。特定的状态也是通过这种方式被设立的,这不是为了状态本身而是由于只有在状态中道德主体才能被视为是存在着的。尽管状态与空间由于后者属于某种不可移动的物质而有所区别,但两者都从一开始就扩展开来且即便在自然对象被移除的情况下也能维持自身的存续;然而前者,以及被正式考察的其他道德事物和诸如此类的事物,事实上仅具有模式和属性的力量,因此当人被除去之后,一个所谓的道德状态本身就几乎无法再存续下去了。

7. 空间具有两方面的意思:首先,其指用以说明事物在**哪里**或者在某处的依据,比如这里或那里;其次,其指用以说明事物在**何时**或者处于某个时间内的依据,比如今天、昨天、明天。我们可以如法炮制地指出状态所具有的两方面意思,一方面表示一项道德在何处,并由此与地方具有某种类似性,另一方面与时间有关,就其对那些据称存在于那个时间的事物具有某种道德效果而言。作为第一方面意思的状态,与空间类似,既可以被视为**不确定的**,因其仅从道德品质(moral qualities)中产生,也可以被视为**确定的**,因其还涉及对某些道德参量(moral quantity)和某种道德比较的考量。一项被视为不确定的人类状态①既可以是**自然的**也可以是**偶然的**。我们称一个人处于自然状态,不是由于这一状态未经赋予而直接从关于人类本质的物理原则中产生,而是由于这一状态来自神圣意志的赋予,这不是通过人们的决意产生的,

---

① Satus 应为 Status。——英译者注

而恰恰是①人们与生俱来的。并且,我们已经习惯于认为人的自然状态或者是**绝对的**,或者**与他人相关**。就前一种情况而言,只要我们找不到更好的词语来表达,我们就应用"人性"、或者当造物主命令人类应被判断为高于其他生物的时候被认为是构成人类的那种状态来说明人类的自然状态。西塞罗在《论义务》(*On Duties*)第一卷[第二十八章]中说:"自然本身已经在我们身上烙上了大大优越于其他动物的特性。"从这一论断出发,接下来的结论就是人类应当成为一种承认其创造者、给予其创造者应有的崇拜并推崇其作品的生物;并且人类应当被预期去过一种与动物大相径庭的生活。对这一状态而言,动物的生活与状态就是其对立面。

既然做一个人就意味着处于一种产生于某些②义务和某些权利的状态之中,从这一点上来讲,考察这种状态何时开始在单个人中出现就不无道理了。而这一时间似乎恰恰就是任何个体能够真正地被称为一个人的时候,即便存在这一事实,即一个仅仅处于孕育中的人尚有很多地方有待完善,但当其首次作为一个独特的生物展现其生命和知觉的时候,他事实上就是一个人,尽管他还没有离开母亲的子宫。但既然对义务的履行要求一个人具备对自己以及对其所从事的事情的认知,故而直到一个人知道如何依据某些规范来调整自身行为以及如何区分这些行为之前,其不享有任何行为能力。而由于法律为那些已经懂得运用其理性且由此比那些尚不能分辨正在做的是什么的人具有优势的主体设定了一项行为义务,故而这些义务从人类存在之初就是有效的。因此,基于不受他人伤害的权利属于所有人这一点,如果任何尚在子宫中的人受到身体伤害,这一伤害就不仅是针对其父母的而且是针对胎儿的,并且我们认为,当这个孩子长大并获悉这一伤害之后,其自己能够享有要求补偿的权利。但若任何人在母亲子宫内的胚胎成为人形之前毁灭或除掉了它,那就不能说该物体仍然保有任何损害求偿权,尽管事实上在铲除一名社会成员的过程中自然法受到了侵犯、国家因损失了一名公民而受到了伤害、并且父母因失去预期的新生命而受到了伤害。

就**与他人相关**而言,人类的自然状态是指,在任何令一个人对他人表示友爱的人类法令与协约出现之前,人类仅仅基于一种由其物理属性的相似性所产生的普遍亲缘关系而非基于其他范畴来安排其生活的情况。从这一点上讲,那些没有共同的主人、互不隶属、互无损益且互不认识的人,就被称为生活在一种相互的自然状态之下。对此还可以补充第三种认识**某种自然状态**的方法,即一种缺乏由人类所发现或者由神向人类所揭示的赋予其尊严与

---

① lpsa 应为 ipsa。——英译者注
② certe 应为 certae。——英译者注

安详的一切创造和制度的状态。

那是一种与生俱来的,或者在此后的某个时间基于某些人类行为而发生在人们身上的**外在**状态;为便于论述,这一状态的划分将在别处讨论。

在此应当顺便提及的是,人们不应认为①,一项上述第二种意义上的自然状态从未现实地存在或者有可能存在,理由是从未有一群人在没有任何外在纽带的情况下,仅仅依据出于亲缘关系的物理属性的相似性就联合到一起;因为,的确,夏娃和亚当是通过婚姻纽带联合到一起的,但是他们的后代却基于某种共同的血缘和谱系以及基于亲缘关系而联系更为紧密。不过应当承认的是,基于亲缘关系的纽带在远离共同世系的那些人中是逐渐削弱的,一般认为,其在人们发明来表示亲属关系的术语圈子之外已经没有作用了。尽管事实上这一状态在人类产生的时候并不存在,然而随着时间的流逝,当关于一个共同谱系的记忆消失,或者由此产生的亲属感不复存在的时候,它就确实出现了。

~~~~~~~~~~~~~~~~~~~~

8. 尽管每一种状态都为据称处于该种状态的人预设了对他人的某些尊重和态度,因为,确实,每种状态都伴随着一项若缺乏其力量作用之对象就无法被理解的权利或义务;然而仍有某些状态较之其他状态更为明确地表示了一种与他人的关系,因其清晰地表示出人们互相办理业务的模式。这其中最突出的就是**和平**与**战争**了。利巴尼乌斯在《前期训练》(*Progymnasmata*)[第5页,《箴言》(*Chriae*),第一节第6段]中说:"两种状态控制着人类所有的行为,那就是战争与和平。"和平是指那种人类和平共处而没有暴力伤害,并相互给予其应得的义务与诉求的状态。而战争则是指那种人类自然地施加或排斥伤害或通过武力拼命夺取其应得之物的状态。和平可以被分为**普遍和平**,即纯粹通过基于自然法的义务在所有人之间所维持的和平,以及**特定和平**,即建立在正式的条约与确定的誓言的基础上的和平。而且,后者既可以是**内部的**,当同一政治实体的成员之间维持这种和平的时候,也可以是**外部的**,当与本政治实体之外的人民,或者是普通朋友或者是特殊朋友及盟友,维持这种和平的时候。不存在那样一种所有人互相敌对的**普遍的**或广泛的**战争**,因为那是一种动物状态的后果。一项在特定人群之间爆发**特定的战争**,既可以是**内部的**,即内战,也可以是**外部的**;前者爆发于同一政治实体的成员之间,后者爆发于非属同一政治实体的成员之间。当战争行为中止,

---

① put t 应为 putet。——英译者注

而战争状态延续的时候,我们称其为休战。

~~~~~~~~~~~~~~~~

9. 基于某些状态享有一项更高或者更低程度的评价,或者具有更多或更少的荣誉,其可以被视为**确定的**。因为,既然每一种状态都伴随着某些权利或义务,那么通常认为,该状态越显著,则与之相联系的权利就越庞大和越有力;或者当其义务太甚之时其将被预期去实施某种要求非凡的勇气或智力能力的任务。另一方面,那些仅要求简单劳动的状态通常被视为非显著的。

~~~~~~~~~~~~~~~~

10. 第二种状态,也就是在时间方面具有某种道德效果的状态,首先可以被分为**年少**和**年长**。当生命期间被称为年龄时,就有婴儿期、儿童期、青春期、青年期、成人期、成熟期、下滑期、衰老期以及老朽期等阶段,每一个阶段可以根据生命期间来得到适用;或者根据某种基于个人生命所延续的时间长度的外在状态来得到适用。其次可以分为**成年**,即当一个人基于其年龄被认为有能力管理其自身事务并自担其责的时候;以及**未成年**,即当基于其判断力的缺陷或者恣意妄为的倾向,一个人被认为不能够合理地管理自身事务而需要一个指导者或监护人的时候。我们可以发现,在不同人群中,对这一状态需要设置不同的界限。

与未成年不同的是能够工于心计的年龄,对于这一范畴我也认为通常来说不能设置明确的界限。艾利安在其所著书第五卷第十六章讲述了一种有趣的识破诡计之法:"一个拾起从月之女神王冠上掉下的一块金片的男孩被带到法庭。法官于是在这个男孩面前放置了玩具、铜指节套以及一块金片,当男孩再次拿起金片的时候,他被处以窃取圣物罪。"①

~~~~~~~~~~~~~~~~

11. 在进而讨论其他问题之前,我们应当了解,基于词汇的贫乏我们经常被迫以同样的术语来既表示②状态本身也表示该状态的恰当属性,尽管两者实际上有区别且内容不一致。[塞涅卡在《论利益》(*On Benefits*)第二卷第三十四章中说:"有大量的事物是没有名称的,我们不使用它们本身的特定称谓,而是使用其他事物传导给它们的名称。"]因此,打个比方,自由既具有

---

① 有概括。——英译者注
② xprimere 应为 exprimere。——英译者注

一种对应于空间的状态的意思,也具有一种表现为一种能动性的行为能力的意思。同样,贵族身份既表示一种状态,也表示一种个人的属性,因其被认为具有一种被动的品质。且由此,诡计与和平这些词都既表明了一种状态也表明获取该种状态的手段。

我们也不应忘记,正如一个人可以在同一时刻处于不同状态之下,只要与这些状态相伴随的义务不相矛盾一样,依附于任何状态的义务就其本身而言也可以从不同的原则中发展出来。因此,仅从任一项原则中推出义务而忽略其他原则的人,绝对无法直接构成一种除了他自己所知的义务之外不能或不应附带任何其他义务的状态。因此仅从《圣经》中推出神职人员的部分义务的人,绝对无法否认那些神职人员也有责任去履行单个政府的宪法所要求的那些义务。且由此,对于在此仅讨论在理性之下显得有必要的人类义务的我们来说,也无法坚持主张,任何仅包含此类义务的人类状态确实、能够或者应当存在。尽管详细研讨这样一种人类状态是否曾经恰当地存在过这一问题可能是多余的。因为某些人所宣称的主张尚未得到明确证实,即"如果人类继续处于其原始的纯洁状态之下的话,最初指引人类的自然法就应继续如是发挥作用,只不过一两项实在法可能会被补充进来。"因为我怀疑,人类①即便摆脱原罪,其是否有可能会呆在伊甸园中足不出户、以采摘野果为生,而不通过工业和技术创造②实现进步。我仍旧无法理解的是,如果在人口成倍增长的情况下人们成立某些集团并建立市民公会,怎么会有损于其原始的纯洁性。但若没有实在法的话,形成这样的社会似乎是不可能的。

~~~~~~~~~~~~~~~~~

12. 类似于实体的道德存在被称为道德**主体**。将其身份或者在大众生活中所发挥的作用同时考虑,这些主体既可以是单个的人们,也可以是经由某种道德纽带而联成一体的人们。道德主体既可以是**简单的**也可以是**复合的**。简单主体,基于其身份或作用的不同,既可以是公共主体也可以是私人主体,视其所发挥的作用是直接为一个公民群体服务还是为个人利益服务而定。按照基督徒的习惯,公共主体分为**世俗的**和**教会的**。前者既可以是**首要的**,也可以是**低阶的**。其中有的公共主体以最高的权威统治着一个国家;有的通过最高权威所给予他们的权力,负责某一部分的行政工作并被恰当地称为地方官,或者通过其咨询意见对国家的有效治理提供帮助。**低阶主体**为国家及其治理所提供的服务在重要性上要低一些。在战争中,高阶与低阶官员

---

① huamnum 应为 humanum。——英译者注
② ventas 应为 inventas。——英译者注

就相当于长官,并指挥普通士兵,而在此时,普通士兵也可以被视为公共主体,因其直接或间接地得到最高公民权力的授权,为了国家而扛起武器。

12 还存在一群特殊的政治人物,他们由于代表他人而被称为**代表人**。这些被他人授予权力以及行事权的代表人,其从事交易就好像本人从事交易一样。这些人包括使节、代理牧师、代理人以及其他此种类型的人。

然而,人们近来已经认识到,在诸如副大使、副大臣这些并不像前者那样全权代表派遣国、但同时具有**代表性质**的大臣之间,应当作出一项区分。参见匿名著作《使节论》(*Memoires touchant les Ambassadeurs*)第 542 页。① 在私人主体中,私人教师和监护人,在其处理孤儿和未成年人事务的范围之内,与这些主体具有相似之处。在这个问题上霍布斯在《利维坦》第十六章中错误地坚称,在社会中一个人时常可以代表一个无生命的、其本身不属于人的物体,如一座教堂、一所医院、一架桥梁等等。因为既然说某些状态已经赋予特定的人为了这些地方的维护而征税,并在任何由此发生的诉讼中进行控辩的义务要简单得多,那么就没有必要通过法律拟制赋予任何此类事物以法律人格。

对宗教人物的类型,任何人都可以根据其所属的宗教很容易地加以辨识。任何受过教育的人还能够理解不同教派所产生的不同人物类型。

在私人主体中存在着千差万别。主要的差异,首先是来自其业务、其追求,或者其所从事的交易,以及其谋生手段,这既可以是配得上一个自由人身份的行业,也可以是臭名昭著的行业。其次是来自一个人在社会中所身处的状况或曰道德状态,据此可判断出一个人是拥有或多或少专属权利的公民,另一个人是友邦国民,还有一个则是外国佬。再次是来自家庭中的地位,根据一个人是否是一家之长,可以立即体现出一个人是丈夫、父亲和主人;另一个人是妻子;另一个是儿子;还有一个是仆人。这些是平常家庭中的所有成员,但在此之外,有时还可以加上客人。复次是来自在不同社会中造就了不同等级的贵族以及普通民众的血统。最后是来自性别与年龄;通过后者,小孩子、青年人、成年人和老年人得以区分;通过前者,男性和女性得以区分。尽管性别与年龄的区分并非基于赋予而产生,但这些范畴仍然涉及了日常生活中人们之间的某些道德差异,既然不同的事物被认为是属于不同性别的人们的,那么男女有别也就理所应当了。

---

13 **13.** 当数个单独的人组织起来,且依据该组织的逻辑,他们希望或者确

---

① 亚伯拉罕·威克福著。——英译者注

实被视为仅有一种意志、一种①行为的主体，一个复合道德主体就构成了。其出现于这种情况下，即数个单独的人令其意志服从于一个人或者一个委员会的意志，且他们自己愿意承认并希望其他人知晓，只要是与该组织的性质相关的以及符合其宗旨的，则此人所发出的任何指令或所做的任何事情，都应被视为全体成员的意志和行为。于是接下来的结论就是，尽管在其他情况下，若干个人所想或所做的都被视为同等人数的意志和意愿，但是对于构成一个统一组织一部分的个人而言，其被赋予了同一种意志，不论在这样一个组织中有多少单个的人涉身其中，他们的行为都被视为该组织的行为。且由此，一个具有如此性质的复合主体可以，并且通常确实获得了某些隶属于该组织的单独的人所不能主张或保有的特权与权利。

不过在此需要指出的是，正如肉体即便在时光的流逝之中、在不可察觉的力量作用之下经历微小粒子的增减也可以保持不变那样，同样地，复合主体也不会因单个成员的更替而停止存在，除非同时发生那种完全消解该主体本质的改变。而这一点将在别处更为详细地探讨。

我们可以像对待单个人一样，将混合的道德主体或团体分为**公共的**和**私人的**。前者同样既可以是**宗教的**也可以是**世俗的**。我们可以将部分宗教主体称为**一般的**，比如天主教堂，以及任何特定的教堂，不论其是否局限于一个国家的确定界限之内，或者是否因归信的公开形式而有所分别；也可以将部分宗教主体称为**特定的**，比如教士委员会或宗教会议，主教法庭，长老会，等等。同样，一个市民团体既可以是**一般的**，正如一种状态可以具有或简单或复杂，或规则或不规则等多种类型那样；也可以是**特定的**，比如一个参议院，一项马术规则，一个部落，一个议会，等等。一个**军事**团体被称为一支军队，并由军团、骑兵中队、步兵大队、连队等组成。

私人团体不仅仅包括家庭，还包括处于此种状态之内的诸如由商人、手工业者等组成那种行会等团体。在此我们似乎没有必要对所有这些类型都大费周章地予以讨论。

❀❀❀❀❀❀❀

14. 现在我们应当对简单道德主体的性质作进一步的探讨，即，同一个人能够在何种程度上处于并非相互对立的不同状态之中。因此只要与这些主体相伴随的各种功能能够同时汇集到一个人身上，那么一个人就能够同时代表数个主体。因为尽管从自然属性上考虑，同一个人不可能既是丈夫又是

---

① unamque 应为 unaque。——英译者注

妻子、或者既是儿子又是女儿,或者从道德属性上考虑,同一个人不可能既是主人又是奴隶、既是法官又是囚犯、既是当事人又是证人,然而没有什么会阻止同一个人在家里是家长,同时在议会是议员、在司法法庭是律师、在王座法院是顾问;至少,只要各种有关的义务不是由同一个人在同一时间予以处理,而是能够比较容易地分配不同的时间来予以处理即可。西塞罗在《论义务》第一卷第三十章中的言论与此有关:

> 我们应当理解,在某种程度上,自然已经赋予我们以两种特性。第一项是人类所共有的特性,因为所有人都分享了将我们置于动物之上的理性之光。另一项特性是因人而异的……[第三十二章](对于这些人)意外或者机遇所赋予我们的第三种特性被添加到其身上;甚至我们经由自己的判断或选择所获得的第四种特性也被添加到其身上。

他还在《论演说家》(On the Orator)[第二卷第二十四章]中说:"我设想自己具有三重特性,我自己的,对手的,以及裁判者的。"那些更为聪明的异教徒正是利用以下考量来维护其心知肚明与理性相悖的多神论①的;这一考量的基础就是,倘若神在自然界中通过各种行为表现自己,则若干主体就被认为具有同样的神性。塞涅卡在《论利益》第四卷第七章中说:"神想将多少头衔归于自己就可以拥有多少头衔。"泰尔的马克西姆斯在《学术演讲》(Dissertations)[第二十三章,第 240 页]、[第三十九章,第五卷 b 部分]中说:"尽管有很多名字,众神只有一种本性。然而,我们在他们所赐予人类的帮助之下,为他们单独起名,而这些名称不过是列举出我们的无知罢了。不同的神就有了不同的名字。"再者,从赋予的性质出发,可以很容易地了解到,当一个人获得一种新的人格的时候,其身体并没有发生变化,并未产生新的体质,其旧有体质也未提高,而真正的新东西是完全在道德事物的范围内所产生的。故而当一个人被选为执政官的时候他并不会由此变得更加谨慎,而当他离职的时候也不会由此变得更加不谨慎;尽管有人发现,很多人的行为大量借助来自其职位的尊荣威望而作出,且很多人在位时与自己作为私人公民表现得不像同一个人。而对于这种情况,我理当将其归为一种基于虚荣心的表现而产生的蒙蔽人的幻象。同样道理,头脑简单的民众认为医师的头衔增加了一份处方的准确性。玉外纳在《讽刺诗集》(Satires)第七章[第 135—137 页]中说:"是紫色的长袍为律师带来了顾客——其紫罗兰颜色的大氅吸引了顾客。它符合他们生活在手忙脚乱之中并对外让人觉得其收入高于其真正所得的

---

① πολυθέοτητα 应为 πολυθεότητα。——英译者注

利益。"

而且，仍然存在一些在从事重要工作的时候其能力活跃、而在休闲的时候其能力停滞的人。参见科尔利厄斯·涅波斯，《亚西比德》(Alcibiades)，第一章第3—4节。的确，人们必须相信，当神将一项特殊的身份赋予一个人的时候，其能够并确实为后者增加了超出道德造诣标准的品质。参见《出埃及记》(Exodus)第三章、第四章；《申命记》(Deuteronomy)第二十四章第9节；《撒母耳记》(上)(I Samuel)第十章第6节和第9节；《马太福音》(Matthew)第十章第1节，第19节，第20节。更何况，从之前的情况来看，犹太人曾经的做法颇为独树一帜，他们正式地将一个正当改信者的新身份赋予一个非犹太人，并坚持认为改信者以前的社会关系不再延续，且其不应再将其兄弟、姐妹、父亲、母亲或孩子等在此之前的状态下获得的社会关系视为亲属，这就为皈依犹太教赋予了过大的效果。参见塞尔登，《自然法与国际法》(De Jure Naturali et Gentium)，第二卷第四章，这一错误的起因在该书中体现为那种认为一个新的灵魂被赋予了改信者的信念。

～～～～～～

15. 作为总结，应当指出，人类有时会塑造出一种在娱乐活动中代表他们的幻象以及拟制的道德主体。由此引发的就是这一舞台以一种非常特殊的方式为其创造了**角色**这一词。一个装扮起来的人的实质在于，一个不同①而真实的人的服饰、手势和谈吐被机敏地扮演了。故而整个程序仅仅体现出欢乐的一面，这样一个角色的言行不具有道德效果，而仅仅根据扮演的机敏程度来评价。基于这一理由，我可以顺便补充一句，我不知道为什么亚历山大里亚主教彼得，会一如苏祖门在《基督教会史》(Ecclesiastical History)第二卷第十四章所记录的那样，批准当时还是个孩子的阿特哈纳斯在戏剧中施行一场洗礼。我们还可以对比一下米诺卡主教就牧师管理圣事的意愿所做的论证，载帕图斯·苏维斯，《特利腾大公会议史》(History of the Council of Trent)，第二卷第214—215页。

然而，造就真正道德主体的赋予绝对不是一件随意的事情，相反其需要预先满足恰当的品质要求从而使得某些真正的利益能够由人类社会得到；而那些在构造道德主体的时候无视上述考虑的人应被认为是在以其鲁莽和无知冒犯整个人类社会。因此卡里古拉可以任命一个愚蠢无能的人担任执政官，只要这个人是一个罗马公民并充分知晓如何履行该职位起码的日常职

---

① alerius 应为 alterius。——英译者注

能。但其将这一职位赋予他的一匹名叫因斯塔图斯①的马;并赋予自己一个配备了奴隶、一间房子以及家具的户主身份以便其邀请的客人能够更为奢华地享乐,则完全是癫狂而愚蠢的厚颜无耻行径。参见苏埃托尼乌斯,《卡里古拉》(*Caligula*),第四章。而众多古人在他们的国王、国家缔造者以及其他杰出人物死后,出于其功绩或者出于谄媚而将他们置于诸神之列,也同样是一种对神大不敬的荒谬行为。参见塔西陀所著《编年史》(*Annals*)第四卷[第三十七章、第三十八章]中所记载的提笔略的演说。并且任何有理智的人都能够立刻判断出自己应当怎么看待教皇党人所实施的追认某人为圣徒的行为。

❀❀❀❀❀❀❀

16. 对于事物而言,只要其被包括在法律客体的范围内,似乎就没有机会将其列入道德②存在的名单之中;因为,尽管人类基于其不同地位或职能而被认为具有不同的身份,然而我们是以另一种方式来看待事物的,即,它们被认为要么属于我们,要么属于其他人,要么不属于任何人。的确,当某些事物属于所有权的范围之内而其余事物仍然处于所有权之外的时候,不应当认为新的品质已经被赋予了这些事物;相反,在对事物的所有权开始产生的时候,某种道德品质就随之产生于人们中间,这里面人是主体,而事物仅仅是对象。因为,正如在创世纪的时候所有的事物皆为共有、人有权将这些随意供我们使用的事物用于自身目的一样,当所有权一旦建立起来的时候,每个人都被赋予处分其自身财产的权利,而在非所有人中间则产生了不侵犯这些财产的义务。然而,事物本身仅从中获得了一种外在的名称,原因是它们构成了这样一种权利或义务的对象。因此当某些事物被称为具有宗教意义的和神圣的时候,它们并不具有任何道德品质和神圣性,只不过是一项以某种方式对待它们的义务被赋予到了人们身上而已;且当这一义务终止的时候,这些事物就会回归普通用途。但若有任何人主张某些事物应当与人一样被视为具有道德意义,则其观点应当被解释为阐明道德属性并非正式地而仅仅在客观上被归于这些事物。

❀❀❀❀❀❀❀

17. 对通过类比于实体而设想出来的道德存在的讨论就是这些了。我

---

① incitato 应为 Incitato。——英译者注
② maralium 应为 moralium。——英译者注

们现在必须考虑那些正式的以及被设想的模式问题。模式可以被最为便利地分为**作用模式**和**估算模式**。根据前者，人们被认为受到某种情况的作用和影响，而根据后者，人和事物则是可以被估算的。前者属于品质这一术语的范围，后者则属于参量这一术语的范围，这些术语都是在最广泛的意义上使用的。就我们当前的目标看来，品质可以分为**形式上的**和**起作用的**。前者是那些不倾向于或者不指向任何行为或活动，而仅作为纯粹的形式与主体保持一致并被加入其中的范畴；故而你可以称之为单一属性。一种起作用的品质既可以是**基本的**，也可以是**派生的**。根据基本的品质，一项事物被界定为适于一项行为或与之相吻合，并且既可以是**外在的**也可以是**内在的**，还可以被界定为一项被动的①道德品质。派生品质则是源自基本品质的道德品质，例如行为。

<hr />

18. 头衔在道德属性中占据了一个显著位置，其是基于个人因其受尊敬程度和身份的不同而导致的在市民生活中地位的差异所授予的。头衔总体上有两种类型。有的确实表示个人在市民生活中的受尊敬程度，或者某种专属于这些人的品质，但其仅仅大概地暗示了个人的身份，严格说来这样的头衔通常仅适用于或多或少的重要人物。这就是那种通常附加到杰出人物名字上的荣誉头衔，如"最尊敬的"、"最杰出的"、"最卓越的"，等等，这些头衔的实际含义或多或少地根据其所依附的个体的实力来决定。而其他的头衔则直接表示某种身份或地位或某种状态下的特殊位置，且其间接表示了通常附加于上述身份或地位之上的受尊敬程度。这就是道德主体，或者那些占据了任何荣誉位置的人的称号。就其仅代表人们对某个人身份或地位的看法而言，这些称号本身并不是那么重要，而当其被赋予人们的时候就体现了其主人的权利、权力和职责，则是至关重要的。故而人类为了头衔而展开轰轰烈烈的战争就不是毫无理由的了，因为对头衔的否认被视为与对头衔所习惯性明示或暗示的个人身份、职责、权力与权利的否认相伴随。

在此我们必须认真地指出，多数头衔的赋予并非永久的和一成不变的，相反，对于不同的人乃至不同时间的同一个人，头衔的赋予都体现了一种大幅度的差异性。因此，我们的祖先所使用的第一等级的头衔是多么简单和适度啊！而曾经对国家头号人物来说已经足够的头衔如今一个普通办事员都看不起它。这种类型的头衔的升级并不总是意味着尊严的增长，相反，当头

---

① batibilem 应为 patibilem。——英译者注

衔变大而事物本身仍然是老样子的时候,我们只能认为①这是头衔贬值了。

再者,当某些赞美性的头衔被赋予一个社会阶层的时候,这样做的原因在于该头衔所代表的品质出现或应当出现在该阶层多数成员的身上;故而即便是那些不具备该头衔所代表品质的人,也时常拥有这一头衔。因此,在学术界有的人被称为"最著名的"和"最博学的",而事实正好相反。也因此,一个懒惰的贵族也经常被说成是"最活跃的"。同时,人们在私生活或者其他事务中,时常夸大或贬低他人的头衔,这是因为其自身事务的现实状况导致其奉承或者贬损他人。并且在后一种[表示身份的]头衔中经常出现这一情况,即头衔继续而地位或者尊严和权利毫无增减。而且在不同的国家,同样的词被用在不同程度的荣誉上,更是极为常见。因此,把世界各地拥有同一头衔的那些人都归为同一阶层,是非常幼稚的。还应当了解的是,有时候赋予一个人的仅仅是头衔而没有通常与之相伴的职位或者职责和薪水;其目的仅仅是为了让此人可以享受外在的荣誉并在其同胞中占据一定的地位。最后,与欧洲统治家族的头衔主要相关的是,有时候这种头衔既体现了有关财产的范围又体现了占有权,而有时候这种头衔只是表明了在未来遗产继承中的继承权、因而仅仅体现了财产的范围而未体现占有权。

〰〰〰〰〰〰〰〰

19. 起作用的道德品质既可以是**主动的**也可以是**被动的**。就前者而言,最著名的类型是**权力**、**权利**,以及**义务**。权力是指那种一个人有能力合法地做某事并令其产生某种道德效果的品质。其效果在于,一项要求完成某项任务、承认权力拥有者的某些行为或者不妨碍其行为的义务被加诸于另一个人身上,或者权力拥有者有权授予他人一项后者原本不享有的采取行动或实施占有的权力。因为这一品质本身,可以说是的确具有高度扩散性的。就其功效方面而言,权力分为**完备的**与**不完备的**。前者是指那种能够对那些试图非法反抗它的人诉诸强制力(强制力,主要是指在一国范围内通过法律诉讼所采取的措施;以及在一国范围外通过战争所采取的措施)的品质。就后者而言,如果任何人被非法地阻止行使这种权力,他确实遭到了残忍的对待,但他仍然无权通过法律诉讼或战争来维护这一权力,除非情势之必要为这一权力提供了其原本所缺乏的功效方面的完备性。

就其主体方面而言,权力分为**个人的和公共的**。前者是指那种不能合法地转让给他人的权力。但在这种类型中也存在若干区别,因为有的权力与个

---

① consedûm 应为 censedum。——英译者注

人的关系如此密切以至于这些权力所属的行为借助他人完全无法顺利实施。例如丈夫对妻子身体的权力,没有法律会承认其他人可以实施之。又如那种为我们所拥有而无法转让给他人的权力,尽管与之相关的代为行事权可以授予他人;但只要这些行为的权威性全部出自那些权力所一直归属的人,这种权力就不能被转让。具有这种属性的就是经由人民意愿而形成的王权。因为国王不能将统治的权利转让给任何其他人,但其仍然可以雇佣大臣为其服务以实施属于此项权利的行为。可授性权力就是那种能够被正当地从一个人手中转移到另一个人手中的权力,无论这种转移是出自转让者的自愿还是出自上位者的权威或同意。

最后,就对象而言,多数类型的权力都能够被分为四大类。因为权力既关系到**人物**也关系到**事物**,且这两者都是基于其是属于**自己的**还是**他人的**这样的划分而存在的。对于自己的人身和行为的权力被称为自由(尽管这一词语所引发的模糊性需要在别处予以澄清)。自由不应被理解为一项与其享有者相分离的原则,或者一项强迫自己做一件不情愿的事情的权利[比较《学说汇纂》(*Digest*),第四卷第八章第51节,第九卷第二章第13节],其毋宁说是一个人依据其自身意愿处分其人身和行为的能力;这一能力包含着一种对于一项更高权力对其实施任何阻挠的否定。对自己所拥有财产的权力被称为**所有权**。对他人人身的权力准确地说就是**指挥权**;对他人所拥有财产的权力则是**地役权**。

~~~~~~~~~~~~~~~~

20. "权利"(**法**)这个词是非常模糊的。因为除了被用来表示法的含义,其还表示一套或一系列同种类型的法律以及法官所做的裁决,其被视为我们可以借此合法地控制他人或者占有财物,或者主张某物应归属我们的道德品质。然而,有一项差异似乎存在于权力与权利这两个词之间,即,前者更倾向于将上述品质的真实存在引入到人和事物之中,并更为不明确地暗示出人们确保权力的模式。而权利则直截了当地表明一个事物已经被合法地获取并正处于合法的持有之中。因为,尽管由于惯常用法的存在,我们尚无法避免该词的其他意义所带来的歧义,然而,由于多数类型的权力都具备一个独特的名称,借助这一品质,我们就可以理解某物是应当属于还是不属于我们,借由"权利"这个词,以一种特殊的方式指明这一品质是简便易行的。

我们将权利归入主动道德品质之列,因为基于权利就可以向他人主张某物。但其也可以被纳入**被动道德品质**之中,因为其使得一个人能够合法地接受某物。被动道德品质就是那些个人由此能够合法地拥有、承受、承认或接受某物的品质。这些品质包括三种类型:第一种是我们由此可以正当地接受某些我们没有权力要求且他也没有义务给予的某物的品质。这就是接受一项完全无偿的赠与的能力。考虑到诸如法官被禁止在任何情况下接受当事人赠与的例子,这样的一项品质并非纯属虚构这一点也就可以得到确认了。第二种是我们由此有权从他人处获取某物的品质,这并非意味着我们可以违背他人意志强行夺取某物,除非恰好有必要这样做,而这种情况也只有在后者负有某种交付某物的道德义务的条件下才存在。格老秀斯将其称为"倾向"。第三种是我们由此可以强迫一个人,甚至在违背其意愿的情况下,履行某些事务的品质,而根据一项提供了确定惩罚措施的特定法律,其本人完全有义务履行这些事项。但应当进一步理解的是,如果我们有意说得更准确①的话,很多通常处于权利这一标题之下的事物,是一种来自权力与权利的混合物,其各自在其正确意义上被运用,且同时涉及或预设某种义务或荣誉或类似的某些事项。因此,公民身份,或者公民权,包含着最大限度地实施属于国家成员行为的能力,以及在承担其对国家义务的前提之下享受其所带来的利益的权利。因此,举个例子,博学多才者的荣誉包含着从事与其地位相称的特定行为的权力,以及享受该称谓所带来的进一步附加了高度尊敬的利益的权利。

❦❦❦❦❦❦❦

21. 一项义务是指那种一个人由此在道德必要性之下被要求去实施、或承认、或承受某事的品质;其分类将在下面详述。在此还存在着那些被认为会以一种特定的方式影响人们判断的在道德上"可感知的"品质,正像在物理品质中那样,这一术语被用于表达那些影响感知能力的品质;诸如荣誉、耻辱、权威、尊严、威名、微贱,等等。

❦❦❦❦❦❦❦

22. 我们必须同时对关于评价模式或者**道德参量**的主题作出一些评论。因为显而易见,一个社会中人和事物等级的划分,不仅是根据其物理实体的大小、或者其运动强度和物理品质来进行的——在其被从自然法则的角度上考虑的时候,而且是根据另一种不同于任何物理或数学参数的参量来进行的。并且这一参量出自一项合理权力的赋予和决意。道德参量既存在于事物之中,此时其被称为**价格**(价值),也存在于人物之中,此时其被称为**评价**——

---

① accura 应为 accurate。——英译者注

两者都处于价值这个概念之下,并都**发挥着作用**,对此我们缺乏一个特定的术语来概括之。每一种参量都将在合适的地方被讨论。我们对道德存在类型的探讨已经足以实现我们的目的了。下面将讨论人类行为的道德参量问题。

23. 作为总结,正如道德存在来源于赋予那样,它们还从中获得了稳定性和多样性,而当赋予停止运作的时候,可以说,道德存在也就如灯灭影息般的同时消失了。并且,那些由神所赋予的道德存在仅能在神的意愿之下被移除。那些经由人的意志所建立的道德存在也将在同一个人的意志之下被废除,即便相关人或物的物理本质保持不变。因为,尽管从事物的性质出发,让已经做过的事情变得似乎从未发生过,比如让已经成为执政官的人变得似乎根本就没有做执政官,是不可能的,但我们仍然每天都可以见到,当一个人不再担任其曾经担任的职位的时候,其身上所具备的一切道德存在是如何完全消失、无影无踪的。因为一项道德存在永远无法获得一项物理品质所具有的那种力量。因此,相信以下观点是愚蠢的,即,如果任何身份被赋予某个人,仅仅基于这一赋予,一项永久的道德属性就已被加诸于他。因此,如果一个平民成为了一个贵族,其仅仅获得了新的权利,而其本质和物理品质没有丝毫的改变。如果一个贵族被逐出这个阶层,其仅仅失去了权利;而其所有的自然天赋都保持不变。

第二章　道德科学的确定性

1. 多数人否认道德科学具有任何可论证的确定性
2. 论证的性质
3. 论证的原则
4. 仅在探究人类行为的善恶的道德科学中论证才是可行的
5. 对道德事物具有不确定性的说法提出反对
6. 道德的善或恶能够被强迫赋予吗？
7. 羞耻感是道德被赋予的证据吗？
8. 建立在品质基础上的道德行为的程度
9. 对格老秀斯观点的评价
10. 在道德参量上允许有余地
11. 什么能称得上是道德上确定的？

1. 多数学者一直都坚称，道德科学缺乏确定性，而这一确定性是其他科学、尤其是数学的显著特点，因为道德科学没有论证的空间，而正是从论证中才产生了纯粹的、不必担心错误的知识；还有就是因为人们所知的与之有关的知识都仅仅建立在可能性的基础之上。这一见解已经给对人类生活最为尊贵的和最为必要的科学造成了严重的伤害。因其导致学者以缺乏自信的态度来考察他们所认为是建立在一个如此不稳定的基础之上的这门学问；且那些忽视道德科学的人也得到了一个表面上讲得通的借口，即它们不是建立在确定性论证的基础之上的，故而仅需以一种粗略的和简便的态度对待之即可。这一谬论很大程度上是由亚里士多德的权威论著所鼓吹起来的，在多数人眼里他已经达到了学识的顶峰，就好像人类的思想不能够再向前迈进一样。以下是其在《尼各马可伦理学》第一卷第一章中对道德科学所下的结论：

    无论以何种理由来期望同样的精确程度都是错误的。那些属于政治科学研究范围的高贵的和正当的事物，展示了一种如此巨大的多样性与不确定性，以至于它们有时被认为仅具有某种常规意义上的、而非本质意义上的存在。既然我们的主题，以及由此我们的逻辑前提具有这种性质，我们就必须满足于大致地、提纲挈领地揭示真相。因为一个受过教育的人仅在某一主题的性质允许的条件下才会期待每项主题的精确性；他与其要求一个修辞学家提供论证的依据，倒不如接受一个数学家大而化之的推理。

事实上，如今的我们绝不为这一个人的权威所单独左右，在我们就论证的性质做些许介绍之后，我们将对亚里士多德以及其他人的主张作出恰当的回应。

2. 因此，在我们看来，论证，就是通过某种逻辑推论来从作为事物原因的特定原则中推断出其必须无条件予以接受的确定结论。尽管这一点足够清楚，并且在任何理智的人都无法否认其论证力量的单纯的数学论证实践中显而易见，然而某种一知半解的能力还是可悲地将多数哲人引入了歧途，并致使他们极为错误地将论证排除在诸多哲学领域之外。他们的错误主要源于这一事实，即，尽管**论证的主题**通常来讲必定是必要的，然而他们却将这一命题解释成这种意思，即在一项论证性的推论中，与逻辑论述不同，结论的主题应当是一个必要的、现存的实体。由此，举一个老生常谈的例子，"人类是理性的且因此具有笑的能力"，**人类**是论证的主题，故而当然是一个必要的存在。但事实上该论证的主题并非某些简单的术语，而是一个完整的命题，该命题应有的真相经由一项源自固定规则的逻辑推论而推断出来。在此，一项可论证的命题的主题是否必定存在是无关紧要的；而当其存在被假定的时候，某种效果必定与之相适应或者毋庸置疑的规则显示其与之相适应，则是至关重要的了。因此，数学家毫不关心一个三角形是属于必要性的事物还是偶然性的事物，只要他们能够论证其角度之和等于两个直角之和。且由此，基于该项结论中的逻辑论述得以与主题紧密结合的联系的必要性，论证的主题被认为是必要的。

3. 那些可用于论证的命题的真实属性可以直接通过其目的与效果来加以理解。科学就是那种我们通过论证所寻求的东西，即某种确定的和纯粹的知识，其在任何方面任何时候都是恒定不变的和不必担心错误的。"我们都设想自己所知的一成不变的。"[亚里士多德，《尼各马可伦理学》第六卷第三章。]因此,命题在事实上是**真实的**,而不是仅仅出自争论或者假设,就很有必要了。因为,尽管一长串的结论可以从某一假设中推论出来,然而,由于其源自一项可疑的或部分不清楚的理论,这些结论就无法摆脱其源头的可疑性质。尽管应当认为两项完全对立的命题的其中一项必定是真实的,然而,仅有案情事实才能被确定无疑地证明,因为其总是将其赖以建立之前提的确定性预设为一项前提条件。

论证的命题还必须是**公理**,故而它们不需要任何进一步的证据,而是以其自身证据建立公信力,或者能够从某些不证自明的真理中推导出来。但由于某些命题更加接近于首要原理而其他的则关系较远,故而不应当指望每一项论证都能够仅作一次推论就得出结果;相反,待证命题的争论应当一直延续至到达首要原理为止。因为那些日复一日懒洋洋地说着他们的"任何事物"、"但是"、"所以"的人,并非唯一推理正确的人,而那些从清晰的原理出发且知道如何从相关的争论中编织出一连串必要结论的人,也推理得不差。

这些命题还应当是**直接的**,也就是说,它们从另一命题中连续地得出来而未经中止或打断。因为一项论证性的主张必须形成一个逻辑链,命题就像链圈一样被系在一起,故而如果其中一个链圈断裂或者有缺陷,该主张的整体结构就将被破坏。

最后,命题必须**与结论有因果关系**,因为它们包含着为什么一项逻辑论述是一项与主题必然一致的可论证命题的原因。上述所有原理都在艾哈德・魏格所著的《论从欧几里德向亚里士多德的复兴》(*Analysis Aristotelica ex Euclide restitute*)中得到了完整而详尽的阐释,迄今为止作者在这一学术领域的造诣在本国无人能无出其右。

〰〰〰〰〰〰〰〰

4. 在提出这些初步的主张之后,我们应当进一步指出,尽管作为一项普遍特征,所有的道德科学都有责任不局限在单纯的理论范围内而将其成果付诸实践,但在两种具有代表性的主要道德科学之间,我们仍然发现存在着巨大的差异。其中一种是关于依照法律的社会秩序中的人类行为公正性的,另一种是关于主要考虑到公共安全和福利的个人与他人行为的成功管理的。的确,后者正确地处于审慎这个标题之下,正如亚里士多德在《尼各马可伦理学》第六卷第五章中对其所界定的:"在人类善恶领域中的一种真正合理的与可行的思想状态。"因此,在同一段中,他以下述语言指出了一个审慎的人的义务:"[……]就有关幸福生活的手段而言,能够仔细考虑什么是对自己好的或者便利的,似乎是审慎的人的特征。"而且他将这些结论建立在从对人类习惯和历史事件的敏锐观察和比较中得出的公理性认识之上。费毕阿斯在李维所著书第二十二卷第三十九章①中说:"只要环境保持不变,不仅愚民的引导者所论证的结果,而且那一项延续至今且将会继续延续的同样的推理都维持不变。"然而,这些公理性认识看起来并不是那么坚实以至于从中可以推导出确实可靠的论证;这部分是由于其在人类性情中所反复显现出来的极大波动性和不稳定性,部分是由于事件的结果总是为某种微小力量所改变而与预期大相径庭。还有就是,在适用这些公理性认识的时候,人的理智总是会误入歧途,因为不可预知的事件会突然打乱所有计划,也因为神圣的天意时常对人类的部署开玩笑,无论后者设计得如何巧妙。因此,那些忙于处理各种事物的人不会试图作出一个论证严密的计划,而当他们已经采用了最明智的谨慎措施以及某种占卜之后,可以说,他们就将结果留待命运来裁决了。参见《撒母耳记》(下),第十章第12节。因为,尽管我们可以知道什么有可能发生并且可以比较若干可能性,尽管我们不仅能够明确肯定两种存在着的可能性中何者更有价值,而且明确肯定在现存的或即将发生的大量或更少的原因中会出现何种结果;且尽管能够通过若干不同方式而产生的结果将更有可能会出现,由此对其的预期也更加具有正当性[参见理查德·坎伯兰,《论自然律》(De Legibus Naturae)第三章第4节,第4部分];然而,人类的思维不可能总是对所有的可能性都正确地权衡轻重,且由于不可预知的环境因素,很多看起来更有可能发生的事情到最后却与我们所想的出入颇大。故而几乎所有人都认为,在涉及采取谨慎态度的事情上,遵循亚里士多德在《尼各马可伦理学》第六卷第十二章中所给出的建议就足够了:

  因此,像重视论证那样重视那些经验丰富以及有多年阅历的或者谨慎的人所做的未经论证的论断和主张,就是正确的了;因为他们阅人无数的眼睛赋予了他们纠正②假象的能力。

不过还是让别人为这一眼光而奋斗吧!
  作为我们业已着手呈现之内容的主要部分的考察在人类行为中何为正直何为卑劣的知识,完完全全地建立在一个如此坚实的基础之上,以至于从中能够推导出足以产生一门实实在在的科学的真正的论证。故而可以肯定,

---

① v. 应为 c.。——英译者注
② τὰς ἀρχὰς 应为 ὀρθῶς。——英译者注

其结论能够不容置疑地从特定原则中推出来。塞涅卡在《论利益》第七卷第一章中说:"自然让所有倾向于使我们更好或者更加幸福的事物都显而易见或者易于发现。"

如果我们讨论一下与之相反会怎么样的话,上述论断会更加清楚明了。尽管霍布斯在其《论人》(De Homine)第十章中所宣称的是错误的,即,伦理学和政治学等关于正义与非正义、错与非错的科学能够**从事实中**得到论证,因为我们自己制定了可以由此对正义与公平、非正义与伤害作出区分的规则,如正义的原因,即法律和契约;因为在契约和法律机制面前,在人类之间当然不会比在动物之间存在更多的正义或非正义、**公开的**善或恶。我们将在别处论证这一立场的虚伪性[第一卷第七章第13节;第八卷第一章第5节],并分析其在使用**公开的**这个词的时候存在着怎样的谬误。

〰〰〰〰〰〰〰

5. 有的人坚持认为,道德事物总是不确定的和易改变的,与任何科学相比,与之相关的对象都不带有更大的确定性。我们的回答是,尽管道德存在源自于赋予,且由此并不具有绝对的必要性,然而道德存在并非是在这样一种松散和笼统的状态下产生以至于与之相关的科学知识随之成为完全不确定的。因为恰恰是人类的生存条件要求多数道德存在的设立,这一条件是由至善至伟的造物主出于其仁慈和智慧而分配给人类的;故而这些存在绝不会是不确定的和软弱无力的。当我们在后面探究自然法起源的时候,这一点会得到更为清楚的阐述。即便人类行为主要因其不是必要的而是任意的故而被称为道德,这也并不意味着,当某些原则被断定之后,那些与人类行为有关的能够被确定无疑地论证的影响,不会与这些原则相一致。因为显而易见的是,自然法所指示的行为对社会生活具有一种固有的强制力,尽管其真实存在依赖于人们的自由意志。并且只要我们有意为之,我们就可以被正确地称为是自由的,而基于那种自由,我们的行为所引发的后果也可以被正确地称为是或然的;但当我们决定实施某项行为的时候,我们的行为与所有基于这些行为的后果之间的联系,就是必要的和颇为自然的,故而也就是能够被论证的。

再者,有的人不恰当地否认对人类行为能够作出清晰的判断,理由是出于环境的复杂多样任何一种情况似乎都会给一项行为带来新的面貌,以至于立法者几乎不能够制定一项不包含例外的、不在必要时放弃法律的字面意思而求诸于公平的法律。因为存在一些能够据此体现任何环境在影响或者改变任何行为的过程中具有多大影响的确定原则。同样是那些原则,构成了立法者为何对于将特殊情况排除在其立法之外毫不关心、反而是在普遍术语的使用中寻求多一些保障的原因。因为,他们的确认为,其职责在于依法审查特定事实的法官,会明白某些具体情况将对某项行为产生何种影响。这一状况的通常原因可在《学说汇纂》第一卷第三章第3—6节中找到:

> 正如忒奥克里托斯所言,法律应当针对多数时候所发生的事情、而非在合理预期之外所发生的事情来制定。[……]法治不建立在运气偶然降临到某人身上的可能性之上。[……]正如忒奥克里托斯所言,对于仅发生一两次的事情,立法者是忽略不计的。

然而,从中不能得出这一结论,即一项关于永恒法的判决有时会失效;只不过,立法者不值得为极少发生的案件制定成文法,因为法官能够凭借自然法原则轻而易举地对这些案件作出裁决。还可参见理查德·坎伯兰,《论自然律》,第四章第4节,第1部分。

❀❀❀❀❀❀❀

6. 我们认为我们不需要为了使这一我们正在提及的、包含所有真正的和坚实的道德与公民知识①的有关自然法的知识,能够符合一项科学的全部要求,就与某些学者一道,声称某些未被赋予任何性质的事物本身就是高贵的或者卑劣的,并声称这些事物构成了自然法与永恒法的对象,而那些建立在立法者意志基础之上的好名声或者坏名声则属于实在法的范围。因为,好名声,或者道德必要性,抑或卑劣行径,都是源自符合或不符合某些规范或法律的人类行为之属性,而且法律是上位者的命令,好名声或卑劣行径似乎不能被理解为在法律被制定出来之前、未经上位者的赋予就存在。塞尔登在《自然法与国际法》第一卷第四章中说:"善行与恶行、卑劣行为与可敬行为之间的区别,是法律造就的。由此就在人们中间产生了履行一项义务的责任和债务。"

的确,那些超出上帝所赋予的范围为人类道德设立一项永恒规则的人,在我看来不过是将上帝在分配事物形态的时候[创世纪之时]自己所必须遵循的某些具有共同永恒性的外在原则与上帝联系起来而已。况且,所有人都

---

① dictriam 应为 doctrinam。——英译者注

承认，上帝以其自由意志创造了万物，人是其中之一；由此必然得出的结论是，将任何他所希望的属性分配给他准备创造的生物是完全由他自己决定的。由此，一项被赋予了任何品质的人类行为，如果是出自一种外在而绝对的必要性的话，怎么能够缺少神的赋予和意愿？老实说，根据这一主张，如果取消所有神法和人法的话，那么人类的一切运动和行为就都无所谓好坏了；但其中有一些举动被自然地界定为可敬的或卑劣的，因为神依其意志所赋予人类的自然状态，最为积极地要求扬善抑恶；但是这并不意味着，任何道德主体都可以在没有任何法律的情况下，在其自身运动和自身物理力量的运用中自我存在。以下出自柏拉图《飨宴》(*Convivium*)[第180页 E]中的段落就很好地说明了这一点：

28

> 行为根据其实施态度而有所区别。就拿我们如今正在做的事情，喝酒、唱歌、聊天来说吧，这些行为本身没有善恶，但会因为实施它们的方式而呈现不同的样子；当被正确实施的时候它们就是善的，当被错误实施的时候它们就是恶的。

他后来还将这一规则适用于爱情。由此，我们每天都看到动物实施某些行为而不构成犯罪，而这些行为若由人来实施则会令其陷入最严重的行为失当之中；的确，这不是由于人和动物的物理动作有所区别，而是由于法律已经在某些人类行为之上加诸了一项道德，而对动物的行为则付之阙如。

某些人可能回应说，这是由于人类行为和动物行为之间存在着天然的差别，前者之中有理性而后者没有，而这也是不正确的。如果我们考察一下理性，就会认识到在尚未被灌输一种法律认知或者一项道德规范的范围内，其或许能够赋予人类较之动物更为迅捷灵巧地做某事的能力，并提供睿智作为人类自然力量的辅助。但是，那种能够不借助法律就在人类的行为中发现任何道德的理性，就跟一个人生来就不分青红皂白一样地不可能。

J.亚当姆斯·奥斯安德在《格老秀斯评注》(*Notae ad Grotium*)第60页中提出了另一项论点：

> 如果法律存在之前就有任何有关道德善恶的事物存在，那么在此又如何存在任何义务呢？因为义务仅从一个上位者那里才能产生。道德善恶涉及其与实施有关行为者的关系；但若在该人身上不存在义务，也就不存在善或恶。

在此,应认真地指出,我们仅在涉及道德的时候才坚持这一人类行为中物理运动的无关紧要性。因为在其他方面,自然法所指示的行为,通过首要原因的决意,具有一种天然的产生对人类社会良好和有效的效果的力量,而为其所禁止的行为则产生相反的效果。然而这种自然的善与恶绝不会构成一项道德领域内的行为。很多事情是有利于人类福祉和便利但在道德上却并非是善的,因为它们不是自愿的行为,也不由任何法律所责成实施;而很多旨在为人类谋福利的行为在动物中也具有同样的自然效果,尽管在动物中间它们不具备道德品质。因此,不相互伤害、分享食物、适度饮酒,以及照料他人的后代,对于人类和动物的生存都是有用的;但动物并不因此就被认为是在实施道德上善的行为。还可参见理查德·坎伯兰,《论自然律》,第五章第9节。故而归根到底,在自然法指引下的人类行为可被分解为人或者作为单独个体或者作为一个整体所掌握的帮助或者伤害他人的自然力量。而相反的结论,即任何具备帮助或伤害任何种类的动物的自然力量的事物都由此是自然法的对象,则并不总是成立的。

亚里士多德在《尼各马可伦理学》第二卷第六章中提出了另一项反对意见:

> 然而,并非所有的行为或者所有的情绪都意味着某种中间状态。有的行为或情绪的名称含有邪恶的意思,如情绪中的恶意、无耻与罪恶,以及行为中的通奸、偷盗与谋杀。所有这些,以及其他与之类似的行为或情绪,都被谴责为具有与生俱来的邪恶性,而不仅仅是举止过度或者不足的问题。这些行为或情绪绝不可能是正义的;它们总是罪恶的。

但在此肯定存在一项**不符合逻辑的推理**,即:有一些用于表示心理或行为的词语,体现了其本身的罪恶性而不论其是过度还是不足;由此,一项心理或行为可以不诉诸任何法律就被认为其本身是卑劣的。而且,这些词语恰恰不表示单纯的物理运动或行为,而仅表示那些违反法律、且由此具有完整性的道德行为。要不是一项自然法规定每个人都应与他人的命运息息相关,幸灾乐祸和嫉妒又为何会被视为罪恶的心理呢?而当一个人以他人不幸为乐,以他人成功为悲的时候,这一规则就被打破了。还可参见斯托比亚斯,《会话》(*Sermones*),第一百一十一章。因此在犯下法律规定人应当为此感到羞愧的错误的时候,什么是厚颜无耻而冥顽不灵的思想呢?因为如果法律不要求的话,不感到羞耻就不应受到惩戒。因此,通奸是玷污法律指派给丈夫独享的他人妻子的行为。偷盗是未经作为法律所承认的唯一财产处分者的主人之允许而拿走他人财产的行为。谋杀是违法杀害无辜者的行为。乱伦是与法律禁止我们染指的人发生关系、且违背法律所确认的人类对其近亲尊重义务的行为。对其他罪行也可以得出同样的结论。

但如果,你真的将任何对法律的尊重,以及任何道德因素排除在这些行为之外的话,这些物理行为本身并不存在有必要在不考虑法律的情况下被视为卑劣的原因。因为在这样一种前提之下,你是否跟一个与你有着很近的血缘关系的女人发生了关系,或者就像一个与之没有特殊联系的人那样跟这个女人发生了关系;你是否夺走了一个本族成员的生命;你是否拿走了别人放好准备自用、而没有法律赋予其禁止他人使用之权利的某些东西,都是无关紧要的。

很多人不能理解这样一种行为上的无关紧要性的原因,在于从孩提时代起我们就被灌输了一种对上述恶行的憎恨;而这一被烙在幼小心灵中的憎恨,就似乎成了具有某种道德判断力的东西,结果导致很少有人考虑过对上述行为的实质和形式作出区分的问题。因此,当格老秀斯在《战争与和平法》(*On the Law of War and Peace*)第一卷第一章第 10 节中将某些人类行为的恶性归为那些上帝自身力量所不及的事物类型的时候,他显然没有全面地考虑这一问题,因为这是自相矛盾的。的确,二乘以二只能得四,因为二乘以二跟四是一回事,仅在称谓和视角上有所不同。然而,要说某物既可以是也可以同时不是某物,则是自相矛盾的了。出于同样的理由,格老秀斯遂立即着手从一项与**遵循正当理性的自然**的比较之中追寻这一恶性的起源。而在被赋予人类的**正当理性**这一词中,隐含着一种对造物主所赋予人类的社会法律的关注。在第 12 节中,他还认为,任何自然法的绝对存在都由其与**合理社会属性**之必要的一致性或非一致性来检验。人类并非从任何不可改变的必要性中,而是从神的意愿中获得这一社会属性的。因此,行为的道德性也必须从同一渊源中来,不论这些行为是否符合人作为社会主体的身份。故而道德就被恰当地归于这些行为,这并非出于一种绝对的必要性而是出于一种假设的必要性,因为这一高于所有其他生物的地位是神所慷慨赋予人类的。

那些相反观点的辩护者也不能从上述论述所引用的《圣经》的词句中寻求到任何帮助。因为毫无疑问,神从一开始就对人类宣布,他将做一个扬善抑恶者[《希伯来书》(*Hebrews*),第十一章第 6 节],且他将根据每个人的贡献让大家得其所[《罗马书》(*Romans*),第二章第 6 节]。由于神的诚实不会允许他背离自己的话,故而亚伯拉罕恰当地提出了自己的申诉[《创世记》(*Genesis*),第十八章第 25 节]。还可参见《以西结书》(*Ezekiel*),第十八章第 25 节;《罗马书》第三章第 6 节。然而,从中怎能得出任何人类行为中的道德本身背离了天赋人性的结论？正如这一结论如何才能从《以赛亚书》(*Isaiah*)第五章第3节中的论证中推出尚不清楚一样，神可以正当地停止耕耘他花费时间和精力所经营的葡萄园。最后，在《弥迦书》(*Micah*)第六章第2节中，据称人类经由其自身判断力能够认识到滴水之恩当涌泉相报的道理。但人没有权利从中得出这样的结论，即，由于人类能够赞赏和感激自己所被赋予的利益，故而这样一种能力并非由任何法律所赋予，而是一种在所有法律存在之前其本身就必定存在的事物。基于上述种种，显然"自然法戒律是永恒不变的真理"这一众所周知的且口口相传的格言应当被限制在这一程度上，即该永恒性不应逾越神所赋予的界限，或者人类起源的范围。尽管实际上，归于自然法的永恒性应当依据与其对立的、可变的实在法来衡量和界定。

◇◇◇◇◇◇◇

7. 一项能够被维持的、并且在普通人中间具有某种程度的合理性的主张是，好名声与坏名声本身存在于人类行为之中，且是基于这些行为的自身性质而非赋予而存在，因为恰恰是血液看起来对卑劣行径具有某种天然的感应，理由是当我们回忆卑劣行径或为此感到羞愧的时候，血液会让我们脸红，即便这并非我们所愿。不仅如此，他们还补充说，将一种物理效果归于一项道德品质似乎是自相矛盾的；且由此，既然某种血液流动作为一项卑劣行径的物理效果而导致了脸红，那么卑劣就应被视为一种行为效果或者一项物理的和必要的行为品质。

当然，我们承认最为智慧的造物主在人的思维中植入了一种羞耻感，以起到保障美德、抑制罪恶的作用。以下论断也是可能的，即，若非神有意要人类依据法律调整自己的行为，他就不会在人的思想中植入这种意识，因为只有在这一基础之上这种意识才有用。而以下的说法也绝非不合逻辑，即，一项确实源自赋予的道德品质，应当在人类中间制造出某种物理效果，尽管当然不是以直接的方式；因为与肉体所紧密联系的精神，基于其对道德事物的理解和感知，能够给予身体某些部分以行动。还应认真指出的是，羞耻感并非仅仅由于某些卑劣行径而产生，而可以由一切被认为减损我们名誉的、即便并非在道德上是卑劣的事物而产生。的确，根据笛卡尔在《情绪论》(*Les Passions*)第205条中的说法："羞耻感是建立在自爱基础上并源于对耻辱的想法或忧虑的一种恶劣心情。"或者，根据亚里士多德在《修辞学》(*Rhetoric*)第二卷第六章中的说法："由此羞耻感可以被界定为一种关于那些导致耻辱的罪恶的痛苦或麻烦[……]。"因为人是一种有野心的、对自身的优秀抱有幻想的动物,如果他能在自身中发现到那种能够使他有别于他人或者可以吹嘘的事情的话,他会得到最大的满足。而当他担心在别人眼里对自身优秀的评价将降低的时候,他就会感受到最大的沮丧;当其脸刷地红了的时候,这种在人类尊严中具有特殊地位的表现就一目了然了。但是人类并不仅仅希望以避免恶行的方式,还希望以很多其他的、原本不包含道德的方式来检验其优秀程度。由此我们看到很多人因为身材矮小、瘸腿、秃头、赘疣、驼背,或者某些其他生理缺陷而脸红,因为某种疾病、或者贫困、衣衫褴褛而脸红,因为表现出某种他人无法求全责备的无知而脸红,因为一个无害的错误,以及其他在道德上不具有恶性的事情而脸红。还可参见希拉赛迪斯所著书,第四十二章第 19 节及以下。而那些专门体现一种思想的懦弱和卑鄙并让我们成为被鄙视对象的罪恶,不仅在大家看来,而且在我们特别需要赢得尊重的人看来,的确是尤为令人羞愧的。参见亚里士多德,《修辞学》,第二卷第六章。但那些已经完全丧失荣誉感的人即便对最卑劣的行径也不会脸红。还可参见笛卡尔,《情绪论》,第 207 条。然而所有这些事实都从未产生减损道德知识的确立性的力量,道德知识仍然可以被认为是相当稳固的,即便人类行为的道德性完全产生于赋予。

8. 但是,与数学的精确性相对立的声名狼藉的道德灵活性会带来什么结果呢?难道它不是在某种程度上有损于这一学科的确定性吗?如果我们考虑得当的话,以下问题就是一目了然的:首先,我们在何种程度上能够坚持主张论证应当适用于此,其次,在何种事情上能够发现那种灵活性。如今,道德问题中的论证已经被适用于道德品质,只要这些论证被认为是清楚的,且出于某种理由适合这些行为和主体;例如,一项既定的行为是正义的还是非正义的,一项既定的权利或义务是否建立在这样一个被认为具有普遍意义的主体之上。我们认为,此类事情能够被如此清楚地从其自身的特定原理和原因中推断出来,以至于没有理智的人能够对此提出任何质疑。而即便在此能够找到任何灵活性或者与之类似的东西,其本身也不会妨碍该种确定性的存在。的确,在善或恶的行为中,只要其体现了某种协议或背离了法制,灵活性似乎就是不可能的,相反,任何对正确的背离都应当立即被视为是错误的。

然而从另一方面,即它们与人有关来看,就可以找到某种程度的灵活性(当然,灵活性通常仅适用于参量)。首先是由于,法律借以拘束人的力量并不总是以相同的程度存在,而是在命令或禁止某些行为的时候更为宽松,在其他方面更为严厉。由此可得出的是,某物是根据法律的字面意思被认为应当给付的,而另一物则是根据公平原则被认为应当给付的;也就是说,这里的依据或者是最为严格意义上的司法原则,或者是公平与正义。司法与公平在以下这一点上有所区别,即我们被置于一种更为坚定的必要性之下去执行前者,而对我们应当去执行后者的要求则更为温和;但后者较之前者具有更广泛的范围,因为基于其他原因的义务无疑比起基于司法的义务要宽泛得多。再者,有时在人类及其法庭中,会出现法律稍微体谅微小罪行的情况。某些事情是被以如此不积极的方式被责成去做的,以至于其可以被视为留待个人羞耻感解决的问题;做到了这些事情的人值得表扬,而未做到的人也不用担心受谴责。格老秀斯在其所著书第一卷第二章第 6 节中,似乎想将被神法禁止之前的"非法同居、离婚以及多婚制"包括在这些事情之内。"这些事情",他说,"实际上具有这样一种性质,即理性自身宣称不去为之在道德上更佳,但其并非那种没有神法的约束就将表现为严重的恶性(即明显的错误)之事"。无论如何,这些问题将在别处讨论。亚里士多德在《尼各马可伦理学》第二卷第九章中所做的如下言论也与这一问题有关:"然而,受到谴责的,不是略微偏离正义的人,而是严重偏离正义的人,不论其是做得过了头还是做得不够,因为后者是显著的错误。"并且还经常发生这样的情况,即某件事情本身是毋须做的和无关紧要的,但其做与不做在一切情况下或者仅在某种特定情况下将具有最大的用处。传教士的话反映了这一点[《哥林多前书》(*I Corinthians*)第六章第 12 节;第七章第 6—9 节;第十章第 23 节];格老秀斯在《战争与和平法》第一卷第一章第 10 节中的话也反映了这一点:"有的时候,出于对术语的误用,理性所宣称是光荣的或较之对立面更好的事情也被认为是依据自然法的,尽管其并非义务性的。"这就让人能够领会善的等级是否存在且其在何种程度上存在。当然,如果我们依据法律的规定,在最为严格的意义上理解这一词语的话,那么显然,没有任何事情比善更好,也没有比正确"更正确"的东西。但可以认为,根据每一项善所固有的必要性程度的不同,一项善比另一项更好,由此,在两者不能同时达到的情况下,一项善要服从于另一项善。参见《马太福音》,第八章第 21—22 节,书中认为,尽管埋葬父亲是善,然而追随耶稣是更大的善,又见《使徒行传》(*Acts*)第六章第 2 节,书中认为,尽管管理穷人是善,然而宣传福音是更大的善。这一主题会被更为详细地再次讨论。当本身合法且中立的行为最终为其有用性所衡量的时候,一项从某种程度上说会产生更大利益的行为就被认为比另一项更好。

9. 在方才所做阐述的基础上,应当对格老秀斯讨论道德行为中的迟疑之原因的段落(第二卷第二十三章第 1 节)予以阐释。在此他指出:

> 在道德问题中将不会找到与数学同等程度的确定性。这是基于这一事实,即数学将形式完全从内容中剥离,且一般来说数学形式本身就不存在居于两种形式之间的中间形式,就如同在直线和曲线之间不存在中间状态一样。相反,在道德问题中,即便是微不足道的情况也会改变内容,且作为探究主题的形式需要具备某种能够拥有在范围方面可以左右摇摆的中间状态。
>
> 由此得出的结论是,在应当做什么和做什么是错误的之间存在一种中间状态,而这是允许的;其有时偏向前者,有时偏向后者。因而时常出现一个悬而未决的时刻,就如同白天进入黑夜的时候,或者冷水逐渐变暖的时候那样。

我们承认,就与宣战具有特殊关系的其他行为而言,悬而未决的状态能够产生,既可以是由于宣战尚未完全明确导致战争的原因是正义的还是非正义的,也可以是由于该原因是否足以证明战争为正义尚不得而知,一件在其后继事件中导致如此巨大坏处的事情总是惯于见风使舵的;还可以是由于人的思想仍然在以下两种方案中首鼠两端,即国家在如今这种状态下是通过战争来报偿其所受伤害更好呢,还是最好选择掩盖公开对抗并推迟报偿、以免一次不合时宜的报复尝试导致更大的不幸。但对于那种认为悬而未决状态的任何基础都来自道德事物的不确定性的主张,我们要特别予以否认。精确的论证可以在数学中找到的原因,不在于其对内容进行了抽象这一事实,而在于我们马上就要讨论的其他东西。"在道德中最细微的情况都会改变内容"这一格言是模棱两可的。因为若其意思是指最细微的情况改变了一项行为的性质,比如导致恶变成善的话,那这是不适用于道德知识中的不确定性的;而一条线在最细微的程度上偏离直线并出现弯曲这一情况不会在几何学上产生任何不确定性,这也是事实。但若上述格言的意思是指最细微的情况增加或减少了一项行为的品质的话,我们的回答是这并非总是如此,至少在法官通常不理会细枝末节的民事法庭上就并非如此。而就算勉强同意这就是该格言的意思,也不会减损道德事物的确定性,因为即便在数学中,最细微的增减都会导致数值的改变。正如我们所言，一项居于被要求和被禁止之间的**合法**行为可以偏向任何一方，因为有的时候这样做更好而有的时候不这样做更好。但这并不会导致任何的不确定性，也不会构成一个不允许人们对善恶作出明确区分的中间地带。因此，将其与"暮光"或"温吞水"相提并论就是不恰当的了。因为这些事物属于通常所称的**参与性媒介**，正如微温的水是同时掺入了热水与冷水那样。而诸如一项中立而合法之事这样的所谓**否定性媒介**，是不参与任何一方而同时否定双方的。由于"善是非中立的"与"恶是非中立的"这样的论断都是同样真实的；故而我们看不出这样的一种媒介如何会成为不确定性的一项原因。

---

10. 但事实上，在道德参量中**确实**可以找到某种余地，并且主要是基于这一原因，数学知识被通常认为在演算过程具有优于道德的精确性。这是物理和道德参量的不同性质使然。物理参量能够被准确地拿来与另一项作比较，能够被衡量并被分为特定的部分，因为在实质意义上它们是我们所感知的对象。因此人们能够准确认定其与另一项数值的关系或比例，尤其是因为，对于我们所使用的数字来说，所有此类关系都已经最为精确地设定了。此外，物理参量是自然的产物，故而是不可移除的和永恒的。而道德参量则来自于赋予、智力判断以及自由的行为人，行为人的判断和意愿绝不会受制于物理考量；因此通过行为人的赋予而被构想和确定下来的道德参量不能以一种类似于物理参量的标准来考量，而是保持了其来源上的自由性和模糊性。引入道德参量的目的也不是为了追求那样一种精确的衡量和对于细节的吹毛求疵，相反，主体、事物和行为被大致地分类和比较，对于实现人类生活之目的就已经足够了。因此在为人所设定的价值中可以发现一种余地，即，我们可以作出一个人应当比另一个人更值得尊敬的评价，但这一评价无法让我们精确地认定其地位是优于另一个人两倍、三倍还是四倍。在不同事物的价值中，以及在构成商品的行为的价值中也可以发现类似的余地，这些事物和行为的确切价格很难被设定，除了那些生来就为人所用的以外；至于其他的事物和行为，它们被认为是等价的，除非人们的协议和自由意志另有决定。同样地，很多不当行为与惩罚之间的比例关系在带有某种程度的选择余地的情况下被设立。因为，谁能精确地规定多少的财产剥夺、多重的管制，才能与诸如某些特定盗窃案中的罪行相一致？在这样的案子中，定罪量刑在某种程度上是马虎的和随意的。

不仅如此,在很多人类生活的事件中有时也会发现巨大的选择余地。国家立法者不习惯于过快地对任何事情下定论。"法律",西塞罗在《论义务》第三卷[第十七章]中说,"以一种方式废止欺诈,哲人们则以另一种方式为之;法律尽可能地用武力约束欺诈;哲人们则尽可能地用理性和智慧来抑制欺诈"。在作出裁决的时候,法官通常不会过于关注细枝末节的问题。故而在值得尊敬的人们所做的决定中,选择余地仿佛本来就有权利取得一席之地似的。还可参见《学说汇纂》,第四十六卷第三章第105节。再者,在报偿正义的实施中,某种程度的选择余地被允许存在,这不仅是为了宽待,而且是为了严处。塔西陀在《编年史》第十四卷第四十四章中所说的话适用于此:"任何重大司法警示都包含着对个人一定程度的非正义,而这是通过让大众获益的方式来补偿的。"菲拉厄的杰森在普鲁塔克的《盖伦健康法》(*De Sanitate Tuenda*)[第二十三章第135页F]和《政治准则》(*Political Precepts*)[第二十五章第818页A]中也评论道:"为成大事,必须不拘小节。"而且,包括正义在内的多数美德,比如仁慈、慷慨、感恩、公平和宽容等,在其施行过程中都允许一种充分的自由和余地的存在。因此在日常生活中,表达习惯的词语在被用到人身上的时候也时常带有某种余地。故而一个仅实施了少量非正义行为的人被认为是正直的,即便他在实施这些行为的时候是故意的。且由此,当发现道德事物中的某些参量甚至变成了精确值的时候,诸如在既定时间内某些东西的价格此类的数值,这样的一种精确界定并不怎么出自这些事物本身或者时间,而是出自人类的赋予及其意愿。参见理查德·坎伯兰,《论自然律》,第八章第14节。我们也由此感觉到在数学和道德论证之间存在着真正的差别,因为前者主要涉及能够基于其本性而被精确确定的数值,而后者仅满足于指出主体的某些品质,而将道德参量的确定问题留待人类普遍意愿来解决。

✦✦✦

11. 但是,我们必须注意不要将我们迄今为止一直试图建立的道德确定性与通常适用于事实问题的确定性相混淆,比如在我们说已经由①可信证据所证实的此物或彼物在道德上是确定的时候。因为这样的一种道德确定性不过是建立在可能的理由之上并鲜能让我们误解的一项强有力的预测。齐格勒在其对格老秀斯所著书第二卷第二十章第1节所做的评注中,并未明

---

① qu d 应为 quod。——英译者注

确地将这一确定性与前者区分开来,尽管他承认更为普遍的伦理箴言拥有与任何被正确地称为科学之命题同样程度的证明力。但他指出:"特定的结论具有少得多的确定性,并且的确经常陷入含糊之中,因为其由此得出的事物从很多角度上讲都是可变的和视条件而定的。"作为一个例子,他补充道:"道德的确定性和证明力就是一个正直的和受人尊敬的绅士通过宣誓所确认的信念,是不错的。然而其证明力不是绝对的而仅仅是相对的,因为既然一个正直的和受人尊敬的人有可能不坚持其操守,那么其作伪证并非完全不可能。"但是,人们知道作伪证有罪的那种确定性与人们相信一个好人不会做伪证的确定性是大相径庭的,后一项结论也并非是前一项的恰当推论。同样地,当历史学家证实了某些远超乎我们记忆的、可以说是不再可能存有任何现实证据的事实,尤其是数位历史学家众口一词的时候,我们所寄托在他们身上的信任也是具有道德确定性的;因为诸多历史学家有意识地共谋把一个谎言传给后代、或者指望其谎言不会在某个时刻被揭穿,是不太可能的。但即便如此,可以说,还是存在很多打着真相幌子的流传上百年的流行故事的例子。

第三章　道德行为中的人类认知

1. 两种认知能力
2. 具有代表性的认知能力的特征是什么？
3. 智识在道德事项上具有天然的正确性
4. 良知的性质与形式
5. 正确的良知与可能的良知
6. 可能的良知之规则
7. 选择可获益事物之规则
8. 疑惑良知
9. 谨慎良知
10. 无知的性质与形式
11. 错误之形式
12. 合法行为中的错误
13. 必要行为中的推论错误
14. 中立行为中的推论错误
15. 实践性错误
16. 罪行中的错误

1. 由于我们所着手呈现的这一学科的主要任务是关于论述人类行为中的对或错、善或恶、正义或非正义，故而这些行为的所有原则和效果都将不得不被首先考量，而接下来要考察的是，为什么它们被认为通过规则而在道德上与人类有联系。基于人类被赋予了最为高贵的灵魂这一事实，人类的尊贵远胜于动物，借助灵魂所拥有的高度发达的认知能力，人类能够审视事物并作出判断，借助灵魂所拥有的卓著的灵敏性，人类能够接受或者拒绝事物。出于这一理由，人类行为被置于一个远高于动物动作的位置上，后者只不过是一种未经任何事先思考的动物感官的本能反应，不论沙朗在《论智慧》（*De la Sagesse*）第一卷第三十四章第7—8部分中如何坚持相反的观点。

再者，那种被称为认知的能力就像人类灵魂之光一般，被设想为对人类自发的行为施加了两项品质。通过第一项品质，一个对象仿佛对意识展示了自己的镜像，其为何与意识相一致或者不相一致、其为何是好的或者是坏的，都一目了然。通过另一项品质，围绕在诸多对象两边的好或坏的原因被衡量和比较，最终产生一项关于如何做、何时做、为何做的判断，而同时最适于达到目标的手段也会被考虑。由此应当指出的是，任何自发行为的发端都无一例外地出自人的认知能力。因此才会有这句著名的格言："无知则无欲。"然而这一先于自发行为的知识并非总是清晰的，因为即便是一项含混的知识也足以让意识活跃起来。出于这一原因,人就会经常产生一种尝试未知事物的欲望。

~~~~~~~~~~~~~~~~

2. 应当进一步指出的是,就前一种认知能力而言,其属于那些与自主能力相对应的、通常被称为天生的能力,故而其不包括以任何有别于形态陈列的方式理解事物的人类能力,并且意识无法阻止认知能力赞同一项其认为清晰明确的命题。但无论如何,给予其考察对象毫不分神的关注、并通过仔细的思考来很好地权衡善与恶的缘由,不仅仅止于表面上的考察、而是真正深入到问题最核心的部分,乃是人类能力范围之内的事。而通过这一手段,他就能获得对有关主题的精确判断。同样地,在审视事物的时候,你是对其一瞥而过还是对其瞪大眼睛仔细考量,也会带来巨大的差异。还可参见理查德·坎伯兰,《论自然律》,第二章第9节。

从上述阐述中可以很容易地认识到,灵魂的这种特点赋予了教化和法律多么大的用武之地。的确,人类的力量不能使得认知能力理解处于有别于其对人类所展示形态之外的任何其他形态之下的事物。而由于协议或信仰只能赞同为思维所理解的表象,故而一个人只有在自己看起来理解了一件事情的情况下才能对该件事情作出一项判断;任何法律都不能让任何人正当地要求自己不这样做。正如没有人会因为简单机械地执行命令而变得聪明一样。但由于很多对那些专心探究者而言几乎是不证自明的事物经常逃过粗心的探究者的眼睛,并且意识会通过在思维面前插入其他事物而让思维从对某些真理的研究轨道上偏离出去,因此一项对事物孜孜不倦的思考对于确认一项认知判断帮助极大,而相应的,那些管理者应当确保人们有机会恰当地运用思维。他们还可以通过施以惩罚的方式来要求人们审慎地运用那些能够排除事物的模糊性,并揭示其真实性质的思维方式。

~~~~~~~~~~~~~~~~

3. 既然认知能力可谓是指引我们行为的明灯,且当其指引不确定的时候我们就难免偏离自身行事的轨道,故而我们必须坚持这一原理的正确性,即在理解能力和判断能力中存在着某种与生俱来的自然公正性,它不允许我们在道德问题上被误导,如果给予这些道德问题恰当的关注的话,它也不会听任那些能力变得如此败坏以至于我们只能被误导。的确,一个哈哈镜会呈

40 现出被扭曲的形象,而一条涂了胆汁的舌头会阻止任何关于口味的准确判断;如果我们不具有明辨是非的能力的话,一个错误当然不会作为一项过失被归于我们,而要我们为一项无法避免的错误负责则是最大的非正义。因此,如果我们不希望毁掉行为中的所有道德的话,我们就必须不计后果地坚持,人类的认知能力天然就是可靠的,在充分考量的基础上,它可以,并且事实上确实清楚地理解呈现在其面前的事物。再者,至少在自然法的普遍戒律之下,现实中的判断能力不会如此的败坏以至于能够以恶行产生自一项不可避免的错误或无知为理由,而不对任何源出于此的恶行负责。可比较理查德·坎伯兰,《论自然律》,第二章第 10 节。

在此我们提醒大家注意,这里我们并非在讨论,在仰仗与神的某种特殊联系的事务中①,认知能力在没有②神的特殊眷顾之下会具有何种力量;因为这样的一种探讨属于另一学科。我们也不关注在要求发掘最敏锐的思想资源的思辨性真理中,一个人在得到错误信息的情况下是否可以不那么热切地接受一种错误观点以致无法自拔。③ 相反,我们正在讨论的是那种需要被用来调整我们的行为以使其符合自然法的认知能力。在此我们坚持认为,没有任何成年且具有理智的人,会愚笨到无法理解那些最起码的、尤其是为社会④所最为普遍地采用的自然法一般规则,以及无法在相应的程度上遵守⑤人类的智识和社会属性的地步。且无论一个人由于疏于思考此项或彼项规则、或者鲁莽冒进而作出了错误的行动抉择、或者基于错误信息或被恶习和堕落生活所腐蚀的思想而令其真实性和必要性存疑,或者塑造出违反自然法的极端利己的行为规则等原因而经历了多么严重的失败,我们都不认为这种无知或错误是如此地难以克服以至于建立在其之上的行为不能被归咎于同一个行为人。因为这些一般规则已经被如此充分地提出、其与自然的关系是如此交错,以至于人类永远不会堕落到如此接近野兽程度的、无法认知和判断事物的地步。为什么这种或者任何特别的智力敏锐性都不要求突出的思维能力,而在思维不受某些扰乱所影响的条件下,一个普通人所与生俱来的正常智识就足够了呢? 这在西塞罗的《图斯库兰谈话集》(*Tusculan Disputa-*

41 *tions*)第三卷第五章中得到了阐述,他说道,"愚蠢",就是"一种由于不具备能够用以履行正常义务的正确思维所导致的不稳定的精神状态,这种精神状

---

① citra 应为 circa。——英译者注
② circa 应为 citra。——英译者注
③ exvolvere 应为 exsolvere。——英译者注
④ invita 应为 in vita。——英译者注
⑤ convenintiam 应为 convenientiam。——英译者注

态将解除习以为常的生活要求,而疯癫则是一种彻头彻尾的思维迷失"。

〰〰〰〰〰〰〰〰

4. 那种由认知赋予道德行为的、能够理解法律的规制并为其执行与遵守而向立法者负责的判断力,被专门称为**良知**。由于人类行为先于或者后于良知,我们可以对其作出一项区分并称之为**之前的良知**和**之后的良知**。后者是一种对认知的判断或反映,其赞同那些被正确地做或不做的事情,而谴责那些与之相反的事情;其与思维的宁静或骚动相伴随,这取决于其是否给予我们证据并让我们愿意歌颂或者谴责立法者,以及他人对我们是友善还是怨恨。普林尼在《颂词》(*Panegyrics*)[第七十四章第 3 节]中说:"人可以欺骗别人,但没人能欺骗自己。只要让他审视自己的生活并问他什么是其应得的就可以了。"另一种类型的良知出现在行为之前,它告诉我们什么是善的、什么是恶的,以及由此什么是必须做的或必须避免的。但这里需要明白的是,仅在尊重法律规制的前提下,良知才能够在指导人类行为的过程中获得一个位置;因为指导人类行为是法律的专利。因此,如果一个人希望将某些特定的非源于法律的行为指导力量归于现实判断或者良知的话,他就是在将法律的力量归于人们任何五花八门的想法并将导致人类事务的莫大纷扰。必须承认,对于良知这一词的此种使用,就我目前所能够查找到的资料而言,尚未出现在《圣经》或古代拉丁文作者的论著中,而是被经院学者率先引入的,晚近以来狡猾的教士们发明了被称为"良知之例证"这一说法以让人们相信其歪理邪说。而如果我们坚持这一词语的正确定义的话,做某些违背良知的事,对你而言仅仅是指出于故意做某些你知道不对的事,而其对立面就是出于错误或无知做某事。无论如何,我们已经决定不让该词被如此误用并在正确的意义上使用它。

〰〰〰〰〰〰〰〰

5. 一项被正确地激发的良知有两种情况:其或者清楚地知晓其所得出的做或不做某事的结论建立在确定的和无可置疑的原则之上,即,该结论与构成行为规则的法律相一致并与良知相一致;或者坚持认为其所得出的结论是真实准确的且找不到任何质疑它的理由,但其不知如何将该结论转变为一种论证形式,故转而依靠老生常谈的观点。前者被称为**正确的**良知,后者被称为**可能的**良知。关于正确的良知,以下论述是对的:每一项与良知相违背的主动行为,以及每一项对良知所宣布为必要事项的不作为,都是罪恶;一个人越是清楚地知晓其义务,其罪恶就越是深重,不作为是一种更为严重的思想败坏。参见《路加福音》(*Luke*),第十二章第47—48节。

我们觉得,一项可能的良知与一项正确的良知的区别,不在于其没有认识到其结论的真实性,而在于其不知道如何才能够借由自己的理论将该结论变为论证形式,故而其对自己的正确性就不具有那么清楚和确定的一种认识。因为,正如其他人所言,没有什么是仅具有可能性的,只是我们的想法如此而已。如今多数人用这一规则调整其行为,因为的确仅有少数人有机会考察生命的义务是怎样从其首要渊源中产生的。多数人对其通常的生命进程、对被视为绝无欺骗可能的教师的权威、对习惯、对行为的明显体面或便利感到如此的安心,以至于他们认为费神去探究这些事情的原因是浪费时间;正如多数工人满足于用某些便利的工具执行任务而留待数学家来论证其工作原理一样。而对于与首要原则有一些距离的、且由此要求更长的推论过程以及对于实际上超出那些思维尚未在不同科学中得到磨炼者可达到的全面认知的命题,情况就更是如此。但是,这一事实并不支持那种主要由晚近的诡辩家和耶稣会信徒所发明的、建立在其他人都反对的、不讲逻辑的就那么一个博士的权威之上的关于可能性的有害的理论。在这一理论之下,每一项道德原理都被推翻,人类良知由此依赖于教士的歪理邪说,并被用来达到他们自己的目的,这一点已为卢多维克斯·蒙塔留斯[帕斯卡]在《乡巴佬书信》(*Lettres Provinciales*)[第五封信]中所证明;还可比较温德洛克[尼克尔]和塞缪尔·雷切尔对该书所做的评注。

在此我们进一步指出,他们不恰当地混淆了事实上的可能性与表述上或者法律上的可能性。的确,就事实而言,一个值得尊重的人的权威能够形成一项可能的假设和一项让人半信半疑的证据。但是,在界定法律问题的过程中,对一个人的意见而非其理由赋予如此高的价值、而其他较之不缺乏权威性的人都不同意该意见能够被安全地承认为一项行为规则,显然是荒谬的和草率的。

❦❦❦❦❦❦❦

6. 一些规则已经被普遍地制定下来以指引某种可能的良知,就我们的主张来说,当严格的法律与公平看起来有冲突,或者当一个问题的两方面均不合法,而其中一方面似乎较之另一方面名声更好,抑或一方面被认为更可能产生某些好处或坏处的时候,这些规则就有用武之地。因为在为法律所专门要求或禁止从事的事项中,不存在那种拒绝此项而从事彼项的选择机会

（因为，如果法律规范的明确禁令或指令遇上数个不同的对应规范，就当然不能算是满足了法律的要求）；选择仅限于可允许的事项上，且这些事项不属于法律所规制的范围。现将主要规则列出如下：

第一，在一项可能的良知中，当两种均不违反法律的观点被提出、且一种观点更多地建立在对实体问题的考虑之上而另一种更为稳妥的时候，两者都可选择。

第二，当两种观点被提出、其中一种建立在较弱的考虑因素之上而另一种更为稳妥的时候，应选择更为稳妥的。

第三，在一项可能的良知中，一个心知肚明的人可以遵循看起来对他最具有可能性的一件，尽管这对其他人并不显得如此，除非他担心自己偏离大众观点这一事实可能会带来某些不便。

第四，一个无知的人依循一个更为审慎者的权威是最稳妥的。

第五，一个处于他人权威之下的人可以正当地在其上位者的命令下做某事，如果他不①确定这是否违法，即便在他看来这件事可能不应当做，也应执行命令。

第六，在不重要的事项中，如果两方面都拥有可能的论据，则两者都可选择。

第七，在极为重要的事项中，如果两方面都可以找到可能的论据，应选择更为稳妥的一方，或者选择当人在很大程度上无法达到目标的时候能够从对立面获得较少伤害的一方。

※※※※※※※※

7. 进而，即便我们一开始就已经首先为自己设定了讨论善与恶、正义与非正义的任务，而将任何有关有用性和无用性的讨论留给了另一学术分支，然而此刻列出认知在对一项有用的判断的考虑中所需要遵循的规则，仍然可能并非我们主题范围之外的事情。尤其是因为，从中得出的结论严重依赖这些考虑，且在指引我们行为的过程中必须非常关注实用性，根据使徒在《哥林多前书》第六章第12节中所提出的观点："万物于我皆合法"，也就是其之前所刚刚论及的，"然而并非所有事物都便于处理"。从商业的角度来看，某些事物完全取决于个人的审慎和细心，如果某人由于目光短浅或粗心大意而从事了某些获益较少的业务，那么他就被认为经营得很差。因此，在

---

① non non 应为 non。——英译者注

对此类事务所自然产生的考虑中,在我们不受必要性或既定义务约束(因为必要性令考虑成为多余,而既定义务则仅赋予行为人执行的空间)的义务履行中,不得从事任何在道德评价之中(即,只要人的肉眼能够在不确定的结果之间作出判断并洞悉未来的模糊性)看起来会导致善恶相等、甚或恶大于善的后果的行为,被作为一项基本原则确定了下来。因为一件事物越发丧失善,就越发获得恶,且若其具有与善相同分量的恶,就将丧失所有主张善的权利。如果一个农场的收入不超过投入,其就被认为是无用的。卡托在《论农事》(On Farming)第一卷[第一章]中说:"一个农场[……]无论多么高产,若其开销太大,就会所剩无几。"因为我们所讨论的作为,其本质设定就仅仅在于实现为自己获得某些回报这一目标。色诺芬在《希腊史》(Greek History)第六卷①[第三章第6节]中说:

> 就我而言,我既不能称赞那些成为大众游戏参赛者并借由数次胜利赢得声望的人,他们是如此地好斗以至于只有当他们被击败并被迫退出这一行业的时候他们才会罢手;我也不能称赞那些如果在一场比赛中运气好就下双倍赌注的赌徒;因为我发现此类冒险者多数堕入了极端贫困中。仔细考察这些例子之后,我们理当永不让自己陷入这样一种要么全赢要么全输的斗争中。

卢坎在其所著书第一卷[第282节]中说:"大家都想通过付出同样的劳动和焦虑来寻求获得更大的回报。"伊索克拉底在《阿希达穆斯》(Archidamus)[第37节]中所说的话也适用于此:"哦,当两件好东西摆在我们面前,一件明确而另一件未知的时候,若你拒绝已知的善而决定选择处于疑问之下的东西,你的所作所为就是荒谬的。"

从格老秀斯所著书第二卷第十四章第5节所作的那种论述中,可以推出以下必然的结论:第一,"在道德评价中,如果讨论中的事物看起来在善恶上具有同等的功效",也就是说,如果由此而得到的损失和利润相当,则"仅当善在某种程度上较之恶具有更大的可能性的情况下其才能被选择";即,如果事情结果不错则利润会远远超过损失,如果运气不好则相反。因此,如果在运气的垂青之下你能够赢得一百块,那么赌上十块就不是莽撞的。比较爱比克泰德,《手册》(Enchiridion)第三十五—三十六章。第二,"如果可能从某些有争议的事物中所产生的善和恶看起来是等同的,则仅能选择更可能导向

---

① I. 应为 l。——英译者注

善而非恶的事物"；也就是说，如果是利润而非损失更容易从中产生的话。阿诺比乌所著书第二卷[第四章]体现了这一点：

> 于是乎，未来的本质就是如此，以至于其不能通过某种预期来掌握和理解，对于两件不确定的并且在疑问中悬而未决的事情，难道相信其存有某种希望不是比相信其毫无希望更为合理吗？因为在第一种情况下，如果所说的即将获得的东西被证明是徒劳无功的和毫无根据的，也不存在什么危险；而在第二种情况下，如果届时所宣称的被证明并非虚假的话，将造成巨大的损失[甚至救赎的损失]。

还可参见 M. 帕斯卡在《思想录》(Pensees)第七章中所说的话。第 3 节："如果善与恶看起来是不等同的，且两者的功效同样不等同的话，那么所考虑的事项仅在其善的功效与恶的功效之比大于恶与善本身之比的情况下才应被选择"；也就是说，如果其产生恶的能力低于其产生善的能力的话；"或者如果善与恶之比大于恶的功效与善的功效之比的话"；即，如果所产生的恶而非善的功效低于善扣除恶之后的剩余值的话。第 4 节：但是，当一件事物中善与恶相等，且其产生善与恶的能力不确定的时候，一个谨慎的人应当放弃该事物，如果没有某种必要性迫使他不放弃的话。

※※※※※※

8. 当认知判断被迷惑，无法确定某事物是善还是恶，以及应当作为还是不作为的时候，这就是所谓的**疑惑良知**。对此我们给出以下规则：只要不存在源自理性的倾向于对某一问题的任何方面作出认知判断的紧迫性，就应暂时中止行为；而在其良知处于所谓中间状态下做某事的人，则犯下了罪恶。因为甚至于在其谎言中，这种人就已经违背了法律。这就好比他对自己说："的确，我不确定这一行为是否违反法律，但我无论如何都要这样做。"西塞罗在《论义务》第一卷[第九章]中说："因此，那些教导我们在对做某事是正当还是非正当有疑问的情况下按兵不动的人是聪明的告诫者；因为任何正当的事物都会通过其自身的光辉展现自己，而有疑问则隐含着对非正义的接纳。"

格老秀斯在其所著书第二卷第二十三章第 2 节中论述道："这一规则"，即按兵不动，"不适用于一个人必须做两件事情的其中一件且两者中何为正确存在疑问的情况；这样一来，选择看起来危害更小的那一件事情就是允许的。因为当选择不可避免的时候,更小的恶就具有了善的性质"。我们觉得,这一原理正确地适用于损害性罪恶而非道德性罪恶,前者确实通过接受较小的损害来避免更大的损害,而相当于获得了某种利益。但当其被适用于道德性罪恶的时候就要求详细的解释。因此,严格说来,两种道德性罪恶都不应被选择。然而经常发生这样的情况,即两项肯定性的法律之间、或者一项肯定性的法律与一项否定性的法律之间,看起来发生了冲突,从而在一个既定的时间内一个人无法让两者同时满足。在此情况下,头脑简单的人的确会相信,存在一项对两种罪恶或者渎职罪行的比较,且看起来避免更大罪恶的那一项应当被选择。但事实上,在这种情况下并不是要选择两罪中较为轻微的那一种,而是一旦有充分的必要去实施更为强大的法律,那一项**曾经的**罪恶就不再是罪恶,除非存在这样一种冲突的情况。比如,当在肯定性规范"给予施舍"与否定性规范"禁止偷盗"之间存在冲突的时候;依据使徒的观点:"不能实施从中产生善的恶。"①然而,在此情况下不给予施舍并不能被准确地称为一项罪恶,因为当实现肯定性命令的手段缺乏之时,肯定性命令不具有约束人的权力。同理,当在两项肯定性命令之间产生了冲突的时候,如,"服从神",和"服从长官",人应当毫不犹豫地服从神而非人{苏格拉底在柏拉图的《申辩篇》(*Apology*)[第29页D]中也确立了这一规则:"雅典人,我尊敬和热爱你们;但我应服从神而非你们。"};这不是因为应当选择两种**恶**之中的较小者,而是因为当服从神就不可避免要不服从长官的时候,后者并非一项是罪恶。因为一项较弱的义务会让位于一项较强的义务,当两者在同一时间不能同时得到满足的时候。

✦✦✦✦✦✦✦

9. 与疑惑良知相关的是**谨慎**良知,所谓谨慎良知,是指一项认知判断为某种焦虑和担心所伴随的情况,这种焦虑和担心就是,被一个人认定为善的可能最后被发现是恶的,反之亦然。当这种谨慎建立在可能的基础之上的时候,就应停止行动直到其被理性或智者的权威所消除,但当其产生自懦弱的迷信的时候,其应不被考虑并从思维中被排除出去。还可参见笛卡尔《情绪论》第170条、第177条,在其中针对一项行为之前的"思想波动"和"良心责备",他颇为准确地指出,其"救济措施"就是"让自己惯于对自己所遇到的所有事物形成准确和固定的判断。"但应当补充的是,这种判断应当建立在

---

① 《罗马书》第三章第8节,所引不准确。——英译者注

一种纯粹的和确定的道德科学或者自然法体系,以及清除了所有无用的人类附加物的基督教信仰的基础之上。因为若非如此,思想可能也能够坚定起来而不经历波动和良心责备,然而这样一种坚定性不能持久,也不能让人免于归罪。因此,上述引注中接下来的话我们不能赞同:"当一个人做其判断为更好之事的时候,他应当觉得自己总是履行了义务,即便这一判断是最坏的那种可能。"而这并不意味着此人是在治愈某项罪恶,相反,他仅仅是在用一种不恰当的麻醉剂来麻痹自己的思想。

~~~~~~~~~~

10. 当不存在关于是做还是不做某些行为的智知的时候,这就被称为**无知**。就我们的讨论而言,将依据其对**行为的影响**或者其**渊源**来划分之。第一种划分依据具有两面性:其或者是在被隐瞒的情况下所发生的某件事情的原因,或者不是。前者可能是**有效的**,后者可能是**伴生的**。前者否认若信息被呈现出来该行为就可能被阻止这一认知。这就是《创世记》第二十章第 4 节、第 5 节中所说的亚米比勒的无知,如果他知道撒拉是亚伯拉罕的妻子的话,就绝不会产生娶她为妻的念头。后者否认这一认知,即信息不能阻止事实的发生;由此,即便一个人知道了其所不知道的东西,他也会同样地做某事。因此,一个人可以在无知的状态下杀死自己的敌人,而即便他知道自己处于一种随意地掷出武器而无意伤害任何人的状态中的话,他也仍然会杀死他。那个向狗扔石头但却瞄得不准而砸死了自己岳母的人的话可以说明这一点:"命运算得比我准。"故而有的人希望区别这两种形式的无知:从前一种情况中产生的行为可被称为仅**出于无知**而实施的,从后一种情况下中产生的行为则是**通过无知的人**而实施的。而即便在后一种情况下,无知者所实施的也仅仅是过失杀人而已。其邪念肯定受到了罪恶的浸染,但这无论如何也不会促成故意杀人。

根据其渊源,无知被分为**自愿的**和**非自愿的**。有的人也将前者称为后天的和能够克服的;后者为先天的和不能克服的。前者(无论其是直接受到粗心和懒惰的影响还是由这些东西所导致)是指一个人不了解其能够和应当知道的事情的状况。后者是指一个人不了解其不能也不想知道的事情的状况。不能克服的无知既可以是**在于其自身而非在于其原因**,也可以是**同时在于其自身及其原因**。前一种情况是指一个人不能在一项行为中消除和驱散该行为所导致的无知,且此人对于堕入这种无知负有过错的状况。因此,一个因醉酒而犯罪的人通常不知道其做了什么,但其仍然是有过错的,**即便其**

48 不了解这一点。后一种情况是指一个人在从事一项行为之前不仅不了解什么是其所不能知道的,而且对于保持或堕入这样的一种无知状态没有过错的状况。亚里士多德在《尼各马可伦理学》第二卷第一章中的言论,以及尤斯特歇斯对有关段落的评注,都适用于这一点,作者在其中对无知者的作为与出于无知的作为做了区分。醉酒的人或发怒的人的行为被作为前者的一个例子举出。因为,尽管这些人通常不知道自己在做什么,行为的起因仍然不是出于无知,而是其原本可以避免的醉酒或可以控制的怒火。作者接着补充道,那些不了解什么应当做什么不应当做的人不能被说成是非自愿地犯错,相反,他将这种无知称为选择性无知;因为每个人都应当了解这些规则。但是与细节有关的无知会使一项行为成为非自愿的,这种无知涉及诸如"什么人,什么事,关于什么,在什么情况下,以什么手段[出于什么原因]①,通过什么方法?"等问题。没有任何理智的人会对这一切都是无知的,因为他肯定知道自己在做某事,由此也就能够回答那个特定的"什么人"的问题。但就其他问题而言则存在一种无知的可能性。那些已经认清自己无意做什么的人将会承认其在"什么事"中犯了错。另一项例证,是一个人仅仅打算向其朋友展示一个弹弓但却失手击伤他的情况。一项有关"关于什么"和"在什么情况下"的无知的例证(两者是一回事),是一个人将自己的儿子误认为敌人并杀死了他的情况。对于手段的无知的例子,是一个人向某人投掷一支其自己认为没有尖角、而实际上有尖角的标枪,从而非故意地杀死了他的情况。"出于什么原因"的例子,是我们对另一个人用药以使其康复但却不知该药有毒的情况。"通过什么方法"的例子,是一个人想用一记轻微的耳光点醒某个人但却造成了严重损伤的情况。

罗马法学家在一个特定的标题下面论述了对法律的无知和对事实的无知问题。然而他们迄今并未从其对道德行为的影响,其对保留、取得、或某些权利的失去、或法律行为的影响上来考虑无知的问题。不过他们对这两种无知的看法可以归结为这一立场,即,对法律的无知多数都与一定程度的可归责的过失有关,而对事实的无知则不然;因此按照公平原则的指示,前者对人是有害的,而后者则不然。

〰〰〰〰〰〰〰〰

11. 当人不仅对事情的真实状况一无所知,而且还被一项错误的信念

---

① 此处因故遗漏;参见接下来的几行。——英译者注

牢牢占据思想以至于是非不分的时候,此人的思想就被认为是**错误的**。这一错误既可以是能够克服的,也可以是不能克服的。前者是指一个人通过利用在道德上具有可能性的或者为人类事物的一般状况所允许的勤勉,应当并且能够克服的错误。后者是指一个人无法通过利用道德上所允许的一切勤勉来予以克服的错误。在此应当指出的是,即便采用马可斯·安东尼斯[奥勒留]所著书第九卷第四十二章中的柔懦情感[还可参见阿里安,《爱比克泰德》(*Epictetus*)第一卷第二十八章]:"每个人都曾经偏离自己的真实坐标并堕入迷途",然而,既然错误并非不能克服,那么由此产生的恶行就不能被免于归入罪恶的类型之中,也不能被给予一项普遍的宽恕。

12. 但应详细指出的是,对于一个人完全有自由从事或不从事,或者是否从事留待其判断的行为;以及法律或上位者的命令要求或禁止其从事的行为,错误具有不同的效果。在前一种行为中,错误被认为干扰了同意,以至于不能产生类似于一项你已经同意的行为所带来的效果,尤其是在错误而不是懒惰或者过度粗心的后果降临到你头上的情况下。因此在合同中,一项促使一个人订立协议的对于一件事物或其品质的错误,使协议归于无效。因为我们认为,此人的同意并非无条件的,而是出于对该事物或品质的现状的假定,他将其作为构成其同意的条件之一;而当该事物或品质无法获知的时候,协议也被认为应归于无效。这一点将在接下来的合适之处得到更为充分的讨论。

13. 但是,当涉及必要行为,或诸如一个上位者命令或禁止的行为的时候,情况就显得不一样了。在此必须区分,错误是与理论有关还是与实践有关;即,一个人是否对行为的必要性怀有一种错误的看法,并认为应当不做那些真正该做的事,**或者正好相反**;或者是否一项错误恰恰发生在一项行为的实施过程中,并施加给该行为一种与预期全然不同的作用。我们觉得前一种错误并不阻止将一项行为归咎于行为人,视其看起来与所指定的规则是否一致而定,因为无论如何,这些错误都被视为是能够克服的。那些希望为他人的行为制定一项规则的人,应当清楚地表达其意志从而让其打算约束的人能够容易地理解之。因为,要求遵守一项不可知的或者内在含义超出法律调整对象理解能力的法律,是最大的非正义。因此,如果任何人在理论上犯了错误,即,如果他使自己相信某一事实上被禁止的行为被要求让他来实施,**或者正好相反**,我们觉得他没有表现出恰当的谨慎,故而他无法避免将因其错误所导致的后果归咎于其自身的结局。

  这一原理由他人通过以下的方式表达了出来:如果一个人的良知中怀有一项有关一件罪恶事物的能够克服的错误,则此人就是有罪的,不论其是依循还是违背良知行事;也就是说,如果一个人让自己相信一项应当避免的行为被要求去做,或者一项被要求做的行为应当避免,他在实施前者而避免后者的过程中就犯了罪;因为这样的一种实施,或者这样的一种避免,是对法律的真正背离,行为人能够、并且有义务理解法律的完整意义。而若此人避免了一项事实上被禁止但其自己认为被要求实施的行为;并实施了一项事实上被要求但其自己认为被禁止实施的行为的话,其所犯罪恶也仍然不会更小。因为,尽管这里没有公然的违法行为,然而,由于他认为自己的良知在遵循着法律,那一项虚假的、至少与法律不一致的道德选择,应当作为罪恶被归咎于他。行为人的罪恶意图使行为变得罪恶,至少就行为人自身而言。因此,能够作为善行被归于行为人的行为看来不可能从一项错误的认知判断中产生,而当一个人错误地相信一件事情是非正义的时候,只要其未发现其信念的错误,对他而言做这件事就是非法的。还可参见《学说汇纂》,第四十七卷第四十六章第8节。

<hr/>

  14. 然而,如果一项可疑的错误涉及的是一件本身无关紧要的事,也就是说,如果一个人相信某件实际上无关紧要的事情应当被实施或者避免被实施,则仅当其出于一种邪恶的道德目的而非其错误的理解所指引的目的从事的时候,他才是有罪的,但若其依据这一错误行事则无罪。因为无关紧要的事情处于法律的调整范围之外,故而无论是作为还是不作为都不违法。而一项并未提供犯罪机会的错误似乎是无害的。但显然,源于此种错误的行为不能具有那种类似于遵循法律要求的行为所产生的效果。因此,如果一个立法者为那些守法者提供了一项奖赏,而一个人因为错误地认为某些无关紧要的事项包括在法律范围之内而遵守这些规则,那么此人当然①不能为自己主张奖赏。

---

  ① saue 应为 sane。——英译者注

15. 然而更为常见的,是一项错误发生在法律所要求的行为的实施过程中的情况;例如,若一项行为的真实对象被收回而另一个对象取而代之,就是如此。若在执行某项命令的时间和地点上犯了一个错误,也是如此。尽管这些行为不带来正确付诸实施的行为所产生的那种效果,它们仍旧避免了对应于恶行的效果,因为这种错误不从任何可归责的过失中产生。其他人对这一原理作了如下阐述:一项介于中间的错误阻止行为以任何方式被归咎于个人,无论是善行还是恶行。塞涅卡在《赫拉克勒斯之怒》(*Hercules Raging*)[第 1237 节]中问道:"谁会将一件疯癫行为说成是犯罪呢?"因此,如果你付钱给一个你欠了债的人,尽管你能够从这项义务中解脱出来,但若你出于错误将钱付给了他,你并未犯下一项罪行,不过前一项义务仍未解除。再有,如果任何人出于善意,但却错对恶人心慈手软,而后者却随后利用其仁慈来追求罪恶目的,前者当然不能为做了一件好事而自豪,但其与那些罪恶行为毫无关系,且不会被视为曾经为罪行的实施提供过任何帮助。但在一个人被命令去仔细检查一项行为的对象、地点或时间的情况下,其想在出事的时候逃避责任归咎就比较困难,除非他能够证明其错误在道德上是无法克服的。因此,如果你的仆人没有按你的指示在夜晚某个固定时刻唤醒你,若他说自己听错了钟鸣是无济于事的;但若钟出于某种原因坏掉了,则他可以免责。

16. 但有一种情况也时常发生,即在实施一项罪恶行为的时候出现了一项错误,原因是行为人错过了其意图采取行动的对象。在这种情况下,行为人的恶意仍旧不变,但行为的重要性或非重要性会直接随着其所失去的对象的重要性而改变。因此,如果一个人原本意图用一枚投掷物袭击一个敌人,若不巧击中了其他人,他仍然犯下了谋杀罪。参见《学说汇纂》第四十七卷第十章第 18 节第 3 段;《学说汇纂》第四十八卷第八章第 14 节;以及格老秀斯在《〈查士丁尼法典〉赞》(*Florum Sparsio*)中对这一段的评论。但该罪行本身会根据代人受伤致死者的重要或不重要性,而被视为比较严重或不那么严重。一个原本仅打算打伤他人或者带给他人微小伤害的人无意杀死了另外一个人,这种情况也属于此,因为在这种情况下判断是在事实本身的基础上作出的。但当一项行为,尽管做错了,却碰巧是针对某个合法对象实施的时候,那么在此就不会产生比行为人的恶意所导致的更多的恶,故而这样的一项错误将阻止该行为构成行为人所①意图实施的犯罪。由此,塞涅卡在《论智者的坚定不移》(*On the Steadfastness of the Wise Man*)第七章中所发表的以下言论就并非是一贯正确的,至少在国内法庭上是如此:"如果一个人像对待一个陌生人一样跟其妻子躺在一起,他就将犯通奸罪,而其妻子则不会。"为此还可参见塞涅卡,《论利益》第二卷第十九章;第五卷第十三章。但应注意比较利巴尼乌斯的《演说词》(*Declamations*)第三十五章(第 780 页 B,C,D,莫留斯编)。

---

① quodquis 应为 quod。——英译者注

第四章　道德行为中的人类意志

1. 意志行为
2. 意志自由
3. 意志的中立性有必要被宣布
4. 意志如何倾向于善
5. 刺激着意志的某些身体性状
6. 同样刺激着意志的习惯
7. 和感情
8. 以及纵欲
9. 混合行为
10. 非自愿行为

1. 由于最智慧的造物主希望将人类塑造为一种受法律规范的动物，故而他在人类的灵魂中植入了一种作为其行为内在引导的意志，以便在行为对象被提出和认识之后，他能够出于一种与生俱来的、与任何物理必要性无关的原则来靠近并选择看起来对他最合适的对象；同时排斥那些看起来与自己不适合的对象。意志被设想为通过两种机制在人类行为中起作用，一种是通过**自发**的行动，另一种是通过**自觉**的行动。对于自发性，可以说，人类将某些行为或情绪归结于它，其中有些是内在的行为或情绪，通常称为"**诱导性的**"，另一种则是外在的，通常称为"**责成性的**"。前者是那种直接由意志产生并由意志接收回来的行为或情绪。有的行为或情绪与目标有关，比如决心、意图、成就；有的与方法有关，比如同意、选择、和利用。决心就是那种朝着目标一往直前而不考虑成败得失的意志行为；即一项不达目的誓不罢休的行为。有人称其为纯粹认可的意志，在此意志之下，某物被认为与某人的本性和倾向相一致，尽管此人还没有去真正地和有效地开始展现或达成它。意图或选择是一种能够确保达成一项目标的渴望；也就是说，它是一项有效地朝着一项未达成的目标前进、并通过行动努力展现或达成目标的意志行为。由于这一行为与达成该目标的意图和愿望相伴随，故而推断与之有关的事物则是容易的。对于这些事物，正如亚里士多德在《尼各马可伦理学》第三卷第四章中所指出的："我们的道德目标限于那些处于我们力量范围之内的事物，这看起来是一项普遍的规则。一个人接受他所想要的东西是在其力量范围之内的。"因此"道德目标不及于我们力量范围之外的事物"。① 亚里士多德《尼布马可伦理学》，第四卷第二章：

> 过去的事物不能成为道德目标的对象。因为我们所考虑的不是过去的事物而是将来的或者可能的事物；而过去的事物是不能被撤销的。因此阿伽同说得足够正确：
> 神自己也唯独缺乏
> 让时光倒流的能力。

即便存在诸多视其不同力度而定的、不同程度的意图，然而就市民生活的目的而言，其通常被分为绝对的和半绝对的。前一项术语是在这一时候使用的，意志在充分考察一件事物之后，未被其激烈影响冲昏头脑，而将自己引向某事物；半绝对的意志是指某种尚未进行充分的考虑或者理性被热情冲到一边时的状态。成就是指在业已达成或展现的目标中的一种意志的宁静或欢愉。其对立面就是悔恨，它通常与羞愧和悲痛相伴随，并且是一种对先前我们所企或实现的东西的排斥。同意是一种简单的认可手段，以其被认为有利于实现某些目标为限；当这些手段一旦为我们所有的时候，它们就被选择去确保实现某些目标，并被适用于我们。那些被交由他人通过其能力来执行的行为被称为"**责成性的**"，因为这些行为是由意志推动而实施的。

~~~~~~~~~~~~~~~~

2. 被人们称为意志功能之一的自由，若被赋予采取行为所必需的一切条件，其能够从面前的诸多对象之中，选择一个或一些对象而拒绝其他对象；或者，如果眼前只有一个对象，其可以选择承认或不承认之、对它采取行动或不采取行动。采取行动的要件有的时候被归于"时机"这一单词之下，从中行为人所作的最终决定被认为是一件单独的事情；且当该决定被加到其他要件之上的时候，行为就会紧随其后而来。与自由有关的要件是与人类对自身行动所给予的帮助相区别的。而尤为特别的是，从诸多对象中选择一个或几个的能力，被称为说明的自由或者反对的自由；与选择或拒绝仅仅一个对象有关的能力，被称为否定的自由或者实施的自由。

自由被认为首先给自发行为增加了一种关于其行为实施的中立性，从而

---

① 在亚里士多德的论述中，这些话比前面的话出现得稍早一些。——英译者注

使意志没有必要全力实施某一项行为,也就是说,没有必要愿意或者拒绝,相反,在涉及其所面对的某个特定对象的时候(因为一般来讲其都会禁不住转向善的行为而拒绝恶的行为),其可以选择任何喜欢的行为来实施,即便其可能更加倾向于某一项行为而非其他的行为。自由还增加了一种意志决断,从而使意志①在一种内在冲动之下能够当即选择其中一种行为,也就是说,是愿意还是拒绝。

然而,应当补充的是,即便对一个人来讲,某物看起来应当是可欲的或者是应避免的,这也不是取决于意志而是取决于对象所表现出来的善恶状态;尽管那种伴随着对象的外表而来的欲求或者厌恶并非那么强烈,而是在意志中仍然保留着那种将自身塑造成某种施加于对象的外在行为的自由;尤其是由于一项恶的事物的表现仅在两相其害取其轻的时候才显得是可欲的。因此,为了驳斥霍布斯在《论人》第十一章第二节中提出的观点,即欲望和厌恶必定源出于我们从对象中产生的对某种幸福或烦恼的预见且由此就没有空间留给自由意志了,我们必须仔细地将简单认可的意志与有效果的意志或者先前选择区分开来,后者并不必然依赖于特定的对象。当他作出以下言论的时候,他实际上是在白费心机:"当我们说一个人具有做此事或者彼事的自由意志的时候,其必须总是在这种进一步的条件下被理解:即他是否愿意;因为要说任何人具有做此事或者彼事的自由意志,而不论其是否愿意,那就是荒谬的。"可以肯定没有人会愚蠢到看不出这其中所隐含的自相矛盾之处的地步。此外,试图将该命题所主张的东西作为一项条件增加给该命题是愚蠢的念头。那种一个人如果欲求某物就能够欲求某物的说法,就好像说"彼得想跑就跑"。一样。谁会将这一增加的原因称为条件呢?通过前面所说的,人们会如何看待安东尼·勒格朗在《笛卡尔哲学原理》(*Institutio Philosophiae Cartesianae*)第八部分第 5 条中所提出的观点也就显而易见了;就好像一个人不能欲求其清晰明确地辨别为善的东西那样,**或者正好相反**;并且好像一个人仅仅由于其未能清晰明确地辨别善就是罪恶的似的。

~~~~~~~~~~~~~~~~

3. 然而,那种看起来直接从其特定本质中产生的意志的主要影响,本身并不限于一项明确的、固定的和一成不变的行为模式,我们称该行为模式的影响为中立性,这一内在的中立性不能为一种外在的手段所完全摧毁。而

---

① volontas 应为 voluntas。——英译者注

这一点必须被最为坚定地维持，因其一旦被移除，则人类行为的道德性将立即被完全摧毁。阿里安在《爱比克泰德》第一卷第十七章中说：

> 听我说，什么能够使一种冲动受制于另一种冲动；什么能够让取得或者避免取得的意志服从于另一项取得或避免取得的意志？"如果他威胁要我的命"，某人说，"他就强迫了我。"不是的，强迫你的并非他对你的威胁，而是你自己的决定，即被强迫好过被杀死。于是再一次地，又是你的判断强迫了你——也就是说，意志对意志施加压力。

同上书，第一卷第二十九章："除了自己，别无他物能征服意志。"还可参见西姆普林茨①，《爱比克泰德评注》(On Epictetus)，第一章第 22 页。但这里仍然必须坚持认为的是，那些设想人类行为中存在某种物理设定的人正在做着这种事情，根据这种设定，即使是其本身被视为一个物理存在的特定时刻，都是由该种首要原因所决定的，以至于其不能在既定原因之外的任何方式之下产生、且其道德性也不会在第二项原因之后产生。那些希望将人类行为置于一种出于神圣先见的绝对必要性之下的人也是这样做的。即便承认这一先见不能被误导，其仍然不能够立即摧毁意志的中立性，这一点是显而易见的，如果我们用与其他源于人类生活的词一样的方式将先见这个词从其看似隐含的不完善中澄清出来、并将其适用于神（因为在神那里不存在时间的延续）；或者如果我们说神意与次要的原因是如此的密切相关以至于为其留下了以神所赋予其的方式行事的能力、而并未在涉及道德行为时将它们从主要原因降格为纯粹的具体原因的话。还可参见卢西恩，《弥诺斯》(Minos)[《亡灵对话》(Dialogues of the Dead)，第三十章]；《朱庇特诘问》(Jupiter confutatus)；安东尼·勒格朗，《笛卡尔哲学原理》，第八部分第十七—十八章。格老秀斯在《刍议恢复执政官之论断的危害》(Opuscula se Dogmatis Reipublicae) 中就这些观点将给国家造成何种危害提出了很好的警告。"那些完全夺走意志自由的国家鲜能摆脱让神成为所有罪行缔造者的境地；这是一件按照柏拉图的说法无论如何都不应当在一个国家中被允许的事情{《理想国》第二卷[第 379 页]："罪恶的原因应当在除了神那里之外的任何地方寻找。"}苏埃托尼乌斯在《提比略》(Tiberius)第六十九章中，颇为正确地指出，提比略蔑视所有的宗教是由于他相信万事皆由命中注定；普罗克鲁斯在《蒂迈欧篇评论》(On Timaeus)中赞成这一主张，因为他认为，他所称的无神论者分为三种

---

① Simplcius 应为 Simplicius。——英译者注

类型:第一种包括那些否认神对宇宙和人类行为感兴趣的人;[……]第三种包括那些将一项如此众大的利益归于神以至于认为人类只需按部就班而没有自由发挥余地的人。哲学家萨卢斯特在《德里斯和蒙多》(*De Diis et Mundo*)第九章中说:"将非正义与恶意归于命运,就是让我们自己成为善的而神成为恶的。"同样在普劳图斯的《一坛黄金》(*The Pot of Gold*)[第743页]中,当一个人说:"我觉得这绝对是命中注定的;否则这就不会发生,我确信如此"的时候;另一个人[伊库茨里奥]利索地①反驳道:"是的,而且我觉得,我将要在我的房子中把你捆起来并杀了你,这也是命中注定的。"

〰〰〰〰〰〰〰〰〰〰

4. 不过我们应当作出与善的本质有关的一些初步的评价,从而使意志的中立性能够被正确地理解。如今,善被某些哲学家以一种绝对的方式来理解,以至于任何真实存在着的实体都能够被视为善的;但我们不关注这样的一种含义,并认为仅当一件事物对其他事物有意义,且其被视为对某些人或者其代理人有益的时候,该事物才是善的。从这个意义上讲,善的本质似乎由一种某物适于帮助、维护或者完善他物的倾向构成。且由于这一倾向依赖于事物的本质属性,不论这一属性是天然的还是为某些设计所修改了的,能够被我们称为自然的善都是稳固而一致的,绝不依赖于错误百出或者朝令夕改的人类观点。但由于善若非至少以一种通常的方式被领会,否则就不会激起人类的一种主动的欲望;且由于真实的感觉或知觉仅仅对真实的事物存在及其后果给出了一种粗略的看法;再由于错误时常愚弄人自己的思维,并妨碍感官和情绪发挥作用,其结果就是,某些人不正确地将一种关于善的看法赋予某种事物,这样就产生了一种被称为**幻想的**善。更糟的是,个人因其认为某物对其有利、并会对其自我维持和改善有帮助而寻求并热爱某物;而与之相对的事物则被他们视为罪恶的且避之不及。但正如一项事物要成为善的并具有某种吸引欲求的力量并不要求其仅被寻求他的人视为善的,而且在其达到被从他人的好处、尤其是因他人的社会纽带和交往所能够给予我们以及他们自己的好处中夺走的程度才是善的一样;在所有人之间存在着一项如此真诚的关于善的一般属性及其主要分类的协议,以至于似乎没有压倒性的理由能够说明,普遍的以及由此未被中断的和一致的关于善的思想应当由于某种细节上的差异而被否认,或者说明,其在某种自由状态下应当仅仅依赖

---

① lepede 应为 lepide。——英译者注

于个人意见、在国家内部应当仅仅依赖于最高权威的意见,并应当仅仅从那种意见上来衡量。还可参见理查德·坎伯兰,《论自然律》第三章,在文中他驳斥了霍布斯关于善的本质的某些错误,以及第一章第 20 节。人类行为中的**道德上的**善,将在下面适当的地方被讨论。

从所做的论述中可以清楚地看出,一贯寻求固有的善并避免固有的恶,乃属于意志的本性。其隐含着一项明确的矛盾,即你不应当倾向于你觉得适合自己的东西,而应当倾向于你觉得不适合自己的东西。由此这一意志的普遍倾向不会承认任何中立性,就好像意志能够通过一种简单认可的欲望来寻求善与恶一样。然而,单个人的意志对特定的善与恶施加了其中立性的力量,因为人在特定的时刻会对不同的事物有偏好。这是由于任何善或恶的事物都几乎不能在一个人面前显得纯洁不污和与众不同,而是善中有恶、恶中有善。与之相伴随的,是个人对特定事物的个人倾向,而这种个人倾向也并非是被赋予所有人来分辨真实与长久、虚假与短暂的;由此而来的就是几乎类型无穷无尽的人类愿望和欲求,的确,所有人都在寻求自身利益,但每个人的路都不同。

再者,很多人不知道什么东西对他们是好的,故而不渴望得到它们;很多人因为某物具有恶的外在表象而不去衡量该物所带有的好处,由此就拒绝了本应欲求的东西,而去渴望得到本应避免的东西。这一点也被亚里士多德在《尼各马可伦理学》第三卷第六章中提出:

> 也许最好是这样说,在一种绝对的或者真实的意义上善是意愿的对象,但就个人而言,看起来是善的东西才是意愿的对象。

你还可以将冈瑟的《贪婪者①》(*Ligurinus*)第三卷[第 289 页及以下]中的话用在这里:

> 一个人若是满口胡言欺骗不了任何人;
> 假象是通过虚构的真相渗透进来,混淆视听
> 并悄悄地,控制了思想的。

因此,在几乎所有的事情或行为中,善与恶的各方面,不论是真实的还是貌似真实的,都将其自身展现出来并以这种那种方式牵引着思维,指导意志

---

① Ligmino 应为 Ligurino。——英译者注

通过某种与生俱来的力量最终决定倾向于一方或者另一方。以这种方式所采取的行为被称为自发的，这依据的是亚里士多德在《尼各马可伦理学》第三卷第十三章[第三卷第三章]中的言论："如果行为人在对特定环境具有某种了解的情况下实施了某项行为，则该行为看起来就是自发的。"犹斯德拉提乌斯在评论上述言论的时候指出：

> 以下两种因素对于一项自发的决定都是必要的，即行为人既对整体情况了然于胸，也对细节情况一清二楚；因为仅知道大概的人会盲目行事，而仅知道细节的人会冲动行事。

～～～～～～～

5. 但是，思维出于一种平衡状态、在不受任何外在影响的情况下将自己带入某项作为或不作为之中的状况并不总是发生。相反，思维常常出于不同的原因而被强烈的引向一条道路，有的时候一项外在的强烈欲望以如此强大的力量施加到思维之上以至于后者无法再被视为其自身力量的主人。同样地，水手并不总是在顺风中前进，而是有的时候被飓风吹得摇摇欲坠并且几乎抓不稳舵盘，抑或失去对舵柄的控制而让他的船听天由命。

因此，在使得人类意志倾向于不同目标的事物中，异常突出的是那种使某些人变得强烈倾向于某种特定的行为进程的单个意志品质，这种品质在全部国家之间跟在个人之间一样屡见不鲜。看起来，上天为这些品质的产生及其滋生土壤都做了不少的贡献，正如卢肯在其所著书第八卷[第365节]中所说：

> 温和的气候让国家变得女性化。

希罗多德所著书，第九卷[第一百二十二章]：

> 自然是这样规定的，软弱的国家生出软弱的人，也不存在任何既出高产农作物又出具有尚武精神者的地方。

还可参见沙朗，《论智慧》，第一卷第四十二章。意志品质的产生还受到体液温度的影响，这一温度基于一个人所属的种族、其年龄、饮食、健康、生活态度以及其他原因而不同,并受到思维在执行其功能以及类似的思考的时候所运用的组织结构的影响。还可参见霍布斯,《论人》,第十三章,以及维鲁兰男爵培根的《知识的进步》第四卷第一章。对于所有这些因素,应当坚持认为,就其对任何道德行为后果的影响而言,没有任何一种因素具备足够的以任何方式扭转意志进程的能力。贺拉斯在《讽刺诗集》(*Satires*)第二卷第八部分[《书信集》(*Epistles*),第一卷第一章第 39—40 节]中说:"只要一个人愿意学习文化,就不会如此的粗鲁以至于不能变得有教养。"苏格拉底在色诺芬的《追忆苏格拉底》(*Memorabilia*)第一卷[第二章第 23 节]中说:"现在我相信,任何公正而高贵的东西都能够通过学习和努力而得到。"尽管有的时候意志似乎不可能阻止某些建立在身体特定构造基础上的强烈欲望令人有所体会甚至贸然采取行动,但其至少可以阻止人们犯下罪恶。因此,如果一个人沉湎于爱欲而无法自拔,以不犯罪的方式满足其欲望尚在其能力范围之内。参见《哥林多前书》,第七章第 2 节。而且柏拉图在《法律篇》(*On Laws*)第八卷中也正确地宣称,尽管不正常的罪恶当时在公民中间对公共道德具有强大的影响力,其仍然能够被控制在一个希腊城邦的范围之内。对于贺拉斯在《诗歌的艺术》以及其他学者通常所做的有关时代道德的诸多言论,也应当得出同样的结论。因此,假设老人具有贪财的倾向,在不伤害他人、不非正义地剥夺他人财产的前提下敛财,仍然在其能力范围之内。还可参见胡阿尔特,《才智论考》(*Scrutinium Ingeniorium*)第五章。

---

6. 另一项同样促使意志强烈倾向于某些行为的因素是相同行为的重复性,以及由此产生的对这些行为的熟悉性,这使得一项行为被轻易而愉快地实施并使得思维看起来被眼前的对象所吸引。当这种倾向与欲望和机敏结合起来的时候,其通常就落在**习惯**这个名称的范围之内,这些习惯基于与之相关的善的道德行为与恶的道德行为,而被称为善行和恶行。我们没有必要费神去列举这些东西,因为那些如此大声地宣告其探讨道德哲学的意愿的人们大都相信,当他们解释了十一种善的名称之后,他们就已经阐明了该学科的较大部分。这就使得我们大概提一下这一点就够了,即那些促使人们实施有利于自身和社会保全行为的人类思维倾向是善;而那些促使人们实施意在毁灭自身和社会行为的人类思维倾向则是恶。由此,当霍布斯在《论人》第十三章第 9 节中说"仅在市民生活中能够存在一种普遍的善与恶的衡量标准";且由此,"在自然状态下不存在这样的一种能够衡量和界定善与恶的标

准"的时候,其言论就值得批判了。因为我们方才所提出的定义肯定同样能够适用于自然状态。且任何作为善在各种状态下被命令实施的事情,都应以这一定义为标准来要求。若在某一种状态下任何一件被责成实施的事情①与该定义不一致,则这样的一项命令就会被认为是荒谬的。在不同国家的法律中可以看到的那些差异并不会使得一项关于善的普遍的、统一的定义成为不可能。因为这种差异性或者是与那些处于道德律之外的事物有关;或者是出自这一事实,即有时市民法的力量被添加到某些自然法规则之中,而有时则不然;或者,其最终体现了这一事实,即某些立法者并不出于某种理智的原因而去善待他人。这一问题将在下面得到更为充分地讨论。

由长期习惯所演发而来的恶以及卑劣态度,如今似乎已经变得在人类本性中根深蒂固了,以至于它们仅在克服巨大困难的情况下才能被抗拒。卡普尔尼乌斯·弗拉库斯在《演讲术》(*Declamations*)第二章中说:"一旦羞耻感消失的时候,对折服于罪恶的思想而言,任何寡廉鲜耻都是可爱的。"卢西恩在《反无知论》(*Adversus Indoctum*)[第二十五章]中说:"一条狗一旦学会了啃皮革②,它就改不了了。"还可参见培根,《杂文集》(*Essays*),第三十七章。源出于这样一种性质的行为仍然会被视为自发的。而且,即便那些先于一项习惯的并令后者得以形成、在一种更为强大的先前选择之下实施并较之那些获得习惯之后的行为带来了更大的影响的行为,在某种程度上是不经意志的指示、其余的身体器官就身不由己地直奔目标而去的,这一事实仍然不会减损其善恶的品质。因为要让一项行为因其经常由同一个人实施而被视为不那么善的;或者一个惯犯应被视为不那么罪恶,肯定是不合适的;尤其是基于后者自己要为其过于轻率的行为负主要责任。对此亚里士多德在《尼各马可伦理学》第三卷第八章[第七章]中指出:

> 但是行为和道德状态并非在同样意义上是自发的。在我们由于知晓细节而从头到尾都是自身行为主宰的情况下,我们仅在自身道德状态的初始阶段才是主宰;我们不了解它们发展的特定步骤,正如我们不了解疾病发展的特定步骤一样。但可以说,在我们以一种或另一种方式行事的能力范围内,我们的道德状态是自主的。

尤斯特瑞歇斯对这一段话评论道:

---

① alquid 应为 aliquid。——英译者注
② 此为现代版本。普芬道夫的原文是,"吃皮革"。——英译者注

我们仅对习惯的开端、而非对其发展和结局有控制权。因为习惯的添附和增长是人所未知的和无法臆想的,因其确实逐渐地、不易察觉地增长着,从而有的习惯在堕落和罪恶中越走越远,达到了无法想象的程度。这在酗酒和放荡的例子中可见一斑,有的人颇为自由和随意地超出日常习惯范围行事,就好像习惯的收敛在我们的掌控之内,而在他们意识到之前,其就已经通过持续的行为养成了一种坏习惯。也不仅仅是在恶行的例子中添附和增长才不被注意,在善行中进展同样在我们未察觉的情况下发生,以至于没有人能够意识到自身的进步,直到他已经实现了它。

❦❦❦❦❦❦❦❦

7. 意志也在相当的程度上被那些思维运动驱策着去从事某种行为,这些思维运动主要是由某些对象或善或恶的表象所激发的,并被称为强烈情感;而除此之外它们还极大地扰乱了思维的判断力。品达在《奥林匹亚颂》(*Olympian Odes*)第七章[第30—31节]中说:"思绪的混乱要不了多久就会致人误入歧途,即便是智者也不能幸免。"它们的数量、它们如何被唤起和平息以及它们的用途已经率先由笛卡尔在《情绪论》,以及安东尼·勒格朗在《哲学原理》第八部分第十九章中成功地讨论了。对此也许还可以比较霍布斯的《利维坦》第六章;《论人》第十二章。就我们的目的而言,补充这样一句话就足够了,即无论强烈情感如何强烈,也不会完全消除意志的力量,相反,即便是那些意志薄弱的人也能够取得对其所有强烈情感的一种绝对控制,只要其对形成和控制它们付出了足够的努力,正如笛卡尔在前引书第50条中所指出的那样。西塞罗在《图斯库兰谈话集》第一卷第三章[第四卷第十四章第31节]中说:"所有思维的混乱与纷扰都源于对理性的忽视。"而当美狄亚在奥维德的《变形记》(*Metamorphoses*)第七卷[第19节]中说:"然而某种奇怪的力量违背我的意志控制住了①我"的时候,她是错误的;尤其是由于她自己意识到了她的理性的指示正与自己的强烈情感做斗争:"欲望以一种方式获胜,而理性则通过另一种方式获胜。我了解何者为更好并赞成之,但我却遵循了更坏的选择。"而格老秀斯在《评〈马太福音〉》(*On Matthew*)第五章第22节中的言论也与之相关,即,强烈情感、冲动与同意是不一样的。激动

---

① 根据普遍接受的版本,trahit 应为 gravat。——英译者注

本身,或者那种能够令我们被激怒的能力,是自然根植在我们身上而不能从我们的体内被移除的,这是一种既能被用于善也能被用于恶的中立品质。但由于强烈情感所位于的那部分思维本身是非理性的,就会发生这种情况,即,不等理性作出任何判断,冲动就发挥了作用;除非这些冲动被谨慎地控制于心,否则就会出现同意的情况,即指被赋予人类来控制其强烈情感的那部分思维松开了缰绳而任由冲动控制头脑。这一同意是自发的,并且是由人类意志所赋予的。但在勤奋的关注和练习之下,且首要的是在《圣经》的帮助下,即便是这些被哲学家们拿来跟眨眼相比较的初级动作,也能够被控制得不会持续太长和变得太强。参见塞涅卡,《论怒》(On Anger),第二卷第四章。

理查德·坎伯兰在《论自然律》第二章第 26—27 节中,展示了人类是如何被自然赋予控制强烈情感的特殊力量,和与此同时他的生活和力量是如何由于狂暴和未受控制的强烈情感而较之其他动物受到了更为严重的威胁,以及由此他是如何更有必要去控制它们的。且由此,既然某些强烈情感是由某种善的现象所唤起的而其他强烈情感是由某种恶的现象所唤起的,且它们鼓励个人取得某种善而避免某种恶,那么可以发现两者之间的区别是,前者很少或者不允许借口的存在,如果任何事情是在情绪冲动之下而不正确地实施的话,而后者则允许更大的宽容度,因为挑动它们的罪恶是对人类本性的更大威胁。失去一项对维持本质不必要的善,较之承受一项具有毁灭性质的恶,要容易得多,正如亚里士多德在《尼各马可伦理学》第二卷第二章中说:"与快乐作斗争要比与愤怒作斗争困难得多。"如果任何人听从持续不断的罪恶的召唤而做了恶,这就被理解为他为了眼前的快乐而将自己暴露于未来的恶的命运之下,在他的判断之下,无论未来的恶会是怎样,这都是值得的,他没有任何理由来要求减少这种恶。然而,出于对某些即将到来的恶的担心而犯下错误的人,则受到关于人类本性之弱点的强有力辩护,因其原本希望尽可能地消除最微小的恶。这一点将不得不在别处做更为详细的讨论。

〰〰〰〰〰〰

8. 最后,意志受到不清醒状态强有力的引诱去实施某种行为,这种不清醒状态通常由酒精、不同类型的气味或者鸦片所引发,这些东西在远东的大片地区被最为热切地寻求着,其将精神和血液调整到一种最为狂暴的骚动状态,让它们兴奋起来,并使人首先沉湎于肉欲{普罗勃提乌斯所著书,第四卷[第八章第 32 节]}:

当她灌了酒的时候,一个爱人就太少了。

暴怒和鲁莽之中;吕库尔戈斯称酒为"一剂罪恶的药,因为其让人心智大变"[伊纪努斯,《寓言》(*Fables*),第一章第 32 节]。伊索克拉底在《致德莫里克斯》(*To Demonicus*)[第 132 节]中说:"因为当思维被酒精摧毁的时候,就好像战车失去了它们的驾驶员;就好像它们因失去驾驶者而失控狂奔那样,灵魂在智力被摧毁的时候也是跌跌撞撞。"出于这一原因弥诺斯①为克里特岛人制定的法律就是"不得与他人饮酒致醉"{柏拉图,《弥诺斯篇》(*Minos*)[第 320 页 A]}。还可参见普林尼,《自然史》,第十四卷第二十二章。阿里斯托芬,《黄蜂》(*The Wasps*)[第 1253 页及以下]:

酗酒是不好的;我知道醉酒会带来什么,
破门而入,袭击他人,以及暴力伤害,
接下来,就是一场头痛和一笔要付出的罚款。

在印度教中,酗酒受到如此的谴责以至于其被普遍认为是五种十恶不赦的罪行之一,这些罪行包括:与母乱伦,"母"这一术语包括继母和师母;谋杀婆罗门;偷盗黄金;酗酒;以及勾结犯上述罪的人。马尼留斯在《天文学》第五卷[第 226 节]中说:

此外,过多的酒激起了他们的怒火,
酒神让他们的暴怒越燃越高。

穆罕默德利用宗教让极度沉迷于酒精的国家从中脱离出来。

任何明知或者能够推知其后果而主动获得这一习惯的人,不会比那种自己发怒掀翻了屋顶却抱怨雨淋进屋子的人获得更多的主张因该习惯所造成的伤害不应被归于自己的权利。普劳图斯在《一坛黄金》[第 750 页]中说:"如果酒鬼能够为所欲为而又不受责罚,那么酗酒的成本就真的是太低了。"然而,在无关紧要的行为中,以及在那些人们可以自由地实施或不实施的行为中,一种使意识变得完全模糊的不清醒状态具有这样一种力量,即让行为不产生那种因故意行为而产生的效果。

可以说,这就是给予意志以某种偏见的原因。但在一种道德方法之下,

---

① Minoris 应为 Minois。——英译者注

一项最倾向于它或者应当倾向于它的义务,无论其如何伟大、无论基本的欲望可能朝着相反的方向使了多大的劲,都既不会消除与生俱来的意志自由,也不会使得一项行为①成为非自愿的。你可以将亚里士多德在《尼各马可伦理学》第三卷第三章中的话适用于此:"但要宣称这些东西应当成为那种非自愿渴求的对象就显得不合理了。"然而,我们说,义务**应当接近于**意志,因为正是人类思维的卑劣性才导致很多时候仅仅对某一事物的禁止就会激起犯罪的欲望。奥维德,《爱情》(*Amores*),第三卷第四章[第 9 页及以下]:

> 我们总是渴望被禁止的东西,也总是觊觎得不到的东西。被严密看管的东西我们更渴望得到,小心本身就会招贼。逾越禁制的乐趣令人痛快。可以随便犯错的人犯的错更少②;权力越大罪恶就萌芽得越慢。

你可以更准确地将这一罪恶部分地归咎于人类的好奇心,对他们来说任何未知的事情都显得是美妙的③——这一结论从禁令的严酷及其得到遵守的困难中得到了充分的确认;这部分地归咎于制定禁令者的令人憎恶和不受尊敬,致使我们不屑于让一个自己瞧不起的人来限制我们的自由,而相反,当一个人愉快地接受一个其所爱的人的意志的时候,则是一种爱④的表现。

〰〰〰〰〰〰

9. 还应当指出的是,有时在面对那些被认为超出人类思维通常强度的最为重大的坏事的时候,意志会处于一种如此强烈的欲望之下以至于其同意采取非在极为必要的情况下所不能采取的恐怖行径。这些部分自愿部分非自愿的行为被称为混合行为。它们是自愿的,由于运作机理在于行为人,后者知晓一切与该行为有关的东西,并且其意志在当下出于必要而转向了这样一种恶性较小的、或者仅具有部分恶性的行为,原因是任何其他的进程都将令其堕入一种彻底的或者更大的罪恶之中。这在当前的状况之下模仿了善的属性,因为同时避免较小的恶和较大的恶是不可能的。亚里士多德在《尼各马可伦理学》第五卷第七章中说:"两相其害取其轻者为善。"昆体良在《辩学通论》第七卷第四章[第 12 节]中说:"在一项对恶的比较之中,较小的恶

---

① actionum 应为 actionem。——英译者注
② mtnus 应为 minus。——英译者注
③ 塔西陀,《阿格里科拉传》(*Agricola*),第三十章。——英译者注
④ amari 应为 amati。——英译者注

应当被视为一种善。"接下来亚里士多德在《尼各马可伦理学》第三卷第一章中说的一段话也适用于此：

> 理论上讲没有人会自愿地将任何货物扔下船，然而任何理智的人为了自身以及其他乘客的安全都会这样做。此类行为，尽管均有混合的性质，但较之非自愿的行为更像是自愿的。

但是这种性质的行为具有一种非自愿的属性，因为意志是被迫违背其本身倾向而这样做的，而如果意识能够以任何其他方式摆脱更大的恶，它就永远不会这样做。出于这一原因，非自愿的行为都普遍具有这一特点，即在其他纯粹出于自愿的行为中所产生的道德效果在这些非自愿行为中完全地、或者大部分地缺失。尽管有的时候，一项如此巨大的义务压在一个人身上，其即便在被视为最恐怖的天然罪恶——死亡的威胁之下，也不应当被拒绝；然而，当该项义务并非明确地显而易见的时候，其绝不能被如此轻易地推定，因为就人类的状况而言这是强人所难；且当其并不真实存在的时候，一个人要是不希望实现最起码的可能的恶，那就是傻子。因此，某些值得赞扬的事情，如果是在不具有这样一项理由的情况下被实施的，则会为公正的人所称赞；如果它们是在这样的一种压力之下被实施的，则有的事情被认为更应该让人感到遗憾而非愤慨，还有的事情则应完全或者部分地被宽恕，在最后的分析中行为的可憎与罪恶被置于另一个人身上，而实施该行为的人却被判定为无辜的。这一原则由亚里士多德在《尼各马可伦理学》第三卷第一章中所说的话阐发了出来：

> 当人们为了获得伟大的和高贵的东西而承受某些令人羞耻的（即，不得体的）或痛苦的事物的时候，这些行为有的时候是值得称赞的。还有一些行为，尽管并非值得赞誉，但也是可以宽恕的，比如当一个人受到那些对人性是如此强大的、无法抗拒的原因的引诱而犯错的时候。然而，有可能存在一些不受强迫的行为：一个人宁死不屈。

还可参见尤斯特瑞歇斯在前引注中的言论。但我怀疑在此情况下给出以下关于一种混合行为的例子、尤其以一个天主教主教的身份，是否是恰当的："与他人妻子通奸，尽管是错误的，但当其作为刺杀暴君的手段的时候就不再是错的。"

10. 最后,既然一项自愿行为的要求包括:(1)行为的运作机理在于行为人,或者行为人出于自身意志的冲动而去实施行为,以及(2)他知道结果会是什么;那么显然,在缺乏这两种因素或者其中之一的时候,行为就变成了非自愿的。亚里士多德在《尼各马可伦理学》第三卷第一章中说:"人们普遍承认的是,在冲动之下或者出于无知而实施的行为是非自愿性的。"对于后者他非常正确地在前引书第三卷第二章中补充道:"如果一项行为由于这种无知①而被称为非自愿的,有必要认为其对于行为人是痛苦的,并会激起他一种悔恨的感觉。"当一个人被一项外在的更为强大的运作机理逼迫着让自身去适用它,而他通过明显的迹象、尤其是通过身体上的抗拒或抵制表明了自己对这一行为的憎恶和不乐意的时候,该项行为就可以被正确地称为强迫性的。亚里士多德在《尼各马可伦理学》第三卷第一章中给出了一个例子:"如果风,或者以其权力控制了我们的人,将要裹挟着我们朝某个方向前进的话。"在这种类型的例子中,还包括在西塞罗的《论创造力》(*On Invention*)第二卷中提到的战争由一场风暴的力量而被引入罗得人海港的例子,国家财政官员希望依据他们的法律将这些海港充公。因此,正如在李维所著书第一卷第五十八章中所讲到的那个故事那样,卢克雷蒂娅的朋友"通过指出犯罪的关键因素是思想而非身体,若不存在意图就不存在犯罪,将被强暴者的罪恶转移到犯罪人身上,来宽慰她痛苦的思绪"。

在一个司法法庭中,这种不情愿被认为出现在那些在通常的观点看来并非自愿经历、且在实际意愿上不存在任何罪恶的行为或经历中;有的人称之为解释性不情愿。希伯来法律认为,当一个男人与一个处女躺在野外且无证人在场的时候,就推定该处女是遭受了暴力侵犯。但是犹太人斐洛在《论特别法》(*On Special Laws*)[第608页]中,否认法律会保护一个自愿献身于强暴者的寂寞少女。该法对一个身处城市的、无力呼救或呼救无效的少女所受的伤害也不提供保护。当一个人正处于一种无法击退一项意欲实施的暴力威胁的状态之中的时候,一件强迫性的事情就在于其本身而不在于其原因;但他对陷入此种状态是有过错的。对于此类情况,你可以参考《创世记》第三十四章所讲述的黛娜被强奸一事,因为少女不应该在陌生人中间游荡。当一个人对陷入这样一种状态没有过错、他自己是被迫做某事的时候,则其自

---

① διά 应为 κατά。——英译者注

身和其原因都是强迫性的。我们说,"如果他没有过错",是指,如果他除了依据法律义务和审慎原则行事之外没有做任何事。因为如果一个人实施一项被指派的任务,或者将其天赋的权利以其他方式使用,但却并非鲁莽行事也并非没有经过深思熟虑,那么就不能认为他要对任何自己在这种条件下所被迫实施的行为负责。

第五章　道德行为概述及其对行为人的适用，或使得道德行为可被归责的原因

1. 道德行为的性质
2. 其内容
3. 其形式；以及道德原因
4. 一项被正式考量的道德行为总是一种积极的存在
5. 某些事情能够或者不能够被归咎于某个人的原因或基础
6. 必要之事不可被归咎于个人
7. 人类植物性功能的效果
8. 不可能之事
9. 强迫之事；以及不折不扣的执行
10. 通过无知而为之事
11. 梦中所见之事
12. 未来的罪恶
13. 但是罪恶的行为，即便是出于习惯而为之，在任何情况下都是可归咎的
14. 他人的行为如何被归咎于我们

1. 既然我们已经依据自己所从事的研究，解释了作为一种使人类行为由此被归入与动物行为不同类型的原则的认知和意志，我们的下一项任务就是一般性地审视道德行为(moral actions)，因为我们的此项研究主要与对其正直或邪恶的考察有关。由此，道德行为就是考察其①对公众生活之影响的个人自主行为。我们把这些如此依赖于作为一项自在原因的个人意志以至于缺了从作为一项先前认知的结果的意志行为中产生的意志决定就不会产生的这些行为称为自主的；行为的履行与否也都属于人的权力范围。这里我们所考虑的，不仅在于它们是通过某种事物的自然属性所带来的某种力量而产生的行动，而且在于它们源自一项具有扭转一两项对立进程的力量②的意志决定。一项自主行为包含两项要素：一是实质上的，即某种与生俱来的能力的运动，或者在其自身范围内被考虑的能力的运用；二是形式上的，即该运动或运用对意志决定的依赖性，而正是基于此种依赖性，行为才被认为是由一种自由的和自主的原因所决定的。为了区分的需要，被单独考虑的运用本

---

① qaurum 应为 quarum。——英译者注
② potentae 应为 potentiae。——英译者注

身被称为一项意志行为或者一项源自人的意志能力的行为,而非一项自主行为。再者,我们可以根据某些由先前的意志决定所采取的物理运动而视一项自主行为为自在的、绝对的,或者也可以就其效果能够被归于个人的程度将其视为条件反射的。具有此种条件反射特征的自主行为被冠以"人类的"这一特定用语。出于因其所实施行为的好与坏、其与作为规则的某些法律的一致或不一致,一个人被认为具有善或恶的道德品质这一事实,以及源自反复行为的人类思维倾向被称为道德这一事实,由此带来的后果就是,人类行为本身受到道德行为这一术语的指示。

~~~~~~~~~~~~~~~

2. 道德行为的本质,以上述的方式来考虑,包含两项要素,一项是实质上的,另一项是形式上的。实质要素就是关于某种物理力量的任何物理运动,无论其是关于运动能力、感知欲望、外在或内在感觉的,还是关于认知的,只要与理解能力的运用有关即可。一项判断是如此地依赖于某个对象的明显品质,以至于就其而言没有意志指导的空间,尽管在形成这一判断的过程中我们也有机会作出自己的选择并采取行动。的确,一项意志行为,就其本身自然属性来考虑或者在某种作为效果的狭义上来对待,是一种由自然根植于意志之中的能力的产物,正如个人既能够在该行为范围内也能够在其原因范围内实施对于某些物理运动的限制一样。因为一个人既可以因一项无知的行为、也可以因一项被指派的行为而被追责并受到惩罚。道德行为还包括针对某些对象的自然力量的倾向,这种倾向由先前的道德行为所准备,至少在其为行为提供工具的意义上可以这样讲。不单是我的行动或习惯、抑或两者的匮乏能够成为我的道德行为的素材,而且所有直接出自其他人的那些行为,只要能够并且应当受我的意志所左右,就能够成为素材。因此在斯巴达,情人勉强接受作为其感情归属的对象的缺点[艾立安,《史林杂俎》(*Varia Historia*),第三卷第十章]。

而且,我的道德行为甚至能够在实质上由动物、植物以及无生命的事物的行动或运作来提供,如果它们能够顺从来自我的意志的指示的话。因此,在神的法律之中,由一头顶人的公牛所造成的损害应当由牛主人承担,只要他事先知晓这个畜生的此种倾向。还可参见《学说汇纂》第一卷第一章末,第九卷第一章第2、3节,第九卷第二章第2、5节;《西哥特人的法律》(*Law of the Visigoths*)第八卷第四标题第十四章。因此,如果出于扎藤人的过失,葡萄藤无法结出嫩芽,则此人应当负责。同样地,因一场火灾所造成的损失应当归于纵火者,因海洋或河流所造成的损失应归于破坏堤坝或者不予维修堤坝者。昆体良在《辩学通论》第一卷第十章[第33节]中给出了一个演讲者就此所举的一个例子：

> 一名笛子演奏者对一名正在进行祭祀的神父演奏了一首弗里吉亚曲子,在该神父被弄得发疯并跳崖自杀后,他被谴责是导致其自杀的原因。(同上书,第七卷第三章[第31节]):有些惯于混在一起的年轻人约定在海滩聚餐。有的人缺席了聚餐,其他人给他立了一个类似墓碑的东西,还把他的名字刻在上面。他的父亲从旅途归来穿过这片海并停靠在岸上,接着,在看到墓碑上儿子的名字的时候上吊自杀了。这些年轻人被认为是导致这个父亲死亡的原因。

最后,对他人行为的准许或接受,只要是基于我的过失而作出的,也能够成为我的道德行为的素材。因此,如果妇女莽撞地去到她本来能够预见自己可能受到暴力侵犯的地方而遭到强奸的话,那么她自己也会被认为应对此负部分责任。

~~~~~~~~~~

3. 道德行为的形式在于其"可归责性",也就是说,由此一项自主行为的效果可被归责于一个行为人,或者能够被认为以某种特殊的方式归其所有,不论该行为人是自己导致了该物理效果还是由他人导致其产生。并且,从行为的这一形式之中,行为人还分享了道德性的命名,其由此被称为一种**道德原因**。因此很显然,一项道德原因的**真正基础**,严格来讲,在于其可归责性,因为无论如何,可归责性与其目的有关,且由此没有比将有关的后果归责于自主的行为人更为合适的了,因为他完全或部分地是该行为的始作俑者;因此,不论对责任的接受所带来的是善还是恶,该责任都必须被归于他,他也必须被认为要对此负责。由此,不论一个人是用自己的拳头把别人的脑袋打出了一个包,还是用一根棍子打破了他的头,是放狗咬他,还是派杀手追杀他,此人都是别人所受伤害的道德原因。由此,亚拿是骡子出现的道德原因(《创世记》第三十六章第24节)①,雅各是拉班的绵羊具有不同颜色的道

---

① 本页中的这种解释让人很疑惑。——英译者注

原因(《创世记》第三十章第 37 节)。因此吕西阿斯在《驳阿戈拉特斯》(*Against Agoratus*) [第十三章第 87 节] 中作了发言, 后者作为一名告密者导致了众多公民的死亡, 他说: "难道他不是那个要为他们的死负责的双手沾满鲜血的凶手吗?"奥维德在《情书》(*Heroides*) 第一版第二章 [第 147—148 节] 中说:

> 德莫芬被送到菲莉丝的房间;
> 他是她的客人, 她深爱着他。
> 他是她致死之原因;
> 她是咎由自取。

然而, 仅仅为他人做某事提供了机会的人, 不能总是被视为事情的道德原因。因此, 当绅·皮索就如塞涅卡在《论怒》第一卷第十六章中所提到的那样, 判处一名因幻想死亡而被谴责的士兵死刑并给出以下原因的时候, 这不仅是一项愚蠢的而且是一项残酷的判决: "我命令处死你, 因为你是导致同伴谴责的原因。"而我们似乎没有任何理由与《论正当与得体的原则》(*Dissertatio de Principles Justi et Decori*) 第 161 页中的作者 [维尔萨森] 一道, 将在于**自身的道德原因**和**偶发的道德原因**区分开来。**偶然引发**的这一表达方式是模糊的, 并可能导致无益的冲突; 而如果一项行为的效果不能够被正确地归于一个人, 我们就无论如何不能称其为道德原因, 不论其对行为的实质要素贡献有多大。但显然, 就归责的严重性而言, 了解一个人在多大程度上是一项行为的主角; 与确定一个人是否真的意图达到某种效果, 或者该效果是否出于其无知、或出于某些其他相伴随的因素而获得, 具有很大的差异。在刚才提到的例子中, 行为被归咎于某个人, 是由于其违反了有关审慎和预见的法律, 而非违反了有关正义的法律; 故某人被判定为非审慎地或者鲁莽地行事, 而非恶意行事。

然而, 更为全面地考虑一下上引段落中所提出的主张, 并非是离题的。我们的作者 [维尔萨森] 首先确定了如下的规则:

> 任何就其本质而言是罪恶的以及无论如何不会变好的东西, 可能偶尔会随着我的权利的运用或维护而出现, 但我并不会因此而犯下罪恶, 我也不会出于这一原因而不得不停止运用我的权利。

格老秀斯在其所著书第三卷第一章第 4 节中, 也确定了一项类似的规则,但他聪明地在该处和第三卷第二章第 9 节中对其作了修订。我们的作者接着说:"当随着我使用自己享有权利的某件东西而出现某种我仅在如此使用该物的情况下才能够导致的后果的时候,我们就说一项罪恶偶然随着另一项自由行为而产生了。"这里也许可以给出一个通常被神学家们称为"被接受的怨恨"的极端例子,在这个例子中他们认为一个人不应不实施一项诚实的、虔敬的以及应当的行为,不论某些卑劣的人会对此多么怨恨;他们用救世主的例子证明了这一观点。显然,由于有了神的例子,"偶发原因"这一短语就不应被使用,因为即便加上这一保全面子的条款,将所有善的源泉称为恶的一项原因也是亵渎神灵。倒不如说,实施了一项善的和必要的、而别人对此感到怨恨的行为的人,绝不能被视为他人随后实施的罪恶的原因。实际上,这就是当我们说"行使自身权利者无害于任何人"的时候所指的意思。

他进而补充道:"既然每个人都有权维护其健康,则使用麻药来恢复身体健康是正当的,尽管这种使用可能引发精神错乱(暂时的)、或者神志不清、或者(主动的)手淫、或者堕胎"(当然是在若非如此母亲和胎儿就都保不住的时候),由此使用了这种药物的人仅仅是偶然成为了上述后果的原因。简言之,这些例子中的后果不被视为犯罪。但除此之外,并非所有他希望用以说明**一项自在的**或者真实的**道德原因**的例子,都是很正当的。他说:"如果一名即将被执行死刑的罪犯走到行刑地点并登上梯子",他并不会因此被称为导致自己死亡的一项道德原因;因为他愿意的话行刑官就会领他过去,他不愿意的话行刑官就会拖他过去。但我不明白,为什么一个过度饮酒的人、或因值得钦佩的不得已的过度操劳而身体虚弱的人,不应被认为是其过早死亡的道德原因,尽管前者犯了罪而后者没有,且确切地说两者都不能被称为谋杀者。但是,对于一个拒绝提供证明其清白的证据的人,你可以正确地称其为导致自己死亡的道德原因。

※※※※※※※※

4. 还应认识到的是,一项道德行为①的形式部分,即其被**归责**的能力,具有一种绝对形式的属性,从中就好像萌芽一般,产生了它的情感、特征以及后果,且由此一项道德行为能够被称为一项实际的存在(如果在自然事物中并不总是如此的话,那么至少在道德命令中是如此),不论其内容是一种物理上的运动还是不运动。因为在道德顺序中,将某些事物归为某种实际的存

---

① actions 应为 actionis。——英译者注

在就足够了,如果我们认识到其中会存在那种顺序所产生的真实情感的来源的话;因为正如在非实体中不存在情感一样,故而具有确定和绝对情感的事物决不能被界定为一种单纯的非实体。

5. 一项道德行为可以被归属于并归责于某个人(我们已经指出过在他的身上存在着构成行为的**真实基础**)的原因,不是因为别的,正是因为是在他的能力范围之内导致该行为发生或不发生、被实施或被避免。这一点是如此明显,以至于即便是最无知的人,当被控实施或者忽略实施了某些行为的时候,都会认为除了争辩说此事无论做与不做自己都无能为力之外,提不出更好的借口。由此,一个人能够被要求考虑做或不做在其能力范围之内的事情,应当被认为是一项主要的道德公理;或者具有同样效果地:任何①依据一项道德律可以控制的、其实施或避免属于一个人能力范围之内的行为都将被归责于他。反之:其本身或其原因之中不属于任何人能力范围之内的行为,都不能被正当地归责于任何人。当人有的时候想对不在我们能力范围之内的事情碰碰运气的时候,这一规则也不会例外,因为除非一个人主动让自己承担这样的一项义务,否则那种归责的情况就不会出现。然而,保证自己会修复某些出于我们无法控制的原因而造成损害,是在一个人能力范围之内的。

一项行为或事情要被归责,正如我们在上一章第10节中所说的那样,其必须是自愿行为,并且必须被置于我们意志的指引之下。但若要使一项不作为被归责于一个人的话,就要求已经具备行事的能力和机会。机会包含四项要素:行为对象就在眼前;存在一个使我们不受他人干扰、或者行事后不必冒着受到某种伤害的风险的便利地点;存在一个不必匆忙行事、且对其他行为参与者也同样方便的时间;最后,行为人具有采取行动的自然能力。当非出于行为人的过失而缺乏这些因素中的任何一项的时候,将行为不能采取的责任归于他是荒谬的和非正义的。西塞罗在《论创造力》第一卷[第二十七章]中说:"时机就是指提供做或不做某事的那一段时间。"还可参见笛卡尔,《情绪论》,第144—146条。

6. 在这些一般性的考量之后,更加清晰地考察能够或者不能够被归责

---

① quelibet 应为 quaelibet。——英译者注

于个人的确切行为对我们就是颇有价值的了。由此,那些从某种物理必要性或者任何超出人类目标之上的原因中产生的事物,不能被归责于任何人。因此,墨西哥国王只要登上王位就承诺其任务是确保太阳在恰当的时候升起和落下,雨在需要的时候降下,大地结出果实,这种表达是一件愚蠢的事情。而自然原因通过某种特定的而非别的方式,产生了某项特定的而非别的效果,也不能被归责于人;比如,火生热而不生冷。然而自然原因的效果为归责提供了很好的基础,只要其活动能力被人类通过将主动之机理适用于被动之物、或者通过以恰当的手段唤醒隐藏力量的方式所激发或加强。基于这一原则,一次丰收被归于农夫,理由是他的辛勤劳作提高了土地的产量;火灾所造成的损害被归于纵火者;羊羔的不同颜色被归于牧羊人雅各的狡诈①(《创世记》第三十章第37节)。这样的一种自然效果甚至能够被归于个人,因为他促使指引所有事物的至尊奥义来决定或者不决定特定的效果。在此基础上,三年旱灾可被归于以利亚[《列王记》(上)(*I Kings*),第十八章第一节;《雅各书》(*James*),第五章第17节]。同样与之相关的是,希腊的久旱在埃阿科斯的祷告之下终结。参见阿波罗多洛斯所著书,第三卷[第三章第6节]。由此,因感染瘟疫而导致的死亡,也在某种程度上应被归于大卫,尽管这尚未达到令其行为成为谋杀的程度[《撒母耳记》(下),第二十四章第13节,第17节]。

※※※※※※※

7. 再者,不能将人体内植物性功能的行为和效果归于个人,因为它们是从其出生就注定的,或者是基于其不为此负责的原因而产生的。尽管在这些功能面前确定一个能够提升、减弱或毁坏其能力、同时通过其运作能够维护或伤害人体组织的、合适或不合适的对象,**确实是**在其能力范围之内的。因此,一个人不应由于上天赐予了他一副活跃、强健和茁壮成长的体格而受到称赞。但是,关注并克服天生的弱点,并提升自己的力量,则是值得称赞的;而让懒惰或任性来毁坏个人的力量,则被视为一种耻辱。故而没有人能够由于一个虚弱、敏感和无力的身体、由于变形或残废的肢体,或者由于体力不支而被责备,因为的确,这样的缺陷并非是因其自身的过错所导致的。正如亚里士多德在《尼各马可伦理学》第三卷第七章中所说:

---

① salertiae 应为 solertiae。——英译者注

不仅精神的罪恶是非主动的,而且在某些情况下身体的罪恶也是非主动的,在这种情况下我们不会给予谴责。因为既然没人谴责天生丑陋的人,我们也就不会谴责其丑陋源于过失或者缺乏锻炼的人。对于身体上的羸弱和缺陷,也是如此;没人会去追究天生眼盲或者因疾病或击打而致盲的人的过错;他只会成为一个令人遗憾的对象;但若他的眼盲是酗酒或者任何形式的放荡的结果的话,他将受到普遍的谴责。

普鲁塔克在《如何学习诗歌》(*How to Study Poetry*)[第十三章第35页C]中也持同样的观点:

> 当尤利西斯指责忒耳西忒斯的时候,他并非在指责后者的跛足、秃头或者驼背,而是在指责其不知分寸的胡言乱语的危害性质。[……]在这个例子中,荷马嘲笑了那些因其跛足或眼盲而感到羞耻的人,他并不认为一件本身并不丢脸的事情是羞耻的,也不认为任何人会是出于不可归责于他的原因、而是出于运气,而应当受到指责。(稍后详述)[第35页E]:就好像非难一个人的衣服不贴身的人一样,那些将他人的厄运或卑微的出身当成指责对象的人也是如此,鞭挞他人的外在状况,而不触及其内在状况、其灵魂,不仅是完全虚荣和愚蠢的,而且根本不值得纠正和斥责。[还可参见普鲁塔克,《酒会》(*Symposiacs*),第二卷问题一,第633页,A—C。]

而正如斯特拉波在其所著书第四卷[第四章]中所叙述的,在古代高卢人中,"一个超过腰带度量标准的年轻人将受到惩罚",因为他们认为年轻人大腹便便是由于暴食和懒惰,这是不无道理的。大马士革的尼古拉在《论国际道德》(*De Moribus Gentium*)[第105页论雅各比处]中说:"伊比利亚人有一根具有某种固定长度的皮带,如果任何人肚子太大缠不上那根皮带,将是一项莫大的耻辱。"

在这一类型之中还有其他的一些功能,它们经由上天的赐予而不经我们任何的努力存在于我们的身体中,比如,当一个人被赋予灵巧或者笨拙的思维,敏锐或者迟钝的感觉,好的或者差的记忆力的时候;只要这种自然功能未被人为地加强或减弱。亚里士多德在《尼各马可伦理学》第五卷第十章中所说的话也适用于此:"在自然进程中存在着很多我们充分知晓同时切实经历着的事物,但这些事物不以人的自愿或者不自愿为转移,就比如衰老和死亡那样。"这些不是那种可被归责的事物。你还可以在这一类型之中把这一事实包括进来,即父母不能因为把有缺陷的儿童带到这个世界上而被认为有责任,只要他们没有在养育儿童的过程中促使其缺陷形成。因此,那个宣称黑奴有权利弑母,"因为她将一个如此的怪物带到世界上"的文德克斯的言论是不能让人同意的。参见斐洛斯特拉图斯,《图亚纳人阿波罗传》(*Life of Apollonius of Tyana*),第五卷[第十章]。

❖❖❖❖❖❖❖

8. 同样明显地,超出我们力量范围、且凭我们的力量无法阻止或完成的事物,也不能被归责于人,只要有关的力所不及非因我们的过错而出现。在这一原则上存在着一项至理名言:不可能之事不会产生义务;没有人会将不可能之事加到自己的法律中来;且相应的,如果在一项法律以及一项协议或者意志中,发现任何不可能之事,其将被视为无拘束力的,或者将被授权作出一项更为恰当的解释。奥维德在《来自蓬托斯》(*From the Pontus*)第四卷第三章[第28节]中说:"侮辱他人的不幸被认为是非人道的,这既是由于被侮辱者应当免受责难,也是由于同样的不幸可能降临到侮辱者身上。"希罗多德在其所著书第八卷[第三章]中所讲述①的那个故事也适用于此,该故事说的是当铁米司克列斯人在两项最为有利的依据,"信仰和必要性"的支持下,向安德罗斯岛人要钱的时候,后者如何对之以两项更为强大的依据,"贫困和无助。"

但应认识到,一件事情被称为**在物理上不可能**是一回事,被称为**在道德上不可能**又是另一回事。前一种不可能提供了一项严重妨碍意志使其不能被解放出来从事行动、或将其在尝试中的所有努力浪费的障碍。而一种道德上的不可能并未提供一种高于意志所固有的行为能力的障碍,因其完全从意志本身中产生。因此,在后一种基础上,我们说所有人都愿意就**无谓地**将一项谎言传给后代达成一致是不可能的;或者进而说,任何人、至少在其轻率的热情中应当如此小心而虔诚地规定自己的生活以至于对人秋毫无犯,也是不可能的。对这些问题,《论正当与得体的原则》一书的作者[维尔萨森]在其书第 174 页中总结道:

一个立法者不能命令去做物理上不可能的事情,但他能够命令去遵从包含一项道德可能性的事物,因为既然遵从的困难完全在于意志本

---

① memerat 应为 memorat。——英译者注

74 身。那么他并未要求与意志自由相悖的东西。因此,一个人无谓地鼓吹一项谎言是不可能的,且若是如此的话,这对一个完整的群体也不可能;而可以肯定的是整个人类社会都不会这样做。在同样的论点之下,每个人都有讲出真相的自由,故而整个政治实体也是如此;但可以绝对肯定的是,没有国家会对让其所有成员都不说谎话而感到高兴;而这种不可能性既不会夺走个人的自由,也不会免除他们的罪恶。由此我们还认为,对法律的完美遵守是不可能的,这样一种不可能性不会减损意志的自由,因为正如一个人不可能在所有事情上都服从上帝的旨意一样,所有的人类社会都不能免于撒谎的罪恶;一个人能够把握自己不去从事某一项罪行,正如单个公民能够使自己保持清白而不犯罪一样,尽管这种情况永远不会出现。

至于那些与神学教条有关的事项,我们将其留在恰当的地方讨论。但若我们将讨论局限在法庭的范围内,不承认这些问题而承认格老秀斯在其所著书第三卷第二十章第 19 节中提出的那些被某些人称为"日常发生的罪恶"的问题,就似乎没有理由了:"确实可以质疑这些东西是否能够被正确而恰当地称为罪恶,因为当从总体上来考虑的时候,它们似乎并不具备存在于特定案例中的意志自由。"的确,在它们作为单个案件是罪恶的情况下,如何将这些失足行为聚到一起以避免犯罪的特征?而在一个法庭中,对这些失足行为通常不予处罚。

❧❧❧❧❧❧❧❧

9. 那些个人遭到强迫或者确实被迫而为之事,也不能被归责,因为这些事被认为在道德意义上属于施加强迫的人,而实施或执行它们的人被正确地仅当作对象或者客观工具来对待。哈利卡纳苏斯的狄奥尼修斯在其所著书第一卷[第五十八章]中说:"任何非自愿所为之事都应当原谅。"西塞罗在《论创造力》第一卷[第三十章]中说:"如果原谅无意伤害我们的人是恰当的话,那么我们就不应对客观上帮助了我们的人表示感激。"一个人被认为受到了强迫,不仅是指当其运动的工作原理被控制在他人手中,从而迫使一个人不管怎样抗拒和反对也得让自己的身体去做或者遭受某些事,而更是指,当面临对其生命①的某种风险或某种其他严重伤害的威胁的时候,一个人被

---

① virae 应为 vitae。——英译者注

第五章　道德行为概述及其对行为人的适用，或使得道德行为可被归责的原因

他人强迫去实施一件他自己若非如此就会强烈反对的事情；而在这样一种方式之下，不是被强迫者而是其他人期待被视为肇事者。前一种类型的强迫的例子，就是当一个强壮的人粗暴地把一个人推到另一个人身上，或者当其抓起一个人的手来打他人的时候；或者当一个人对一名未出于任何自身的过错而激起该人欲望的妇女施暴的时候。的确，她的肉体被以这样的方式遭到了羞辱，但这一玷污并不触及其灵魂。"只是我的身体被亵渎了，我的心灵是纯洁的"，卢克雷蒂娅在李维所著书第一卷第五十八章中如是说。这个故事被亨利·艾蒂安（史提芬）在《为希罗多德申辩》（*Apology for Herodotus*）第十五章中怀着钦佩叙述了出来。但是你不能够宽恕那些半推半就的女人。①

当一名士兵被下了死命令，要去处死一个他知道是无辜的人的时候，这就是后一种强迫的例子。在法庭上没有责任可以被归于他，因为他仅仅被分配去行刑，而就其作为一名士兵的立场来讲这是可允许的，且其没有理由冒着生命危险拒绝执行，因其就算搭上自己的性命也无论如何救不了那个无辜的人。但必须同意的是，某些行为的执行是如此的重要或者令人羞愧以至于宁死也不违心做这些事被认为是可敬的，即便从中产生的罪恶将归于另一个人。这在上面提及的亚里士多德《尼各马可伦理学》第三卷第一章中的论述中有所体现。若一个人被命令玷污其母，就是一个这样的例子。当俄狄浦斯这样做的时候，即便是出于无法克服的无知，他也受到如此的困扰以至于亲手挖出了自己的眼珠。因此亚里士多德在前引《尼各马可伦理学》第三卷第一章的论述中给出了一个例子："如果一个手握我们父母和子女生杀大权的独裁者命令我们作出某些可耻的行径，在此情况下，如果我们服从他们就可生还，如果不服从他们就将被杀死。""可耻的"这个词必须被有保留地接受，且不应当扩大到包括如同我们方才给出的例子那样的事情。

❀❀❀❀❀❀❀

10. 无知也会妨碍可归责性，只要其使得一项行为成为非主动的。色诺芬在《居鲁士的培养》（*Training of Cyrus*）第三卷［第一章第38节］中说："当人们确实出于无知而犯错的时候，我相信这样做是颇与其意志相悖的。"欧里庇得斯在《希波吕托斯》（*Hippolytus*）［第1334—1335节］中说：

　　然而你的罪过，首先，

---

① 参见贺拉斯，《歌集》（*Odes*），第一卷第九章第24节。——英译者注

被你的无知所掩盖了。

某些出自亚里士多德的言论很好地诠释了这一点；如《大伦理学》(*Magna Moralia*)，第一卷第三十四章[第一卷第三十三章]：

> 当这一无知是他做某事的原因的时候，他并非主动为之，故而他也就没有实施非正义的行为；但当其本身就是这种无知的原因、且其根据自己所导致的无知做了某些事情的时候，他就犯下了非正义的罪行，并且这样一个人将被正当地称为非正义的。就拿醉酒者的例子来说。那些醉酒并作恶的人实施了非正义的事情。因为①他们自己就是导致无知的原因。他们没有必要把自己灌醉到不知道自己正在殴打自己父亲的程度。同样对于其他类型的基于人自身而产生的无知，出于这些无知而实施非正义行为的人也是非正义的。但在其本身并非无知的原因、而其无知又是其所实施行为的原因的情况下，他们就不是非正义的。这种类型的无知就是那种源于自然的无知；比如，儿童出于无知打了他们的父母，但这种出于自然而存在于他们思想中的无知不会使得这些儿童由于这一行为而被称为非正义的。无知才是他们作出如此举动的原因，其本身对无知不负责任，由此也就不应被称为非正义的。

塞涅卡在《腓尼基少女》(*Phoenician Maidens*)[第249页及以下]中说：

> 有的孩童是在不适宜的命运之下突然降临的
> 而当其仍在子宫中的时候，是没有罪的。

但是，我不倾向于将这一最后的考虑延伸至超出人类法庭的范围。

尽管应当认识到，对于儿童来讲，他们有时因为某些事情而受到责备或惩戒，不是由于他们在一个法庭上会被认定为有罪——就该词的正确意义而言，而是仅仅作为一种手段，以使儿童不会由于这样做而触怒他人，或者在成年的时候不会从幼年所养成的恶习中寻求快乐。同样的立场对于非出于自身过错而遭受苦难的神志不清者和精神错乱者也是能够维持的；因为对这些人所给予的任何打击，都不会比为了改掉其踢人习惯而给予一匹马的打击带来更多过错责罚的性质。还可参见安东尼斯·马特乌斯，《犯罪学》(引论)

---

① quaudoquidem 应为 quandoquidem。——英译者注

(*De Criminibus Prolegomena*)第二章第5—8节。

但若一个人是其自身无知的原因,并且对其不知晓其所能够和应当知晓的东西负有明知的和故意的责任的话,他就被认为是在明知和故意的状态下行事。亚里士多德在《大伦理学》第一卷第九章中说:"当我们认为其自身就是患病或者身体处于恶劣状态的原因的时候,我们谴责这些患病和丑陋的人,我们设想即便在这种情况下也存在一种主动行为。"更充分的论述见于《尼各马可伦理学》第三卷第七章[第五卷第七章]:

> 立法者惩罚并谴责作恶的人,除非恶行是在行为人不应负责的强迫之下或出于无知而实施的。但他们会仅仅基于无知就处罚某个人,如果后者看起来要为无知负责的话。因此施加在实施了一项罪行的醉酒者身上的惩罚是双倍的,因为犯罪的起源在于那个人自己,不喝醉是在其能力范围之内的,而醉酒则是无知的起因。

{普劳图斯在《粗鲁汉》(*Truculentus*)第四幕第三节[第831页]中说:"并不是酒惯于控制人,而是人在喝酒;的确,正是那些自命不凡的人在喝酒。"}

> 人们还会惩罚对任何法律问题都无知的人,如果他们应当并且能够轻易知晓这些问题的话。在其他类似的情况下我们也会惩罚那些每每因为粗心大意而无知的人;因为他们只要留神提醒自己,做到不无知就是在其能力范围之内的事。

对常识的无知以及对任何本应知晓事物的无知,不会阻止可归责性,只有对特定事物的无知,以及对与某项事实有关的情况的无知才会阻止可归责性。亚里士多德在《尼各马可伦理学》第三卷第二章中说:

> 如果人对其自身利益无知的话,一项行为并不是非自主性的。作为非自主行为的原因而与罪行的原因相区别的无知,并非那种影响道德目标的无知,亦非对常识的无知;因为这些都是应被追究责任的。这毋宁说是对特定事物的无知,比如对特定的行为环境和场合的无知。在存在这样一种无知的情况下,就存在同情和宽恕的空间,因为对任何此类特定事物无知的人是一个非自主的行为人。

西塞罗在《论创造力》第二卷[第三十一章]中给出了一个这种无知的例子。某地有一项法律规定，

> 人不得向戴安娜献祭公牛。被一场暴风掷到深海中的水手，发誓说如果他们到达自己所看见的港湾，他们就将把一头公牛献祭给那个地方的神。碰巧在那个地方有一座戴安娜的神庙，而将公牛献祭给她是违法的。出于对法律的无知他们在登陆后献祭了公牛，随后被起诉。

如果，在一个人的行为中，不存在有预谋的恶意或者主动获得的无知，而只不过是在意识之中潜藏着某种不注意（即被亚里士多德所正确指称的一种错误），那么的确，可归责性不是被完全中止，而是被部分地消除，从这种程度上讲，昆体良在《辩学通论》第一卷第六章[第2节]中的言论就是可以接受的："服从具有强大权威者没有过错。"这一点在亚里士多德《尼各马可伦理学》第五卷第五章中的精辟论述中也被提及，这些论述被格老秀斯在其所著书第三卷第二章第4节中所引用和阐释。这里我想介绍一下出自亚里士多德《大伦理学》第一卷第十七章中的那个关于一个女人给其情夫喂了一剂春药并致后者死亡的例子。当她被提起公诉的时候，雅典最高法院宣布她无罪，因其并非有预谋和蓄意①为之，她将此物给予心爱之人且无意杀害他，尽管她没有实现自己的意图。然而，这样一项裁决肯定必须建立在这一预设前提之下，即这个女人从未想到那种制剂会在任何方面是有害的。否则的话，《学说汇纂》第四十八卷第十九章第38节第5段中的罗马法就具有更高的效力。还可参见安东尼斯·马特乌斯在《犯罪学》(*De Criminibus*)第六卷第六章第6节中对《学说汇纂》第四十八卷的评论。

※※※※※※※

11. 再者，既然睡眠中形式绚丽的景象并不处于我们能力所控制的范围之内，那么一个人在梦中的所作所为就不能被归责于他，除非是我们在白天心中所乐于萦绕的关于这些事情的念头将这些景象深深地印在了我们的脑海之中。诺努斯在《狄奥尼西卡》(*Dionysiaca*)第四十二卷[第325页]中指出："日有所思，夜有所梦。"因此，按照塔西陀在《编年史》第十一卷[第四章]中的说法，梦见克劳狄戴着一顶小麦编成的皇冠的人不会被认为是犯罪。

---

① cogitation 应为 cogitato。——英译者注

第五章 道德行为概述及其对行为人的适用,或使得道德行为可被归责的原因　　87

还可参见阿密安·马赛林所著书,第十五卷第二章。由此,忒奥克里托斯《田园诗集》(*Idylls*)中所描写的那个渔夫,丝毫不会因为其在梦中发誓永不再出海而感到惊慌。(但还可参见苏祖门《基督教会史》第六卷第三十章中所提到的埃瓦格里乌斯在梦中所许下的誓言。)恺撒也不会因为做了苏埃托尼乌斯在《尤利乌斯·恺撒》(*Julius Caesar*)第七章中所提到的那个梦而犯乱伦罪。尽管在奥维德《变形记》第九卷[第 468 页]中,拜笔丽丝并非完全无辜:"当她处于宁静睡眠的放松状态之下的时候,她时常梦见爱人的样子:尽管处于沉睡之中,她仍然梦见自己被兄弟紧紧抱着并羞愧脸红。"而普鲁塔克在《如何让有能力的人获得成功》(*Quomodo Quis Suos in Virtute Sentiat Profectus*)[第 82 页 F、第 83 页]中提供的论据总的来讲并非毫无根据,即,从一个人的梦中可以得到一项关于其思维如何形成的相对清晰的结论。伊壁鸠鲁在第欧根尼·拉尔修所著书第十卷[第 120 节]中说,聪明的人"不论是睡着还是醒着都一样"。为此有人将这一点适用于《诗篇》(*Psalm*)第十七章第 3 节。还可参见克劳迪安在《地狱女神之劫》(*De Raptu Proserpinae*)前言中所作的言论。① 忒奥克里托斯在《田园诗集》第二十二章[第二十一章第44—45 节]中说:"每条狗在睡梦中都想要食物。"②

～～～～～～～

12. 最后,将某些未来的罪恶生拉硬拽地归于已经发生的事实是不合理的,除非未来的恶行就像是其原因的必然后果一样,有赖于我们在如今或者过去所实施的某些行为。一项后果通常被归于跟导致后果的原因相关的那个人。事实上,通过帮助性的归责,某些未来的事情可以在其被实施之前对行为者本人或者其他人产生影响,正如一个人能够无偿帮助他人一样,一个预知未来的人也能够在一定条件下实施某些帮助。但由于恶行只能被归于罪有应得者,将其归于那些不知未来、没有义务或者能力阻止其发生、且最后与即将实施恶行者没有串通的人是荒谬的。西塞罗在《论创造力》第一卷③[第四十九章]中说:

　　当人回溯得太远的时候,近因就不存在了;例如:如果普布利乌斯·西庇阿从未将其女儿科妮莉亚嫁给提比略·格拉胡斯,并导致格拉

---

① 可能是指第六部分中的霍诺里领事的话。——英译者注
② 拉丁文本中为"想要一头熊"。——英译者注
③ 1 应为 1.I.——英译者注

古两兄弟的出生的话,就不会发生如此严重的革命;故而看起来西庇阿应当为这一不幸负责。

※※※※※※※※

13. 除了上述例外,没有任何行为应当被认为是非自主的和不可归责的,不论其实施是多么的不合理,或者一个人是多么强烈地被某种思想中的毒害所指引着去实施之。柏拉图在《法律篇》第五卷[第731页C]中切实指出:

> 对于那些犯下可矫正的罪恶者所实施的行为,首先,我们应当记得非正义者就其本身的自由意志而言并不是非正义的。因为没有人会在作为其自身最为荣耀部分的自由意志之中选择尽可能多地占有恶、而尽可能少地占有其他一切事物。

还可参见蒂迈欧所著书,第1085节A[第86页E];马斯里奥·菲奇诺,《评柏拉图之〈法律篇〉》(*On Plato's Laws*),第九卷前言;阿普琉斯,《论哲学》(*De Philosophia*)[第二卷第二章]。在第欧根尼·拉尔修所著书第二卷[第95节]中,亚里斯提卜曾经说:"错误应被宽恕;因为人并非有意犯错,而是由于受到了某些外在因素的影响。"同样的想法也体现在马可斯·安东尼斯[奥勒留]所著书第四卷第3节;第七卷第22节第63段;第八卷第14节;第九卷第18节中。而亚里士多德在某几处地方驳斥了这一主张,比如在《大伦理学》第一卷第九章中指出:

> 正如苏格拉底所言,为善或者为恶的发生并不取决于我们。因为他指出,如果去问任何人他是愿意选择正义还是非正义,没有人会愿意选择非正义[……]而显然任何为恶者都不会自发地为恶;故而他们显然也不会非自发地为善。

亚里士多德拒绝这一观点,他辩称,果真如此的话,则一个立法者命令实施善行、并禁止或者处罚恶行就是荒谬的,除非两者都**在我们能力之内**;且果真如此的话,赞扬善和谴责恶也将是荒谬的。他在《尼各马可伦理学》第三卷第七章中还更为详尽地说明:"所有人都追求看起来善的事物,只不过他们把握不住表象。但是每个人所见的结局取决于其自身特质。"因为正确地理解一件事物是正义还是非正义的,是我们能力范围之内的事,且并不困难。还看参见尤斯特歇斯对那一段话的评论。在同一章的同一行中,亚里士多德清楚地表示,因个人过错而获得的无知,并不会让人的行为成为非自发的,也不会令其成为卑劣的习惯和某种被经常性的罪恶所腐蚀的思想。"如果",他说,"一个人并非出于无知而做了令其被视为非正义的事,他就处于其自身意志的决断之下;但他不会仅仅出于意愿就停止非正义状态而成为正义的"。(然而,这一最后的论断,必须建立在一种复合的意义上、或者建立在这样一种基础上,即仅凭意志不能一下子就移除一项曾经建立起来的思想毒害,尽管后者能够通过长期持久的努力被治愈。)

> 病人不会[通过意愿]好转。他有可能是通过非节制的生活以及不遵医嘱而主动地生病。如果是这样的话,使自己不生病曾经在他的能力范围之内;但由于他放弃了这一机会,这也就不再属于其能力范围之内的事。同样地,当一个人扔掉一块石头之后,将其重新收回来已经不再可能,尽管如此,扔或者丢石头还是在其能力范围之内的,因为最初的行为是在其能力范围之内的。由此非正义的和放荡的人在最开始的时候也是有能力不变成这个样子的,故而他是主动变得非正义和放荡的;而当他已经变成这样子的时候,他就不再有能力不成为非正义的和放荡的了。

当然,在此之前,他们已经重构了自己。

由此《论正当与得体的原则》一书的作者[维尔萨森]在书中第165页及以下所说的话应当被考虑:

> 我们通常称之为恶的道德习惯,如果就其本身来考虑的话,其实并非罪恶,也不应当受到惩罚。因为它们并不在任何道德因果关系上触及一项后果,只要其保持习惯的状态且未体现在行动中。无论它们通过一项个人经由其意志所做的行为对善行施加了何种阻碍,这都会由此变成道德污点的一项原因。然而,试图创造某种高于意志的其他道德原因,是在毁掉意志的自然属性,是在使引发性行为变成指令性行为,是在将真实的行动能力赋予一项习惯而没有任何现实运作。因为运作是仅仅通过意志实现的,而在意志的引发性行为之前不会出现道德运作,因为一项行为的道德性出自意志。而且,一项先于意志行为的习惯,仅仅是

一种物理的事物或者灵魂的一种物理影响。但当灵魂通过意志实施恶行的时候,习惯因这一行为而中止了。恶习所凭借来驱使意志从事恶行的力量,不同于诸如在听众头脑中引发放荡欲望的淫声浪语的力量,因为语言的运作先于听众意志的运作,尽管并不总是产生这样的效果。

这一点在以下例子中可以体现得很清楚。只要脚是平静的,扭脚本身并非对跳舞规则的一种违反。但当扭曲变形的脚踩出某些错误的舞步的时候,其道德原因不在于扭脚,而在于移动脚步者的意志。我们的作者接着说:"我们憎恨恶习的原因,部分在于人们通过实施恶行而获得它们,部分在于具有恶习的人通常倾向于实施恶行。即便它们是思想毒害,它们也不是由于本身、而是由于被主动地获得而应当受惩罚。"因此,如果我们殴打一个因为顽皮瞎跳而致踝关节错位的男孩,其挨打的原因不是其使得关节错位,而是瞎跳。

✦✦✦✦✦✦✦

14. 再者,不仅有其自身的行为,而且还有其他人的那些行为也通常被归于个人,但要让这成为可能,他必须以某种方式在行为中真实地承担部分任务。因为若非如此,就没有理由让一项道德行为的后果从一个人传至另一个人那里,除非此人通过某项作为或不作为参与到其中。阿里安在《爱比克泰德》第一卷第二十八章[第 23 节]中说:"没有人会因为他人的行为而跌倒。"马可斯·安东尼斯[奥勒留]在其所著书第八卷第 56 节中说:

> 就我的选择能力而言,我的邻人的选择能力就如同对他而言所必需的呼吸和肉体一样,是一件于我毫不相干的事情。因为无论在多大程度上我们被要求互相帮助,起支配作用的理性在每件事情上仍然都是各为其主的。而他人在各行其是的过程中承担我的不快乐也并非神的旨意;否则邻人的恶毒就会成为让我遭殃的祸根。

因此,当某些我们不乐意听的声音传到我们耳中的时候,听到它并非一项罪恶,只要我们没有做别的事情。卢西恩在《论表象》(*De Imaginibus*)[第二十八章]中指出:"除非在听的过程中还犯下了错误。"但有时一次有过错的听闻可以被视为一种同意的迹象。因此在塔西佗《编年史》第一卷[第三十五章]中,当反叛的士兵欲立曼尼古斯为帝的时候,"他不顾一切地从座坛上跳了下来,仿佛他自己也被他们的罪行玷污了一般"。泰米士德斯在《演说集》(*Orations*)第五章[第十九章,第230页B]中说:

此前在这样的罪行中,不会对犯罪和事故作出区分;一个人参与某些不光彩的阴谋,以及颇为巧合地听闻之,也同样被认为是罪恶的。然而,这与其说是一项针对人的指控,不如说是一项针对自然的指控,因为自然赋予了人不能像眼睛和嘴巴那样随意开合的洞开的耳朵。而听力实际上是唯一不受我们控制的感官,所有通过耳朵涌入的东西,就好像进到一个门户大开的屋子一样,必须被接受。但你应当在听闻和犯罪之间作出完全的区分。

相应的,有时会出现这样的情况,即一项行为不被归于其直接实施者,而被归于幕后指使者,我所指的是将单纯实施某些行为的罪过归于通过施加最可怕的惩罚威胁而指使他人犯罪的人身上的情况。一个出自普罗科庇乌斯的《哥特战争史》(*History of the Gothic Wars*)第一卷[第七章第19节]中的例子是这样的:

就大使由其口中所得知的那些派遣他们并让他们传达其意见的人所提出的建议而言,在这些建议不好的情况下,传话人本身是不能够基于这些建议而被合理地谴责的,作出这些指示的人将要正当地承受这一指控,而大使的唯一责任就是打发他们离去。

因此,当罗马议会宣称执政官将被送到萨尼特斯的时候,有的人提出那些在条约订立时支持这个败类的人也应当被移交过去,而这是一项愚蠢的建议;参见西塞罗《论创造力》,第二卷[第三十章]。马特尼斯在《马克西米亚诺·奥古斯托格言颂》(*Panegyricus Maximiano Augusto dictus*)第一卷[第十一章第5节]中说:"甚至他人所管理行为的后果也源于皇帝。"

塞涅卡在《特洛伊女人》(*Trojan Women*)[第870—871节]中说:

在此若要说罪恶的话,
其应归于发号施令者。

当米特拉达悌杀死阿提留斯以及其他共谋反对他的人的时候,他遣散了阿提留斯的自由民而并未伤害他们,"因为他们只是为主人服务",参见亚历山大的阿庇安,《米瑞达迪克战争》(Mithridatic Wars)[第九十章]。

但一项行为更为通常的是被归于实施者,且这主要有三种情况:(1) 主人被认为是行为的主要原因,实施者则是次要原因;(2) 两者都是有罪的;(3) 主人是次要原因,而实施者则是主①原因。然而,在每一种情况下,一个人都通过作为或不作为,或主动或被动地参与了另一个人的行为。

当一个人命令其下属实施某项行为的时候;或者当他凭借自己的某种无法轻易反抗的权威,驱使一个人去实施某些其命令在严格字面意义上所未吩咐过的行为的时候,他就被视为该项由他人所实施的行为的主要原因。这一点在塔西陀的《编年史》第三卷[第十七章]提笔略撤销对马可斯皮叟的叛国罪指控的行为中得到了阐释:"父亲",他说,"已经发出了命令,儿子只能服从"。还可参见《学说汇纂》第九卷第二章第 37 节开头;第四十七卷第十章、第二章第 3 段;安东尼斯·马特乌斯,《犯罪学》(引论),第一章第 13 节。如今是权威而非任何父权能够迫使人实施侵犯行为了。

若其同意在人能够做某事之前是必要的,则给予同意者也是主要原因。参见瓦勒留·马克西姆斯所著书第二卷第八章第 2 节;利巴尼乌斯在《前期训练》[第 12 页 D,《箴言》,第二章第 14 节]:"他认为,应为已经实施的行为而受到惩罚的人,是那个其不作出同意该行为一开始就无法实施的人。[……]那些亲手实施犯罪者不应被认为较之那些让犯罪成为可能者更为有罪。"

并且,应当阻止某些行为但却未这样做的人也是主要原因,前提是他完全有义务、且人们有权利期望他作出此项阻止行为。参见《学说汇纂》,第九卷第二章第 45 节;第九卷第四章第 2 节;第四十七卷第四章第 1、2 节。塞涅卡在《特洛伊女人》[第 291 页]中说:

犯罪者
在其能够阻止罪行时不作为,就是犯下了罪恶。

索福克勒斯,《菲罗克忒忒斯》(Philoctetes)[第 387—388 页]:

世上所有无法无天的行为
都出自有害的教化。

---

① principales 应为 princilalis。——英译者注

也是基于这一原因,第欧根尼轻拍一个贪吃男孩的教师并说道:"子不教,师之过,这是非常正确的。"参见普鲁塔克,《美德能否教化》(An Virtus Doceri Possit)[第二章第 439 页 D]。还可参见艾立安[《史林杂俎》(Varia Historia)]第三卷第十章。玉外纳在《讽刺诗集》第十四章[第 233—234 节]中说:"没人认为允许实施犯罪与实施犯罪是一样的罪行,但人们由此给予了自己以一种更加扩大了的放任。"还可参见《学说汇纂》第一卷第十四章第 4 节、第 2 节。在塔西陀的《编年史》第四卷[第二十章第 5 节]中,美萨里努斯提议:

  议会颁布一项法令,要求"几个行省的地方官,不论其自己多么无辜,即便不知晓他人的恶治行为,也应当为其妻子在行省中所实施的犯罪而受到惩罚,就像是为他们自己的罪行受罚一样"。

因此在英国法中,丈夫也必须为其妻子对他人的侵犯负责并予以赔偿,不论侵犯是言语上的还是事实上的,只要他没有运用其权力来纠正她的缺点。而且,即便丈夫和妻子共同实施了一项重罪,依据英国法律妻子也不会被认为是犯罪的主要原因,甚至连次要原因都不是,因为其对丈夫的服从将其置于夫权约束之下。参见爱德华·张伯伦,《英格兰现状》(The Present State of England),第一部分第十六章。

命令或者雇佣他人实施某项犯罪者是犯罪的主要原因。参见安东尼斯·马特乌斯,《犯罪学》(引论)第十三章;以及第五章第三节第 16 段对《学说汇纂》第四十八卷的评论。

这对给予他人的罪行以帮助的人也是适用的;比如在窗下放了一个梯子以便盗贼登堂入室的人;把他人钱包里的钱撞到地上以便小偷捡拾的人;将一群牛撵散以便他人可以偷窃的人。参见《学说汇纂》第四十七卷第二章第 54 节第 4 段;第四十七卷第二章第 66 节第 2 段。

或者对于窝赃者,正如霍尔沃达在其所著书[第 136 节]中所言:"偷盗者与窝赃者都是贼。"柏拉图在《法律篇》第十二卷[第 955 页 B]中说:"若任何人接受明知是偷盗而来的东西,则其应与窃贼受到同样的处罚。"《学说汇纂》第十一卷第四章第一节,还可参见《学说汇纂》第四十七卷第十六章;《狄奥多里克赦令》(Edict of Theodotic)第一百一十六章。关于通奸教唆犯,参见《学说汇纂》第四十八第五章第 8 节和第 9 节。科林斯的独裁者佩里安德说,"淹死所有勾引妇女者",赫拉克里德斯,《政治学》(De Politiis)[亚里士多德,《残篇》(Fragments),第二十一卷第二十章]。还可参见安东尼斯·马特乌斯,《犯罪学》(引论)第一章第 11 节,以及其在第十章第一节第 1—2 段中对《学说汇纂》第四十七卷的评论。

本应帮助受害当事人但却未这样做者,也是一个主要原因。西塞罗在《论义务》第一卷[第七章]中说:"有能力却见死不救者,应受到跟撇下父母、朋友或国家不管的人一样的谴责。"还可参见安东尼斯·马特乌斯,《犯罪学》(引论),第一章第 15 节。因此,若被雇佣来保护游客的士兵拒绝抵抗与之势均力敌的劫匪的袭击,他们会被视为与劫匪同罪。同样地,一名能够在起火时将其扑灭但却未这样做的岗哨也会被认为要对火灾负责。还可参见《以西结书》,第三十三章第 6 节。因此,根据狄奥多·努斯所著书第一卷第七十七章所述,在埃及人中,有能力但却见死不救者将被处以极刑。即便力量太过弱小而不能施以援手,其仍然应当指认罪犯并将他们送上法庭;若其未这样做,则将被穿囚衣并禁食三天。还可参见《学说汇纂》第四卷第九章第 7 节;第四十八卷第九章第 2 节、第 6 节;第四十八卷第九章第 7 节;第四十八卷第十章第 9 节、第 1 节;第四十九卷第十六章第 6 节、第 8 节。也由此,根据彼得罗·德拉·巴耶《维亚吉》(*Viaggi*)第二部分第一封信,当一位叫阿巴斯的波斯国王意图镇压劫匪的时候,他颁布了一项赦令称,若任何游客被杀或者被劫,最近城镇的居民必须为此作出赔偿。而在斯巴达人中,"不谴责在其面前所实施之罪过者,视为与之同罪"。参见普鲁塔克,《斯巴达人的制度》(*Instituta Laconica*)[第 237 页 C,第八章]。卡托在敦促地方官惩罚侵权者的时候也常说:"能够阻止犯罪却不为之,乃是鼓励犯罪。"[普鲁塔克,《箴言》(*Apophthegms*),卡托的言论。]参见《学说汇纂》第九卷第四章第 2 节;第四十卷第八章第 7 节;第二十七卷第八章。柏拉图在《法律篇》第九卷[第 856 页 B]中,令人崇敬地探讨了地方官的沉默和装糊涂的问题:"但是,未参与这一进程者"(即叛乱),"仍然担任着国家的地方长官,不论是否知晓这些事,出于懦弱而未代表其国家予以干涉,这样的一个人我们必须认为是近乎邪恶的"。还可参见普鲁塔克的《爱情故事》(*Amatoriae Narrationes*)[第三章]中斯达苏斯女儿的故事,以及格老秀斯对《箴言》第二十九章第 24 节的评论:"在地方官的要求之下仍不讲出盗贼名字者,与盗贼同样可恶。"还可参见《利未记》(*Leviticus*)第五章第一节。

同样,如果一个被人监护的精神病人,因未被严加①看管而对他人施加了侵害,则尽管没有责任会被归于精神病人自己,但其监护人应当为此负责。参见《学说汇纂》第一卷第十八章第 14 节。

---

① negligentibus 应为 negligentius。——英译者注

然而那些对一件有预谋的事情给予建议、赞扬或者同意的人,被认为是他人行为的次要原因,只要其建议、赞扬或同意是实施行为的要素。而与之相反,其赞扬并非某些恶行之要素者,就不能为事情本身,而只能为其堕落的意志赎罪了。奥维德在《哀歌》(*Tristia*)第五卷[第十四章第45—46页]中说:"提醒你去实施自己业已着手的行为者,通过这种提醒赞扬了这些行为并通过这些敦促许可了这些行为。"

因此,一项伦巴第人的法律在第一卷第九目第25节中认为,袖手旁观并支持恶棍者,视为共犯。还可参见《罗马书》第一章第32节。昆体良在《雄辩》(*Declamations*)第二百五十五节中说:"实施犯罪与准许实施犯罪本质上是一样的。"参见安东尼斯·马特乌斯《犯罪学》(引论)第一章第9、10、14节。你还可以将商业委托保荐人归到这一标题之下;这种人的错误确实让出资人也感到尴尬。参见苏格拉底在色诺芬《追忆苏格拉底》第二卷[第六章第36页及以下]中的言论。

然而,《法学阶梯》(*Institutes*)第四卷第一章第2节中所界定的教唆犯罪的问题,值得特别关注。法学家们对这一段话存在很大争议,即,"**在帮助和建议之下**"这个词是应该被合起来看还是应该被分开来看。如果"建议"这个词指的是"有意为之",则仅当某人以其邪恶的建议而非某些随意作出的言行帮助盗贼的时候,其才犯了盗窃罪。参见《学说汇纂》第四十七卷第二章第52节、第13节。然而,如果有人仅仅提出建议而未提供帮助,我们就必须考虑这种建议是一般的还是特定的。前者的一个例子是一个人建议一个正在抱怨贫困的人偷点东西的情况。作出此项建议者不能被视为盗贼,至少在法庭上是如此。但若一个人给出了特定的建议,比如何时何地进入何所房屋,值钱的东西在哪里,或者如何藏身为最佳,这个人就具有盗贼的一切特征。参见安东尼斯·马特乌斯,《犯罪学》(引论)第一章第7节。还应认识到的是,就建议以及任何类似的对于他人行为的参与而言,这些东西确实为犯罪行为提供了交流渠道,但罪行并不会完全地从行为人转移到建议人身上,除非前者负有一种将建议付诸实践的特定义务。因此,迪奥多特斯在修昔底德所著书第三卷[第四十三章]中就演说家而非其听众要对其建议①负责的情况提出抱怨,是有些道理的。他补充说:

> 的确,如果不仅是作出建议者而且是遵循建议者都必须受到同样的处罚,你就会在做决定的时候更加审慎;但实际上,每当你遇到挫折的

---

① concilii 应为 consilii。——英译者注

时候就会不假思索地仅仅由于你的建议者的判断错误而去惩罚他、惩罚共同犯错的民众,而非你自己。

因此,霍布斯在《利维坦》第二十五章中确立了这一项普遍规则:

> 寻求建议者既不能惩罚也不能控告给予建议者,这是正确的。因为当其寻求建议的时候,就已经允许建议者作出任何其愿意作出的建议。因此,一位在其国王或者议会要求之下作出建议者,不论其建议是否让他们高兴,都不能受到惩罚,因为此种权利是在提出要求的时候就被赋予的。

(但我要补充一项限制条件,即建议者是在善意之下作出建议,且其对自己所建议的事项有所了解。因为随意对自己所不了解的事项提供意见肯定是不正当的。)

> 但若某人建议他人做某些违法之事,他可以被国家所惩罚,无论该项建议是在带有恶意预见的情况下作出的,还是仅在无知的情况下作出的;因为对法律的无知并非本应知晓法律者的借口。

因此,乔治·贝特在《晚近英国所面临困难之历史概要》(*Elenchus Motuum Nuperorum in Anglia*)第一部分称赞英国关于正义的如下箴言应当被毫无保留地接受:

> 国王永远不会错怪或者错待一个人,因为所有的过错与责备都正确地归于他的大臣和顾问,后者的职责就是对其君主作出建议、在君主要做错事的时候拒绝辅佐,或者当君主命令实施某些违法行为时辞去职务而不从命。

还可参见格利乌斯所著书第一卷第三章中关于奇隆的故事,尽管他感到良心不安,因为他自己已经在私下谴责一位友人确实犯下了罪行,但他还是说服其他法官释放了此人。① 同一作者所著书第二卷第十八章中还有一个有趣的故事,一个人被认定为绑匪,因为他好像在遮盖自己似的张开他的斗

---

① cum 应为 eum。——英译者注

篷,并阻止一名逃跑的奴隶被其路过的主人发现。

以自己的事例引导那些原本不会实施犯罪者走向犯罪的人,属于这一种或者前一种类型。参见《马太福音》第十八章第 6 节。玉外纳在《讽刺诗集》第二章[第 79 页]中说:"一头羊的疥癣让牧场里的整群羊死亡,或者一头猪的兽疥癣让整群猪死亡,葡萄从其接触的葡萄中被污染。"还可参见格老秀斯所著书,第二卷第十七章第 6 节及以下和第二十一章第 1 节及以下;安东尼斯·马特乌斯《犯罪学》(引论)第一章第 6 节及以下。

从上述内容中,可以判断出以下常用格言的理由和界限:通过他人实施行为者被视为行为人;《学说汇纂》第二卷第十章第 1 节第 1 段;我们同意之事归于我们自己;他人在我们命令之下的所作所为,就与我们相关的事情而言,让我们自己负有义务;交付他人实施的行为乃是我们自己的行为;等等。至于因联合为一个道德主体而产生的行为传递,则将在其他地方讨论。

最后,若要说某个人因其允许或者其未阻止行为的发生而参与了他人的行为,仅仅指出其自身的天赋力量原本能够阻止该行为是不够的,还需要指出其有义务这样做。当缺乏这些条件的其中之一的时候,就没有什么责任可被归于允许他人任意行事的人。因此没有什么责任能够由于神据说允许犯罪而被归于神。因为其并没有通过不给予或者减损人们天生的力量、或者以毁掉意志自由的方式来使得他们不可能实施犯罪的义务。因为缺了这些东西人就无法实施任何道德行为。卢西恩在《论雇佣费用》(De Mercede Conductis)[第四十章]中很好地说明了这一情况:"神是没有责任的,责任在于作出选择的人。"①因此,当我们说诸如我们要让天下雨之类的话的时候,这不过是一句玩笑。且由此,对于他人实施的某些我们未受命去禁止或者无力阻止——只要这种无力并非出于我们的过错——的行为,我们的允许不存在任何道德效果;或者当该行为是在我们未知的情况下实施的时候,也不存在道德效果,除非这一无知纯粹是由于过失而产生的、且并未超越我们应当表现出来的审慎程度。

最后,一件在事实上能够阻止但在道理上不应当阻止的善行被允许实施,与我并无归因关系。且由此,允许我实施自身权利或者未曾阻碍我这样做的人,即未曾错待我的人,不能因此而要求我对其承担任何义务。

---

① 卢西恩在此自己也是在引用柏拉图在《理想国》第十章第 617 页 E 中的话。——英译者注

第六章　道德行为规则或法律之概述

1. 有别于建议的法
2. 有别于协议的法
3. 有别于权利的法
4. 法的性质
5. 义务的性质
6. 义务的起源
7. 没有人对自己负有义务
8. 承担义务者必须有一个上级
9. 一个人如何对他人施加一项义务
10. 仅仅用暴力来施加义务是不可行的
11. 仅从任何天然的优越性中也是不可能产生义务的
12. 何种力量能够产生一项义务
13. 立法者与法律应为人所知
14. 法律的实质部分
15. 法律的许可
16. 法律的素材
17. 谁受到法律的约束？
18. 法律的分类

1. 我们现在必须根据道德行为应当被要求的标准，以及其在同意①或不同意之下被分配以特定品质的标准，来讨论道德规则②或者道德律。首先，法律应当与其他看似与之有关的、由此被某些人所混淆的事物区分开来；比如**建议**、**协议**和**权利**。法律与建议的区别在于，后者是指一个人试图在由其已知事物中所推出的道理的帮助下，劝导一个人实施或避免实施某些行为，但建议者并没有权力将被建议者置于一种直接的义务之下，被建议者完全可以自由决定是否遵循其建议，至少在这种情况下是如此。但是建议在其赋予个人以导致或增加义务的知识的范围内，有可能为一项义务的产生提供机会。因此一名医生并不具有指示病人必须做或不做某事的权力，但由于他向病人展示了什么是有益其健康的、什么是有害其健康的，病人就将谨遵前者而避免后者，这并非出于医生对其所具有的任何权利，而是出于要求每个人都恰当关心自己生命健康的自然法。尽管一项法律本身不应缺乏正当的

---

① conguruunt 应为 congruunt。——英译者注
② denorma 应为 de norma。——英译者注

颁布理由,然而这并不构成要求遵守这一法律的真实基础,反倒是公布其意志①决定的立法者的权力,为其国民设立了一项准确实施其命令的义务,尽管有的时候会出现这一要求的原因不甚清楚的状况。霍布斯在《论公民》(*De Cive*)第十四章第 1 节中所说的话在此是大体适用的:"建议是那种遵循理由来自所规范事物的规则。"而法律或者"命令是那种遵循理由来自立法者意志的规则。因为没有人能够正当地宣称,'我欲之,故我命之',除非他的意志等同于一项理由。"②因此法律被遵守,主要不是由于其内容,而是由于立法者的意志。且由此,"法律是人对其有权指使的人作出的指令;建议是没有这种权力的人作出的指导。做法律所指示的是人的义务,而做建议所指导的则是人的自由。建议是为了被建议者的目标而作出的",而这一目标其自己能够权衡和认可。尽管法律也具备一项顾及受命者的目标,然而他们对于这一目标是无权加以权衡或拒绝的,因其是由立法者所决定的。"建议仅仅被赋予想得到建议者,而法律还被赋予不情愿受法律约束者。最终,建议者的权利在被建议者的意志之下被终止;而立法者的权利不在法律施加对象的意志之下被终止。"还可参见《学说汇纂》第十七卷第一章第 2 节、第 6 节。

---

2. 当古人们称法律为**共同协议**③的时候,比如在伊索克拉底的《驳卡里玛库斯》(*Against Callimachus*)中一项有关赦免的法律被称为一项"城邦协议",又如在亚里士多德的《亚历山大修辞学》(*Rhetoric to Alexander*)第一章、第二章和第三章中以及普遍存在于希腊人中的观点等,他们的说法并不太准确。在哈利卡纳苏斯的狄奥尼修斯所著书第十卷[第四章]中,法律被称为"城邦的共同协议"。即便不讨论无论是实在的神法还是自然法都未曾源于人类协议这一事实,法律的其余部分也并非真的就是协议或条约,尽管在形成城市权力的过程中曾经在立法上存在过某些协议。但显然希腊人在这一问题上是将其民主结构与之直接联系起来的,正如他们在其他的政治理论中所做的那样;且由于他们的法律,某种程度上是作为一种提议立法的地方官与批准立法并颁布施行之的议会之间的妥协通过的,协议这个名字就适用于

---

① voluntates 应为 voluntatis。——英译者注
② 参见玉外纳《讽刺诗集》第六章第 223 节中的一句话"我欲之,我命之"。——英译者注
③ κοινάς & σμνθήκας 应为 κοινὰς σμνθήκας &。——英译者注

它们。然而,不是说由于多数人民必须同意故而一个民主社会①所制定的法律就能够被正确地称为协议,因为那种协议事实上不过是代表人民大众的、只要获得多数同意就被视为所有人的意志和决定的最高权力表现自己的方式。因此,议员在制定某些律令中所行使的投票权,与个人在订立协议中所作出的同意颇为不同;因为在后一种情况下不同意者不受约束,且协议不得以任何其他方式发挥效力,而在前一种情况下不同意者仍然受到多数表决的约束。

协议与法律之间的其他区别是明显的。**因为一项协议是一项承诺,而一项法律是一项命令。**协议的表达形式是"我将如此这般做",法律的表达形式是"如此这般做"。因为**协议**的起源依赖于我们的选择,**我们首先确定要做什么,然后才有义务实施行为;**而**法律**则以某人对我们具有权力为前提,**我们首先有义务实施行为,然后才确定做什么。**因此一个人除非通过同意使自己承担了义务否则就不受该协议的约束,而我们则受到法律的约束,因为我们在此之前就负有服从立法者的义务。参见霍布斯前引书第 2 节。还可参见格老秀斯对《圣经》(新约)中《马太福音》的评注。

〰〰〰〰〰〰〰

3. 既然"权利"这一术语经常被用来表示与法律一样的意思,尤其是当其被用来表示一整套法律的时候,我们就应当注意不要在其表示法律所赋予或留下的做某事的权力的时候,将其用来表示法律本身。比如,当使用此项或彼项行为是"神法所赋予的"权利的这一表达方式的时候,我们并不是想表示,该行为受到神法的指示,故而能够由我们正确地实施,即便其被人法所禁止。因为既然一个人具有在其天赋能力之内做任何法律所不禁止之事的权力,那么将其说成个人依据某些法律拥有做任何该法所不禁止之事的权利,就已经变得约定俗成了。这一惯用说法中的"权利"这个词,仅仅指自由,而法律这个词则表示了我们天生的自由所受限制之界限。

〰〰〰〰〰〰〰

4. 一般来说,一项法律可以被最为便利地界定为一项上位者要求国民调整其行为以适应前者的命令的指令。我们使用**指令**这一术语,不是由于其

---

① democatricae 应为 democraticae。——英译者注

存在于作出指令者的头脑和意志中,而是由于其以这样的一种方式向国民传达着一项信息,即他认识到他必须迫使自己服从之;基于此,其对我们就等同于一项命令。我们认为,一项法律是被称为一项指令还是布告区别是不大的,只要不认为一项法律必须以言语或书面的方式来颁布;因为只要立法者的意志以某种或者其他方式为其国民所知就足够了,就算是仅仅通过个人内心思想上的内在建议亦无不可。因此,我们认为当霍布斯在《论公民》第三章中说自然法仅在"其在《圣经》中通过神的话语被颁布,而不是作为经由关于做或不做某事的理性所达成的某种结论"的意义上具有法律之力量的时候,其为此所做的巧言辞令是徒劳无益的。因为,理性的命令确实教导我们,不仅服从自然法对人类有利,而且神也决意并命令生物用自然法规则来指导自己的行为。尽管可以回应说,由于自然法是理性的指令,它们仅能通过某种语言形式而不能通过任何其他形式被理解。对于格老秀斯在其所著书第一卷第一章第9节中的界定,即法律让人有义务为**正义之事**,应当认识到他所预设的前提是,在法律规范产生之前存在着某种正当的和正义的范畴;故而一项自然法并非是在创造权利而仅仅是在指出一项业已存在的权利。对这一前提的理解已经在上面作了阐述［第一卷第二章第6节］。

总之,很显然,法律这一术语不仅包括被正确地称为正义的、规范我们对他人的某项完整义务的范畴,还包括与行为人自身所存在的其他德性和目标有关的范畴。出于后一种原因,法律能够并且确实被制定来规范酗酒以及其他类型的主要对成瘾者本人非正义的过度行为。艾立安在《史林杂俎》第二卷第三十七章中提到的赞鲁克斯制定的法律也属于这一类型:"如果任何洛克利亚人未经医师的处方就猛喝烈酒,即便其康复了也将被处于死刑,因其在没有得到命令的情况下饮酒。"

但是此项法律无疑是过于严苛的。为食物、服装、建筑以及其他商品的花销设定限制的禁止奢侈浪费的法律也属于这一类型;如果一个人打破了这一限制,其并未错待任何人,因为其花销仅仅关乎自己。但毫无疑问,为了每个人的最大利益,一个公民可以被要求厉行节俭。

〰〰〰〰〰〰〰

5. 但正如我们已经在我们关于法律的界定中所声明的,即,它们来自上位者并具有拘束个人的权力,在这一点上,我们似乎应当展示一项义务的性质与渊源,并展示个人如何接受义务以及如何将义务加诸他人;或者,具有同样结果地,一个人如何通过其权力要求他人做某事。

我们将上述义务界定为一种可操作的道德品质,凭此个人被要求提供某物或者承担某事[当然,关于被附加到受拘束者身上的义务,理查德·坎伯兰的《论自然律》第五章第27节在将一项义务界定为立法者的一项行为的时候提出了不同意见,他指出与其所制定的法律一致的行为对于法律调整对象而言是必要的]。罗马法学家将其称为法律纽带,我们因之受到做某事的必要性的约束;因为某些道德束缚,可以说,已经因之在我们的行为自由之中滑落了,以至于我们除了沿着法律纽带所指引的方向前进之外已经不能正确地转向其他进路了。然而,一项义务绝不会将意志束缚到其不能够真正地与之背道而驰的程度,即便为此自担风险。这就是爱比克泰德在阿里安所著书第四卷第十二章中所说的格言的意思:"无人能掌控他人的道德目标。"情况的确如此。

很多其他的事情影响着意志转向某一方而非另一方,但是一项义务与它们有着这样的不同:前者就像某些自然的重量一样压制着意志,且当它们被移除的时候意志便回到不受干扰的状态,而一项义务从道德上影响着意志,并以这样一种特定的感觉充斥着意志的特定存在,从而迫使意志衡量自身的行为,并认定自己除非符合某项既定的规则就应受到谴责。

从这一事实中可以很明显地看出,一项义务包含有足以改变意志的力量,因为没有事物可以约束人类的思想,因其思考着未来的作为或不作为,对于从我们的行为中产生并将降临到我们自己和其他人身上的善报与恶报的思考除外;当然,我们已经理解到,这种思考的恰当自由是留给意志的,且其应当以一种能够被恰当地归于行为人的方式来实施。而且,一项义务以一种特殊的方式区别于强迫,即在于,尽管两者都最终指向某种可怕的责罚,但后者仅靠某种外力来动摇意志,并仅靠对一种迫在眉睫的罪责的感觉来迫使对象选择某项其不想要的客体;而一项义务除了迫使一个人了解那些业已违背既定规则者将要承受的罪责之外,还正当地施加于他,因为若其遵循该规则,其自身就能够避免罪责。

❦❦❦❦❦❦❦

6. 这里只存在一项一个人能够接受某项义务的理由,即由于他具有一种能够转向一方或另一方的意志,故而能够调整自己以适应一项道德规则,这种做法有别于在某种内在力量作用下而被限制在一种行为模式之中的其他生物。由此,只要没有来自外在运作机理的必要性被加诸于一个人身上,他就被视为一个自由的、有能力做任何处于其天生力量控制范围之内的事情的行为人。的确,当他一旦决定做某事,或者当他已经决定作出某项选择的时候,只要在其决定被认为出自其意志的范围之内,在他的决定中就无论如何都存在着一种强大的力量以至于他能够任意地、正当地修改之,或者完全改变之;除非存在某种一经确立并宣布就阻止意志发生改变的额外影响。对于一个人来讲,当他一旦宣布了其意志决定,就能够创造出一种其之后不能以任何理由背离该决定的局面。

现在可以认识到,一种意志的改变,不仅存在于一个人明确地①宣告其先前的意愿已今非昔比的情况下,还存在于其实施了某些无法与先前的意志决定保持一致的行为的情况下。从这一原理中必然得出罗马法学家关于**反悔**的结论。因为如果我们寻求为什么在某些行为中允许反悔而在其他行为中不允许的最终的和普遍的理由的话,就会发现,在某些情况下,一种不允许改变既定目标的外在保证被附加在行为之上,而在其他情况下意志则被允许行使其与生俱来的自由。前者通常是那种某些其他人会由于这样一种目标改变而受到严重伤害且由此可能导致人们之间的社会联系和友谊破裂局面的情况。从这样的一种意志宣告之中其他人被认为确保了一项允许其从最初的当事人那里获取某物的权利,且如果该物未被提供,他甚至可以强行取得之,这一权利或者出自其自身或者出自一个上位者,视其是处于自然自由状态还是社会组织关系之中而定。因此,当没有一项出自我的意志声明的权利被加诸于另一个人身上的时候,我就可以自由地反悔。而当一个对我行使权力的上位者并未允许另一方具有获取前者已经决定的事物的能力的时候,另一方就尚未取得一项权利。由此就很显然,为什么实在法可以被其制定者废除,因为当然没有人从中获得这样一项赋予其要求这些法律永久存在之权的权利。尽管很多国家曾经尝试通过附加宣誓来阻止其法律的任何变化;然而,不论一项规定与之存在任何不一致的后继法令均为无效的条款是否被固定在法律中,法律终究都是可改变的,只要没有人通过这一条款确保了一项权利。一项先前的制定法宣布一项后来的制定法为无效是荒唐的,因为绝对的权力不能对自己施加限制,本质上可变的东西也不能被当成不可变的。参见西塞罗,《致阿提格斯的信》(*Letters to Atticus*),第三卷第二十三封信。修昔底德在其所著书第二卷[第二十四章]中,讲述了雅典人如何在其城堡内安置了上千名人才,并威胁处死任何在敌方舰队威胁城邦的时候建议或要求将这笔费用用于任何其他用途者。而同样还是那些人,正如修昔底德在其所著书第八卷[第十五章]中所讲述的,受到希俄斯居民叛乱的惊吓,废除了那

---

① expreste 应为 expresse。——英译者注

条法律。当君主们在他们的某些宪法中明确地补充说,如果他们在某些特定的命令中作出与宪法不一致的指示,这一指示将不被其下属的行政官员和法官所遵守,这并不意味着君主自己不能废止宪法,而是意味着这些后来的命令并不那么重要,或者它们是未经深思熟虑作出的。有的时候这一灵巧的建议让他们自己从难以公开拒绝的胆大妄为的请愿者的强硬要求中解脱出来。还可参见《查士丁尼法典》(*Code*),第五卷第八章第 1 节和第 2 节。①

但是,在实在法本身以及通过该法所获得的权利之间,必须作出明确的区分。前者可以在之后被立法者废除,然而通过该法②所获得的权利,只要是在其有效期间内就仍然存在。因为让所有先前的法律效果随法律一起废止将是最大的非正义。比如,若某国法律规定,**房屋的主人可以通过遗嘱处分其财产从而确立获取该房屋的权利**,则立法者当然可以限制这一遗赠自由,并规定从此以后所有未经遗嘱而获得的遗产③都应返还。但从那些在先法仍然有效的期间内接受遗赠④的人手中夺走所有作为遗产接收的财产,则是非正义的。另一个例子是教皇博义八世出于对法国国王腓力四世的仇恨而废止所有其前任在当时所赋予法国人民的宽恕的行为,亨利·艾蒂安(史提芬)在《为希罗多德申辩》第四十章中颇为正确地嘲笑了这一行为。

在法律和君王的其他行为之间,也应作出一项区分,以便无人会相信,他们所有合法的捐赠、联盟和协议都能够被他们或其继任者撤销,因为通过这些行为其他人已经确保了一项非经其同意不得夺走的权利。因此⑤很显然,当任何人声明放弃其权利的时候,不需要明确地补充说,他或者他的后人此后都不会做任何有悖于此项声明的事,或者,如果做了的话,该行为将被认为是无效的。因为通过这一放弃声明,一个人完全放弃了其对某物的权利,并承认该权利已经被转让给其他人,即便没有上述补充条款也可以认为,其对该项自己已无权利之财产的任何处分都不会产生法律效果。还可以得出的是,由于在遗赠者的有生之年无人经由其遗嘱获得任何权利,故而他可以更改其遗嘱,即便他在遗嘱中加入了一项规定另一项遗嘱无效的条款也是如此。因为这样的一项条款仅仅表示一种假设,即任何其后来的思维表达都不会被认真对待,但若该条款被后来的遗嘱所撤回,则前一项遗嘱归于无效。由此,当一项争端产生于与任何事物有关的产权转让证书和协议的不同文本

---

① 注中标题,rescripte 应为 rescripto。——英译者注
② leges 应为 legis。——英译者注
③ hereditatis 应为 hereditates。——英译者注
④ hereditates 应为 hereditate。——英译者注
⑤ In de 应为 Inde。——英译者注

之上的时候,后面的文本将由于先前的文本①,这是一项规则。

❖❖❖❖❖❖❖

7. 从上述讨论中可以总结出,为什么不能让自己受约束,或者与自己订立契约,或者就某些仅与自身有关的事情对自己作出承诺。因为任何一个经由某项义务获得某项权利者都可以随意放弃该权利,只要第三方的利益不会由此受到损害。在这种情况下,施加约束和受约束者,即获得权利与赋予权利者,都是一个人,故而无论一个人是多么渴望约束自己,都是徒劳的,因为他可以不履行任何义务就随意地解除自身义务;而能够这样做的人确实是自由的。还应注意的是,这样的一项义务不会附带任何好处,因为当一个人给予或不给予自己某物的时候,其既没有从前面一种情况中获得任何东西,也没有从后面一种情况中失去任何东西。还可参见塞涅卡,《论利益》第五卷第七章及以下。

但是当人们说出诸如一个人负有保存自身的义务之类的话的时候,其意思是指这一人类与生俱来的义务之实施对于人类本身具有重要意义。而事实上,这一义务应追溯到作为自然法创造者的、有权要求实施这一义务并惩罚不履行义务的神。因此,就人是神的仆人、人是人类社会一员且神要求人成为对社会有用的一员这一点上来讲,人被要求保存自己。基于同样理由,主人可以正当地处罚其奴隶、国家可以正当地处罚其公民,只要他们未使自己适合于完成其应当承担的工作和义务。

规定人不能约束自己的法律,不仅适用于个人,而且适用于作为一个整体的团体和组织。某些宣称个人可以对自己起誓的声明,即诸如其将避免这种或那种让其为某种腐化欲望所诱惑之事的声明,只能意味着其已经作出了某种形式的誓言,而誓言的施加属于神的事务。参见菲尔顿对格老秀斯所著书第二卷第十三章第 1 节的评注。

❖❖❖❖❖❖❖

8. 由于人类意志能够符合一项规则,故而这样的一项规则就能够被加诸意志之上并产生其意志有义务遵循该项规则的效果,出现这种情况的另一项原因是,人类并未从上位者的权力之中解脱出来。这两项因素使得人类能够接受来自外在规范的一项义务。因为当行为人的能力在本质上受制于一

---

① posteriori 应为 poseterius priori。——英译者注

种统一的、其不能够通过内在运作而采取另一种进路的行为模式的时候，所产生的就不是一项道德行为而是一项自然行为，准确地说，这一行为出自必要性而非义务。但当一个人不承认上位者的时候，就不存在如此强大以至于能够抑制其个人自由的外在规范。无论一个人能够如何一贯遵循一种行为方式并避免某些事情，人们都明白他这样做是出于自己乐意，而非出于任何义务。由此可以得出，一个能够承认一项既定行为规则的、具备自主的并且能够转向不同进程的意志的人，能够承担一项义务；然而，当上位者已经给出一项规则的时候，这种意志应当承担不背离该规则的义务。而人类显然已经被赋予了这样一种本性。

9. 一项义务被正确地由一个上位者加诸于人类意志之上，这里所说的上位者是指一个既具有威胁降罪于抵抗者的力量、也具有要求我们的意志自由受制于其意愿的正当理由的人。在一个人具有此种权力的情况下，一旦其展示等待着服从其意志者的是何种回报、而等待着违背其意志者的是何种不利后果之后，在人的推理能力之中就必定会产生一种混合了崇敬的畏惧，畏惧是由此人的权力所引发的，而崇敬则是出自一种对原因的考虑，即便缺乏畏惧，这一原因也足以让人接受单独建立在良好判断基础之上的命令。由此我们认为，对他人加诸一项义务的权利，或言之，命令他人并制定法律的权利，不单单出自力量、或者权威、或者本质上的优越性。当然，单靠力量可以让我违背自身意愿行事，我宁肯暂且服从他人的意愿也不想领教其力量。但是当此种畏惧一旦消失的时候，就没有什么能够阻止我遵循自己的而非他的意愿。当一个人除了暴力之外没有展示出任何其他理由的时候，我何必根据他的意愿来规定自己的道路呢？如果这看起来是符合我的目标的话，我绝不会被阻止去尝试以任何方式摆脱其权力并确立我的自由。特伦斯在《两兄弟》(Adelphi)[第69—71节]中说："在责罚之下履行义务者，除了担心被发现之外没有别的畏惧；如果他认为自己不会被发现，就会回过头去干自己原本想干的事情。"

10. 在这一点上我们应当审视霍布斯在《论公民》第十五章第5节中所说的话："在神的自然规则之中，其统治并惩处那些违背其法律的人的权利，完全出自其不可抗拒的力量。"他进而对其论断作了如下证明："每一项对于他人的权利都或者源于自然或者源于协议。一项权利通过其未被自然剥夺这一事实而从自然中产生。既然所有人都自然地对一切事物享有一项权利,那么每个人就都与自然一道,具有一项统治其他人的权利。"然而,出于一种源自能够导致一场足以毁灭人类的战争的实力均衡的相互畏惧,这一权利在人类中间被废止了。"但若某些人一直以其力量压制其他人,以至于所有这些人通过他们联合起来的力量都无法与之对抗,他就根本没有理由去放弃自然所赋予他的此项权利。因此,他统治其他人的权利将得以维持,原因在于他拥有过于强大的、既能够保卫自己又能够保卫其他人的力量。因此,那些拥有无法抗拒的力量的人,拥有一项源于其力量的统治权利,故而万能的神也拥有这一权利。"

可以肯定的是,上述言论中有几点是应当批评的。首先,在"完全出于力量的统治权已被自然所赋予",以及这一权利源于自然"因为其尚未被自然所剥夺"这两项论断之间,是否存在一致性是令人怀疑的。因为一般来讲并不总是能够立即得出这样的结论,即未被从我处夺走的就是被赋予我的。由于"未夺走"与"赋予"并非一回事,故而此项权利似乎显得是由其他规范而非自然所赋予的。其次,"自然赋予所有人以一项对所有事物的权利"这一论断必须被仔细地解释。权利所指的是个人依据正当理由运用其天生能力的自由。因此,该神定规范的真实意思应该是:在自然状态、即一种缺乏法律的状态下,每个人都可以运用其天生力量来对抗其理性认为其应当针对的人,尤其是为了自我生存的时候。但并不能得出这一结论,即一个人能够仅凭其天生力量,就正确地对他人施加一项严格意义上的义务。强迫一个人和使一个人受约束,是完全不同的事情;前者能够仅通过自然力量来实现,后者则不能。因为即便是霍布斯也感到,在自然状态之下,正如一个人有权强迫他人一样,他人也有权反抗。而义务与反抗的权利无法相一致,因为一项义务以这一固有地影响着人类良知的条件为前提,即人不通过运用自身理性来断定自己能够正确地、正当地作出反抗。尽管徒劳无功地反抗上位者的力量是不合理的,且会冒着招致更大打击的风险{品达在《皮松运动会颂》(*Pythian Odes*)第二章[第 173 节]中说:"你知道,反抗强权是一件危险的事。"},个人仍然有权利尝试任何方法,以求强行摆脱或者找借口规避他人的强制。而这与严格意义上的义务这一术语是不可调和的,就像格老秀斯曾经在其著作中使用这一术语反对"外来"义务一样。

由此,纯粹的暴力不能消除反抗的权利,而仅能消除该项权利的实施。这一点从与我们人类处于缺乏法律状态下的动物世界的例子中可以看得很清楚。只要是我们能够通过自身力量制服的动物,我们就强行制服之并令其为我们服务。但若任何动物能够以某种方式抵御我们的力量,没有人会抱怨自己被这样的动物所错待了。而人们也不能回应说,由于动物不能接受义务故而只能通过暴力来制服之,因为霍布斯自己也在《论公民》第八章第 2 节中承认,一名战犯尽管可以确定无疑地承受义务,但只要在达成任何协议或作出任何保证之前,其仅受到自然约束的限制而不受义务的约束,故而每当此人找到合适机会的时候,其就可以逃跑甚至对捕捉他的人使用武力。塞涅卡在《论怒》第二卷第十一章中说:"因此自然指示我们,任何通过导致他人畏惧而变得伟大的事物本身仍未摆脱畏惧。"

我没有必要说,当霍布斯的所谓"自然赋予了一项针对所有事物的权利",的原则被适用于神的时候是胡说八道。因为既然自然既是神本身又是神的创造,那么自然怎么能够赋予神任何东西呢?故而基于这些原因,也由于这与神的善意显得不一致,我们认为命令的权利,即象征着将某一项义务印在人类脑海中的能力的神的权威,无论如何不应仅从其无限力量中产生。

再者,霍布斯从《圣经》中截取的例子无法为其理论提供依据。当灾难降临到约伯身上的时候,神诉诸自己的力量来为它们正名,这并不说明神除了自身的力量之外对其创造物没有任何权利。而且,约伯自己一开始就正确地承认了神剥夺其财产和子女的权利。"神所给予的",他说,"神已夺走";也就是说,神为什么不可以自由地取回本属于自身的、当其仅仅出于宽容才赋予我们的东西呢?还可参见塞涅卡,《致波利比乌斯》(*To Polybius*)第二十九章。但当约伯悲伤不已并被驱使着与神争执的时候,后者在约伯拒绝承认其神圣权威的其他原因之后,非常正确地宣示了其让约伯不听命令的抱怨噤声的力量。这正是我们对待其他不听命令者的通常方式;当他们拒绝听取原因的时候,我们就对其展示我们的力量,以使其不仅认识到其路线的错误,而且认识到其胆敢违抗我们是多么愚蠢。同样地,当某人抱怨君子消沉恶人当道的时候,如果他拒绝承认这一事实的真正原因,他最终就只能求诸于直面神的力量;就像我们应当说,"如果你觉得自己被错待了,就到神那里去辩论吧"!

基于同样的道理,霍布斯在下结论说人类因其弱点而有义务服从神的时候,看来是犯下了错误。因为这仅能使一个人认定,不通过服从来避免更大的损失是愚蠢的;这并不损坏其能够欲求并尝试各种可能的途径以便从他人的力量控制之中摆脱出来的权利。然而,这样的一项权利被一项真实的义务所完全消除了。

即便前一项结论被不受质疑地接受,他的另一项结论也不正确,即,两个具有无限能力的存在谁也不能约束对方;因此,人受制于神仅仅因为其不具有无限的能力。我不必提及两个具有无限能力的存在这一假设是自相矛盾的这一点。我们的救世主也无意于通过主张其无法螳臂当车①来宣示自己针对扫罗的权利,参见《使徒行传》第九章第5节,相反他只是谴责了扫罗的疯狂设想。亚拿尼亚也不会仅仅因为其无力摧毁基督教就让保罗遵守基督所定的准则。

霍布斯的这样一种理论必须被更为坚决地攻击,因为胆大妄为者能够滥用它来对我们造成巨大的危害。在修昔底德所著书第五卷[第一百零五章]中,一位希腊大使说:"我们遵循全人类的习惯法,即依据一项有关人类本质的法律,他们在任何地方都能够统治自己的意志。该法并非由我们所制定,我们也并非第一个依该法行事的人;我们不过是继承了它,并且在任何时候都要将其流传下去。"哈利卡纳苏斯的狄奥尼修斯在其所著书第一卷[第五章]中说:"依据一项普遍的和不变的自然法的规定,上位者应当统治下位者。"在普鲁塔克的《卡米拉斯》(*Camillus*)[第十七章]中,布伦努斯宣称:"众所周知,从神自身开始到生物灭绝为止,所有法律中最为古老的一项,就是给予强者以其弱邻的财产。因为这些强者得到了太多自然的恩赐以至于其寻求比弱者获得更多东西。"李维在其所著书第五卷第三十六章中更为简洁地提出了同样的想法:"所有事物皆为勇者之财产。"卡里克利斯在柏拉图的《论修辞》(*Gorgias*)[第483页A及以下]中对这一立场提出了两点理由。他将自然与法律的普遍对立设为自己的前提。因此,比方说,基于自然而遭受一项伤害是更为卑劣的,"因为这不是一个人而是一个奴隶的身体部分";而在法律看来施加一项伤害则更为卑劣。再者,立法者②,因其弱于大众,故而制定了这样一项原则并以这样的一种方式来规定荣誉和谴责,从而使更加强大的人在任何事情上都不会更占上风。"[……]鉴于自然自己表示,好人比坏人获得更多,强者比弱者获得更多是正当的。"他还说,当薛西斯率军攻击希腊人,大流士攻击斯基泰人的时候,他们是"依据自然法"而非依据任何其他理由这样做的。他为有天赋的年轻人的思想局限于这一(关于正义的)说教而感到遗憾,坚称"自然正义之光将闪耀在"挣脱法律桎梏者身上。基于这些理由,他补充道,赫拉克勒斯赶走革律翁的牛群,不是出于买卖或馈赠,而是"根据自然正义的法律,弱者和地位低下者的牛群以及其他财产都正当地归于强者和上位者"。

"毫无疑问俄底修斯会希望如此,而阿特柔斯的儿子们将为这样的一项

---

① stimilum 应为 stimulum。——英译者注
② 该译法在此有点不准确,但尚未达到严重损害论证的程度。——英译者注

特权付出高昂的代价。"①但人们更倾向于采纳普鲁塔克在《派洛皮德》(*Pelopidas*)[第二十四章第 3 节]中的观点:"首要的和最高的法律应当是,本质上,将希望获得拯救者置于能够拯救他的人的命令之下。"

〰〰〰〰〰〰〰

11. 还有一些人从本身足以产生义务的权威或者大自然的杰出中,来推断命令,或者将一项义务加诸他人的权力的起源。他们在人类本性中,为在被视为人体最精妙构造的人类头脑中存在着一种引导力量这一论断找到了一项论据。一段西塞罗在《图斯库兰谈话集》第三卷[第五章]中的话被用来证明这一点:"由此没有什么比拉丁人通常所见的更好了,即,因其欲望或怒火而失去控制的人,已经放弃了对自己的控制。"亚里士多德的话也被引用,他说如果一个人被发现在任何德行方面都出类拔萃的话,他就应被选为国王。再者,最为崇高的神性是值得尊敬的,即便其不曾创造这个世界。而且,他们还希望将一种自然的免责性添加到这一权威性之上,出于这一原因,如果一个人作为当然的上位者以任何方式虐待动物,他是不受谴责的,且这些动物也不能为其厄运而抱怨,因为当一个人与另一个人在权利的基础上进行竞争的时候,他会由此将自己与他人作比较,并希望在同样的法律之下被衡量。但这种情况对于本质上的价值差异如此巨大以至于一个主体被认为是为了其他主体而生的情况来讲则是不可能的;神将一项对动物的权利授予人类,是基于人类本性的优越。基于此原因,如果一个人因虐待家畜而被地方官处罚,这并非是为了动物的利益,而是为了其他公民的利益,因为禁止个人滥用其财产总是符合公共利益的。他们还补充说,如果肉体因在精神的命令之下劳动而变得虚弱,其也不应抱怨,因为精神确实高于肉体。

但就我们而言,则尚未对以下观点感到信服,即,为具备指导自身行为的能力的人设定义务的权利仅能够从自然的权威性中产生。因为这样的一种权威性并不总是隐含着一种指导其他低等主体的能力,自然本性的不同完善程度也不意味着主体间的直接从属关系或者依赖关系。因为,既然将被施加义务的人本身具有指导其行为的能力,其所能够感知的对其自己已经足够,就没有明显的理由说明,如果他以自身意愿而非某些其他天资更为优越的人的意愿来规划自己生活的话,为什么他在自身良知指引下的所作所为就应当立即被认定为有罪呢?而就伊壁鸠鲁派理论中的所有对神大不敬的言论来

---

① 维吉尔,《埃涅阿斯纪》(*Aeneid*)第二卷第 104 节。——英译者注

讲,众神在最伟大的和平之中享受其幸福,并已使自己远离尘世烦扰,不以善喜、不以恶悲,从这一前提中,他们所得出的结论仍然是正确的,即所有对神的侍奉和畏惧都是愚蠢的。因为,为什么一个人要崇拜另一个既不能、也不愿帮助或者阻止其行为的存在呢?向一个如此高贵的存在默祷,确实能够激发崇敬之情,但这并不能产生义务。我们基督徒相信灵魂远比人类财产高贵,但没有人会承认它们对人具有任何控制力;参见《启示录》(*Revelation*)第二十二章第9节。马可斯·安东尼斯[奥勒留]在其所著书第六卷第44节中说:

> 如果神完全不对任何事情提出建议——一则大不敬的信念——那就让我们真真正正地不再进行献祭、祈祷和起誓,也不做任何敬神的事情,就好像他们站在我们这一边并栖身在我们中间一样。

西塞罗在《论神性》(*On the Nature of the Gods*)第一卷[第二章]中说:

> 有的人认为神对人类事物毫不关心。但若他们的理论是对的话,那么虔诚、神圣或者信仰还有什么用呢?这些都是人带着正直而神圣的情感对神作出奉献的感情和标志,其建立在人是神所关注的对象、且诸多的利益是由不朽的神赋予人类的基础之上。但若神既无能力又无意愿来帮助我们;若他们不关心我们,也不在乎我们的行为;若没有一项好处能够被带给人类生活;那我们有什么理由要对他们奉上任何崇拜或者任何荣誉,或者献出任何祷告呢?虔诚,与其他美德一样,不能与徒劳的展示或者虚伪相联系;没了虔诚,神圣和信仰也就得不到支撑;这一彻底的颠覆必然伴随着人生的极大困惑和混乱。

在该书中[第四十一章],西塞罗说:

> 从你的一无所得中将产生何种虔诚呢?或者一个人如何对没有恩赐的存在感恩呢?

在该书另一处第二卷[第二十五章],西塞罗写道:

> 朱庇特被我们的先人称为"至善至伟的",至善,即最多惠赐的,其被置于"至伟"之前,是因为其本身拥有更为荣耀的、其他人更容易接受

的东西,即,提供帮助而非拥有强大的资源。

奥维德在《来自蓬托斯》第二卷第九章[第 23—24 节]中说:"如果他们被剥夺了帮助我们的意志,我们还有什么理由将他们的普通荣誉推崇到神的高度呢?"

在这一点上,参考动物的情况是没有价值的,因为它们并非受到一项义务的约束,而是受到纯粹的暴力或者食物诱惑的约束。而且如果它们想尝试摆脱人类奴役的话,它们肯定不会违背自然。引证灵魂对肉体的命令不过是一种演说技巧,因为命令仅能够被理解为一种介于不同的和有区别的生物之间的联系,而肉体低于灵魂乃是基于其与灵魂之间的物理联系、而非任何道德纽带。

最后,那种如果国王应当以自由选择的方式被选举的话则王冠应当授予最高贵者的言论,已经在普鲁塔克的《箴言》[第二章第 172 页 E]中得到了很好的支持:"无人应当治人,除非其优于其所治之人。"而苏格拉底在色诺芬的《追忆苏格拉底》第三卷第 489 页[第九章第 10 节及以下]中的言论,讲的也是同样的意思。但以这种方式所选举出来的国王的权威并不是来自任何仅仅建立在其优越性之上的权利,而是来自那些选举他的人的合意。

12. 从上述论证中可见,人们必定会同意,单靠力量是不足以对我施加一项出于他人意志的义务的,后者应当额外地给予我某些特定的帮助,或者我自己对其指示表示同意。普林尼在《颂词》第三十八章[第 7 节]中说:"自然法并未,在人们中间,将权力和权威赋予强者,正如其在动物中间一样。"因为没有人能够很好地避免对向自己提供很多帮助的人的尊敬,故而如果此人对我怀有良好祝愿,并且能够比我更好地照顾我的未来,而他也同时宣称具有一项指导我的行为的权利的话,我就没有明显的理由要去质疑他的权力。如果我自己感恩于他的话,那就更是如此了。参见《使徒行传》第十七章第 24 节及以下。而赋予人类自由行动能力的神,又为何不能基于其自身的权利来限制人类某些部分的自由呢?但是当一个人自愿对他人所定规则表示同意的时候,他通过自身行为承认自己必须遵循那个人所作的决定。尽管,若要说一项合法的命令应当来自同意的话,有必要保证第三方的合法权利不受这样一种新关系的损害,且一方有这样的一项主体、另一方有这样的一种权威是可允许的。我们相信,从这两种渊源中,可以产生被普遍理解为作为一种内在约束而施加在我们意志自由之上的限制的义务的强制力。但由于人类天生的意志自由不会被任何道德束缚所破坏，且由于在大多数凡人中不忠实和不道德的力量如此强大以至于压倒了作出命令的理性，故而需要其他比羞耻感和对政党行为的褒扬具有更加强大力量的东西来控制人类恣意妄为的激情。由于多数人的不道德都倾向于伤害他人，这就更加有必要了，因为若是一个人的罪行只会令其自食其果的话，那就不妨任其肆意妄为算了。而我们觉得，除了对违背某项义务所面临的、经由对于确保该义务不被背弃具有利益的强者的手所实施的降罪的畏惧之外，其他事物无法达到这样的一种效果。且由此，归根结底，义务从强制力中，从对有意确保其得到遵守者拥有如此强大的、或是与生俱来的或是他人赋予的权力从而能够狠狠降罪于违反义务者的考虑之中，获得平衡。当然，在各种降罪者之中，一位能够被无罪地顶撞的统治者，其地位是不稳固的。但当统治者的地位名正言顺且其具备随时可用于惩罚一切反叛者的力量之时，政府就是稳固的。索福克勒斯在《阿贾克斯》(Ajax)[第1073页]中说：

在一个不畏惧法律的国度
法律永远无法繁荣和盛行，
若缺乏法律和尊崇的保护，
军队也就无法受到约束。

阿里安在《爱比克泰德》第一卷第二十九章中说："无人是他人之主；其主人只能是死亡和生命，欢乐和痛苦。因为要是没有它们，你就可以把我带到恺撒面前并会看到我表现得多么坚定不移。"

作为迄今已经论证的观点的结果，应当低调处理某些学者以过于残酷的程度所表述的这一观点，即，权利是强者之自由。当然，法律如果不以强力来督促不愿守法者履行义务，就很难达到其外在目标。故而梭伦自己曾经说，他完成了最伟大的改革，"将暴力与正义结合在一起"。参见普鲁塔克，《梭伦》(Solon)[第十五章]。且没有什么论证会比奥维德在《变形记》第八卷[第59节]中提到的斯库拉议论弥诺斯的话在人类事务中更为强有力："他强大，既是出于其理由，也是出于其维护理由的力量。"我们虔诚地承认，履行义务后的良心欢愉多于犯错后的精神折磨和痛楚，这些感受都来自万能的神，对神而言，亲手惩罚所有漠视他人权力者，是轻而易举的。玉外纳在《讽刺诗集》第十三卷[第193页及以下]中说：

然而,你为何要相信那些思想中充满罪恶感的、保持持续惊恐状态的、被一根无情的皮鞭抽打着的人已经逍遥法外了呢?良心,作为对他们的折磨,挥舞着一根肉眼看不见的鞭子!不仅如此!对他们的惩罚真的太可怕了,而且远比卡迪休斯或者拉达曼提斯所发明的血腥惩罚更为可怕!无论白天黑夜其心中都承受着控诉自己的证据!

而且可以肯定的是,无人能质疑一种神圣判决的存在对于所有人都是极端重要的,这一判决是不受由那些依赖力量、智慧或者共谋,并且忽视其义务的人所必定会体验的腐败影响的干扰的。普鲁塔克在《驳克罗特斯》(*Against Colotes*)[第三十一章第 1125 页 E]中所说的话适用于此:"我认为,建立一个缺乏任何宗教或有神论而被构建到一起、或者正被构建到一起、或者被维系到一起的国家,无异于建造一座海市蜃楼。"因此,建立在上述原则之上的,就是所有即将成功地为他人制定法律者的权力。

◆◆◆◆◆◆◆◆

13. 对于一项能够直接作用于人类灵魂的法律而言,接受这一法律的人必须对立法者和法律都有一定的了解。因为,如果一个人不知晓自己要服从谁、不知晓自己的义务是什么,他如何来服从呢?但只要他曾经知晓这两件事情就足够了,尽管一个人可能忘记自己曾经知晓的事情,他还是无论如何都不能摆脱任何义务,因其若给予守法以充分重视的话,他就会记得很清楚。而可以肯定,无人能够避免知晓立法者,因为任何能够运用自身理性的人都会知道自然法的制定者就是宇宙的创造者。国内法的立法者也不会更加不被任何公民所了解,因为其职位的设立正是通过公民明示或者默示的同意而来,基于这一同意,公民以某种方式使自己服从立法者。自然法如何通过对人类事件的观察而被发现这一问题将在别处予以说明。

国内法是通过一项公开而明确的声明为公民所知的。在这一声明中两个问题应当被明确:第一,该法出自国家最高权力的拥有者;第二,该法①的含义已被广而告之。当最高权力的拥有者亲口或者通过由其所授权的部门颁布法律的时候,第一个问题就明确了。如果大家知道这些法律通常被君主用来表达自己的意愿,如果这些法律是被法院所适用的,如果它们不包含有损君主完全权力的内容,则此人是否具有颁布法律的君主权威的问题就不应

---

① leges 应为 legis。——英译者注

被提出。因为很难相信任何大臣会颁布某些他自己制定的东西作为其君主的永久指令,或者擅自授予自己任何此类职能,因为他没有机会使其行径不为人知,或者令其大胆的冒险逃脱惩罚。

若要使法律的意思被正确理解,颁布法律的人应尽可能地让法律清楚明确;这与卡里古拉的做法是很不同的,后者将其法律用很小的字书写并张贴在远离地面的地方。参见迪奥·卡西乌斯,《善恶语录文摘》(*Excerpta Peiresciana*)第五十九卷。如果法律存在任何模糊之处,这一问题就将被提交给立法者,或者被提交给已被公开任命的依法裁判者,因为给予法律正确的解释并将其适用于特定的案件、或者在特定事件中展示立法者会如何处理之,乃是其职责所在。参见霍布斯,《论公民》第十四章第 11—13 节;《利维坦》第二十六章。

在此应提到的是,那些认为如果法律要约束公民的良知就应得到后者的同意的人的主张,无论是在自然法上,还是在君主体制或者贵族体制的国内法上都是不正确的,除非在统治者和公民之间确实达成了协议,或者除非这建立在一项隐含协议的基础之上,基于该协议个人被认为一旦承认该协议就已经同意了某些权力机构的所有行为。然而劝说公民自愿服从法律具有很大的好处,如果这些法律是在其同意和批准之下通过的、尤其是这些法律将成为其习惯和行为方式的一部分的话。这一点在培理克里斯在色诺芬的《追忆苏格拉底》第一卷[第二章第 45 节]所说的话中得到了阐释:"我认为任何不经说服就强迫他人所为之事,不论是否通过立法为之,都是暴力而非法律。"还可参见桑德森,《论良知的义务》(*On the Obligation of Conscience*),[同《讲演》(*Prelection*)第七章]第 22 节及以下。

❊❊❊❊❊❊

14. 再者,正如打算以法律指引他人行为者必须符合两项要求一样:首先,其本人知晓应对①他人作出何种指令,其次,若他人不服从其命令(假设法律的对象有力量和意愿来不遵守命令)则其有权施加某些惩罚;每一项法律也具有两个方面。第一个方面界定了什么是必须做的,或者什么是必须避免做的;第二个方面说明了对于不服从命令或者违反禁令者应当施加何种惩罚。后一个方面通常被称为**制裁**。在此,理查德·坎伯兰在《论自然律》(序言)第 14 节、第五章第 40 节中的立场,让我们有必要就制裁的问题多言几

---

① convenitat 应为 conveniat。——英译者注

句,因为与所有的罗马法学家相对立,他坚持认为法律的制裁不仅通过惩罚而且通过回报被作出,且事实上更主要的是通过后者而非前者作出。其命题如下:就法律的制裁而言,通过任何自然征兆来更加明确有效地说服人们[实施某项任务],或者以权威的方式表示某一特定的义务是由宇宙的主宰所指示的而非是通过义务的遵守和自然的回报来令其得以履行的,都是不可能的。因为,尽管在制裁性的法律中,人们通常使用否定性的术语以及表达类似意思的词,但是在事物本性中,导致其采取行动的是一种其希望通过抵消任何相反后果的方式来获取或者维持的积极的善。困难和对立都不会减弱人类的意志,其避免某些坏处的唯一原因是其可能由此确保某些好处。任何处罚或自然的坏处所具有的令人避之不及的力量,都完全在于可能为处罚或坏处所剥夺的好处的吸引力。人们为了避免死亡和贫困所做的一切事情,都应当被更加正确地理解为是出于其对生命和财富的热爱,没有对生的希望,就没有对死的恐惧。事物本性更多地通过对当下和将来的口腹之欲,而非对当下和将来对坏处的仇恨或者畏惧来调动我们的欲望;财富并非由于其对立面,贫困,而是由于其本身符合人类天性才被寻求。国内法的稳定性更多是基于所有良好公民都享有一份公共利益的目标,而不是基于其针对少数社会渣滓的施加处罚的威胁。这就是坎伯兰的论证。

我们对上述所有观点的第一项评论如下:如果我们希望在制裁这一词语之下既涵盖好处又涵盖遵守法律的回报的话,就需要那些好处来自对法律的遵守并且,可以说,是由此被购买的。但显然,并非所有我们享受的好处都是由于我们对法律的遵守而被赋予我们的,且由此,这些好处不能被算作回报。因此,我们享有生命和身体以及我们所拥有的天生的能力,不是出于遵守法律的回报,而是神在我们甚至能够想到遵守法律之前就出于其仁慈自愿地将这些东西赋予了我们,而源于物质内在力量的对这些事物的持续的享有,绝非出于对法律的遵守,而是出于"让太阳既在好人头上升起也在坏人头上升起,让雨既降在正义事物之上也降在非正义事物之上"①的造物主的仁慈。同样地,一个人不应将自己通过劳动和勤奋所获得的东西直接地或者从源头上归于任何对法律的遵守,而应将其归于赋予自己力量的造物主,并视其为造物主的恩赐之一。而法律所**能够**做的是:对于我们经由造物主的自愿赐予所获得的、或者通过我们的勤奋所确保的东西,其能够让这些东西免受可能伤害或者毁坏它们的人的侵扰,并能够允许我们以多种方式增加这些东西。在这些东西能够被立法者所赋予的范围之内,它们本身能够被视为回报;若

---

① 大概出自《马太福音》第五章第 45 节。——英译者注

要使它们具有任何驱使人的思维服从法律的效果,立法者就应指出此种后果将随着这样的一项原因而产生。

还应指出的是,尽管通过向其展示行为所带来的好处能够驱使人类意志实施某些行为,但这不会立即将任何实施行为的必要性加诸于意志之上,除非某些针对不实施行为的惩罚的威胁被附加在上面。且由此,当一项好的效果作为一种自然的后果从某些行为中产生的时候,这不过是最为慷慨仁慈的、希望出于其自由意志而给予我们好处的、慷慨地邀请甚至劝说我们拥有这一好处的造物主的一项证明而已。而其命令我们通过我们的行为确保这一好处并非一项有必要提出的主张,因其完全可以满足于给予我们一项机会去享受其慷慨的果实。但毫无疑问的是,如果某些坏处被威胁施加于疏忽的过失,则一项行为就是被命令实施的。

我们可以补充说,人类的思维受到施加坏处的驱使远胜于占有好处的驱使。确保某些利益确实具有很大的吸引力,尤其是如果这一好处是现成的、或者能够解除某些眼前的坏处的话。但是愉快的感觉在占有中会消失,而在由好处的缺乏或者新近的获取和享有所引发的思维活跃逝去之后,实际上剩下的全部都是一种迟钝的熟悉感。因此很多人只有在失去或者即将失去的时候才开始欣赏他们所拥有的。然而最后随着所有坏处的到来以及好处的减损而来的,不仅仅是贫困,而是一种颇为现实的、具有摧毁感觉以及所有对于好处的欣赏的,甚至有的时候导致人以死来寻求解脱的东西。

因此,我觉得,国内法的立法者有充分的理由通过惩罚而非回报对其法律实施制裁。但是人们遵守法律是足以获益的,因为其保证我们维持并享有与一种有序社会生活相伴随的愉悦,如果普通善行的实施总是通过特殊的回报来被制裁的话,则并不存在足以提供那么多回报的来源。① 因为多数人所共有的迟钝必须被一种惩罚的威胁所唤醒,尤其是因为违反法律与他人所受伤害和违法者的预期利益有关。且由此,犯罪的诱惑似乎非常容易地被之后所表现的懊悔所压制。出于这一理由国内法总是包含一项对违法者的惩罚,其或者规定罚金或惩戒的数量,或者将数量的确定留给法官或者执法者决定。的确,罗马法学家将某些不具备处罚条款的法律称为不完善的法律。西尼西斯的法律就是如此,其除了这一条款之外没有任何其他执行性条款:"任何未这样做的人应当被视为犯下了错误。"但我应当判断说,在该法中或者是羞辱取代了惩罚,或者执法者被授权对违法者施加某种谴责性的标记。而人们可以从塔西陀的《编年史》第十三卷第四十二章中推断出,违法者并

---

① 不同的版本在本句和下句中具有不同的词语排列顺序。——英译者注

非完全免受处罚。西塞罗在《论法律》(Laws)第二卷[第九章]中说:"对伪证罪的神罚是毁灭——人罚则是臭名昭著。"但我们还在李维所著书第十卷第九章中发现了另一个不完善的法律的例子:

> 瓦莱里安人的法律,在禁止上诉者被棍棒殴打和斩首之后,对于任何人作出与之相反行为的情况,仅将其视为一项恶劣行径。我猜想,这一法律在那时被认为具有足够的力量来强制人们遵守;当时人们的羞耻感太过强烈;如今很少有人会认真对待这样的一种威胁。

在此你还可以将迪奥多斯所著书第十二卷第二十章中提到的赞鲁克斯制订的法律包括在内:

> 勿使公民出于难以宽恕的仇怨攻击一名敌人,但应使他与希望很快与敌人恢复友善关系者展开争论。如果任何人作出与之相反的事情的话,就让他被视为具有一种不友善的和残酷的性格。

但在此,你可以考虑同一作者在书中第十二卷第二十一章中所给出的其所制定的其他法律中的羞辱性处罚:

> 自由民妇女不得由超过一名仆人照料,除非她烂醉如泥。她不得晚上外出于市外,除非为了通奸。她不得佩戴金首饰或者穿黄金刺绣的衣服,除非她是个荡妇。男人不得戴金戒指,或者穿爱尔兰式披风,除非他是在从事偷情或者通奸。由此,通过其法律处罚中这些令人羞耻的除外条款,他轻易地将人们从有害的奢侈和放荡的生活中扭转过来,因为无人敢于通过承认从事了无耻和卑贱的行为而被其他公民嘲笑。

还可参见《学说汇纂》第十一卷第七章第 14 节;第四十七卷第十二章第 3 节、第 4 节。

由此就存在两部分的法律,一部分界定侵犯,一部分设定处罚或者惩罚性的制裁;我指的是两部分的法律,而非两种类型的法律。因为如果说"做某事"但是没有下文的话,是没有用的;而如果说"你将受惩罚"但不附加应受惩罚的原因,也同样是荒谬的。因此,我们必须谨记,一项法律的所有权力都正确地在于其宣告上位者想要我们做什么或不做什么,以及对违法者将施加何种处罚。由此,一项法律如何具有拘束力就很明显了。拘束力,即将一项内在的必要性加诸于某人从而令其做某事的能力,正确地存在于拥有权威或者主权的主体身上。而法律不过是这一权威的工具,借助这一工具,主权的意志被国民所知,后者通过这一认识接受了一项由此种主权权力所规定的义务。这就进而体现了,将法律权力分为指导性和强迫性的常见做法是不正确的,除非其在强迫性权力之下被理解为处以惩罚的原因,因为指导性法律的功效依赖于其在多大程度上体现了主权意志和在多大程度上对国民施加了惩罚威胁。而强迫性权力,即要求国民的行为符合一项既定规范、威胁施加惩罚并实施惩罚的权力,正确地属于立法者或者执法者。利巴尼乌斯在《演说词》第五章[第2节第51页]中说:"法律肯定需要法官来执行其规定。因为法律既没有手也没有脚,如果任何人呼唤它们,它们既听不到也不会去给予帮助;它们仅通过执法者来帮助我们。"①尽管学者们通常在演说中将属于终极权威的效果归于法律。比如,阿普琉斯在《论世界》(*De Mundo*)[第三十五章]中说:"法律之于城邦、将军之于军队,就好比神之于宇宙那样。"同样效果地,李维在其所著书第二卷第一章中说:"法的权威大于人的权威",但这一原则仅适用于官员不能违背制定法的民主政体。

这些立法者之所以被认为是在实施道德强制,不是由于其通过运用某些现实的暴力能够约束某个人以使其无论如何都实施不了与其命令相悖的行为,而是由于,通过对违犯者施加威胁并指示一项处罚,他们使任何人计划实施一项违法行为都变得很困难,因为考虑到迫在眉睫的处罚,恪守法律而非违反之看起来似乎更加容易些。

༺༺༺༺༺༺༺༺༺

15. 当施加义务的权力被归于法律的时候,我们就立刻明白,严格说来允许是被排除在法律范围之外的;尽管莫迪斯蒂努斯在《学说汇纂》第一卷第三章第7节中表达了这样的观点:"法律的美德在于其命令、禁止、允许和处罚的权力。"因为准确地说来,允许并非一项法律行为,而是一项不作为。法律所允许的就是法律所不要求或者不禁止的;故而法律未对其采取任何行动。显然,任何未被禁止或要求的,都被认为是留待个人自由决定的事情,故而也就是被允许的,即便法律未曾提及之。

---

① 正如巴贝拉克所指出的,此前同一观点也令人尊敬地在狄摩西尼《驳美狄亚》(*Against Meidias*)第224节中被如此表述:"什么是法律的权力?如果你们中的任何人受害并大声呼喊,它们会跑过来帮助你们吗?不,它们不过是写下来的语句,它们无力为之。那么它们的力量在于什么呢?在于你总是为了那些需要你的人的利益而让它们成为有效的。"——英译者注

然而,某些权威学者坚持认为,在允许中存在着某种义务,的确,这不会影响已经被允许做某事的主体,但会阻碍第三方以任何方式约束他人,若其希望做法律所允许的事情的话。他们甚至会将此义务限定在已经得到充分完全的允许的事情上,而不包括未得到完全允许的或者默许的事情。比如,国内法允许丈夫杀死被捉奸在床的妻子,但其并未禁止他人对在此种情况下杀人予以干涉。且如果我们希望说得更明确一些的话,这样的一项效果准确地说并非来自法律的允许,而是来自对个人自由的正确运用,因为我有做任何法律所不禁止我做之事的自由,而这一自由的首要后果就是任何人都不得干涉我无害地行使这一自由。因此,法律明确地允许任何事情,对于从任何与之相反的命令的缺乏之中清楚地推出的事情以及对于提不出任何问题的事情给予破格许可,是再没用不过的了。同样,当一项禁止某事的法律被撤销之后,此前被禁止的行为通过一项明确的命令被宣布为合法,也不总是有必要的,因为一旦禁止被移除,就应认为天生的自由重新获得了其完整的权力。

但是在两种特殊的情况下,国内立法者通常会明确地作出允许。这两种情况,一是指某些行为仅在特定程度上被允许破例实施或者免责的情况,二是指破例或者免责必须在某些条件下被确保实现的情况。作为前一种情况的一个例子,有的立法者通过多数人民制定的法,仅在一定范围内允许高利贷行为;后一种情况的例子则是妇女对自己卖淫权利的购买,对此我当不做详细讨论。关于被阿纳斯塔修斯皇帝撤销的被称为**镀银费**的向高级妓女课征的税,参见埃瓦格里乌斯,《**基督教会史**》(*Ecclesiastical History*),第三卷第二十九章。

法律上的许可通常被划分为完全的,即授予行为之全权并令该行为合法,以及不完全的,即授予免于处罚的豁免或者不受妨碍的自由,抑或两者兼而有之。某些行为在人们中间享有免于处罚的权利,或者是由于世俗的法庭无法处理此类案件,例如国王的过错,或者是由于世俗的法律对该事情尚未达成定论,或者是由于其宣布该行为为合法,最后,或者是由于国内法希望将很多事情留给个人的谦虚和正直来决定。还可参见《学说汇纂》第五十卷第二十二章第144节,以及雅克·戈德弗鲁瓦对这一规定的评论。

有人更为准确地指出,法律或者法庭的许可,是由法律行为或者默示行为作出的。在前一种类型中,对某一事物的忽略确实并非出于纯粹的运气,而是在法律的程序和设计之下作出的,比如,立法者在制定法律的时候表示其有意对每一特定物做充分列举。在这种情况下,只要没有违反公共的行为准则,任何未被其列入禁止名单的事物,都可以被认为是其所允许的。国家权力在当前或者一段不确定的日期内通过容忍、纵容或者睁一只眼闭一只眼而忽略的那些事情,被认为是被默示允许的,由此他们就发展成为了习惯。然而国内法上的许可不能阻止一项行为违反神法,也不能将该行为置于对神罚的畏惧之外。

但还应该指出的是,当我们说未被某项国内法所明确禁止或要求的某件事情是被允许的时候,该法的措辞不应受到吹毛求疵地检查,但该法的精神应当被审视。因为从法律的意思①之中可以汇集很多要点,这些要点应当作为一项必要的后果或者与之类似的东西在法律中被认识。人们尤其是必须将作为国内法经常性补充的自然法或者自然行为准则铭记于心。临时被允许的或者出于权宜之必要而被允许的事情,也不能在一项真实权利的基础上被判断。而所有这些看法都应当在一项绝对完全的许可之下被理解。参见伯克勒对格老秀斯所著书第一卷第一章第 9 节的评注。

16. 一般来讲,法律行为就是由那些业已通过的或者至少是当时所颁布的法律所规定的任何能够做的事情。如果一个人后来出于自身过错丧失了履行法律的能力,法律的拘束力并不由此消灭,相反立法者获得了一项施加惩罚的权利,因为此人不再能够符合其法律的要求。但当一个公民非出于自身过错不能履行法律或者失去了这一能力的时候,该法的通过就不仅是徒劳的,而且是一件最不正义的事情。不过,我们将在别处以一种特定方式探讨与各种类型的法律相关联的问题。

17. 能够被法律所约束者可以直接从立法者的权利中汇总出来:当然,正是此人受制于立法者的命令。从法律本身也足以明显地看出立法者希望约束谁。所有的法律都会借助一项包含在一条无所不包的短语之中的明确决定,或者借助对某些人的一项限制,或者借助一项具有某种性质的条件或理由,指明那些将受其约束的人,由此当有关主体发现该法适用于他的时候,他就知道自己受到该法的约束。由此一项法律约束该法得以源出的立法者治下的所有主体,该法所规定的事项将被适用于他们,因为不如此,骚乱和暴动就将在公民中间产生,而这正是法律被专门设计来避免的事情。由此无人

---

① seusu 应为 sensu。——英译者注

能够免除受所有法律约束的义务,除非他能够证明自己享有某种特权;通常发生的事情是,一个人可以在一项法律通过之后免受该法字面意义的约束,这被称为**豁免**。因为如果一个立法者能够完全废除一项法律的话,他当然能够在某些人身上暂停其效力。

豁免不同于衡平(这两者经常被混淆)之处在于,前者的授予仅属于立法者的权力,而后者能够并应当由一个哪怕是助理的法官来行使;且在要求实现衡平的情况下,如果他仅仅遵从法律的字面意义,就应当得出他是在违背立法者意图的结论。由此豁免依赖于立法者自主的恩典,而衡平依赖于法官的义务。在授予豁免的过程中应当非常有先见之明,以使法律的力量和权威不被混乱的特许所削弱;也使在没有最为紧迫的理由的情况下不授予情况相似的其他人以豁免的时候,这一事实不会因为同样的人未得到平等对待而成为导致嫉妒和愤怒的缘由。

我们在普鲁塔克的《斯巴达格言》(*Laconian Apophthegms*)[第七十三章];《阿格西莱》(*Agesilaus*)[第三十章第 4 节]中发现了一项聪明的豁免的例子,即阿格西莱以"今天让法律沉睡吧!"{这些语句出自亚历山大的阿庇安[《战争》(*Bell*)]《非洲卷》(*Libycum*)[第二百零八章]}这样的表述暂停施行法律一天,以使从战场上逃跑的士兵避免蒙羞。以及同一作者在《德米特里乌斯》(*Demetrius*)[第 900 页]中提到的,当德米特里乌斯希望一次就被所有的秘密宗教仪式所接纳,而当时在二月举行较少的秘密宗教仪式而在九月举行较多的秘密宗教仪式已经成为一种习惯的时候,施塔托克斯就颁布一项命令宣布德米特里乌斯到达雅典的四月应当被称为和视为,首先是二月,然后是九月。还可参见同一作者所著,《亚历山大》(*Alexander*),第 672 页 D,第 679 页 A。

更为令人信服的是他在其所著的《狄摩西尼》(*Demosthenes*)[第二十七章]中所举的例子:当狄摩西尼被从流放中召回的时候他仍然被要求缴纳罚金,而依据法律该罚金不得被无偿返还,于是他们就以这种方式"戏耍了法律"。他们有一项付给在祭祀救世主宙斯的时候付给准备祭坛者一笔钱的习俗。他们将这一任务交给狄摩西尼去完成并付给他五十特兰特,而这正好就相当于其罚金数额。类似的例子还出现在狄奥多所著书第十三卷第一百章,以及普鲁塔克《莱桑德》(*Lysander*)[第七章第 2 节]中。因为拉西代蒙人的法律禁止一人身兼两职,故而某支舰队的指挥官一职被授予阿拉卡斯①,

---

① Arato 应为 Araco。——英译者注

而莱桑德被派去担任其副职,并有命令称"指挥官不得违背其建议"。① 还可参见瓦勒留·马克西姆斯所著书,第六卷第五章第3节末。也许加百列·罗迪斯在《政变》(Coups d' Etat)第三章第193页中所说的西班牙人的习俗也应被归入巧妙豁免的行列。当他们认为某人犯了叛国罪的时候,他们就指定一个秘密法庭进行一场秘密审判并将其定罪,之后以任何可能的方式将判决付诸执行,从而使他们看起来并不是在没有明确理由的情况下将其处死的。

～～～～～～～～

18. 就法律的来源而言,其可以被方便地分为**神法**和**人法**,前者是神制定的,后者是人制定的。但若从法律与其主体之间的必要协议的角度来考量,法律就可以被分为**自然法**和**实在法**。前者与人类的自然和社会属性是如此地和谐以至于人类缺了它就不会有良好而和平的社会组织结构;也就是说,其基于自身对全体人类的持续的功效而具有一种天然的利益和效用。另一项作此分类的原因在于前者能够经由人类所特有的、作为人类普遍特征来考虑的思想天赋而被发现和理解。

实在法绝非从人类本性的自然状况中产生出来的法律,而是完全从立法者的意志中产生的,尽管其不应缺乏起码是为了制定它的特定人类社会而应当具有的理性和实用性。

有的学者将实在法称为**意志法**,不是由于自然法并非出自神的意志,而是由于实在法与人类本性之间不具有总体上有必要加以维持的、或者不经明确和专门声明就广为人知的这样一项协议。因此其理由未在人类社会的普遍状况中被寻求,而是在特定社会群体的特殊的以及有时是暂时的利益中被寻求。塔西陀在《编年史》第十二卷[第六章]中说:"人类的规矩应当服从于环境。"由此在人类组成社会群体之后,其规矩就应由上位者的意志来决定。亚里士多德在《尼各马可伦理学》第五卷第十章中的话可以有助于理解实在法的性质:"这些建立在协定和便利基础上的有关正义的法律可被比作计量标准;因为酒类和谷物的计量并非在每个地方都是一样的,而是买的时候大、卖的时候小。"

神法有的是**自然法**,有的是**实在法**;而**人法**,确切地说,总是**实在法**。这些法律类型中的每一种都将在恰当的地方被更为充分地考察。

---

① 这一注释出自狄奥多所著书。——英译者注

第七章　道德行为的品质

1. 道德行为品质的种类
2. 一项必要的与合法的行为
3. 行为善恶之本质
4. 一项善行具备所有的条件；而一项恶行则可能仅仅缺乏其中一种
5. 恶的缘由绝不能向神去寻求
6. 正义的缘由既在于个人也在于行为
7. 什么是行为正义？
8. 普遍正义与特定正义
9. 分配正义
10. 矫正正义
11. 格老秀斯在正义问题上的立场
12. 亚里士多德在正义问题上的立场
13. 霍布斯在正义与伤害问题上的立场
14. 一项不当行为的性质
15. 伤害的性质
16. 一项伤害可能仅仅来自于过去的道德选择以及错误的性质
17. 自愿接受伤害者所受到的不是伤害

1. 我们的下一项任务是考察道德行为的品质。根据其品质，道德行为被分为必要的或不必要的，合法的或不合法的，善的或恶的，正义的或非正义的。故而道德行为的品质就包括必要性、合法性及其难以用恰当语言表达的对立面，善与恶、正义与非正义。

～～～～～～～

2. 当一个人依据其上位者所给出的法律或命令有义务实施某项行为的时候，该项行为就是必要的；道德行为的必要性存在于这一事实，即它们不应被忽略或者被以任何其他的而非吩咐的方式来实施，如果忽略它们或者以其他方式来实施它们是在一个人天生能力的范围之内的话。而罗马法学家们则频频指出，缺乏这样一种必要性的事情不应被实施。参见《学说汇纂》第二十八卷第七章第15节。

与必要的行为相对应的，既有被禁止的行为，即其履行为法律或者上位者的禁令所禁止的行为,又有合法的行为,即不为法律所要求或禁止而由个人自主决定做与不做的行为。西塞罗在《为巴尔巴斯辩护》(For Balbus)[第三章末尾]处说:"有些事情即便是合法的,也是不可取的。但任何不合法的事情都不可取,乃是最确定不过的了。"利巴尼乌斯在《演说词》第十六卷[第二十三章第20节]中说:"一个人未被命令去做之事①,也就是其未被禁止去做之事。"但是在公共演说的习惯中,不仅那些未被人法或神法所禁止的合法的事情能够在不犯罪或者不被指责的情况下被实施,而且那些未被自然法所禁止并为国内法所允许的事情也能够如此,只要国内法在法庭上不对它们施加惩罚而仅按照每个人的权利观来实施它们。西塞罗在《图斯库兰谈话集》第五卷[第十九章]中说:"任何人作恶都是非法的,但我们渐渐形成了一种不准确的观点,因为我们将一个人被允许做的任何事都称为合法的。"这在兰普雷底斯的《亚历山大·塞维鲁》(Alexander Severus)[第二十四章]中塞维鲁皇帝的话中得到了阐释:

> 他打算一并禁止娈童行为[……]但他担心这样一种禁止只会使一项国家所承认的罪行转变为一项私下实施的罪行——因为欲望驱使下的人会更加具有想要实施被禁止行为的倾向。

我们可以称前一种行为是完全合法的,后一种是不完全合法的。但某些被所有人一致认为最卑劣的行径甚至也能被称为合法的,只要准备实施这些行为的人具备不担心他人阻碍的力量。塞涅卡在《论宽恕》(On Clemency)第一卷第十八章中说:"尽管法律允许一个奴隶在任何程度上被虐待,但关于生命的一般规则还是禁止我们对一个人做某些事情;因为他具有与你自己相同的本质。"②还可参见格老秀斯所著书第三卷第四章第2节,第十章第2节。

---

3. 我们称一项与法律相一致的行为在道德上、或者在道德评价中是善的;而称一项与法律不一致的行为是恶的。(被认为将一件事情或者一项行为引向个人便利与进步的自然的和实质的善,将在别处讨论;尽管其与上述道德意义上的、存在于为自然法和实在法所指示的、并在理性生物之间赋予

---

① que 应为 quae。——英译者注
② 这最后的一条并不在塞涅卡就此问题所做论述的原文中。——英译者注

其某种合理基础的善有所关联。)

行为之善恶的正式理由存在于其与我们称之为法律(我们认为,这一法律使得行为成为必要而非仅仅允许行为发生,且其如果是人法的话,则不应与神法相抵触)的指导性规则的联系或者限定性关系之中。在其与规则术语相一致、并依据规则实施的范围内,如此建立在先前选择之上从而与同一规则相一致的行为被称为善的。在其违背或者偏离规则术语被实施的范围内,则被称为恶的,并被表述为罪恶这一词语。任何指导性的规则,就好比水手的罗盘一样,其被称为直线航行并抵达港口的原因并非是由于船舶遵从了其指引的航线,而是由于领航员在航行中遵从了其指引。同样道理,一项法律被称为正确行为的原因,并非是由于一项行为不论意图如何都与之相一致,而主要是由于其是在法律的命令之下,基于对法律的依赖、即在服从法律的意图之下而实施的。因此如果一个人偶然地或者在无意服从法律的情况下,实施了法律所要求的行为,他可以被认为是正确地实施了行为(从消极而非积极的意义上,也就是说,非罪恶的),但在道德意义上他并未做得很好;正如一个因枪走火而击落一只鸟的人,很难被说成是在运用任何手艺或者技巧射击一样。

〰〰〰〰〰〰〰

4. 再者,由于法律或者确定了品质、即行为人的意向,或者确定了对象,或者确定了目标,或者最后,确定了一项行为的特定环境,由此,一项行为就在道德上是善的或恶的,这或者是由于行为人怀有或不怀有法律所要求的善意,或者是由于行为被或不被指向一个法律在特定情况下所设定的带有如此特定目标的对象。由此还应指出的是,一项好的行为必须与法律在所有实质要求上相一致,而在形式方面,其应当既不是无意为之,也不是出于其他任何不按法律所要求的行事原因。故而一项行为在实质方面可能是善的,但却会被作为恶行而归咎于其行为人,原因在于行为人的恶意。因此有意作恶但客观上带来某些好处的人不值得被奖赏,就像瓦勒留·马克西姆斯所著书第一卷第八章第6节末尾处所提到的那个在试图杀死杰森却反倒为其打破了脓疮的人一样。且由此,利用合法权利寻求罪恶目的者,如一名为报私仇而对罪犯行使刑罚权力的法官,是罪恶的。相应的,在迦太基人中,"他们的将军如果在战役中获胜但是指挥不当的话,将被钉死在十字架上"。参见李维所著书,第三十八卷第四十八章;瓦勒留·马克西姆斯所著书第二卷第七章第1节末。

另一方面，一项在其实质方面可能是罪恶的行为也不会由于行为人的善意而变成善的。由此很显然，没有人能够运用自身的罪恶作为手段来确保某些善的目标，在善可能产生的地方就不应为恶。因为哪怕是与法律的实质或者形式要求有一丁点的不一致，就足以使一项行为变成恶的；且由此，如果行为人的品质，或者对象，或者目标，或者任何环境，或者意图与法律规定相悖，一项行为就可以立即被认定为是恶的。因此某些人所提出的尽管行为人并不具有一项合法的目的，但一项行为就其实质操作而言仍然可能是善的这种说法是没有意义的，因为目的是一项行为的品质中最为重要的组成部分之一，而目的与意图息息相关，这乃是一项对行为品质影响最为深远的原则。因此，不单将一项行为导向一项罪恶的目的是犯罪，将行为导向有悖于法律规定的目的也是犯罪。参见《马太福音》第六章第 5 节。玉外纳在《讽刺诗集》第七章[第 215—216 节]中说："是动机赋予了行为以品质。"而且，不仅是一项已经达到目的的业已完成的恶行，而且甚至是一项刚刚开始实施的恶行，都被视为一项犯罪，实在法有时对后者的处罚①跟一项业已完成的恶行完全一样或者几乎一样，原因是立法者认为在一项恶行刚刚萌芽的时候就予以镇压是恰当的。塞涅卡在《论智者的坚定不移》第七章中说："一切罪行，就其犯罪性质而言，在完成实际行动之前就已经实现了。"

～～～～～～～～～

5. 既然如我们所说，一项行为的善与恶，形式上在于其与一项道德规则的一致或不一致，该行为的效果依赖于为法律所规定或禁止的行为实施者。由此，实施者的决定在道德存在的类型中构成了行为，以至于该行为仅能被归于他而不能被归于其他人。因此，那些将与法律不一致的恶行②在形式上的原因如此安排，以使它们看起来不会使作为万物造物主的神也成为恶的创造者的人，纯属杞人忧天。当然，任何形式的设定必然隐含着对应形式的减损或缺失；但一个在此种缺失之中寻求事情本质的人是多么愚蠢啊！发现直线为曲线之缺失，以及曲线为直线之缺失的人，并没有作出什么进步。而这些发明或畏惧源于对道德事件的无知。因为尽管神是一切物质存在的创造者，其也不应被认为是一切道德、智力存在或者人类发明的创造者。那些认为以某种或其他方式将神牵涉到犯罪原因之中是自己的一项伟大智力成就的人，必定确实受到了思想中某些极为堕落的欲望的影响，因为任何对

---

① paene 应为 poena。——英译者注
② actions 应为 actionis。——英译者注

道德事物有一点理解的人都会感到,没有比问这样一个问题更为荒谬的了,即以法律禁止某行为并在其命令被违背的时候施加惩罚者是否是导致该行为的原因。神在一项行为的物理方面承担某些部分这一事实,不能再成为其被称为罪行原因的理由,就好比一个将某些物品交给工匠加工的人不能被说成是因后者粗心大意的工作所造成的瑕疵的原因一样。因为你给出一个意义如此不准确、如此有悖于通常用法的词,就是在表示一种混合了展示徒劳之功欲望的对神的不敬。犹太人斐洛在《论庇护》(De Profugis) [第十六章] 中说:"还有什么指控比说罪恶的起源不在于我们而在于神更厚颜无耻的呢?"泰尔的马克西姆斯在《学术演讲》第三卷[第十三章第9节a和b]中说:

> 这些名称(注定、命运、复仇)似乎不过是人类邪恶的委婉借口,将邪恶的责任归于神的力量、命运或者复仇。然而一项复仇和一件注定的事,和神的力量,以及所有其他对罪恶心灵的称呼,都是在我们的头脑中形成的。

117 同上注,《学术演讲》第二十五卷[第四十一章第5节a]:"错在选择恶的人;神是没有责任的。"①

<hr>

6. 现在让我们来讨论正义,关于这一问题应当注意的是,首先,正义赋予人的意义与其赋予行为的意义有很大不同。因为当我们用其来描述人的时候,正义意味着一个人以正当行事为乐,他将自己付诸正义,或者说他在每件事情中都试图实施正义。非正义意味着忽视正义,或者认为不应以个人的义务而应根据其是否便利来衡量正义。出于这一理由,一个正直的人的很多所作所为就可以是非正义的,而一个不正直的人的很多所作所为则可以是正义的。由此,一个遵从法律而做了正当的事,以及仅出于自身弱点而做了不正当的事的人,应被称为正义的;一个出于法律所附加的责罚而做了正当的事,以及出于其罪恶本质或者为了确保荣誉或其他好处而做了不正当的事的人,应被称为非正义的。参见霍布斯《论公民》②第三章第5节。普林尼在《颂词》[第五十六章]中的话就建立在这样一种界定之上:"即使是坏人也会

---

① 在此马克西姆斯仅仅是在阐释柏拉图《理想国》第十卷第617页E中所表达的意思。——英译者注
② vive 应为 cive。——英译者注

做很多值得称道的事;只有最好的人的人品才值得称赞。"不妨比较一下腓利门在斯托比亚斯的[《诗集选》(Anthology)第三卷]第九章[第 21 节]中的言论:

一个正直的人并非不犯错,而是当他犯错的时候,其并非有意为之;一个正直的人并非不占小便宜,而是即便在其可以毫无风险地占大便宜的情况下,其仍然立场坚定地予以拒绝;甚至即便不符合所有上述要求,只要其具有一种诚挚的、真实的品质并希望成为正直的人,他就是正直的。

阿尔希塔斯①[在斯托比亚斯的《诗集选》第三卷第一章第 114 节中]说:

正如一个在某些特殊情况下因未能把持自己,或者做了不正义的事,或者表现怯懦而犯下罪恶的人,不应被归入恶人的行列一样;仅凭一次成功的履行行为是无法被归入好人之列的。[……]正确的判断并非基于一件孤立的事情而是基于一个人的完整生活作出的。

另一个例子是在阿伽提亚斯所著书第五卷[第五章]中被一场强烈地震吓得惊慌失措并争相行善的拜占庭居民通过的谴责案:

所有一切都是在有限的时间内完成的,趁着他们的畏惧正当时且正强烈。然而,一旦灾害消退并终止,多数人就急忙回到其先前的习惯中。这样一种思维的突然冲动不能被正确地称为正义,也不能被称为通过正确的主张及其持续性的适用而通常在人类中形成的实质的和有效的虔诚,而不过是一种鲁莽的矫揉造作和具有欺骗性的、廉价的、旨在逃避眼前危险的诡计。只有畏惧持续,基于我们亲身体验之必要性的善行才能延续。

从中显然可以看出,罗马法学家所通用的正义的定义,即"持续的和长久的让每个人得其所",仅适用于人的正义,而不适用于行为的正义。我觉得,这种局面是很不令人满意的,因为法学主要就是与行为的正义有关,而仅仅是顺带地、在少数特定情况下才关注人的正义。

---

① Architas 应为 Archytas。——英译者注

7. 行为的正义与行为的善的区别之处主要在于,善仅表示与法律相一致,而正义则还包括一项与行为实施者之间的联系。相应的,我们认为,一项将先前选择适用于作出选择的人的行为被称为正义的,且由此,在这一定义之上,正义将是一项行为对个人的正确适用。我们决定在与其有关的事物,或基于义务被适用于另一行为的事物的基础之上,对正义作出一项初步的区分。

通过介绍,我们注意到,某些行为可以被称为单一的,某些可以被称为混合的。前者在某些基于某种明确理由而适用于对象的某种力量的推动之下被实施;这种力量包括荣誉的展示、致敬的行为、喜爱、厌恶、慰藉、赞扬、责备,等等,所有这一切的效果都使对象受到,或者被认为受到一定程度的或者导向满意或者导向不满意的影响。而后者则与某些好处或者坏处向被认为将要接受之的个人转移有关,故而它们的效果主要在于某些使个人或者个人财产受到实际损益的运作。还有就是与商业有关并以某种比率来衡量价值的行为;而在某些其他行为之上人类通常不设定价值。这两种行为之间的分类将在下面详细讨论。

在结论中应当指出的是,某些事物是通过一项完全的权利被赋予我们的,其他事物则是通过一项不完全的权利被赋予我们的。当基于前者应赋予我们的东西并非自愿给予的时候,诉诸暴力和战争来强迫他人提供乃是享有天赋自由者的权利,或者,如果我们住在同一国家之内,则依法起诉他人也是允许的;而基于后者应给予我们的东西是不能通过战争或者诉讼来争取的。学者们通常用另外的一个词来表示完全的权利,"他自己的",正如他们所举例的,一个人基于**其自身权利**对此提出要求。但是,某些事物通过完全的权利而某些事物通过不完全的权利被赋予我们的原因,是由于在那些生活在相互的自然状态下的人们中间,存在着自然法规则的差异性,有的自然法仅仅导致了社会的存在,有的还导致了这一存在的进步。既然对他人遵守后者比起对他人遵守前者是更无必要的,那么前者能够被更为激烈地索取也就是合理的了,因为开出一剂比疾病更加麻烦和危险的药是愚蠢的。再者,在前者之中通常存在一项协议,而后者之中则不存在,由此,既然后者被留待个人的礼仪和良知来解决,他人用暴力来强行夺取之就是不恰当的,除非出现重大必要。在市民国家中,这一区别产生于或者允许或者禁止某项行为的国内法,尽管在多数情况下国家遵循了自然法的足迹,除非其自身的理性说服他们采取另一种进路。

~~~~~~~~~~

8. 因此,当行为或事情被延伸到仅基于一项不完全的权利而应获得它们的其他人身上的时候,或者当行为为了一个与事情无关的他人而被实施的时候,通常我们会说普遍正义得到了遵循;就如同当一个人以建议、货物或者个人支持对他人提供帮助的时候,他履行了一种虔诚、尊敬、感恩、慷慨,或者大方的服务,而他有义务如此。此项正义所关注的仅仅是个人应当对他人提供应给予的东西,而不考虑所提供的服务是等于还是少于义务产生的原因。因此,如果尽力而为,感恩就得到了实现,尽管慷慨可能远远超过这一标准。而当与商业关系有关的行为为了他人而被实施或者某些东西被转移给完全权利者的行为被实施的时候,这就被称为特殊正义。

~~~~~~~~~~

9. 如今①这一完全的权利,或者为了基于明示或默示的协议而联合组成其自己得以加入为成员的某种社会而产生,或者基于任何类型的、与任何数量的个人就与商业企业有关的事项和行为达成的协议而产生。当那些基于上述理由而应给予的东西,通过社会与其成员之间的、或者成员与其社会之间的协议实现之后,这就被称为分配正义。每当一个人被一个社会所接受的时候,一项明示或默示的协议也就成立于该社会以及该将要加入的成员之间,通过这一协议,社会允诺赋予他**一定比例的**社会财富,而该社会成员则承诺公正地分担维持社会的负担。赋予成员的财富份额的确定,是在对其劳动、或者从事社会服务的花费数额的评估的基础上,比照其他成员的劳动和花费作出的。另一方面,成员义务的恰当份额的确定,是在对其从社会获得好处的评估的基础上,比照其他成员从社会获得的好处来作出的。且由此,既然一个成员时常比另一个成员对社会的维持作出更大贡献,而一个成员时常比另一个成员从社会获取更多的好处,那么在一个具有很多成员且成员相互之间不平等的社会里,在分配正义中必须遵循一种相对平等的原因就一目了然了。这包括在个人价值与他人价值的比较中、个人回报与他人回报的比较中,维持一个清晰的比率。正如犹太人斐洛在《论君主制》(*On Monarchy*)[第二章第 13 节]中说:"赋予不同职衔的人以同样的荣誉是一项不平等的

---

① proro 应为 porro。——英译者注

措施。"阿里安在《爱比克泰德》第三卷第十七章中说:"好人因其更好而较之坏人更具有优势,这是一项自然法。"因此,比如说,如果六份奖赏将在盖尤斯、塞伊乌斯和提丢斯之间进行分配,如果提丢斯的功绩三倍于盖尤斯,两倍于塞伊乌斯,则提丢斯应得到三份奖赏,塞伊乌斯应得到两份奖赏,盖尤斯应得到一份奖赏。相对平等并不要求个人的回报与其功绩完全相当,而是只要遵循了一个成员与他人相比较的、在公共财富的分配中应得的个人价值相对于他人价值的比例份额就足够了。同样的规则也适用于义务的施加。

但霍布斯在《论公民》第三章第3节中为了推翻在此类正义中所遵循的此种平等①而所说的话,即,我可以将我自己的所得多分配一些给理应少得的人,也可以少分配一些给理应多得的人,只要我所给予的是我业已同意的,是肯定与他所提出作为证据的我们的救世主在《马太福音》第二十章第13节中所说的话毫无关联的。因为在他所引用的言论中,体现的是一个人如果出于慷慨而付给某人比应得的更高的工钱,或者,如果在一般正义所允许的自由精神之下将某些基于交换正义而成立的事物添加到工钱中去,其不会由于违反(调整雇佣、租赁合同的)交换正义而犯罪;当然,只要他并没有不向其他人支付已经约定的工钱。但这与我们要求对一件数人拥有完整的而在数量上不均等的权利的事物分配公平份额的分配正义有何相关呢?而引文中所用的**分配的**这个词,绝不仅仅是意味着存在很多其工钱必须通过交换正义予以支付的工人,而是体现了事情与分配正义有关。

针对格老秀斯在其所著书第一卷第一章第8节中提出的难题,我们应当指出,他的**填补**正义绝不会真的与交换正义相一致,他的从属正义也绝不会与分配正义相一致;他的分类并非建立在与我们的分类同样的基础之上。因为我们的分类主要出自应得之物、出自义务的起源,而他的分类则出自某物被归因的状况和程度。由此就很清楚,为什么在他的观点中社会契约的利益分配属于填补正义,而在我的观点中其属于分配正义。当几何比率在社会契约中被遵守的时候,这不过是出于偶然,因为成员并不必然被分配以不同等的份额,但他们能够作出同等份额的贡献,故而在利益分配中可以存在一种简单平等。

对于格老秀斯所举的例子:"如果只有一个人被发现适合一个公职,奖赏将仅在一种简单比例的基础上对其作出",我们必须进一步追问,其对这一职务是具有一项完全的权利还是②不完全的权利。如果是后者的话,这就

---

① aequalitate 应为 aequalitati。——英译者注
② ad 应为 an。——英译者注

应属于一般正义的情况,如果是前者的话,我们同意他所说的关于比例的观点,即通常地而非一贯地,在分配正义中采用一项几何比例。但我们并非基于对不同比例的运用而在两种正义之中作出区分。而且遗产的分配不属于分配正义而属于一般正义;当一个国家从国库中支付某些公民为了公共事务而花费的金额的时候,这是在实施一项交换正义而非分配正义,因为这一义务的理由并非基于一项国家接纳公民的协议,而是基于一项特别的且殊为不同的契约。

10. 但是任何基于一项相互的协议而应当实施的行为,当其与关乎商业的事情和行为相关联的时候,就被称为交换正义。由于此种协议将我从他人处获得等同于或者至少看起来等同于自己所做贡献或行为的回报作为目标,故而这种正义形式要求一种通常被称为算数比例的简单平等的原因就是显而易见的,然而这一术语在数学家的眼中很少是这个意思,尽管普鲁塔克在《论兄弟之情》(*On the Love of Brothers*)[第十二章]中在流行的意义上使用了算数比例这一术语。因此,与商业有关的事情或行为,应当在关乎其道德价值的范围内,精确地对应于考虑到道德价值而给予或提供的其他事情或行为。稍后我将详细讨论霍布斯在《论公民》第三章第6节中提出的反对意见:"如果我们以尽可能高的价格卖出自己的商品,购买者并未受到非正义对待,因其希望并要求购买它。"

报复正义,在我们看来构成一种独特类型的正义,将在别处被更为便利地讨论。

11. 将格老秀斯对于正义的看法呈现出来也是颇有意义的,因为他不在乎一般正义和特殊正义的区别,而将其分为**填补正义**和**从属正义**,这一划分建立在对于从他人处获得某物的权利的区别的基础之上,此种权利既可以是完全的也可以是不完全的,同时也被称为天赋。因此,根据他的观点,当基于一项完全的、且能够被主张的权利应当给予他人的某物被给予他人的时候,一项行为就属于填补正义;而当仅基于一项非完全的权利应当给予他人的某物被给予的时候,一项行为就属于从属正义。这样的一种命名法看起来具有以下的理由:通过一项完全的权利应给予我的东西在某种程度上被视为已经属于我的,由此,只要其未被提供给我,就可以说我缺失了某些属于自己的东西。且由此，甚至可以对我的占有物分配所有权并将其有偿转让给他人。故而如果我收到某些基于一项完全的权利应当给予我的东西的话，我并未得到任何新东西，只不过得到了一件我所缺失的东西，而在此项行为作出之时，这个缺失的位置就得到了填补。比如，当一个从我的图书馆中借走一本书的人向我还书的时候，其并非向我的图书馆添加新书，而不过是填上空缺的位置。但对于我自己仅拥有不完全的权利来接受的事物，我不能将其视为己有并将其算在自己的占有物之内，因为这些事物的确保获得依赖于他人履行某些责任，而这些人不能在任何暴力手段的胁迫之下去提供这些事物。因此，如果一个乞丐要求一个鞋匠给他一双鞋作为其希望从一个有钱人那里获得的施舍，就是荒谬可笑的。于是，当一个人基于某种不完全的权利给予他人某物的时候，他实际上是给予了后者此前不能认为是自己的东西。出于这一理由，格老秀斯将这一正义称为与诸如慷慨、热心、仁慈之类的利他性美德相伴随的事物，因为人对这些事物仅具有一项不完全的权利。但当格老秀斯将关于**国家力量**的事物也分派到这一正义中的时候，我感觉这更多地属于对公民仅具有一项不完全权利之回报的分配。这些回报确实能够以较之依据合同所应当给予的事物更大的自由度来进行分配，然而严格按照每个人的价值来处理这些回报的分配问题以避免抱怨和对抗，是非常明智的。伊索克拉底在《雅典最高法院》（*Areopagiticus*）[第 21 页] 中阐述了这一点，他提到了雅典城邦的前首领：

> 对他们良好地治理国家主要有帮助的是：对于两项广为承认的平等原则，一项将同样的东西给予所有人，另一项给予个人其应得的东西，他们并非不知道哪一项原则更为有用，但他们认为主张好人和坏人具有平等请求权的原则是不正当的并拒绝适用之，并且倾向于采纳根据每个人的业绩给予奖惩的原则。

123　　格老秀斯对于不适用亚里士多德的命名法给出了如下理由：交换这个词并非真的与交换（因而与填补）正义相匹配，因为占有我的财产的人应当将其归还给我不是出于一项交换契约，但其却属于填补正义的范围。也就是说，尽管我具有完全的权利向任何占有人主张对自身财产的权利，我的行为仍然并非建立在一种**牵连性**，或者一项明示的我与他人之间订立的有关归还我的东西的合同的基础之上，我所要做的只是证明所有权是属于我的。因此，一项与**牵连性**无关的填补正义行为也就是可能的了。而分配这个词在每个方面都不对应于分配正义，因为这一术语暗示存在几个在其之间必须作出某种分配的人,而分配正义即便在只有一个人基于其个人的价值被提供了一项事物的时候也在被执行。

～～～～～～～～

12. 就我的理解,亚里士多德在正义分类上的真实立场是这样的:一般正义,用他在《尼各马可伦理学》第五卷第五章中的话说,是"与他人有关的完整的善的实施",是属于所有人的善。存在三种类型的特殊正义。第一种是分配正义,体现在"荣誉或财富或任何能够在同一社会成员之间进行分配的东西的分配之中"。第二种是矫正正义,与私人交易的纠正有关,这在他看来既可以是自愿的也可以是非自愿的。自愿的交易建立在自由意志的基础上,比如购买、销售、租赁、雇佣、无息借贷、存款、贷款、担保等。非自愿的交易出现在能够恰当地发生此类交易的犯罪中,比如,在一桩抢劫案中我的财产非出于我的意志而被交到劫匪手中,由此就产生了一种他比他应得的要得到的多、我比我应得的要得到的少的不平等。通过从他处夺走超出其应得范围的东西并交还给我,这一状况就得到了矫正。假设,某人在商人的欺骗之下,花九个价值单位购买了一件仅值六个价值单位的东西。现在购买者拥有三个价值单位,商人拥有九个价值单位,而物品的正当价格是六个价值单位。在三、六、九这几个数字之间,存在着一种算数比例,因为第三和第二个数字在序列[在第二和第一个数字之间]①中的差异是相同的。我猜想,这就是为什么他的矫正应当被拿来建立在严格意义上的算数比例的基础之上的原因。参见约翰·冯·福尔登对格老秀斯所著书第一卷第一章第 8 节的评注。而且准确地或者具体地说来,这两种正义与那些在国家中发布命令的人有关。因为在他们而非私人公民的身上,存在着在个人公民之间分配公共产品、纠正出现在合同中的以及源出于轻罪的不平等、并令其变得正当的义务。亚里士多德在《尼各马可伦理学》第五卷第七章中说:"由此,不正义在这个意义上就是不公平和不平等,而法官则致力于令其平等。"

第三种正义是报偿正义,这种正义调整人们相互之间交换事物的态度,据此不同的和不等的事物被比较,并最终在算数比例法则之下被处理得相等。比如,当一匹马和一双鞋将被交换的时候,首先必须确定多少双鞋值一匹马,如果十二双鞋值一匹马的话,如果一个人用一匹马换十二双鞋,"报偿"就得到了遵守。参见亚里士多德,《尼各马可伦理学》第五卷第八章,以及艾

---

① 此说明由巴贝拉克提供。——英译者注

菲索斯的米歇尔在该处所做的评论。此种类型的正义的实施对私人公民和官员都是一样的。但任何深刻理解其著作中关于道德的论述、并发现当其在讨论善的时候如何总是将目光投注到自己的希腊城邦中的人，都会认可我们依据亚里士多德所说的一种类型的正义适用于所有人而其他类型的正义仅适用于或主要适用于行政官和法官而提出的论断。既然在这些城邦中并非所有的公民都具备同样的职能，那么他将某些善仅归于一个特定的公民阶层也就不足为怪了。

<hr />

13. 霍布斯在《论公民》第三章第 6 节、《利维坦》第十五章中，似乎仅承认一项一致的正义，这不是别的，正是信守善意并履行协议这一从伊壁鸠鲁在第欧根尼·拉尔修的所著书第十卷 [第 50—51 节] 中所做言论中借用而来的观点。霍布斯说，在交换、购买、租赁、雇佣、承揽以及偿还贷款等合同中，交换正义将被考虑。而分配正义，尽管准确地说不存在这样一种事物，也在当一位公断人给予每一位在他那里存放东西的人以其本人应得份额数量的东西的时候得到了执行。除了以下规则以外，也不存在任何其他应当遵守的平等：既然我们生来都是平等的，一个人就不应为自己主张较之自己所允许他人享有之权利更多的权利，除非其通过协议让自己获得了这一权利。且由于，在他看来，一项损害，不论是基于一项积极的行为还是一项不正当的不作为，作为对协议的违反都是一样的，故而他断言，一项损害只能作用于已经缔结协议的人。他从自己著名的理论中为自己的这一立场寻求依据，即一项对所有事物的权利已经由自然所赋予；但他在坚持这一观点的时候让此项权利超越了其应有的限度，即在没有一项个人拿出自己的部分权利并将其转让给他人的协议的时候，个人只要遵守自身权利，就有权对他人做任何自己想做的事且不会对他造成损害。参见伽桑狄，《伊壁鸠鲁哲学体系》(*Syntagma Philosophiae Epicuri*)，第三部分第二十六至二十七章。但我们应当进一步详细地展示，这一"对所有事物的权利"只能被认为是指，自然允许一个人使用一切被正确地判断为有助于其稳定和延续的自我生存的手段；而霍布斯本人在其所著书第一章第 7 节对权利的定义中也假设了此种对理性的运用。

正当理性绝不会命令说，一个人应当纯粹出于放纵而冒犯他人，而后者要禁不住愤而诉诸战争并求得还报。再者，说在一群具有相同权利的人中间每个人都对所有事物和所有人具有一项权利，也肯定隐含着一种矛盾，因为个人对所有事物的权利要想有任何效果的话，就无可避免地要吞并他人的权利;而幻想这样的一项权利反过来对他人没有效果也是同样荒谬的。因为在道德问题上,"不是"与"没有效果"几乎就是一回事。但是何种权利是他人也具有同样权利来对抗的呢?如果一个人具有与我同样的权利并能够无视我的命令的话,谁会说我有权利命令此人呢?或者,如果这些约束能够基于一项同样的权利被连本带利地还报到我身上的话,谁会说我有权利约束他人呢?由此可以确定,绝不存在任何个人对他人实施此种行为的权利,且由于这样做的人是**无权**为之的,故而他所实施的就是一项**伤害**。而另一方面,另一方拥有让他人不对自己实施此类行为的权利;且当后者这样做了的时候,他就受到了损害。由此,那种因被违反而构成损害的权利,并非仅仅由一项与他人之间的协议所获得,而是由自然本身在没有人类干涉的情况下所赐予的。由此,那种除非已经订立协议或者某些事物已由馈赠的方式被赋予某人,否则就不存在对任何人的伤害的主张是错误的。我们将在别处展示,霍布斯在上引《利维坦》中宣称正义和所有权归根结底来源于国家,也是错误的。事实上,所有正义都能被归为协议的履行这一观点,是很不正确的,相反,在能够知道一项协议是否应当被实施之前,个人应当确认,该协议是在自然法的命令或者至少是允许之下订立的。还可参见坎伯兰,《论自然律》第八章第 6 节。

  从我们已经作的论述中可以看出,尽管伤害和损失颇为不同,且尽管有可能在同一行为之下伤害被施加给一个人而损失则被施加给另一个人,但绝不能如霍布斯在上引论述中所想要推断的那样认为,一个因与其没有协议的人而遭受亏损或损失的人,所受的仅仅是损失而非伤害。而且那些例子也不足以确凿地证明其主张。他说:"如果一个主人命令一个根据协议有义务服从他的仆人,向第三方支付一笔款项或者提供某种服务,若仆人未予服从,则仆人确实对第三方造成了损失,但仅对其主人造成了伤害。"然而,若仆人在被要求付款的时候未予支付,债主不会遭受损失,因为他仍旧可以对主人提起诉讼,而若仆人未依主人的吩咐令其获益,主人也不会遭受更多的损失,尽管如果仆人劫夺或侵占了其主人本应给予他人的东西则是犯下了盗窃或其他罪行。因为在这一事实之上,严格说来第三方并未由于未收到所亏欠的服务而遭受损失(参见格老秀斯所著书第二卷第十七章第 2 节),他仍然能够向其主人控诉仆人的狡诈,而后者肯定不会允许其不受责罚地这样做。而即便仆人离对第三方施加一项伤害还差得远,但其仍然无权这样做,因为其向第三方提供了对其提出控诉的充足理由。

  在霍布斯的《利维坦》中,另一项阐释是这样的:"私人公民可以偿付彼此之间的欠款,但不会对从中受害的抢劫、杀人以及其他暴行给予报偿,因为欠债不还所伤害的仅仅是有关当事方,而上述罪行还伤害了代表国家人民的人,即立法者。"对于这一点,只要不得出罪行对受害者并未施加伤害的结论,我们是赞同的。但其在前引《论公民》中提出这一观点的方式,则是无论如何不能允许的。他说:"如果一个国家中有一个人伤害了另一个与其没有协议的人,他对受害人造成了损失,但仅对握有整个国家权力的人造成了伤害。"能够说侵犯了我的公民并非伤害了我而仅仅伤害了我的君主吗?即便我们完全承认生活在自然自由状态之下的人具有一项针对所有事物的权利,这样的一项权利能够存在于同一国家中的拥戴同一统治者的公民中间吗?他补充说:"如果遭受了一项损失的人能够控诉说自己受到了伤害,别人可以回答说:'既然我没有阻止你遵从自己的而非我的意愿,你凭什么说我应当遵从你的意愿而非我自己的意愿呢?'"那种"只要在他们中间不存在特殊协议,此项回答就是颇为正确的"的说法,是肯定不对的;而且,如果一个人认为自己能够用这种回答对他人的控诉置之不理的话,那么我们会认为此人丧失了一切正常的理智。

但是霍布斯在上引注中颇为正确地提出:"正义这个词隐含着一种与法律的关系,伤害这个词既隐含着一种与法律的关系又隐含着一种与个人的关系。"因为当某种不正当的事情被实施的时候,所有人都能够称其为非正义,也就是说,其是对所有人的不正义,而一项伤害可以并非针对我或他,而是针对第三方实施的,且有时不对具体的人实施而仅对国家实施,比如,对于一个人在决斗中所面临的死亡,即便是受害人也不能对此项伤害予以控诉,因其愿意面对这样一种为法律所禁止的竞争风险。但是立法者无疑有权在其法律被违反的时候主张其法律的合理性。

〰〰〰〰〰〰〰

14. 现在,既然正义的特征已经确立了,就很容易界定非正义及其各种类型。因此,一项在恶意之下对某人实施的与其应得之物不同的行为,或者拒绝给予某人其应得之物的行为,就是非正义的。的确,给予某人我们无权给予的伤害,或者拒绝给予或夺走其应得好处是非正义的,因为善的本质就是其能够被没有原因地施加给某个人,只要第三方不会由此而受到损害;而恶的本质就是我们能够避免给予某人应得的惩罚而不造成伤害,只要他人不会由此遭受损害。因此一项非正义的行为既可以是将不应该做的事情加诸到某个人身上,也可以是拒绝给予其应得之物,因为即便是对一项有义务履行的行为的拒绝或不作为,在道德上也被视为一项行为。

15. 一项有选择地实施的、侵犯他人的完全[1]权利的非正义行为通常用**伤害**这个词来表示。这一术语意思很清楚,我们应当牢记一项伤害能够以三种方式被施加到一个人身上:第一,通过拒绝给予其有权获得的东西(马可斯·安东尼斯[奥勒留]在其所著书第九卷第 5 节中说:"总是存在作为以及不作为的非正义。");第二,通过夺走其已经拥有的东西;第三,通过将他人所无权加诸于他的伤害加诸于他。就第一种伤害类型而言,应认识到,某物应给予某人,这或者是纯粹出于诸如人道行为、慈善行为和感恩行为等其并不享有完全权利的自然法;或者是出于一项协约,该协约或者是特定的,或者是在规范着我们给予他人法律所要求之物的国内法义务中写明了的。当属于后一种类型的事物被拒绝给予个人的时候,其被正确地称为一项伤害,但在其他情况下则并非如此,尽管它们构成了对自然法的一种违反。自然法也不能强迫一个人遵守其义务,尤其是在自然法上不存在最高权力的情况下,除非某种确实基于自然重要组成部分的特性而产生的严格意义上的必要性要求在非出于强迫或非出于对惩罚的畏惧的情况下履行这些义务。由此,在某种程度上,霍布斯的这一观点是正确的:"任何伤害仅能够被加诸于与之订有协约的人身上。"但当某些坏处被通过夺走其原本拥有的东西或者施加某种实际伤害的方式,施加到一个既未同意也无缘由要受此害的人的身上的时候,这就总是可以肯定是一项伤害,不论是否存在一项协约,因为自然赋予每个人若非已经犯错就不受他人伤害的权利,自然还规定人不能无故地伤害他人,而政府的善治更是要求如此。我们加上"无故地"这个词,是因为这一条件乃是使一项行为成为一项伤害的首要条件。亚里士多德在《尼各马可伦理学》第五卷第十五章中说:"一个因受到错待而在同样程度上实施报复的人,不被认为是在行不义之事。"

16. 对一项真实伤害的进一步要求是,这是出于意在伤害他人的先前选择或决定而为的。因此,出于机缘巧合而由一个无知且无意的行为人造成的意外事故,不在伤害之列;比如,一名士兵在训练场上练习掷标枪的时候碰巧击中了一名路人,又如,当一个人在自己的住宅中修剪树枝的时候,一截树

---

[1] prefectum 应为 perfectum。——英译者注

枝不慎掉下砸在一个无权进入其住宅的人的头上。安梯丰在《演说集》(*Orations*)第七章[第3节B]中为一个用标枪击中一名男孩的人作了如下的抗辩：

> 他并未做任何被禁止的事情，而是依据指令行事；他没有朝锻炼的人群中投掷标枪，而是在一群掷标枪手中间、站在自己的正确位置上投掷；他也没有忽视标记而向远处的人群投掷。尽管他准确地实施了自己意图实施的行为，他仍然并非一个因过失而实施伤害的行为人，而是一名受害者，因为他无法成功地实现其目的。

亚里士多德在《尼各马可伦理学》第五卷第十章中表达了同样的观点："一项行为的正义与非正义性取决于其主动与非主动性。"进而言之："当损害出于意愿之外的时候，就是一件意外事故；而当损害尽管未出于意料之外但却不包含恶意的时候，就是一项错误。"艾菲索斯的米歇尔在这一段中做了如下评论[《评尼各马可伦理学》(*On the Nicomachean Ethics*)，载《亚里士多德评注》(*Commentaria in Aristotelem*)，第二十三卷c，第53页第8段及以下]：

> 就损害而言，有的是源于无知并且非主动实施的，其他的则是有意且主动实施的。在那些源于无知的损害中，有的是不可预见的和出乎意料的，而其他的则是非主动的、但事实上却并非不可预见的和出乎意料的。在指出源于无知的损害属于一般性的错误之后，亚里士多德进而做了一项区分，并宣称我们应当称那些不可预见而发生的事情为厄运，称那些并非不可预见而发生的事情为错误，将两者视为一个完整的类型并使用同样的称谓。那些不可预见而发生的事情，应当是罕见的和出乎意料的；比如，一个人突然打开门撞到了站在附近的父亲，又如，某人正在一个平时无人路过的地方射击，不巧有人突然经过并被击中。这些事情是不可预见的和出乎意料的。[……]然而，那些的确并非不可预见的、而是出于行为人的无知的行为，应当被称为错误。一个在马路上、或者在一个完全可能有人的地方掷标枪并击中别人的人，是犯了一项错误，这种损害被称为错误。因为亚里士多德指出，当过错的可变原因在于他的时候，一个人就犯了一项错误；就他将标枪投向一个人们惯于经过的地方而言，过错的可变原因在此种情况下归于他。

一项非法侵入的行为,被罗马法学家们正确地称为一项**过错**,他们将其界定为某种当一个人出于粗心和笨拙而疏忽了其本应知晓的事项的时候所实施的行为。他们根据我们能够想到的适当注意的程度,为其规定了三种等级,而未遵守适当注意义务的则为过错。第一种是对所有人的一般性注意,这并非由特别的关心和注意所形成,而可以说是从一般意义上讲的。接下来就是更有教养者超出一般程度的注意①,其可由任何人在自然根据每个人的才智和能力来提出要求的个人事务中实施。最后就是一项仅由最为谨慎的房产所有者在其事物中所实施的更为严格的注意。对于最后一种注意的违反通常②被称为一项**非常轻微的**过错,对第二种注意的违反被称为一项**轻微的**过错,而对第一种注意的违反则是一项**严重的**过错。就严重过错而言,他们认为,这就相当于是在契约或者类似事务中实施欺诈,且案件与损害赔偿有关,但未涉及犯罪,尽管这种情况只是减轻而非消除了侵犯的恶性。当他们在讨论合同约定的时候,他们一般性地展示了轻微和非常轻微的过错的后果。

当一个人,在狂热和某种不过是偏执的意图之下被驱使着去损害他人的时候,此种损害不能摆脱伤害的标签,尽管此人可能不会立即由于实施了此项行为而被称为不正当的。因此,亚里士多德在《尼各马可伦理学》第五卷第十章中总结道:

> 当一个人在知晓但非故意的情况下实施行为的时候,这就是一项非正义的行为,就像在所有出于愤怒或者其他必要的或自然的情绪而实施的人类行为中一样;因为在实施此种损害、并犯下此种错误的过程中,我们是不正当的,而它们则是非正义的行为,但这并不意味着我们立即就是不正当的或邪恶的,因为损害并非罪恶的结果。而当行为是主观故意的结果的时候,行为人就是不正当的和邪恶的。因此,说此种出于愤怒的行为并非出于有预谋的恶意而为之是正确的;因为不是愤而实施行为者而是挑起愤怒者,才是肇事者。

〰〰〰〰〰〰〰

17. 最后,一项行为要被称为一项伤害,必须在违背某人意愿的情况下

---

① diligentiae 应为 diligentia。——英译者注
② svevit 应为 suevit。——英译者注

130 被施加于他,因为众所周知,**一项伤害不能被施加于一个有意接受它的人身上**。亚里士多德在《尼各马可伦理学》第五卷第十一章中说:"由此一个人能够主动地遭受损害并受到不公正的对待,但是他不能主动成为非正义的受害者。"其理由在于,我在他人同意之下获得的利益,或者在他人同意之下不履行的义务,被视为他人对我的馈赠。当我不过是接受了被给予我的东西的时候,谁会说我实施了一项伤害呢?一个人希望施加到自己身上的东西也不能被称为一项罪恶,因为的确,一项罪恶必须包含一项来自于意志的厌恶,当然,这里的意志指的是个人充分利用其理性且未被某种狂热情绪所完全煽动的状态。还可参见安东尼斯·马特乌斯,《犯罪学》(引论)第三章第2—3节。霍布斯在《论公民》第三章第7节中的界定遇到了麻烦,因为按照他的理论,一项伤害仅能够出自对一项协议的违反。亚里士多德在《尼各马可伦理学》第五卷第十五章中得出了这样的结论,即一个盛怒之下实施自杀的人,并非是对自己而是对国家实施了一项伤害,因为他让国家失去了获得一名将军、一名士兵、一名工匠的服务或者具有此类性质的某种服务的机会。故而一个被此人所伤害的国家过去常常通过对其尸体或其在人们中的印象施加某种羞辱来惩罚他。还可参见艾菲索斯的米歇尔对亚里士多德《尼各马可伦理学》第五卷第十五章的评注。尽管上引注中亚里士多德所提出的"法律不允许自杀,而法律所不允许即为其所禁止的"的主张是错误的,除非在"允许"的意义中加入命令的意思。

第八章　道德行为的参量

1. 道德行为的绝对参量
2. 神所要求的意图
3. 法庭足以适用的意图
4. 完善或完备的行为之性质
5. 行为的相对参量

1. 现在我们要做的,是针对道德行为的参量,简要地说明它们如何在一定程度上被评估并被赋予某种称得上是量化的评价。我们发现①人们的自发行为,既能够在其自身中**绝对地**评估,也能够面向他人被**相对地**评估。就一项绝对的评估而言,在善行与恶行之间存在着非常大的区别。如果我们正式地、精确地认定一项善行的话,我们不会发现任何表现为参量性质的东西,因为善本身就在于其与法律的一致性或协调性,而这被认为是无法测量的。由此,一项被正式地、精确地认定的善行,不会比另一项善行更好,即便从其所涉事项和对象,以及义务程度来考察,一项善行不会较之另一项更为优越和高贵。但由于一项恶行背离了法律的字面意思,而此种背离能够被认定为较大的或者较小的,基于此,一项被正式认定的犯罪,其本身能够被评估为较大的或者较小的,正如一条曲线比起另一条曲线偏离一条直线更多一样。芝诺在第欧根尼·拉尔修所著书第七卷第[120节]中所采用的那种论证方法是毫无意义的:

> 他们确立了所有违法行为都一样的立场。[……]因为如果说一件正确的事情较之另一件正确的事情并不更具有正确性的话,一件错误的事情也不会比另一件错误的事情更具有错误性;且由此,一项欺诈行为不会比另一项欺诈行为更严重,一项犯罪也不会比另一项犯罪更严重。一个距离老人星一百步的人,与一个距离老人星仅一步之遥的人,都同样不在老人星上面;且由此,犯下重罪的人与犯下轻罪的人,都同样是步入了歧途。

---

① Deperhendimus 应为 Deperhendimus。——英译者注

如果有人希望将这种背离法律的犯罪与任何其他类型的参量相比较,这就像是一个三角形,其一面是直线且其大小能够通过以直线中心为焦点所做的圆周的两面所分割的弧度来测量。因此,当我在年轻时学习这门科学的要义的时候,我时常利用圆周来解释犯罪参量。不过现在我倾向于以一种直白的方式来表现它们,因为那种类型的阐释方法被认为更适合年轻人而不是成年人。

✧✧✧✧✧✧✧✧

2. 但既然一项行为要成为善的,不仅必须实施法律所指示的而且必须在与法律相一致的目标之下这样做,则显然,如果任何行为要被认为是完全善的话,那么首先,法律的要求必须在各方面被实现,其次,唯一驱使着行为人思维的是那种对立法者表示直接服从的意愿。且由此,既然我们被神法命令全心全意地、齐心协力地热爱神,那么显然,没有行为能够被神认为是完全善的,除非其在最为完善的目标之下被实施,且除非行为人除了满足至善至伟的造物主的愿望之外头脑中没有其他目的。而这必须被最为仔细地考察,因为我们心灵中最微小的彷徨和踌躇都逃不过洞悉心灵的神之法眼。认识到这一真理的人是不愿意在神的面前吹嘘自己的完善性的。

✧✧✧✧✧✧✧✧

3. 但是在法庭中不需要遵循一种如此严格的注意,因为,就立法者的立法目的而言,国家利益通常依赖于行为的外在表现而不论行为人的意图如何,他们往往仅仅满足于行为的形式遵循了法律的字面意思。尤其是由于,他们除了通过猜测或者意思明显的表示等绝不会给出对于人心的准确理解的方式之外,无法触及人的内心深处,也不能领会行为人的意图。因此,他们仅仅通过直觉来测量行为的参量,或者在人的智力能力以及市民生活的惯例所允许的范围内来这样做,故而他们几乎不会让自己费心去考虑行为人的意图可能是如何的完善和真诚,只要大概的事实足以作出判断就可以了。

但人们对于恶行中的意图给予了更大的关注,的确,当没有意图被表现出来的时候,比如出于无知或者错误而实施的行为的例子,行为将被视为非主动的,且由于这样的一项行为通常不被归咎于行为人,故而其同时也被认为不具备道德参量。但总体上,任何在自由选择之下实施的道德行为,行为人的意图越发稳固和完全,就被认为越发糟糕。这种法官因自己无法看透到人的内心深处而时常通过各种猜测和暗示来衡量的意图,在别处得到了更为充分的探讨。

❧❧❧❧❧❧❧

4. 就道德行为的事项而言,一项已经达到可以说是此种类型的充分完整程度且不缺乏应有部分的善行,被认为是完善的。不具备此种完善性的行为,则由于其或者缺失了构成整体的某一部分或者只是着手实施而未实现,因此背离了该种完善性而被视为等级较低的。但另一方面,一项完全达到其预期目的的恶行,被认为是此种类型中最为恶劣的,每一项恶行越是缺乏完整性就越具有较少的恶性。

但对于行为对象,在此必须指出的是,正如法律所宣示的那样,它们处于一种双重的分类之中。因为有的人承认差异而有的人不承认;也就是说,有的具有这样的一种性质以至于一项行为必须完全地具备或不具备它们、或者完全地具备或不具备其对立面;但在有的对象中,其中一部分可以具备而剩余的部分则可以缺失,或者其对立面能够被部分地保留。

再有,在行为对象中可以发现第二种区别,因为有的对象作为法律的构成部分,某种程度上包含了能够被区分的相同事物类型。因此,摩西代表神所颁布的《十诫》(*Decalogue*)中的第五项①实在性戒律,作出了在任何物质需要方面给予你的邻人以帮助的指示。这一指示进而将同样类型的事物,如生命、身体、健康的维持,悲痛的避免,以及饥荒时期食物的给予涵盖在内。而与之相对应的禁止你伤害友邻身体的法律,则将死亡、致残、致伤、囚禁以及威胁涵盖在内。参见《学说汇纂》,第四十七卷第十章第 15 节第一段。同时,关于责令保持贞操的第六项②确定性戒律,涵盖了思想的纯洁、言谈举止的贤淑、不当交往的禁止;而与之相对应的禁止不贞的法律则涵盖了偷情、通奸、下流言行以及淫乱思想。为了说明这一点,我们看到,关于不贞的词语准确地说来与偷情没有某种程度上的③或者部分的联系,但由于神圣的立法者为了简洁而将很多行为置于一项特定的法律之下,故而实施通奸行为者与实施偷情行为者一样,肯定地、完全地犯下了与第六项[第七项]戒律相悖的罪恶。因此,就这样的对象而言,如果法律所规定的未被实施,则其必定是被完全忽略或者其对立面必定得到了履行。

---

① 通常记为第六项。——英译者注
② 通常记为第七项。——英译者注
③ gratus 应为 gradus。——英译者注

但某些法律所认定的行为对象具有如此的可分性以至于其包含能够被区分的特定事物,比如那种其整体或者甚至其对立面不需要全部实现或不实现、而是仅有其中的一部分能够实现、剩余部分则被忽略的不可或缺的组成部分。比如,法律要求劳动者的所有薪水都应被支付,其中部分薪水能够得到支付而部分则不能。但当我不仅不支付我欠某人的酬劳,而且还从他那里夺走某些东西或者对他施加某种侵害的时候,此种行为就立即变成另一种类型,而与上面引证的例子无关。

5. 再者,既然一项行为可以涉及某些更高贵的对象,而其他行为则涉及更卑劣的对象,那么一项行为相对于另一项行为所产生的善或恶就各有不同,出于这一原因,在善行中此行为可能较之彼行为高尚得多,**而反之亦然**,在恶行中此行为也可能较之彼行为坏得多。这在贺拉斯的《讽刺诗集》第一卷第三部分[第115—117节]中得到了说明:"理性绝不会向我们证明,偷摘邻居菜园中诱人的卷心菜所造成的侵害与夜劫寺庙所造成的侵害是一样的。"还可参见西塞罗在其《为穆勒纳辩护》[第二十九—第三十章]中的言论,在其中他机智地攻击了斯多葛学派著名的所有罪行都是一样的格言。而贺拉斯的格言也不应在忽视其《使徒书》(*Epistles*)第一卷第十五首诗[第一卷第十六章第55—56节]所提出的这一观点的情况下被关注:"当你仅从一千蒲式耳豆子中偷了一蒲式耳的时候,减轻的只是我的损害,而非你的违法行为。"然而,这属于对行为进行相对衡量的范围,这一问题将在下面的第八卷第三章中得到充分讨论。

第九章　道德行为的归责

1. 源于行为的归责
2. 源于恩惠的归责
3. 源于债的归责
4. 什么能够被有效地归责？
5. 事实的性质
6. 道德行为的效果如何被消灭

1. 我们在上面已经做了充分的论述，来指出一项行为被归于一个人，或者说被视为属于一个人的要求是什么。我们还需要探究的是，在何种基础上它能够被归于行为中的人，并达到一种在行为人自己或者他人身上产生一种道德效果的程度。法律所规定的行为必须与留待各人自由选择的行为区分开来。对于前一种类型的行为，当通过法律来规定这些行为的立法者专门指出行为人是这些行为的创造者且这些行为的效果归于行为人或者属于行为人的时候，这些行为就被认为是归于行为人的。对于后一种类型的行为，当个人在并非出于必要或为了获得回报而是为了他人利益而实施行为、并表明自己是为了他人而实施行为并希望由此将自己置于义务之下的时候，这些行为就被认为是归于行为人的。对"归责"这个词的后一种用法在拉丁学者中更为普遍，前一种用法则在神学家和研究道德科学的学者中尤为普遍。但是在这两种归责中间，存在着明显的区别，因为前一种是由立法者或者法律监管者传递给行为人的，而后一种则是由行为人施加到行为为其作出并令其获益的人身上的。

～～～～～～～～

2. 第一种类型的归责通常被细分为**源于恩惠**的归责与**源于债**的归责。前者是指一个人出于仁慈将第三方所实施行为的效果赋予另一个人、而若非如此后者就无权为自己主张此项效果的情况，或者是指一个人自愿让另一个人的行为对其产生较之该行为本身所能够产生的效果更大的效果的情况。然而，后一种归责类型仅在讨人喜欢的事物中才是可能的，而在令人反感的事物中则是不可能的。因为正如利益的本质在于它们能够被无偿且无因地给予一样,如果任何人不愿在一种纯粹的仁慈的名义之下给予另一个人某些原本不属于他或者未赋予其主张之权利的好处的话,就可以在一项可归责行为的名义之下这样做。然而,理性不允许我,在同一基础之上,将一项恶行的效果施加到与之无关的另一个人身上,因为那些效果不会随着其原本的条件而出现。由此,一个人因明显属于他人的过错而被剥夺自然赋予他的每个人都应享有的权利,或者为了拥有那些自然仁慈地赋予所有人无需理由就能够拥有的东西而承受负担,是不恰当的。例如,一位统治者可以将父亲的功劳归于仍然籍籍无名的儿子,并由此授予其若非如此就不应得到的荣誉。然而因为父亲的罪行而惩罚无辜的儿子则是不合理的。但有时,父亲的罪行可以成为某些好处不被给予儿子,或者某些应当给予儿子或应当由其保有的好处被剥夺的原因,不过这仅仅是在特定的条件下才是如此。无论如何,儿子都不会由于父亲犯罪这一事实而受到那样一种其本身状况会自然地予以拒绝的惩罚。在这样一种情况下,自然不保证子女能够确保获得父亲的所有财产或者特殊荣誉。这些事物仅在父母不受阻碍地将其传给子女或者未因某些罪行而损害其意志自由的条件下,才能留给子女。而未从父母处获得任何财产且必须自力更生的人也不会遭遇到比很多社会所允许的更糟的命运。

但是,无辜的子女可能由于其父母所被追究的重大罪行,而被迫离开国家,因为无人能够从自然那里获得一项永久居留此国或彼国权利,此项权利是基于其本身或者他人的行为而获得的。这一权利的保留建立在一项条件的基础之上,而当一个人的父母实施了某项罪行的时候,这一权利就此丧失。的确,某项权利的占有依赖于对某些条件的符合并非是不合理的,尽管无人能够否认的是,某些国家的法律在这一点上的规定肯定具有不合理的过于严苛性。

❋❋❋❋❋❋❋❋

3. 当那些其利益在于一项行为发生或者不发生的人声明一项行为属于行为人且随之产生的效果也应当归于行为人的时候,这就是一项源于债的归责。相应的,如果一项法律为一项善行专门设定了一项特定的回报,则显然,该回报能够在执法者承认的情况下被实施了该项行为的人所主张获得。但当一个人仅仅是在其指挥官的权威之下被命令去做某事、且未得到任何给予回报的承诺的时候,其就应当仅仅满足于其上位者的认可,并将避免后者的伴随着其未执行命令而来的不满意视为足够的回报。另一方面,当一项非法的行为被实施的时候,被识别为行为实施者的人有足够的理由畏惧法律所规定的惩罚。但若不负有监督和执行法律职责的其他人赞扬一项善行并谴责一项恶行,则其除了单纯的名誉损失之外将不会对行为人造成更大的影响。这在狄奥多·苏格罗斯的《善恶语录文摘》(Excerpta Peiresciana)[第十章第12段]的著名格言中得到了阐释:"赞扬是一种对功劳的回报,即便这不花钱,而谴责则是对徒劳无功的惩罚,即便这没有施加打击。"

应当进一步指出的是,当一项行为的发生或者不发生涉及若干人利益的时候,如果其中的一个人不将该行为归于行为人,他也绝不会减损他人的权利,因为该权利不取决于其示范作用。例如,在与我有关的范围内,我可以宽恕违法伤害我的人,但我的示范不会减损国家检察官所能够作出的任何指控。同样地,神对罪人所表现的仁慈并不有损于法庭的权利。但如果所有相关的主体都不提出控诉,则有关行为就其道德效果而言被认为是无意义的。一项行为的作为与不作为与构成行为对象或责任人的那些人,也就是那些行为所针对的人以及那些将从中受益或受损的或者有能力引导行为的人息息相关。因此,如果受害人、地方官和神都宽恕一项罪过,则该罪过被视为在道德上未被实施。

~~~~~~~~~~~~~~~~~~

4. 在上述归责类型与行为人将本来能够避免的行为归于从中受益的人的归责类型之间,存在着很大的区别。一个准确地执行了其上位者命令的人能够期待从他人处、尤其是从发号施令者处获得认可,但他绝不能对法律所明确规定之外的任何回报提出主张。参见《路加福音》,第十七章第9—10节。基于同样理由,一个人不能声称,由于其没有从事一项既受到法律又受到其上位者所禁止的恶行,一项产生某些好处的权利应当归于他;相反,他应当满足于其上位者对其守法的认可。因为如果他实施了违法行为的话,一项严厉的惩罚将正当地加诸于其身上,而对这一后果的避免就是其回报。由此,在塞涅卡的《论争端》(Controversies)第四卷第七目中,一个人被暴君捉奸在床并拔剑杀死了暴君,接着他要求对其刺杀暴君的行为给予回报,对此人们的回答是:"他是在企图骗我们对他承担义务,因为当他被捉奸在床的时候不过是想保命。"而西塞罗在《反腓力辞》(Philippics)第二卷[第三章]中非常正确地否认其对安东尼负有任何义务,因后者并非为其所杀:"然而放弃不道德的罪恶算什么善良呢?"其他人对这一立场给出了这一理由,即道德行为的不实施仅仅是不具有实在品质的非道德存在。但对此可以回应说,在其被视为对某种自然能力的限制和约束的范围内,其也可以被视为道德存在。

　　然而当我为了另一个人的利益而实施某项自己原本能够正当地、便利地避免的行为，并且为此放弃了更为便利的做法的时候，我就有充分的理由将该行为归于他，也就是说，我有权要求他承认我的所作所为并按照他从中所获利益的比例对我承担义务。但要让这一项归责成为正当的，行为人在其行动中有意给予他人以某些利益，以及接收方以明示或默示的方式表达出接受的意愿，就是必需的了，因为一项违背个人意愿而被给予的好处不能被正当地归于接收方。而一个人将其非出于对我利益的考虑所实施的行为、或者甚至是意图伤害我的行为归于我，则更是厚颜无耻的行为，这就好比一个试图夺走他人性命的人将后者的脓肿——该脓肿非经此法无法治愈——割开却让他恢复了健康，其若要为此而主张回报的话，就是一个傻瓜。尽管塔西陀在《历史》(*Histories*)第一卷[第七十一章]中说："马里乌斯·塞尔苏斯，以不可动摇的忠实，承认死心塌地依附于伽尔巴的罪行，并质疑后者对自己所作示范的感激。"还可参见《创世记》第四十五章第 5 节；第五十①章第 20 节。在尤多西娅嫁给皇帝狄奥多西之后，她派人将曾经把她逐出家门的兄弟们找来，尽管对他们怀有怨恨，但她实际上感谢他们的所作所为促使她达到如今的位置："因为若非被他们赶出家门，她就不会来君士坦丁堡"，佐纳拉斯在其所著书第三卷中论及青年时期的狄奥多西的时候说道。

　　但是当那些关注公众意见的人在确定一件事情应当被归责的比例的时候，一项有关归责所能够达到的、且一旦超出就无法对当前事物进行归责的界限的协议就会产生。参见《马太福音》第二十章第 13—14 节。霍布斯在《利维坦》第十章中的话也体现了这一点："功劳以一项权利将从承诺的事情中产生为前提。"

❦❦❦❦❦❦❦

　　5. 由此可以看出，理解功劳以及值得表彰行为的性质是一项容易的任务，正如某些人所宣称的，其效用将被发现是有益的，即便其与神的意志相悖。功劳的来源在于某人在非出于义务、且在别人无权要求我们为之的情况下提供服务，因为当一个人纯粹是出于义务而实施行为的时候，他不过是在履行义务，故而对由此能够产生的任何功劳都没有提出进一步主张的权利。塞涅卡在《论争端》第一卷第八目[第一卷第六章]中说："请允许我给予我的

---

① L 应为 l。——英译者注

国家以某些好处；我所有为此而提供的服务只是为了遵守法律。"尤利乌斯·卡庇托林努斯在其担任安托尼努斯·比乌斯[二世]的生涯里，在给出皇帝姓氏的原因之后，在元老院的一次会议上向自己年迈的继父伸出胳膊并补充道："这一行为确实不足以成为尽责的替代物，因为一个未履行这一义务的人较之履行了的人是不称职的。"对一个违背他人意愿且非出于义务而实施某项行为的人给予表彰是不正确的，尤其是当他人未从中获益的时候。因此，显而易见的是，没有凡人能够确保在神的面前得到任何表彰，即便他能够践履神法的字面意思，且相应的，神无论如何都不会对人负有义务，除非其自愿作出某种其本身的善所不允许打破的承诺，准确地说，这应当理解为，没有权利能够从这样的一项承诺中被赋予凡人。且由此，没有任何为上位者所指示的行为本身，能够导致任何发号施令者对行为人予以表彰的义务。尽管神和人，通过其发号施令的权力，都经常给予唯命是从者以某种回报以便激励他们更好地①服从命令，然而他们坚持认为，他们仅仅基于其承诺、而非基于行为人的功劳或者基于契约而给予这些回报。由此这些利益通常在一项自愿回报而非报酬的名义下被给予。欧里庇德斯在《瑞索斯》(*Rhesus*)[第162—163节]中说：

> 每一项有所回报的事情
> 都是在你情我愿之下指派的。

但无论如何，如果立法者声明对于实施某种受到特定指示的行为可以主张某种回报的话，行为人对这一回报以及其自身权利提出主张是没有问题的。然而，仅仅未实施法律所禁止的行为绝不能导致表彰，也不能为赞扬或者自满提供任何依据。斐洛斯特拉图斯在《图亚纳人阿波罗传》第六卷第十一章[第六卷第二十一章]中的话也体现了这一点：

> 正义不仅仅是指不做坏事，[……]因为善意不仅仅是指不从无意义的事情中取乐，正如勇敢不仅仅是指不开小差一样；由此，节欲不仅仅是指避免通奸，没人会对一个仅仅不做坏事的人大加赞扬。无论如何，一件介于赞扬和惩罚之间的事情不应被直接认定为一项美德。

还可参见《路加福音》，第十八章第二节。阿米亚努斯·马赛林在其所

---

① promtitudini 应为 promptitudini。——英译者注

著书第三十卷第十一章中说:"不劫夺他人的东西并不值得称道。"

140 因此,如今仅剩的能够从他人处获得表彰的行为,就是那些至少不是出于一项完全的义务而要实施的行为,后者或者是不受实施行为义务约束的行为,或者确实是与生俱来的理性命令或建议实施的、而其对特定个人的适用则留待我们判断的行为,或者仅仅是不被国内法要求的行为。一个我出于一项完全的义务而对其负有责任的人,对于我有义务给予的事物具有一项如此完整的权利,以至于这些事物被给予此人的时候,我没有丧失任何自己当时有权保有的或者自由裁量的事物;而的确,如果此项义务被拒绝或者暂停履行,此人就将遭受伤害和损失。既然这些被展现出来的事物已经属于此人,而我又不能随意处置它们,它们在产生更多的功劳方面就不会有什么帮助了。但若我并非出于一项完全的义务而为某人做某事的话,在该行为只是我受损而他获益的范围内,就留给了我一项完全或不完全的从他那里获得报偿的权利。确切地说这就是功劳。还可参见塞涅卡,《论利益》第三卷第二十一——二十二章。

当我们通过一项明确的协议来确定平衡这一功绩所需要支付的准确数额的时候,这一数额就被称为**报偿**。但当该种支付数额、支付时间和数量的确定被留给他人判断和公平处理的时候,其就被称为**奖励**。这一奖励或者采取诸如金钱和土地之类的实物形式;或者采取诸如授予特权和豁免权之类的非实物形式;或者采取诸如荣誉和勋章之类的道德形式;或者采取诸如塑像、牌匾、桂冠之类的象征形式。还可参见米歇尔·蒙田,《文集》(*Essais*)第二卷第七章。

因此,功劳仅源于非因出于对别人的义务而实施的行为,这主要是由于这些行为对他们有利。同样地,卑劣的行为,尤其是造成他人损失或者伤害的行为,则产生劣迹,由此行为人要被迫对他人的损失作出报偿。但总的来说,恶行将导致犯罪,后者被认为是令一个人接受惩罚的原因,这一问题将在别处[第八卷第三章]被更为专门地讨论。

---

6. 正如一项源于行为的归责让道德行为的效果得到运用一样,其中止和恢复将消除这些效果;这看起来对善行与恶行都是适用的。单纯的归责必须与善的和恶的行为相伴随,只要这些行为有善恶之分,只要这些行为被法

律所要求或禁止①实施。但当一项法律被废止的时候,对应于相关行为的归责就不再具有可行性了。行为人自己就能够免除对一项尚未实施的行为的归责,以满足那些对行为的发生事实上具有利益的人的需要。且由此,如果一项行为的实施者免除了归责,就不能再要求报偿,尽管这样的一种免除不在行为接受者的权力范围之内。债权人可以将债务一笔勾销,但不能将债务人一笔勾销。同样地,消除对一项恶行的归责的效果,属于那些对此效果的发生具有利益的人的权力范围,也就是说,属于受害人、立法者以及执法者的权力范围,而不属于实施侵害者的权力范围。

研究公民权利的学者列出了五种让罪行在法庭中被认定为不成立的方式。第一种是指当一项法律所规定的惩罚已经实施的情况,因为一罪不两罚,尤其是当判罚充分的时候。尽管很多刑罚确实对罪犯留下了耻辱。参见苏埃托尼乌斯,《克劳狄》(Claudius)第十六章。且在刑罚已经被执行之后,道德上的惩罚或蒙羞以及耻辱的印记往往让人难以忍受。第二种是指法官宣告某人无罪的情况,其在法庭上被认为是清白的。第三种是指被告已死的情况;不过,在犯下罪大恶极的罪行的情况下,死者的尸体、财产和纪念品会不时受到残酷对待以使他人感到畏惧。第四种是指随着时间的流逝,罪行被抹去以至于罪犯不再因此被带到法庭的情况。塞涅卡在《俄狄浦斯》(Oedipus)[第826节]中说:

对于已经长期被掩盖之事
我打赌你会处于困惑的煎熬之中。

不过,吕西阿斯在《演说集》(Orations)第七卷中否认一项罪行能够随着时间的流逝而被掩盖。最后一种是指被赋予国家最高权力的人赦免罪行的情况。这五种方式在安东尼斯·马特乌斯在其所著《犯罪学》第十九卷第一章中对《学说汇纂》第四十七卷作出评述的时候得到了充分的讨论。

正如一项恶行只要不为人知或者未被广泛揭露或者提前得到宽恕,其效果就可以说是处于休眠状态一样,当这些效果一旦成为大众关注目标的时候,其道德效果就真的会喷薄而出,但其物理效果,如果存在的话,却并非如此。因为以物理的方式被实施的行为无法被抹杀,尽管可以采取措施以使其对市民生活不产生进一步的道德影响。因此,如果一个人因犯罪而受到鞭笞,其所受鞭打的痕迹会仍然留在其背上,但其所受的耻辱则能够通过国家

---

① inter dicuntur 应为 interdicuntur。——英译者注

统治者的一项命令被消除。然而，如果所有的归责都被取消的话，该行为在道德上就被认为未实施。在此基础上我们将解释奥维德在《来自蓬托斯》第一卷第一章[第62页及以下]中所说的话:"遭受惩罚比起罪有应得，不过是小事一桩……惩罚能够被移除，过错却将永远存在。死亡的降临至少会结束①我的流放生涯，而我的罪恶即便是死亡也无法洗清。"

应当顺便指出的是，有的人在一项惊天谎言的奴役之下坚持认为，要消灭一项恶行的罪恶，除了需要不予归责和宽恕之外，还需要注入某种相反的品质或者某种展示正义的事物;这种做法跟为了掩盖墙上的一个污点而将整面墙用大衣遮起来或者焚香祛除异味的做法很相似。出于对道德事物的无知，并由于认为道德品质能够被用与物理品质相同的手段产生或消灭，那些人被诱导着接受了这一错误观点。这一立场的荒谬性从我们刚才所作的论述中是一目了然的。

---

① facite 应为 faciet。——英译者注

第二卷

第二卷目录

第一章　在没有法律的社会中生活不符合人的本性 …… 161
1. 法律是否适合人类这一问题的提出 …… 161
2. 自由的一般特点 …… 162
3. 神所显现的自由之特点 …… 162
4. 动物自由的特点 …… 163
5. 人类的高贵性阻止其享有这样的一项自由 …… 164
6. 自由的剥夺 …… 165
7. 心理禀赋的类型 …… 167
8. 其弱点和天生的粗鲁性 …… 168

第二章　人的自然状态 …… 170
1. 自然状态的不同方面 …… 170
2. 自然状态下的悲惨状况 …… 171
3. 自然状态下的权利 …… 175
4. 自然状态的程度 …… 179
5. 自然状态是否会导致战争? …… 181
6. 霍布斯宣称自然状态将导致战争的理由 …… 183
7. 存在于人们之间的联系得出了相反的观点 …… 185
8. 驳霍布斯的主张 …… 187
9. 自然状态不应排斥对理性的运用 …… 189
10. 单纯的野蛮习俗不构成一项自然状态 …… 190
11. 自然状态下的和平不需要协议 …… 192
12. 自然状态下的和平是靠不住的 …… 193

第三章　自然法概述 …… 196
1. 与先前论述的联系 …… 196
2. 自然法并非对人和动物都适用 …… 197
3. 自然法并非对人和动物都适用 …… 199
4. 在法律存在之前不需要有自然法的目标 …… 201
5. 自然法对神和人都适用吗? …… 202

6. 自然法对神和人都适用吗？ …………………………………… 205
7. 自然法不依赖于国家间的协议 ………………………………… 206
8. 自然法不依赖于国家间的协议 ………………………………… 208
9. 自然法不依赖于国家间的协议 ………………………………… 211
10. 利益是法律建立的基础吗？ …………………………………… 213
11. 利益是法律建立的基础吗？ …………………………………… 218
12. 自然法能够从造物的目标中被清楚地发现吗？ ……………… 219
13. 论正当理性的命令 ……………………………………………… 220
14. 自然法的真实基础被发现存在于人类状态之中 ……………… 224
15. 基本的自然法 …………………………………………………… 226
16. 对霍布斯所持立场的讨论 ……………………………………… 229
17. 对霍布斯所持立场的讨论 ……………………………………… 232
18. 对霍布斯所持立场的讨论 ……………………………………… 232
19. 上述自然法的基础已经足够 …………………………………… 234
20. 自然法上的义务源于神 ………………………………………… 235
21. 论自然法上的制裁 ……………………………………………… 240
22. 某些事物被不正确地归为自然法 ……………………………… 243
23. 存在一项有别于自然法的国际法吗？ ………………………… 244
24. 自然法的分类 …………………………………………………… 247

第四章　人在陶冶情操以及照顾自己身体和生命中对自己的义务 …… 249
1. 自我发展对人是必要的 ………………………………………… 249
2. 与自我发展相关的问题 ………………………………………… 250
3. 思想必须首先被导入信仰之中 ………………………………… 250
4. 无信仰的观念必须被清除 ……………………………………… 252
5. 对自我的认知是必要的 ………………………………………… 256
6. 人应当知晓其思想和义务 ……………………………………… 257
7. 人应当知晓其力量的界限 ……………………………………… 258
8. 人不应欲求超出其力量范围的东西 …………………………… 259
9. 人应在何种程度上追求名誉 …………………………………… 261
10. 人应在何种程度上追求财富 …………………………………… 263
11. 以及人应在何种程度上追求幸福 ……………………………… 266
12. 热情应受理性的支配 …………………………………………… 267
13. 论文化学习 ……………………………………………………… 269
14. 论身体的保养 …………………………………………………… 274

15. 论生命之运用 …………………………………………… 274
16. 是否存在任何保存生命的义务 ……………………………… 276
17. 一个人的生命应在多大程度上被用来为他人服务 ………… 278
18. 或者一个人的生命应在多大程度上因他人而被置于危险之下 … 279
19. 自杀是否合法 …………………………………………… 280

第五章 自卫 …………………………………………………… 286

1. 武力自卫是合法的 ………………………………………… 286
2. 自卫是否应在自然法的命令之下实施 …………………… 287
3. 在自然状态下何种自卫方式是恰当的 …………………… 289
4. 在国家中何种自卫方式是恰当的 ………………………… 293
5. 对犯错的人实施自卫是恰当的吗？ ……………………… 294
6. 自然状态下实施此种自卫的时机 ………………………… 295
7. 在一个市民国家中自卫如何确立 ………………………… 297
8. 在一个市民国家中自卫如何确立 ………………………… 298
9. 在一个市民国家中自卫如何确立 ………………………… 299
10. 论致残 …………………………………………………… 300
11. 论贞操 …………………………………………………… 301
12. 关于打耳光 ……………………………………………… 302
13. 人是否应当逃跑 ………………………………………… 304
14. 基督教信仰是否作出相反的教导 ………………………… 305
15. 为自卫而杀人不是一项犯罪 ……………………………… 308
16. 论财产的保护 …………………………………………… 310
17. 论夜盗者 ………………………………………………… 312
18. 论夜盗者 ………………………………………………… 315
19. 论首先实施伤害者的自卫 ………………………………… 316

第六章 必要性之权利与特权 ………………………………… 317

1. 必要性的种类 ……………………………………………… 317
2. 必要性之权利与特权的基础 ……………………………… 318
3. 必要性赋予人何种针对自己和直接针对他人权利 ………… 320
4. 必要性允许何种间接针对他人的权利 …………………… 321
5. 必要性允许何种针对他人财产的权利 …………………… 323
6. 必要性允许何种针对他人财产的权利 …………………… 325
7. 必要性允许何种针对他人财产的权利 …………………… 328
8. 对自我财产的保护允许我们具有何种针对他人财产的权利 …… 330

第一章　在没有法律的社会中生活不符合人的本性

1. 法律是否适合人类这一问题的提出	5. 人类的高贵性阻止其享有这样的一项自由
2. 自由的一般特点	6. 自由的剥夺
3. 神所显现的自由之特点	7. 心理禀赋的类型
4. 动物自由的特点	8. 其弱点和天生的粗鲁性

1. 在第一卷中,一般性的道德事物以及日常习惯中的术语已经得到了阐释,这些问题如果分散①在全书中而不作集中论述的话,就会破坏我们所做研究在逻辑上的一致性,现在我们必须更加接近我们的真正主题,并首先探究②,人在没有任何法律的状态下生活是否是恰当的。从对这一问题的回答中可以很明显地看出,为什么至善至伟的造物主没有给予人类一项完全随心所欲地做任何事的自由,或者不受任何权利、规则或必要性的限制任性而为的自由。因为既然神已经赋予人类一项意志,即一种通过内在冲动将自己引向看起来适合自己的事物上面、并远离其不喜爱的事物的能力,那么的确,就这一意志完全不受任何强制③而言,人们完全可以提出这样一个问题,即允许人拥有一项具有如此灵活性的、全面而又不让人窘迫的意志,这是否不成其为神的善意。因为如果一项灵活的意志不得不直接服从既定规则的话,那么神为何还将其赋予人呢?就如同锁链和绳索阻止我们肢体的自由移动一样,如果我们能够愿意去做很多有必要避免的事情并能够不愿意去做很多有必要实施的事情的话,那么意志自由似乎也就被完全撤销了。

---

① sprasim 应为 sparism。——英译者注
② in quirendum 应为 inquirendum。——英译者注
③ cogisit 应为 cogi sit。——英译者注

2. 回到对这一问题的审视上来,看起来最好是表明,首先,不受限制的自由对人类本性是不利的和有害的,且由此,让人类受到法律的约束是有利于人类福祉的。同时也应清楚表明的是,人类应当在多大程度上不受所有约束的限制。必须认识到,自由一般被认为是一种按照个人意愿为或不为任何人所欲求之事的内在能力。通过**能力**这一术语,我们所指的是享有自由的人不仅具备做某事的权力和让自己采取行动的力量,而且具备让其他事物发生改变或者以某种方式影响它们的权力和力量。通过**内在的**这一术语,人们可以认识到,这种改变和权力出自一项内在的力量,而并非像移动一块木材一样仅仅出自一项外在的强制力。**任何人所欲求之事**这一从句,不是建议冲动而盲目地挑起情绪,而是建议我们认识到这一点,即行为人至少在某种程度上,在某种深思熟虑之后,熟悉了对象并决定采取行动,由此他采取行动的直接原因就是他在某种程度上了解有关问题。但同时应认识到,如果要让自由自行发挥作用,则其他有可能对情绪构成阻碍或将其引向另一个方向的因素应当被排除。

3. 从这些论述中可以得出,如果人们仔细考察这一事物的普遍秩序的话,其就会发现很多完全不享有自由的事物,比如所有无生命的事物,以及那些没有感知能力的生物。其他生物享有自由,但却是在不同程度上。一项不受束缚的且不受任何阻碍和限制的自由只属于至善至伟的神,并被认为是神的完善性所具有的最为高贵的特征属性,这一自由不承认任何界限,并与神的无所不能融为一体。由此,当神不做某事或者不总是做任何事的时候,就不应当在其自由的局限性中、而应当在其自身意愿中找原因。参见《诗篇》第一百一十五章第3节;《以弗所书》(*Ephesians*)第一章第2节。当我们说神不能做某事的时候,这不是出于任何来自外界的自然或者道德方面的障碍,而是出于我们这些凡人认为与其伟大和卓越相适应的其自身意愿。在这个意义上,我们必须采纳这一普遍的格言,"神自行其是"。

同样地,当正义被归于神的时候,我们必须认识到这并非像人类正义的属性所暗示的那样,暗示着任何属于他人的义务或权利。不过既然神已经在其创造和启示中表示,这样的一种行为方式适合其最为完善的属性,我们这些凡人就将这个我们用来描述那些为了他人而合法实施之行为的词适用于他。由此,当我们说神的承诺绝不落空的时候,这句话是正确的,并非是由于神的自由受到一项源于承诺的义务的限制,而是由于无人在照神的吩咐行事的时候其期望会落空这一点令神的卓越性得到满足,或者是由于承诺的落空意味着某种与神的本质完全相悖的不完善性。出于这一原因,我们这些凡人不通过任何自己的权利来主张神的承诺的落实,而是将其视为神在完全自愿的情况下所给予的恩赐而虔诚地接受它们。神的承诺与人的承诺不同。在"欠债还钱"这一指示中,承诺变成了一项义务,最初的自由行为变成了必要行为;然而神的承诺,以及他在无承诺的情况下所赐予的东西,完全保持了馈赠的本性。

通过某些类似于这样的反复强调的方式,我们人类就能够认识到属于神的自由,尽管唯一确定的事情是此种神圣的自由无限度地超越了人类的自由。还可参见理查德·坎伯兰,《论自然律》第七章第6节。

4. 我们发现,生存状态低于我们的动物,也在某种程度上享有自由。但这种自由仅属于一种低等类型,因为它们的力量和愚钝的感知被局限在有限的范围内,而它们的欲望是如此的低级以至于只有有限的对象与其具有非常粗略的联系,且其仅被天性和随处可见的用于果腹之物所激发。而且,它们没有义务遵守习俗、法律或者权利,不论是在它们中间还是在它们与人类之间。在少数动物中存在着某种婚姻的萌芽,但这仅在纯粹的肉体交媾中才被发现,有的体现出感情,但是并不具备任何稳固的忠贞关系。就多数的动物而言,一旦其欲望得到满足,就不再残留任何感情,也毫不在乎羞耻和血缘关系。很多野兽对后代具有强烈的爱护之情,但这也只能维持到其能够独立生活为止;在此之后父母就不再关心后代,对其的爱护之情被完全遗忘,后代也不会出于某种义务感或者为了从它们那里获得帮助而再回到父母身边。肉食动物肆无忌惮地撕咬和吞咽任何可能够满足其食欲的东西,很多肉食动物在这种残暴中走向了相互毁灭。因为它们不知道关于所有权的法律,在饥饿的折磨之下它们经常为了共有物而互相残杀,没有任何规则意识能够阻止它们夺取其他动物留存备用之物。的确,在它们中间,不存在关心,不存在荣誉,不存在规则,也不存在除了纯粹依靠力量优势所获得的之外的权利。

的确,在某些动物中,种群的相似性往往导致某种形式的友谊和社群,由此很多动物习惯于群居生活,而那些更为凶残的动物,亦将其残暴发泄到其他物种而非本物种之上。玉外纳在《讽刺诗集》第十五卷[第159页以及下]

中说：

> 同一种属的野兽放过其同类。狮子尽管强壮,但何曾杀死其他狮子呢?野猪何曾用獠牙杀死处于困境中的比自己大的野猪呢?母印度虎与每一只毛色光亮的母印度虎都保持着牢不可破的和谐关系。对其他动物残暴的熊,在同类之间也维持着和平。

但在上述情感被颇为富有诗意地表述出来这一状况之外,这种关系很难说是一种维系持续和平的强有力的纽带,因为,这确实没有考虑填饱肚子的因素。小狗在一起玩是很开心的,但扔一块肉到它们中间,你马上会看到它们相互厮打起来。当某些动物看起来对我们表现出服从、感情、忠诚或者感恩的时候,这纯粹是出于习惯或者食物的刺激。没有这些东西,且当其力量足够充分的时候,或者某人所作的某件事情激起它们的欲望的时候,它们是不会放过他的。我的结论是,动物的自由不存在任何内在的和道德的约束,但另一方面,它们的外在行为往往被人类通过武力所控制。

如果有人问为什么动物享有一种不受法律限制的自由的话,最简单的回答就是,因为神并未赋予它们一种能够理解法律的思维。在此似乎没有必要对动物的哺育和安全保护太过关心,它们不仅是由自然以如此巨大的数量、通过很高的繁殖能力毫不费力地制造出来的,而且不具有不灭的灵魂,它们的生命仅仅源于一种物质粒子的短暂排列和运动。造物主乐于在制造和毁灭它们中展示其力量。而用法律来约束这些野蛮的生物也没有太大必要,因为它们的欲望仅仅受到饥饿、口渴以及性欲的激发,并能够被大量现成的自然供给所熄灭;而人类具有足以阻止其自身的放纵对其造成太大伤害的力量和智识。还可参见沙朗,《论智慧》第一卷第三十四章第 2 部分。

～～～～～～～～

5. 为什么造物主不愿将这种无法无天的自由赋予人类,以及为什么这样的一种自由对人类是完全不适合的,显然是出于很多源于人类先天或后天属性条件的原因。人类本性中的尊贵,以及超越其他物种的优越性,要求其行为遵循既定的规则,没有这些规则人类就不会认识到秩序、礼节或者美好。且由此人类具有那种最为崇高的尊严,即对不朽的灵魂的占有,这一灵魂带着智力的光芒并具有判断和选择的能力,并且艺术作为最高的恩赐被赋予很多人。基于这一理由,他被称为"一种超越此前所有生物并被赋予崇高理性的、适于统治低等动物的生物"。① 索里努斯在其所著书第三章[第一节第53节]中将人类称为一种"基于其对感知作出判断的优点以及运用理性的能力而在本质上处于其他所有动物之上"的动物。

灵魂被指定用作一项较之像盐一样被用来为这微不足道的身体服务更为崇高得多的目标这一点是从这一事实中得出来的,即由于其具有那种看起来跟维持生命没有什么关系或者用处的能力而显得尤为卓而不同,因为一种远未如此精细的供给就足以维持生命了。因为人类灵魂的力量主要与那些有关侍奉神的事情以及有关社会和市民生活的事情相关联。灵魂的这一目标主要是通过其力量实现的,这一力量能够从已知中推出未知,决定什么适合它什么不适合它,通过推论形成普遍的观点,设计区别于他人的思维理念的表征,理解并比较数字、重量和标准,理解并发现它们的顺序和意思,激发、控制或者舒缓情绪,记住一些事情并在亲眼所见的范围内回忆它们,将注意力集中到自己身上、更正自己所发出的指令并将这些指令与其行为相对照,而良知的力量正是从这些更正和比较之中产生的。在一种没有法律的、野蛮的和非社会性的生活中,所有的②这些能力几乎或者根本没有用。还可参见理查德·坎伯兰,《论自然律》第二章第4节,其在第33节中还补充了一些源于人类身体构造的卓越思考。造物主赐予人类的礼物越是尊贵,其赐予人类的智力品质越是伟大,将这些品质废弃不用、随意消耗、无序无度地挥霍就越是不道德的。可以肯定的是,神并非是毫无目的地给予人类能够用来认识一种恰当秩序的思维以及能够协调其行为的能力,而显然是有意让人类运用这些神所赋予的能力来寻求神的更大荣耀以及人类自身的更大福祉。你们可以在马尼留斯的《天文学》第二卷[第105—108节]的论述中找到对这一问题的阐释:"哎呀,怎么能犹豫要不要将人与天堂联系起来呢?自然已经赋予人以远见、口才、适当的智力和敏锐的心灵。神已经降临并居住在其心中,并在人类寻求神的过程中寻求着自己。"

∽∽∽∽∽∽∽∽

6. 人不应被允许拥有与野兽那样如此大的放纵程度的另一项原因是其更大的犯罪倾向。当人们洞悉道德的本质和追求的时候,就不会对此大惊小怪。野兽被其食欲和性欲所刺激,后一种欲望仅在特定的季节激发它们,其沉醉其中不是为了过多的快感,而是为了繁衍后代。当这一目的达到的

---

① 奥维德,《变形记》,第一章第76—77节。——英译者注
② monium 应为 omnium。——英译者注

时候它们的激情就消退,并可以说是沉睡了。奥庇安在《论追逐》(The Chase)第三卷[第151页]中说:"填饱肚子后坐在沙发上谈情说爱不是野兽干的事。"

然而人类的性欲绝不是仅在特定的季节才被激发的;其激发人类的次数看起来比为了传宗接代所必要的次数多得多。动物的食欲是最容易通过自然播散在其面前的四面八方的食物所满足的,并且不需要进一步的烹饪和装点,而当这一食欲满足之后,它们就无忧无虑了。野兽不会与其他野兽争斗和造成鲁莽的伤害,除非受到食欲和性欲的驱使,而人类的欲望则是日渐增长并且不易满足的。自然没有给予野兽蔽体的需要,而人类则将打扮作为一件展示荣华和尊严的事情。而且,人类被一种动物所不知的情感和欲望所充斥。一种对享乐、野心、荣誉的渴求,和一种超越他人的欲望,以及羡慕、嫉妒、才智对抗、迷信、对未来的焦虑、疑惑,所有这一切不断扰乱着其思绪的东西,没有一件是野兽所能够感知的。马尼留斯在《天文学》第四卷[第4页及以下]中说:

> 为什么我们要步入这无尽的回合中
> 在小心翼翼中变得忧郁,去从事这没有意义的争斗,
> 并寻求如何过活,消耗生命?
> 我们拥有的越多,我们的储备就越相形见绌;
> 在不快乐中苦苦追求的人是可怜的。
> 然而天堂是仁慈的;用其慷慨的手赐予了
> 对于自然必需品的适度供给。
> 她要求的并不多,而人类却盲目地加紧索取,
> 并聚敛着越来越多的用不上的财富。
> 他们通过奢华维持劫夺的力量;
> 而奢华中又会产生何种困境呢?
> 被挥霍或引发争端
> 是一项财产的唯一重要用途。

利巴尼乌斯在《演说词》第九卷[第345—346节]中说:

难道人类就这些词所表示的意思而言,不是一种文明的动物;而实际上是野蛮和凶残的?狮子何时侵占其他狮子的领地?同类的野兽何曾有战争、或者伪证、或者违反协议、或者那样的背信弃义和贪得无厌,

何曾有贪财之念？它们何曾想到暴饮暴食和醉酒狂欢，何曾想到通奸？

因此，只要有人能够想一想在人类中间持续爆发的争斗和战争的性质，他就会明白，其中的大多数是出于野兽所不知的欲望而引发的。还可参见沙朗，《论智慧》第一卷第三十四章第 12 部分以及第三十九章第 11 部分。

在如此激烈和多变情感的影响下，如果没有法律被确立来组织这些情感，那么人类的未来会是怎样的呢？你会看到一群狼、一群狮子或者一群狗互相撕咬致死。的确，每个人对其邻人而言都可能是一头狮子、一匹狼或者一条狗，而且有的时候比这还遭，因为没有动物能够比人自己对人类造成更大的伤害。既然如今人类相互之间导致了那么多的伤害，那么当法律和惩罚威胁着他们的时候，如果不存在对任何事情的控制、如果不存在控制人类欲望的指引，人类的未来将会如何呢？还可参见亚里士多德，《论问题》(*Problems*)第二十九章问题 7；普林尼，《自然史》第十八卷开头。杨伯里古斯在《劝诫》(*Protrepticon*)第二十章[第 123 页 A]中说："那种认为人类可以既共同生活又可以不守法律的说法，纯属无稽之谈。因为这样的话大家的损失将比每个人完全自力更生更大。出于这些必要的原因，法律和正义统治着人类，并且永远无法为人类所抛弃或移除。"参见马尼留斯，《天文学》第二卷第 47 页以及博赛尔所著书第五章第 13 节及以下[第 592 页及以下]。

<center>~~~~~~~</center>

7. 再者，人类具有一种比任何动物都更加丰富多样的属性。不同种类的动物通常都拥有类似的倾向，并受情绪和欲望的驱使，你了解了个体就了解了全部。① 但在人类中间却是每个人都有自己的想法，而且每个人都认为自己的做法看起来是最好的。贺拉斯在《讽刺诗集》第二卷第一首诗[第 27—28 节]中说："一千个人就有一千种不同的口味。"腓利门在斯托比亚斯的《诗集选》第二章[第三卷第 26 节]中说："即便将三万只狐狸聚集在一起，在它们中间也只能发现一种属性和特征。② 但在我们人类中，不同的特点就跟个体数目一样多。"普林尼在《颂词》[第七十六章第 4 节]中说："没有什么比似乎能够让每个人都高兴的事情更让我们不高兴的了。"

所有的人也不会被一种单一的或者统一的欲望所驱使，而是被那种复合的和纷繁复杂的欲望所驱使。而且，同一个人自身的表现也有所不同，某个

---

① 引自特伦斯，《福尔弥昂》，第 265 节。——英译者注
② penorem 应为 tenorem。——英译者注

时刻会极其厌恶自己在另一个时刻极想得到的东西。"他被一波又一波的麻烦所来来回回地驱使着,把思绪忽而转向这里忽而转向那里,急匆匆地转向不同的目标,想了又想。"①还可参见沙朗②,《论智慧》第一卷第三十八章。而且在他们使用了思维力量的兴趣、习俗和倾向中,其种类之繁多,在人类生活中几乎无法穷尽。昆图斯·卡拉波[斯迈瑞纳斯]在其所著书第一卷[第464页]中说:

> 是的,所有人都流着同样的血,
> 但他们却表现出不同的劳动方式。

主张越多,耳中充斥的声音就越让人讨厌和不舒服,除非其形成一致意见。同样地,如果人类在习惯和嗜好上的相异点不通过法律受到某种恰当秩序的约束的话,人类就将处于一种最为严重的混乱之中。但在另一方面,这种差异性也让人类拥有了卓越的优雅和回报,因为如果引导充分的话,从其中可以产生非凡的秩序和美丽,而这些东西是不可能从完全整齐划一的属性中得出的。除此之外,如果人们将其倾向和欲望转移到不同的利益之上的话,那么在如此庞大数量的人群中产生冲突的可能性就要小得多。同样地,大自然在将人类设计得具有如此显著差异特征的过程中是具有睿智远见的。由于不同的任务必须被不同的人所完成,且由于我们必须以不同的方式对待不同的人,故而如果所有人看起来完全一样就会产生巨大的混乱,且人除了某些身份识别标志以外无法与他人相区别,而这些标志将为各种类型的欺诈提供充分的机会,因为其依赖于人类的习俗。还可参见理查德·坎伯兰,《论自然律》第二章第28节。另一项秘密则可以说是在于形象的差异性,因为一种形象适合一个人,而另一种形象适合另一个人,故而每个人都可以找到看起来对自己最合理的、最适合自身设想的外观。

◆◆◆◆◆◆◆◆◆◆

8. 最后,人类的弱点让其不应在没有法律的状态下生活这一点成为必要。动物只需要很短的时间就可以发育到足以自力更生而不需要其他动物帮助的程度。但人类降生以后的很长一段时期内都很脆弱。昆体良在《雄辩》第三百零六章中说:"我们人类一开始不过是脆弱的动物。因为野兽和

---

① 维吉尔,《埃涅阿斯纪》,第八卷第19页及以下。——英译者注
② Charon 应为 Charron。——英译者注

牲畜的幼仔生下来就能够站立吃奶;而我们必须把新生儿抱起来并提放他受冻。而即便在这之后他也经常需要父母抱着并吃妈妈的奶。"忒奥克里托斯在《田园诗集》第二十六章[第二十五章第 50 节]中说:"神将互助的需要植于每个人身上。"还可参见普林尼,《自然史》第七卷前言。要让一个人自力更生,需要多少光景,需要多么努力地获取知识啊!如果你愿意的话,可以设想这种情形,一个人被他人所饲养,从而丧失了让自己的想法为人所知的能力,仅能够被自己的喜好所驱使,而不受任何思维信息和训练的驱使,其知识限于从其自身天赋中所得来的那点东西。可以设想一下这个人被置于无人帮助和陪伴的野外的情形。你将看到一个多么悲惨的动物啊!一个迟钝而不光彩的生物,除了挖食根茎,以任何碰见的泉水、河流或池塘解渴,钻洞躲避恶劣天气、用草薛蔽体,在令人无法忍受的不作为中打发时间、为任何声响或者动物的经过而颤抖之外,没有别的能力,最终死于饥寒交迫或者被野兽撕成碎片。人类没有过上比其他任何生物更为悲惨的生活,这要归因于其与其他人的交往与关系。"形单影只对人不是件好事"①这一格言不仅适用于婚姻状态还适用于与他人的一般交往。而一个人类社会离了法律就不能形成并维持一种和平而稳定的状态。由此,若不想让人类成为所有生物中最低等的和最悲惨的,其应在没有法律的状态下生活这一主张就是不恰当的。普鲁塔克也在《论聆听演说》[第一章第 37 页 D]中表示,一种完全的自由对人类是不合适的:

> [……]只有当处于理性之下的时候,才能够正确地说人类生活在自由之中。因为这些已经学会按照应有的方式运用意志的人仅在其意志的引导下生活;而出现在不受限制的欲望和不合理的行为中的那种意志自由是卑劣和狭隘的,并总是让人悔之不及。

从上述所有论证中显然可以看出,诸如事实上与人相一致的且并非仅仅被认为是一项抽象概念的"人的自然自由"这样的术语,在任何情况下都应当被理解为某种在一定程度上受到正当理性和自然法制约的事物。

---

① 《创世记》第二章第 18 节。——英译者注

第二章　人的自然状态

1. 自然状态的不同方面
2. 自然状态下的悲惨状况
3. 自然状态下的权利
4. 自然状态的程度
5. 自然状态是否会导致战争？①
6. 霍布斯宣称自然状态将导致战争的理由
7. 存在于人们之间的联系②得出了相反的观点
8. 驳霍布斯的主张
9. 自然状态不应排斥对理性的运用
10. 单纯的野蛮习俗不构成一项自然状态
11. 自然状态下的和平不需要协议
12. 自然状态下的和平是靠不住的

1. 通过人类的自然状态我们无法了解自然所意指的那种对人类最佳的且符合其最大利益的条件，但是我们能够仅仅通过人的出生这一事实就了解到人被认为已经构成人的那种条件，而所有的创造和制度，无论是人类的还是上天对其建议的，都被忽略了，因为它们赋予人生的是某种异乎寻常的方面。通过它们我们不仅了解到人类生活的不同形式和一般文化，而且特别了解到了在其形成之时一种适当的秩序就被引入到人类社会存在中的市民社会。为了对这一状态获得更为清晰的看法，我们将**对其本身**进行考量，尤其是要对何种利益与权利与之相伴进行考量；也就是说，如果人类社会没有文明也没有引入艺术和国家的话，个人的状况将会怎样；其次，**在与他人的联系中**，这一状态是体现为和平还是战争；也就是说，生活在一种相互之间的自然状态之下、互不隶属也没有共同主人的人，应当被视为敌人还是朋友。最后一种状态既可以是**完全的**，即绝对的，就其对所有人都是完全一样的而言，也可以是**不完全的**和有限的，仅涉及人类社会中的一部分。的确，从两个方面来看，人类能够被视为一个整体，或者是由于所有人和单个人都享有一项自然的自由，或者是由于他们被认为与他人聚集到一起形成了一个市民社

---

① idolem 应为 indolem。——英译者注
② conatio 应为 cognatio。——英译者注

会,但除了普遍①人性的约束之外对他人无义务。

∾∾∾∾∾∾∾∾∾∾∾∾

2. 为了使我们对这一自然状态形成一些概念,正如这一状态是在没有任何帮助或创造的情况下从人类手中产生或由神所赋予的一样,我们必须设想人类从某个地方降临到这个世界并完全地自食其力,自从出生就没有得到任何他人的帮助,而且仅被赋予了在史前文明的人们中间所普遍发现的那种程度的体格和思维,也未受神的特别照顾。这样的一种状态必须被认为是非常悲惨的,不管你所设想的是一个刚刚作为婴儿降临到世上的人还是一个已经被赋予了完全的个头和力量的人。作为一个婴儿,如果不是在奇迹之下某个动物哺育了他的话,他是必死无疑的,但这种与野兽的联系必定会给予这些被抚养的孩子以更多动物的野性。若他是一个成人的话,我们会设想其赤身裸体,仅能够发出不清晰的声音,不懂得任何人类的知识和习俗,处于经常性的恐惧之中,正如马尼留斯在其所著书第一卷[第68节]中所描述的,"为日出日落而惊愕"。在饥饿的驱使下,他会抓住任何偶然发现的东西并试图从中吸取养分,他一找到水就要用它解渴,洞穴或者茂密的森林将是其唯一遮风避雨的居所。如果我们进一步设想,很多这样的人被留在蛮荒之地自力更生,他们将会过上一种多么悲惨和类似于动物的生活啊! 除非通过他们自身的经验和才智或者在机遇到来的时候,通过观察某些动物的灵巧之处,他们慢慢地发展出了一种有秩序的生活,并"通过思想塑造出不同的手艺"。② 如果人们愿意注意到我们如今生活中所用的一切东西,并认识到如果没有前人的指引和劳动,单靠一个人的力量去发现它们是多么的困难;而且若果真这样做的话多数这些东西就永远不会出现在绝大多数人的生活中的话,人们就会承认这一设想的真实性。因此,不熟悉关于人类真实起源的神圣依据的异教徒学者为人类的初始状态描绘了一幅如此可怕的画卷,也就不足为怪了。

贺拉斯在《讽刺诗集》第一卷第三部分[第99页及以下]中对此作了如下描述:

> 当人类初次爬到地面的时候,他们是愚钝而野蛮的动物,他们为了橡树果实和栖身之地而用爪子和拳头厮打,之后就用棍棒厮打,然后逐

---

① communi 应为 communis。——英译者注
② 维吉尔,《农事诗》(*Georgics*)第一章第 133 节。

步开始制造①工具,直到他们发现了能够让声音表达感受的动词和名词。从那个时候起他们开始放弃战争,建造城市并制定了禁止偷盗、抢劫或者通奸的法律。

卢克莱修在其所著书第五卷[第 925 页及以下]中说:

然而人类接下来在野外的生活更为艰难,因为人类是一种生来就更加适应硬土地的物种。阳光和雨水所催生的东西,土壤主动产出的果实,这些赐予是足够让其安心的。在结满果实的橡树中间他们可以让身体的大部分重新焕发活力。但为了解渴他们被召唤到溪流和泉水旁边。他们尚不知道如何用火为自己服务,也不知道②用从野兽处夺得的兽皮蔽体,而是局限于为躲避风雨袭击而栖身树林和山洞之中的状态之下。他们看不到公共利益,也不懂得相互利用任何习俗或法律。每个人只要得到夺取战利品的机会,就会将其夺走;因为每个人在其自身意志的教导之下都仅仅为了自己而生活和奋斗。维纳斯会让爱人们在树林中结合;每个女人或者通过互相爱慕,或者通过男人的暴力和强烈性欲而被追求……但是另一种关注要重要得多,因为动物群落总是会对可怜的人类构成剩余的危险……

在他们得到茅棚、兽皮和火之后,男女关系发展为单一制[家庭],对单一伴侣的忠贞广为人知,他们照看自己的子女,于是第一代人类开始瓦解。因为火让他们冰凉的肢体在户外不再受冻,维纳斯减弱了他们的力量,而子女通过其制胜的方式轻易地打破了父母的傲慢意志。于是,邻里之间也开始热切地形成友谊,互不伤害③,当他们在叫喊和手势之下通过支离破碎的语言认识到怜悯弱者对于所有人而言皆为正当的时候,他们认可了对儿童和女性的宽待。然而联合并非在所有方式下都能够实现,生育也并非直到现在才延续了后代④……但是自然迫使人类用舌头发出各种声音,而用途决定了事物的名称。

在狄奥多·苏格罗斯所著书第一卷第八章中可以发现一项类似的观点:

---

① quaepost 应为 quae post。——英译者注
② Necdumres 应为 Necdum res。——英译者注
③ 很多现代版本将 violari 写为"受伤害"。——英译者注
④ 在此普芬道夫遗漏了两行字,并改变了卢克莱修所做论述的方向。——英译者注

人类起初过着一种野蛮和未开化的生活,在野外四处游荡,并以最可口的草本植物以及树上自然结出的果实为食。由于他们受到野兽的袭击,故而他们在其自身优势之下学会了互相帮助,且由于他们聚集到一起以避免恐惧,他们逐渐开始认识到另一种组织结构。

更进一步言之:

但就对人类生活有用的东西而言,其并非是在一开始就被发现的,这些第一代的人类过着一种饱受艰辛和困扰的生活,比如赤身裸体,居无定所,不熟悉用火,食物也不精致。由于不知道如何建造房屋和储藏食物,他们没有储藏土地所结出的果实的粮仓或库房,在冬天冻饿而死。但在经过很长一段时间后他们学乖了,他们在冬天躲入洞穴中,并储藏适合存放的果实;随着知识水平的逐步提高他们知晓了火和其他工具的用途,并开始发明手工艺和其他对人类生活有益的事物。

还可参见第一卷第四十三章。

西塞罗在《为帕布里斯·赛斯提斯辩护》(*For Publius Sestius*)[第四十二章]中告诉我们:

你们中的人谁不知道事情的本质就是如此,即在任何自然法或实在法被制定出来以前,当时的人类以一种零散和无秩序的状态在野外游荡,只拥有他们能够通过自身力量和精力、通过斗争和流血所占有或持有的那些财产。在文明所塑造的生活状态和野蛮的生活状态之间存在着如此巨大的差异以至于两者没有共同点,这是基于在此种状态下法律是统治性原则而在彼种状态下暴力是统治性原则这一事实。

他在《论创造力》第一卷第二章中做了同样效果的论述。欧里庇德斯在《哀求者》(*Suppliants*)①[第 202 页及以下]中说:

赞美为秩序铸模的神
我们的生命从混乱和野蛮中得到了救赎②,

---

① Supplicus 应为 Supplices。——英译者注
② Abelluino 应为 A belluino。——英译者注

157

> 首先,通过植入理性,遂赋予了
> 舌头用以解释讲话的语言之萌芽;
> 大地结出的果实用以充饥,并由此滋养人类
> 雨水从天而降,令土壤肥沃,
> 并灌溉她绿色的胸膛;于是立即就可以①
> 遮挡风雨,躲避烈日,
> 远航的船,路在我们脚下
> 带着任何陆地都不曾有的水手们。

这首诗通常被认为将所有对人类最为有用的事物的发现归于神。参见奥庇安,《论捕鱼》(*On Fishing*)第二卷第 16 行及以下。

这些描述尽管千奇百怪,但从某种角度上讲这些学者并没有说错,因为,如果人们预设了一项如他们所描述的那种人类起源的话,那么自然的面貌就必定是他们所勾画的那样。这就是为什么在他们对伊甸园的无知中,他们设想世界初开之时气候温和土地肥沃的原因,因为他们相信人类作为降临世界如此晚的一种生物,如果气候像现在这样恶劣且如果人类被迫用现在所要求的一切劳动来维持生活的话,人类就无法生存下去。参见奥维德,《变形记》第一卷第 107 行;维吉尔,《农事诗》第二卷第 336 行。卢克莱修在其所著书第六卷[第 816—817 节]中说:"然而起初的世界没有严寒没有酷热也没有狂风。"

因为尽管我们知道最初的人类在神的帮助之下初步学到了必要的手艺(参见《创世记》第三章第 21 节、第 23 节;第四章第 2 节、第 17 节、第 22 节),由此人类的智慧得到了很大的增长;但若没有建立国家、每个人自由统治一户并允许其成年的儿子进入一种自然自由状态的话,人类的状况仍然会是悲惨的和不道德的。在这样的一种情况下欧里庇德斯在其《库克罗普斯》(*Cyclops*)[第 120 页]中对库克罗普斯的描述就可以适用于所有人类:"牧羊人——人皆自扫门前雪。"

霍布斯在《论公民》第十章第 1 节中生动地描述了这种状态的不便:

> 在国家之外我们只能依靠自己的力量保护自己,然而在国家之内我们依靠所有人的力量保护自己。在国家之外没人能够确定享有其劳动果实,然而在国家之内可以确定。总之,在国家之外只有狂热、战争、

---

① Adhaec 应为 Ad haec。——英译者注

畏惧、匮乏、肮脏、孤单、野蛮、无知、残暴在实施着统治；而在国家之内则换成是理性、和平、安全、财富、温暖、友谊、高雅、知识和慈善在实施着统治。

还可参见波里比乌斯所著书第四卷第四十五章，在其中他将拜占庭的悲惨状况归因于其与色雷斯人之间绵年不休的战争。我本人相信，对于群众关于市民国家的负担和弊端的抱怨，除了向他们展现出自然状态下的弊端之外，没有更好的解决办法。这些观点被那些将以下说法作为箴言接受的人很好地理解了："如果没有正义的法庭，每个人对其邻人都是狼。"

~~~~~~~~~~~~~~~~

3. 如今与这一人类自然状态相伴的权利能够被很容易地从以下状况中归纳出来，首先，从一切动物所共有的除了不择手段维持生命并避免被毁灭之外别无选择的欲望中来，其次，从处于①这一状态下的人不受他人控制这一事实中来。从第一种状况中可以得出，构成一种自然状态的人类能够利用和享受任何其能够获取的东西，能够使用任何手段确保自己的生存并为此作任何事，只要不损害他人的权利。从第二项状况中可以得出，他们可以运用自己的判断和决定，就像运用自己的力量一样，来确保自己的自保和生存，当然，只要这是该自然法所规定的即可。从这个意义上讲，自然状态也就可以被描述为一种自然的自由状态，因为每个人在实施任何行为之前，都被认为是处于自身权利和力量之下而非处于他人力量之下。由此每个人都被认为与他人是平等的，因为他们互不隶属。

霍布斯在《论公民》第一章第7节中的一项言论必须在上述论述的背景下被理解和纠正。他写道："首要的自然法原则是每个人都尽自己的最大努力维持自己的生命和身体，并拼尽全力②保护自己的身体及其组成部分不死去或者承受痛苦。"由此得出的结论是"如果一项权利不能够调动必要的手段以达到目的，从而每个人都有权运用一切手段并采取任何不如此就无法自保的措施的话，那么该项权利就是没有用的"。但既然人在自然状态下并没有一个让自身意志和判断服从其意愿的上位者，故而"每个人在自然权利之下都是法官"，也就是说，每个人都自主决定，"其所运用的手段和采取的措施对维持自己的生命和身体组成部分是否必要"。尽管一个人可以决定对

---

① tegunt 应为 degunt。——英译者注
② oper am 应为 operam。——英译者注

他人提出建议,然而后者能够运用自己的判断来决定这些建议是否与其利益相一致,因为其并非将自己的意志和判断置于前者之下。由此他遵循前者的建议,并非是由于建议是由前者所提出的,而仅仅是由于这看起来是对他最佳的选择;相应的,他就是在自身判断决定的基础上采取行为。综上霍布斯总结道:"自然赋予每个人一项针对所有事物的权利,也就是说,在一种纯粹的自然状态之下,并且在人类通过任何协议相互约束自己之前,每个人都有权对他人做任何自己想做的事,并有权获取并享用任何自己愿意和能够获取的东西。因而从中可以很明显地看出,在自然状态之下功利就是权利的衡量标准。"

159

如果认识到霍布斯所描述的处于此种状态下的人仍然受到自然法和正当理性的规范的话,那么无论这些论述乍看起来是多么自相矛盾,也绝不能得出一个人被许可对他人做任何自己想做的事的结论。但既然这样的一项许可是无用的,并且不能被任何理智的人视为一项自我维持的充分手段,那么就必须断定自然从未给予此项许可。如果任何人擅自使用它,就会发现其对自身极为有害。相应的,霍布斯所言的真正意思是:在人类通过协议分割用以维持人类生存的事物之前,自然将其置于人类力量所及的范围之内;没有上位者的人类能够出于自身意志以及正当理性的指令,做任何有利于维持自我生存的事情。然而,如果霍布斯的真实立场就如同其字面意思乍看之下所表现的那样残酷,并且他不允许我们作出这一更好的解释的话,那就让他自己想想怎样才能够避免一场正义的批判吧。

但可以肯定的是,被塞缪尔·马尔修斯称为前犹太人的《神学政治论》(*Theologico-Political Treatise*)的作者斯宾诺莎,用最为令人厌恶的语言,描述了与一种自然状态相伴随的针对所有事物的权利;在这一点上考察其立场并非是不恰当的。"自然的权利和制度",在他看来,"不过是有关每一件单独事物的属性的规则,依据这些规则我们认为每件事物依其本性被决定按照某种方式生活和工作;例如,鱼的本性决定了它要游泳,大鱼要吃小鱼;故而当鱼在水中游动并且大鱼以小鱼为食的时候,其就是使用了这一最伟大的自然权利"。我们从这一论述中可以发现"权利"这个词并不是指那种人类必须在行为中遵循的法律,而是指行为能力,以及个人在不导致伤害的情况下能够实施何种行为,故而不能够正确地推断出个人应有必要做任何其有权[在这一特定意义上]做的事这一结论。再者,正如用"自然法"来描述以某种固定和明确的态度所实施的任何行为是对这一术语的不恰当使用一样,将"权利"这个词适用于在未被赋予理性的动物的行为中也是不恰当的。只有基于上述理性采取行动的人才能够被正确地称为有权采取行动。

斯宾诺莎接着说："自然，从绝对意义上考虑，对一切事物具有最大限度的权利，也就是说，自然的力量延伸到哪里，自然的权利就延伸到哪里，因为自然的力量正是对一切事物具有最高权利的神的力量。"如果"从绝对意义上考虑的自然"这一短语被理解为神以及所有被创造的事物的话，我们接受他的主张，并乐于将最高的权利赋予神，而这是与神的至善相符合的。但若"自然"这一术语指的是与神相区分开来的被创造事物的集合，则我们不承认自然的力量与神的力量一样并与之共同延伸。的确，自然的力量是由神所制造的，然而这种制造并非以穷尽神的力量的方式完成的，因为这种力量被限定在神为其设置的界限之内。

斯宾诺莎从其原则中所推断出的结论是："既然全部的自然力量不过是所有自然个体力量的总和，那就可以得出每个个体都享有针对所有事物的最大限度的权利这一结论，也就是说，每个个体所决定的力量延伸到哪里，其权利就延伸到哪里。"但我不认为在诸如此类的主张中存在某种逻辑顺序："一切自然的力量不过是一切自然个体力量①之和；因此，每个个体都对一切事物具有最高的权利。"每个个体都享有某一部分确定的权利，故而单一个体无论如何都不能主张对源于整个自然的属于每个人的事物享有一项权利，这不是更加正确吗？

他接着说："由于每一事物应尽其最大努力在自然状态中生存下去且除了自身以外不关心任何其他事情乃是最高的自然法，接下来的结论就是，每个个体都为此享有最高的权利，即享有自然所决定的生存和行为自由的最高权利。"除了不正确地使用"自然法"这一短语之外，说人类本性就是努力自保而**除了自己以外不关心任何其他事物**，肯定是错误的。相反，准确说来，与自由的行为人相反，那些被说成是**自然**决定的、受到某种统一行为方式所约束的事物，以及控制这些行为的行为人，不是受到自然的限制，而是受到某种明确的法律的限制；相应的，人类并不会立即享有一项在其自然力量之内做任何事的权利。而如果摒弃委婉的说法并直接作出如下表述，则所有这些主张的荒谬性将一目了然："神对一切事物享有最高的权利；自然的力量就是神的力量；因此，自然具有对一切事物的权利；但由于自然的力量是所有个体力量之和；故而每个个体②都对所有事物享有权利。"至于这一论断中是否存在正确的逻辑顺序，我将其留待任何有判断能力的人来判定。

斯宾诺莎还错在认为："在这一点上不应承认人与其他自然个体之间存

---

① Potentiâ 应为 potentia。——英译者注
② indevidua 应为 individua。——英译者注

161 在任何区别"(这一点应当仅在涉及人类权利的时候提出),"不论是在被赋予理性的人与未被赋予理性的事物之间,还是在头脑简单、不理智的人和具有理智的人之间"。尽管在运用其理性的过程中,有的人反应迅速,有的人反应迟钝,然而任何拥有对理性的最微小运用的人也至少能够明白,他没有必要仅仅为了自保而要求一项无限制的针对所有事物的权利,且这样的一项权利不能够正确地属于他。讨论不具有理性的人的权利是荒谬的,从患有精神疾病者的例子中得出任何关于自然状态的结论也是不可能的;而且,这些人能够通过某种治疗方法而不是通过对一项针对所有事物的权利的拥有来得到挽救。斯宾诺莎为这一观点所提出的依据也是枉费心机的:"就任何事物在其本性规则之下所实施的任何行为而言,其具有最高的权利这样做,因为其事实上除了依据自然所决定的方式之外没有其他方式可以实施行为。"但我们否认,一个人通过做任何基于其本性规则之下的行为,能够获得一项针对所有事物的权利,或者其已由自然所决定去实施此项权利。

因此,斯宾诺莎的这一结论是错误的:"只要假定人类仅仅通过理性规则来生活,那些尚未学会运用理性的人,或者那些尚未养成良好习惯并且仅仅通过欲望规则生活的人,就在最高权利之下生活,这一最高权利与依据自身理性规则引导生活的人是一样的。也就是说,正如一个聪明人拥有理性所建议的对一切事物的最高权利或者生活在理性规则之下一样,一个未知未决的人也拥有其欲望所建议的对一切事物的最高权利或者生活在欲望规则之下。"但是自然状态及其规则的前提是人类拥有理性,不会让一个聪明人生活在一种法律之下、一个蠢人生活在另一种法律之下、而那些仅受欲望规则驱使的人却被置于不受权利和法律约束的境地。在权利和法律之下一个其欲望背离法律的人是不可能生活下去的,相反,他的每一项行为都违背了法律。

建立在其此项前提基础上的这一结论与该前提一样是错误的:"每个人的自然权利不仅由其正当理性所决定,还由其欲望和力量所决定。因为并非所有人都本能地决定按照理性的规则和法律行事;相反,所有人生来都是无知的,即便他们受了教育,在他们能够找到一种正当的生活态度并获得良好习惯之前,其人生的大部分已经逝去了;但无论如何眼下他们必须生存,必须竭尽所能地自保,而这只能建立在其欲望冲动的基础之上,因为自然没有赋予他们其他东西,也没有给予他们在正当理性之下生活的真正能力。相应的,所有人都不会比在自然为狮子制定的规则中生活的猫更多地受到正当理

162 性规则的约束。"没有必要为了让一个人有望过遵循理性的生活,就让他被自然地决定按照有关理性的法律行事,从而让他不能够以其他方式行事;相

反,如果他具备足以保护自己免于伤害和损害的自然能力就够了,而这是非常简单的。而自保这件事情也没有困难到人必须要得到一项针对所有事物的权利的程度。我们也无法想象,一个因年幼而仍然对所有事物一无所知的人,除了适应于其智力状况的活动以外,还能对其行为做更为详细的指导,还能有一丁点理性的进步。而自然已经处理了这一问题,即通过给予其非常微弱的力量并委托他人引导这些儿童的行为,这种人的行为可能对他人造成的损害将降至最低。

最后,下面的结论也是错误的:"相应的,任何被认为仅受本性控制的人,从自然理性的指引或者其情绪的命令中认为这是对自己有用的,**则可以拥有一项以任何最恰当的手段,不论是通过暴力、欺诈、哀求,还是其他任何方法,来寻求并确保的最高权利,而且他可以将试图阻止其满足自身欲望的人作为敌人对待。**"以及"从中可以得出这一结论,即所有人生于其下且多数人依此过活的自然权利和制度,除了每个人都不希望也无力阻止的事物以外,不与任何事物相对立,甚至不与冲突、仇恨、愤怒或者任何欲念所希望的东西相对立"。对人类来说这一论断是完全错误的,但若其在某种任何动物在自身本能中都不曾经历的无法生存或者无法自保状态的意义上被适用于所有类型的动物,那就是另一回事了,因为这里要决定的问题是人是否具有一项对他人做任何事的权利。而下面的话显示斯宾诺莎持后一种主张:"这并不奇怪,因为自然并非是在人类所理解的法律中被总结出来的,这些法律仅将人类的真实利益和生存作为其对象,自然法着眼于万事万物的永恒秩序,这一秩序属于对自然的总结而人类仅仅是其中一小部分。"然而在稍后论及该问题的地方他承认对于人类而言依据法律和某些以人类真实利益为目标的理性的命令来生活是更为有利的。然而为人类创造一项若想安全生活就必须拒绝运用的权利,其意义何在呢?其他生活在对一切事物的权利之下的动物并不需要为了确保自身安全而放弃这一权利,若这样的一项权利真的生来就属于人类的话,人类也不需要这样做。

※※※※※※※※※※※※

4. 但我们坚持认为,人类从未、也根本不可能在一种纯粹的自然状态中生活过,因为我们相信《圣经》的权威论述,即所有人类都起源于一对配偶的结合。《创世记》第三章第16节记载,夏娃被置于亚当的夫权之下,他们的后代一出生就处于父权以及家庭的控制之下。但如果相信某些异教徒学者所言的话,则整个人类就处于那种纯粹的自然状态之中,并且最初他们像青蛙一样从土壤中爬到地面上,或者就像卡德摩斯的童话中所描写的兄弟那样,从散落的种子中蹦出来。我认为下面的说法可以描绘霍布斯所说的自然状态以及所有人对所有人的战争状态,即"这些兄弟中的所有人都同样暴怒并互相残杀,不一会便都死掉了",参见奥维德,《变形记》第三卷[第122—123节]。

因此,除了以某种替代形式存在或者仅仅部分地存在之外,自然状态从未真正地存在过,比如在有的人与他人聚在一起成为一个市民国家的情况下,或者在某些这样的人继续保有针对他人的自然自由的情况下;尽管人类被划分的群体越多,其成员就越少,其对一种纯粹的自然状态就越发接近。因此当最初的人类社会分成不同家庭、而如今分成不同国家的时候,这些群体生活在一种相互的自然状态之中,没有群体服从其他群体,所有成员都没有共主。这样一来,在早期的时代,当兄弟们离开父亲并自立门户的时候,他们就开始彼此生活在自由和自然状态之中。因此,不是第一代人而是其后代事实上开始生活在自然状态中。这种方才所阐述的状态,是缺乏与一种纯粹的自然状态相伴随的那些不便之处①的,这尤其适用于那些自己建立国家的人;而且,当安全依赖于整个国家的力量且人们认识到世间②无人是其上位者的时候,人们就觉得这是达到了凡间功绩之顶峰。因此当国家及其官员被开始赋予允许其享有自然自由的权力的时候,其可以正确地宣称自己处于一种自然自由状态的优越性,而对于单独享有一种纯粹的自然状态的人来说,没有上位者是一件不值得高兴和没有意义的事情,因为其自身资源的孱弱让其安全岌岌可危。

那些坚持运用以下推断来证明这样的一种自然自由不存在或至少不能被正确地称为自然的人是错误的:"由于自然的宗旨是一个有序的社会,且由于秩序没有政府就无法实现,就像社会没有政府就无法存在一样,故而政府应当被正确地称为自然事物。"为了证明其主张,西塞罗在《论法律》第三卷[第一章]中所说的话被引用了:

> 没有什么比正义和自然状态[……]作为主权权利更让人安心的了;没有它们,房屋、国家、民族、人类自身、事物的全部本性、宇宙本身都无法存在。因为宇宙是服从神的,而陆地和海洋则服从宇宙;人类生活依赖于有关秩序的法律的正当管理。

---

① commodes 应为 incommodis。——英译者注
② inhisce 应为 in hisce。——英译者注

因此霍布斯受到了这些人的批判,原因是他将这种状态称为一种真正自然的状态,而根据他的描述,这种状态并非人或其生活所真正经历的,而是更适合对于理性和语言一无所知的野兽的生活。他们指出,认为具备权利和正当判断力的本性宣告了所有人都不能够实施、尝试并占有一切事物,肯定是没有依据的。这些欲望可能属于一项堕落的本性,但不会是正当理性的命令,后者在对社会的渴望之中,必然渴求一个不允许出现此种无序举动的有序社会。不遵循某些首要原则能够产生什么秩序呢? 这一首要原则是最为重要的,并且意在控制所有事情,也就是说,这一原则就是政府,或曰社会最高权力,除非这一原则存在,否则就不会有被任何生命运用理性和论证来寻求的社会。自然已经进步到能够证明政府对每个社会都是一件自然事物的地步,而蔑视每个政府的自由总是与自然格格不入的。参见博赛尔,《评格老秀斯》(*On Grotius*),绪言。

从此前所做的论述中很容易形成对这一观点的回应。一种纯粹的自然状态指的是一个人与所有人类制度加诸于他的事物相分离的状态,而我们知道自然从未有意让人类在这种状态下生活。例如,完全的无知可以被认为对人类是自然的或者先天的,尽管其对广泛知识的获取并不与自然相违背。再者,我们并未将那种不受自然法或神法义务约束的自然自由归于人类。然而一项蔑视所有人类控制的自由被认为是较之允许无限度增长的自由更与自然不一致的。的确,政府是一种自然的事物,人类在其中间建立政府乃是自然的意图。而掌握针对他人的最高权威的人不受他人的任何干预并由此享有自然的自由,也是自然的意图;除非,我们确实选择承认在同样的秩序中存在着某种甚至高于最高权威的东西。出于这一理由,不受制于人者应在其自身理性的命令之下管理自身及其行为,是与自然相一致的。

◇◇◇◇◇◇◇

5. 更为重要的一个问题是,一项与他人有关的自然状态是否带有战争或者和平的特征;或者,是什么导致了战争或者和平,那些生活在自然状态之下的人,即那些没有共同的主人、既不服从也不指使他人的人,是否应当被视为相互的敌人,或者事实上应当被视为和平共处的朋友。在此霍布斯的观点应当予以考虑,他称纯粹的自然状态为一种战争状态,这并不是一场孤立的战争,而是一切人反对一切人的战争,故而他坚称,那些联合组成国家的人们相互之间放弃了敌对状态,但是其他的所有人仍然是他们的敌人。《论公民》第九章第 3 节讲道:"每个人都是其他人的敌人,他要么服从要么命令后

者。"他本应该再补充说:"他们之间没有共同的主人。"他在该书第十三章第7节讲道:

> 国家之间的状态是自然的,也就是说,是敌对的。如果他们停止争斗,这也并不能就此被称为和平;倒不如说这是一段喘息时间,在此期间敌对的一方观察另一方的举动和表现,不是依据契约而是依据对方的力量和意图(他原本还应当加上"依据自身资源")来权衡自身的安全。

这就与奥庇安《论捕鱼》第二卷[第44页及以下]中所描述的鱼的状态非常相似:"它们都在敌对和互相攻击中游动;大鱼以小鱼为食;每条鱼都猛地冲向另一条鱼并意图杀死它。一条鱼成为另一条鱼的食物。"再有:"其他的鱼生活在一种相互敌对的状态之中。由此,你永远不会看见鱼睡觉;相反它们的眼睛和感官总是处于警觉和清醒状态①,因为它们总是担心大鱼的靠近,并突然袭击小鱼。"还可参见波里比乌斯所著书,第十五卷第二十章。霍布斯在《利维坦》第十三章[第7节]中补充道:

> 对抗不仅发生在战斗或者打斗行为中,而且随时都在发生,通过战斗来斗争的意愿广为人知。[……]正如坏天气的本质不在于一场雪或者两阵雨而在于很多日子加在一起的倾向一样,战争的本质也不在于真实的打斗而在于众所周知的斗争倾向[……]

事实上,霍布斯并非第一个这样说的人,因为同样的看法已经在柏拉图的《法律篇》第一卷[第625页E、F]中被发现,在其中克里特岛人克莱利亚斯解释了克里特岛的立法者之所以建立如此众多的军事建制的原因,并补充道:"他似乎以为全世界都是傻瓜,都不懂得战争总是在一切的人和城邦之间发生着[……],人们通常所说的和平只是一种说法;事实上,每个城邦都与其他城邦处于一种自然的战争状态之中,这种状态不是被君主的传令官所宣布的,而是亘古不变的。"

在此应当顺便指出的是,当有的学者声称自然状态就是指我们被认为自力更生或者被算作不在任何社会之中、且这就是一种意图夺取他人所有并将所有人从其财产上赶走的战争状态的时候,其没有达到在讨论这一问题的时候所应当具有的准确性。因此他们的意思是,如果人不在联合中生活他们就

---

① in somnes 应为 insomnes。——英译者注

会经常陷入争吵之中,也就是说,如果人类不过一种社会生活,他们就会生活在一种时常无序的状态中。然而将自然状态与社会生活对立起来是不恰当的,因为即便是那些生活在自然状态中的人也能够、并且应当时常过一种相互的社会生活。但既然治国者将要提出并确实提出的关于其与邻国关系的问题都会回到这一点上,故而我觉得以某种更为具体的方式来审视双方所将要提出的问题是有好处的。

〰〰〰〰〰〰〰〰

6. 霍布斯在《论公民》第一章、《利维坦》第十三章中,致力于通过以下方式来体现,自然状态就是一种战争状态。人之所以生来就惧怕他人、且由此与他人处于战争状态的原因,在于人类既有能力也有意愿去相互伤害。他通过这一事实证明其实施伤害的能力,即成人具有在相当程度上同等的力量,尽管一个人往往比另一个人具有更为强健的体魄,身材弱小者通过计谋或者他人的帮助制服身强体壮者仍然是可能的,因为其致命之处跟最为弱小的人一样是暴露在死亡面前的。塞涅卡在《论怒》第一卷第三章中说:"没有人会低到无望对他人实施惩罚的程度,即便是对最强者这样做";我们都具备实施伤害的力量。那种个人较之他人所表现出来的更为狡诈的自然属性,也不能让人免于此类危险,如果其除了自身力量之外没有其他自保方法的话。再者,既然作为人所能够相互施加的最大坏处的死亡,既能够由弱者加诸于强者、也能够由强者加诸于弱者,那么就可以得出这样的结论,即那些能够彼此施加最大伤害的人必定在力量上是实际相等的。而施加伤害的意愿,有的是基于必要性而存在于某些人当中,有的是基于其罪恶的渴求而存在于其他人当中,鉴于有的人想将一切可能的东西据为己有,主张自己享有高于其他所有人的地位并无理地将其强加于他人之上,那么其他人,无论多么孤僻或者多么愿意与他人共享自己所享有的一切,都有必要保卫自己不受这样的侵犯。的确,很多人,包括马尼留斯,在《天文学》第五卷[第195页及以下]中,都认为:

> 战争与和平对他们没有区别。
> 朋友和敌人都让他们畏惧,
> 任何事情都会导致野蛮的斗争,
> 在他们的意志、他们的统治者、他们的剑和他们的法律之间。

167 第五卷［第 120 页］：

> 生于乱世者痛恨软弱的和平①，
> 暴动者寻求并生活在动荡中。

霍布斯接着说道，实施伤害的意愿，还产生于一种思想分歧之中，因为每个人都自以为比他人聪明，而当其邻人提出同样主张的时候会相当反感。结果是，仇恨不仅从与他人的对立中产生，甚至从与他人的不一致中产生，因为两项对立的主张不能够同时都是正确的，当一个人与他人意见不一的时候，他指责后者判断错误，如果他与后者在很多问题上意见不一致，他显然会将这个无法理解对事实的如此直白表述——正如每个人都认为自己的观点是这样的——的人当做一个傻瓜。西塞罗在《论义务》第一卷［第二十六章］中说："被强加意愿，犯错，含糊其辞，以及被欺骗，与胡说八道或者精神不正常是一样羞耻的。"贺拉斯在《使徒书》(*Epistles*)第一卷［第二章第一节第 83 页及以下］中的话也是切中肯綮的："他们或者认为除了让自己高兴的之外就没有正确的东西，或者觉得年老时承认之前在年轻的指引下所学到的东西一无是处是令人羞耻的。"玉外纳在《讽刺诗集》第十五卷［第 35 页及以下］中说："每个地方都仇视邻邦的神，因为其认为后者只应该信奉自己所尊崇的神。"

既然人类思想中的所有愉悦都在于其将自己置于他人之上的能力，那么就需要将一个人对他人轻视之表示展现出来，而除此之外没有其他方法来唤醒人类的情绪。西塞罗在《论义务》第一卷［第八章］中说："由于出类拔萃作为野心的对象具有如此的一种稀缺性，故而围绕着它产生的斗争是普遍地如此激烈以至于没有比维系稀有的社会纽带更为困难的了。"也不仅仅是"在希腊人的轻率之中才存在那种用恶毒的语言攻击不同意见者的乖僻行为"。同上书，及《论道德之目的》第二卷［第二十五章］。还可参见沙朗，《论智慧》第一卷第四十章第 6—8 部分。

人类之所以想要彼此伤害的最后一个、也是最常见的原因，是由于数人同时对同一个对象设定了同样的目标，而他们或者不能或者不愿共享或分割之。当然，此物必定会属于最强者，而孰为最强必须通过斗争来决定。因此色诺芬在《追忆苏格拉底》第二卷［第六章第 21 节］中替苏格拉底说道：

---

① nulle 应为 nullo。——英译者注

人是由矛盾组成的。他想与人交朋友并为自己交到了朋友,他同情受难者;他救济贫困者;并从中获得满足,不论其回报是获取还是给予一项义务。但是由于同一项事物可以是很多人所想要得到的对象,斗争、敌对以及恶意就成为不可避免的了;仁慈被贪欲和野心所抹杀;嫉妒充斥了心灵,而此前占据心灵的是所有的感情!

塞涅卡在《论怒》第三卷第三十四章中说:"作为情感纽带的对同一事物的欲望,是斗争和仇恨的原因。因为既然你所希望得到的东西很小,并且若非被夺走就不能放弃,其就会在想要得到它的人之间导致斗争和争吵。"还可参见沙朗,《论智慧》第一卷第三十九章第8部分。

因此,出于这些原因,他认为,人类永远无法避免互相之间的畏惧和猜疑。由于人的自然情感和理性都确认每个人最大的善就是自身安全,并且允许他为了维护自身安全而不择手段,而由于每个人都没有上位者故而行为的分寸留待每个人自己判断,因此,每个人必定希望制服他人而非处于他人的攻击之下。其最终的结果就是一种无限战争的状态,在这种状态中一切人反对一切人,其必然推论就是每个人都被允许秘密地或公开地,对他人实施任何其认为对自身有利的行为。尽管在这种战争状态中理性不时令他失望,他仍然算不上是在对他人实施真正的伤害,而这当然是因为,正义和非正义这些术语都仅仅与那些联合起来组成国家的人有关;尽管人在运用徒劳无功的方法来维护自身安全的时候是犯下了违背理性的罪恶。

※※※※※※※

7. 像这样的主张,如果被作为某种假设提出的话,某种程度上似乎是可以容忍的。人们可以引用《论公民》第八章第1节说,当霍布斯如是说的时候,其就是在这种意义上使用他们:"让我们再回到自然状态,并再想象人们不过是从土壤里冒出来的,而且突然地,就像蘑菇一样,不约而同地完全成熟了。"然而在别处,即第十三章第7节,以及**多处其他地方**,其没有提到假设,而是非常严肃地将国家状态称为**自然的**,或者按照其解释,**敌对的**。这些主张可以被作此理解:所有人在同一个时刻都处于某种自然状态之下确实是一项假设,就如同之后出现的一群人突然从土壤中冒出来的假设一样;但事实上这样一种自然状态确实在某些人中间存在,这些人确实彼此互不隶属且没有共主,就如同当今所有国家之间的状况那样。对此他在其《利维坦》第十三章中用大量篇幅作了论述:"但即便从未有过这种情况,即特定的人彼此之间处于战争状态;然而一直以来,国王和主权者基于其独立性,都处于持续的嫉恨之中。"

但是对立观点的主要论据在于人类的起源,正如具有不可辩驳之权威的《圣经》所告诉我们的,人类的自然状态不是战争而是和平,人类彼此之间不是敌人而是朋友。对于神亲手用黏土捏出的第一个人来说,他的配偶是从他自己身上取出的物质造就的,因此他立即就在一种关爱中爱护她,因为她就是他自己的骨肉。神通过一项更为深入和最为神圣的纽带将她与他结合在一起。既然所有人类都是源于这一对配偶,故而人类之间就并非通过普通的、诸如源于在《学说汇纂》第一卷第一章第 3 节中所提到的外表相似性的友谊纽带而产生联系,而是通过源于共同祖先和血脉的纽带以及以对自身的友善为标志的纽带而联系起来的。对于这种关系的记忆在那些远离祖先世系的人中实际上已经消失,但当一个人无视这一点并对他人采取敌视态度的时候,则其可以被正确地理解为已经背离了自己最初的和自然的状态。

提出这样的反驳是没有意义的,即便从这样的一项创造中,也可以得出人类的自然状态就是一种战争状态的结论,理由是如果社会必定与人类共存并让他们生活在和平之中的话,就必定会得出离开社会人类就无法生活在和平之中这一结论,并且社会必须与人同时产生从而让人类不生活在战争状态之中。① 对此我们的回答是,在此我们所关注的自然状态不是抽象意义上的,而是现实意义上的。再者,既然第一个人生活在一种绝无敌对而充满纯粹友谊的状态中,且既然其他人是从这一状态中产生出来的,那么很显然,如果人类真的希望记得其起源的话,他们就应当不被视为敌人而被视为朋友。事实上,社会最初在人类中产生,不是为了避免自然状态,而是因为人类离开社会就不能增长和维持。而一种自然状态从这一条件中产生,是因为基于人类的增长他们无法再被包括在一个社会之中。因此宣称以下观点是没有意义的,即如果没有社会状态,人类一开始就会生活在一种相互敌对的状态之中,除非你愿意假设,一开始一群相互之间毫无关联的人突然冒了出来。亚里士多德在《修辞学》第一卷第十一章[第 25 节]中所说的话就体现了这一点:"由于同类事物彼此之间是自然的关系,而依据自然这种关系是愉快的,故而所有相同或相近的事物都是彼此关系愉快的,作为一种规则——人与人之间也是如此。"西塞罗在《论道德之目的》第三卷[第十九章]中说:"自然对于人与人之间的关系有着这样的一项建议,即人应当永远不对他人表现得不友好,原因很简单,对方是一个人。"还应注意到他在其《论神性》第一卷[第

---

① pacate 应为 impacate,巴贝拉克正确地更正了这一表述。——英译者注

二十七章]中所说的话:"然而你没有看到自然是如何赞美和迷恋自身的吗?你觉得在陆地或者海洋上存在任何不为其自身构造而欣喜若狂的生物吗?因此,如果自然以同样的方式指示我们,没有什么比人类更加美丽的了,那么我们由此将神构想为人形又有何奇怪的呢?"昆体良在《雄辩》第五卷中说:"所有人类之间都存在着一种普遍的血缘关系,因为他们源于同一祖先,甚至源于同一个自然。"还可参见马可斯·安东尼斯[奥勒留]所著书第九卷第9节,在此他对我们本性中的共同之处将指引我们走向一种相互和谐这一观点做了详尽的论证。另可参见理查德·坎伯兰,《论自然律》第二章第18节。普罗科庇乌斯在《哥特战争史》第二卷[第十五章第22节]中给出的贝利萨留的主张,应当被视为仅适用于某种特定的爱或者恨的情况:"人生来对他人就既不爱也不恨。个人的行为,基于其与我们相一致而吸引我们或者与我们相悖而令我们憎恶,使得某些人成为我们喜爱的对象,而另一些人则成为我们憎恨的对象。"

※※※※※※※

8. 然而我们并不是无法对霍布斯的论证作出回应。任何被一定的空间所隔开的人都无法直接对他人造成伤害,因为如果一个离我有一定距离的人要伤害我的话,他需要通过其他靠近的我的人来完成之,而对我的财产的损害也非经靠近财产的人所不能实施。因此,既然那些被隔得远远的人无法相互伤害,只要他们不相互接触,似乎就没有正当的理由说明为什么这些人不应当被认定为朋友而应当被认定为敌人。如果任何人觉得他们更应被称为中立者的话,那么他应当承认,实施伤害的意愿和能力的缺乏可以被视为友谊。再者,霍布斯所建议的力量均等,更可能限制而非促进实施伤害的意愿。一个人就其本身而言肯定不愿意跟一个与自己同样强大的人斗争,除非是出于某种必要,或者在看起来形势对其有利的环境下,因为只有傻瓜和莽汉才会不必要地与旗鼓相当的对手爆发冲突,而且在这种冲突中双方①均衡的实力让结果变得不确定。可以肯定的是,当一个人与一个旗鼓相当者爆发冲突的时候,双方的性命都是堪虞的,无论是在获胜中从被杀者处夺走其失去的东西还是从杀死对手中所获得的收益,都不及丢掉自己性命的危险那么重要;更何况,我的生命面临威胁所带来的坏处,比起我能够从我的对手的生命面临威胁这一事实中所得到的好处,要大得多,而他的安全也不会由于我

---

① purgantium 应为 pugnantium。——英译者注

的生命受到威胁而增加,相反双方都是输家,一方的损失对于另一方并无好处。参见理查德·坎伯兰,《论自然律》第二章第 29 节。因此塞西亚人在库尔提乌斯所著书第七卷第八章[第 27 节]中说:"最稳固的友谊是平等者之间的友谊;以及那些看起来力量均衡互不侵犯的人之间的友谊。"恺撒在《内战记》(Civil War)第三卷[第十章第 7 节]中也建议庞培说:"当每一方都对自己抱有信心并且双方看起来旗鼓相当的时候,就是和谈的时机了。"弗洛鲁斯在其所著书第四卷第十章中说:"在帕提亚人和罗马人彼此审视,且克拉苏和帕科罗斯已经展示了彼此的力量之后,他们先前的友谊随着对双方同等关注的表示而重新恢复了。"在修昔底德所著书第三卷[第十一章]中,相互的畏惧被认为是构成了一项同盟中最安全的基础:"因为将要越轨者被这一感觉所阻吓,即其不具备借以发动一场攻击的优势。"

然而霍布斯为人类相互伤害所举出的原因不过是让某个人反对某个人的特殊的原因,其无论如何不足以使得一场普遍的一切人对一切人的战争成为不可避免的。不具有攻击性的人总是生活在具有攻击性的和卑鄙无耻的人中间、或者后者总是想滋扰前者的说法,也不总是正确的。再有,思想的交锋除了在某些个别的优秀人物中出现以外,在其他人中间几乎看不到;这样的一种思想不一致并不影响大部分人,或者如果有影响的话其程度甚微。总的来说,造物主在为凡人提供必需品的时候也不是如此的吝啬以至于很多人必须为了获得同样的东西而一直斗争。的确,人类的普遍贫困足以解释为什么一个人在信任他人并将自己的弱点暴露给他人的时候必须小心谨慎,尤其是在其并不十分熟悉他人的时候,正如普劳图斯在其《牵驴者》(Asinaria)[第 495 节]中说:"人对陌生人不是人,而是狼。"但是没有任何有理智的人会承认这种怀疑和不信任会导致一个人攻击和压迫另一个人,除非后者表现出一种伤害前者的意图。西塞罗在《论义务》第一卷[第七章]中,颇为正确地将伤害界定为时常"产生于畏惧;因为,举个例子来说,一个图谋伤害他人的人担心,除非他实施了自己的计划,否则他自己就将遭受某种不利"。

而且,霍布斯的主张是不可维持的,因为他坚称,这种自然状态仅在人们受制于他人权力之下或者人们集中到一起组成同一个国家的时候才被打破。而坚持说即便是那些通过条约和友谊而团结起来的国家也处于一种相互战争状态的话,就与上述论断相悖了。我们也不应当说,一项并非无懈可击的和平就根本算不上和平,就不比无人能从他人处受惠的状态更好,因为人们的感想和意愿各不相同。

9. 接下来的这一点应当被仔细地考察,即,我们不是在讨论仅仅受到力量和感官倾向所引导的某些动物的状态,而是在讨论那些其主要配置和其他功能的主宰是理性的人的状态。这一理性在自然状态中具有一种普遍的、进而有拘束力的和统一的判断标准,那就是为指明普遍生存规则以及自然法提供某种即时的和独到的支持的事物本性;故而如果任何人要充分地界定自然状态,就绝不能排除理性的正确运用,而应当将其与其他功能的运作放在一起。

既然人类不但听从其情绪的召唤,而且听从不仅仅从自身好处出发来衡量其本身的理性的召唤,他就不会从事这样一种被描述为"所有人反对所有人"的战争,在卑劣情绪的驱使和理性的作用下,一种完美的涉及两方面的主张被提出:即,对他来说,无故挑起战争既不恰当也没有好处。因为一个人肯定能够认识到这一事实,即他并非借助自身力量而产生的,而是由神所创造的,后者是他的上位者并由此对他享有权力。当他觉得自己被一项涉及两方面的运作机理所驱使,其中一方面完全与当前考虑有关,而另一方面着重于未来以及非即时的关注,在前者的驱使之下他看到自己被推入危险、迷惑和羞耻之中,而后者则引导他走向安全和尊重,那么显然,他要得出造物主希望他接受后者而非前者指引的结论并非难事。而当在这一考虑之上再加上理性所促使其接受的和平所带来的明显好处的时候,人类难免就会生来具有和平的倾向;对某些人而言尤其是如此,因为,如果他忽略理性并肆意妄为,他之后会从事情的进展中发现自己遵循了一条更糟糕的进路,并会希望自己违背理性的所作所为能够被撤销。

综上所述,我们可以得出这一结论,即人类的自然状态,即便在没有国家的情况下被考虑,也并非一种战争状态,而是一种和平状态;这种和平建立在以下法律之上:人不应伤害未加害于自己的人;人应当允许每个人享有自己的财产;人应当忠实地履行已经达成协议之事;人应当愿意促进他人的利益,只要其不受一项更为紧要的义务的约束。既然自然状态以理性的运用为前提,则一项理性所指示的任务不能够、也不应当与理性分开来;既然每个人都能够让自己理解,以这样一种从人们的友好态度而非从其被激发起来的愤怒中获益的方式来做事是对自己有利的,他就能够很容易地从相同的本性中判断出来,其他人也是这么觉得的。由此,一个人在他所描述的这种状态中假定,多数人至少是忽视了自然将其设为人类行为最终引导者的理性的指引,是完全错误的;而将一项主要通过对自然原则的忽视和误用所造成的状态指定为自然状态,也是错误的。所有这些都在理查德·坎伯兰的《论自然律》中得到了详尽的证明,可供那些对我所作论证尚未完全信服的人参考。

<hr />

10. 在对我们作出回应的时候喋喋不休地谈论多数古人所处的野蛮状态,"他们的欢乐曾经建立在堆积如山的战利品和以掠夺为生之上"①,在他们中间一项广为接受的保护财产和谋生的手段就是抢劫,也是没有意义的。因此亚里士多德在《政治学》(Politics)第一卷第五章[第八章]中,将牧人、农夫、渔夫和猎人,以及劫匪的占有物计算在内。并进而指出:

> 由此,从某种角度上看,战争的艺术就是一种关于夺取的天然艺术,因其和打猎一样,是一种我们用来对付野兽,以及对付那些尽管自然有意管理他但他却不愿服从的人的艺术;这种类型的战争自然就是正义的。

很多古代学者做了同样效果的论述。参见荷马,《奥德赛》(Odyssey),第三卷第73行以及第九卷第252行,在其中迪蒂姆斯说道:"古人对从事海盗行为是不以为耻反以为荣的。"狄奥多·努斯在其所著书第三卷第四十九章中说:"利比亚人在与陌生人的关系中不遵守任何类型的法律或者任何契约的条款。"恺撒在《高卢战记》(Gallic War)第六卷第二十三章[第6节和第1节]中这样说日耳曼人:"他们对发生在自己城邦疆域之外的抢劫行为不认为是羞耻,并声称它们有利于锻炼年轻人并减少他们的惰性。"而且:"他们将拥有最为广袤的由于他们的蹂躏而被废弃的土地视为对其国家最有价值的事情。他们将邻邦从其地盘败退以及无人敢定居于他们旁边视为其勇猛的标志。"梅拉在其所著书第三卷第三章中对日耳曼人做了颇为类似的论述:"他们视强权为公理,甚至到了不以抢劫为耻的程度,他们只对客人友善。"但是塔西陀在《德意志》(Germany)[第四十六章]仅仅提到维尼迪族人"在普西尼族和芬尼族中间的崇山峻岭中肆意开展虐杀性的远征"。普鲁塔克在《马里乌斯》(Marius)[第六章第1节]中提及西班牙人时说,在马里乌斯时代,抢劫是他们最为钟爱的职业之一。修昔底德在其所著书第一卷[第

---

① 维吉尔,《埃涅阿斯纪》,第九卷第612页。——英译者注

五章]中对古希腊人做了同样的评论。有的学者举出《学说汇纂》第四十七卷第二十二章第 4 节，在其中那些"建立抢劫团伙"者之间的协议被视为有效，尽管萨尔马修斯在《论高利贷》(*De Usuris*)第一卷第十二章中觉得这一表述应为"或者建立小额贸易社团"。因此波里比乌斯在其所著书第三卷第二十四章中记载罗马和迦太基之间的条约中的一项条款规定"罗马人不得劫掠公平岬、马斯塔以及塔塞姆，也不得在其东面从事非法贸易"，似乎这两种行为在当时都同样是合法的。贾斯廷在其所著书第四十八卷第五章中说福西斯人通过海上抢掠来壮大自己，"这在当时被认为是一件光荣的事情"。塞克图斯·恩皮里克斯在《皮罗主义概要》(*Pyrrhoneiae Hypotyposes*)第三卷第二十四章[第 214 节]中说："在野蛮人中做海盗不被看成是不正常的事情；而且他们说西里西人认为这是非常值得尊敬的，以至于认为因从事海盗行为而死的人配得上特殊的荣耀。"而正如诗中所告诉我们的，内斯特在款待忒勒玛科斯及其友人之后问："你们做海盗、甚至海上掠夺者有何冒险经历？"[荷马，《奥德赛》第三卷第 74 行]"而如果海盗是某种让人不齿的行为的话，他就不会这样地招待他们，因其会怀疑他们是否是那种人。"同样的证据出自《学说汇纂》第四十九卷第十五章第 2 节："如果存在一个与我们既不友好也不敌对的，也没有签订友好条约的国家，可以直截了当地认为其国民不是我们的敌人。"(参见《学说汇纂》第四十卷第十六章第 118 节。)"但是任何落到他们手中的我们的财产将归于他们，正如一个被他们捕获的我们国家的一个自由人属于他们一样。"迪奥·卡修斯在其所著书第四十四卷[第二十二章]中对雷迪亚人作了如下评价：

> 他们时常僭越到与之毗邻的大片高卢疆界内，甚至在意大利之外实施抢劫。借道从其国家通过的罗马人及其盟友遭到抢劫。他们的这些行为当然或多或少地与那些尚未接受和平的国家相类似。

伊索克拉底在其《泛雅典娜节献词》(*Panathenaicus*)[第 227 节]中这样评价特巴利亚人：

> 较之其他人，在他们中间有着一种想法，不仅要消灭其邻人和住在其边境地带的人，而且甚至要消灭每个其势力所及范围内的其他人。

还可参见格老秀斯所著书第二卷第十五章第 5 节，在此应当进一步指出，这样的一种古代国家之间的互相敌对状态，很大程度上似乎是由古代所流行的各族人民拥有属于自己的特定的神的观念所决定的。还可参见玉外纳,《讽刺诗集》第十五章。

对这些主张的一项充分的回应可以在这一事实中发现,即在多数古代国家中,正当理性的命令已经通过堕落的习俗而丧失。但这并不意味着在这些人中不存在具有足够人性来认识到这一点的人,即,通过实施这些抢劫行为他已经违反了自然法,或者,这种凶残者已经忽略了自身最为高贵的部分并投身其中的状态应当被视为自然状态。因为杂乱的偷盗和抢劫并非出自一种自然状态,正如在国家间关系上也并非如此一样,尽管这种关系是自然的。我们也决不能同意霍布斯在《论公民》第五章第2节中所宣称的:"在这种情况下抢劫不违反自然法。"因为如果有人非出于愤怒而出于其罪恶本性,试图夺走他人财物的话,那么的确,我们在战争法之下有权拿捕他们,但无权拿捕未对我们造成伤害的第三方。当然,如果他人肆意违反自然法,我们不应立即仿效其卑劣行径。我们也不应当进一步允许其实施所谓"这样一种对于那些用勇敢而非残酷引导自己的人并非没有带来某种荣誉的行为"。因为在某种情况下"那些除了性命之外无所不偷的人,不对适合犁地的耕牛和所有农用工具下手,是一种习惯"。然而人们会说,他们这样做不是出于自然法,而是由于他们以这种方式照顾了自身的荣誉,并避免由于不必要的残酷而被指控为懦夫。就好像在认识到彻底实施一项罪行的坏处的基础上实施了一半的罪行是值得夸耀的一样!

❦❦❦❦❦❦❦❦❦

11. 通过我们所宣称的维护所有人之间的和平是一种人类自然状态的说法,我们所指的是由自然本身在没有人类干预的情况下令行禁止的状态,且由此,这种状态建立在自然法的义务之上,这种自然法上的义务约束所有被赋予了理性的人们且其最初的引入并非源于任何人类的发明。而且从中可以得出这样的结论,即通过协议或者条约来增强这一普遍的和平没有什么好处;因为通过这样的一项条约并没有更多的东西被加诸于此项自然法义务之上,也就是说,条约既没有添加任何人类尚未受到自然法约束的义务,也没有让这一义务更加具有强制力。因为我们预想的是,双方都如此充分地保持了自然的平等以至于他们不需要通过比对神的尊敬以及对由于违约而降临到每个人头上的罪恶的恐惧更进一步的纽带来约束自己信守协议;尽管不遵守明确的承诺对于个人而言似乎增加了其邪恶性和卑劣性。受害人也被允许对违反自然法者保有同样的行为自由,无论其间是否达成了一项协议。因此,开化的人们避免缔结这样一项个中条款除了不直接违反某项已被自然所明确规定的义务之外别无他物的协议。这样的一项行为几乎无法表示对神的尊敬,因其显得神的指示不是作为一项足够严格的必要条款被加诸于我们之上的故而我们必须自己同意其指示,或者神所施加义务的实施取决于我们的选择。

因此,任何契约,都必须关注某些个人若非如此就不能仅仅基于自然法要求我实施的行为,或者某些我之前在自然法之下没有完全的义务、但在我的声明和同意确保其享有此项权利的基础上我如今具有完全的义务对其实施的行为。因此,当一个人以这样或那样的形式对他人提供服务的时候,他不会在协议的条款中明确而直接地声称,他不会对后者恶意履行义务,或者他不会偷盗后者的财物。基于同样的理由,如果一个人为了他人的利益只是约束自己说他不会对后者违反普遍的和平义务,即他不会在与后者打交道的过程中行使通常仅仅针对野兽所行使的权利,那么这就是一项可耻的协议。然而如果这样的一种野蛮掠夺是某些国家之间的习惯的话,就需要所有国家一致同意的一项普遍协议来恢复和平。这就是那种两个交战国放下武器的情况:如果他们没有就某种特定的保证达成一致,则除了通常的和平之外没有任何东西被恢复。但有时甚至有这样的例子,即有的已经达成协议的国家被迫不仅通过协约、而且通过纳贡,来购买这一普遍的和平与自由,从而免受那些堂而皇之靠掠夺为生的民族的伤害。克劳迪安在《论曼利厄斯①的领事职位》(*On the Consulship of Manlius*)[《斯提利科》(*Stilicho*),第一卷第 210—211 节]中说:"那些惯于为之的可恶部落曾经为和平设定价格并让我们通过可耻的纳贡来购买安宁。"

但若那些迄今为止没有通过帮助或伤害而产生任何联系的国家,不论是在和平还是战争状态中,订立了一项未对特定事项达成协议的条约,该项条约就被认为是为了认可友谊而订立的,而这确实被认为比起上面提到的自然的和平是系上了一条更为牢固的纽带;尽管这些条款只不过是在未来履行相互义务的某种庄重承诺。因此,它们就像初次准证或者会面的亲属一样,习惯性地大谈特谈相互的感受。

〰〰〰〰〰〰〰

12. 但必须承认的是,这种自然的和平不过是一个脆弱的和不可信的

---

① 曼利厄斯应为斯提利科尼斯。——英译者注

东西,且由此不过是一种缺乏其他保障的对人类安全的脆弱屏障。因此奥维德在《哀歌》第五卷第二挽歌[第71节]中的诗也确实可以很好地适用于此:"和平有时有,对和平的信心从来就没有。"其原因在于人类天生的恶性,其加强自身权力的放肆欲望,及其威胁他人财物的贪欲。因此萨卢斯特在其《尤古尔塔》(*Jugurtha*)[第六章]中告诉我们:米西普萨"极为担心人类那种贪恋权力并急于满足自身欲望的自然习性,以及那种通过获取的希望将一个甚至是胸无大志的人引入歧途的可能性"。

这些狂热情绪的强大力量如此有力地控制了人类的思想以至于即便是基督最为温和的反复灌输和平、人道、文雅、仁慈、容恕、谦逊,并谴责财富和普遍权力的说教,也不能在基督徒中消除最为邪恶的背信、战争,以及对他人的压迫。因此普鲁塔克在《皮洛士》(*Pyrrhus*)[第十二章]中所说的话也适用于某些信仰基督教的统治者:

[……]对于那些无论是大海还是高山还是沙漠都无法限制、分割欧洲和亚洲的界限都无法阻止其贪欲的人。说他们如何能够满足于现在的所有并在相互接近的时候不相互侵犯是不可能的。不仅如此,他们永远处于战争之中,因为阴谋和嫉妒是他们天性的一部分,而且他们将战争与和平这两个词视为流通的硬币一样,只要对其有利就使用,而不是出于理性的命令遵循之。

维列乌斯·帕特尔库路斯在其所著书第一卷第十二章中所做的描述不仅仅对罗马和迦太基人是真实的:"在这两个国家之间存在着的,或者是战争,或者是准备战争,抑或是未确定的和平。"因为,正如安于现状并且不去伤害他人或者夺取他人财物是一个诚实的人的义务一样,仅在某种程度上相信所有人都是自己的朋友并认识到他们有的时候仍然会变成自己的敌人,并在认识到协议可能很快会破裂并爆发战争的基础上维持和平,则是一个谨慎的、珍爱自身安全的人的义务。参见索福克勒斯,《阿贾克斯》第688页及以下。由此人们应当仔细想想哈利卡纳苏斯的狄奥尼修斯在其所著书第六卷[第三十七章]中所说的话:"恶人只要有能力就绝不会想要协议。"因此,欧里庇德斯在《海伦娜》(*Helena*)[第1617—1618节]中说:

凡人的需要比起聪明人的猜疑
不会更管用。

而一个聪敏的人应当"既不温顺得像待宰羔羊,也不残暴得像野兽"。①还可参见霍布斯,《论公民》第十三章第7—8节。塔西陀在《德意志》[第三十五章]中对乔叟人的赞扬值得仿效:

> 一个日耳曼中最为高贵的民族,他们选择通过正义而非暴力来维持其伟大。没有野心、没有不受控制的欲望、恬退隐忍,他们不发动战争,他们没有犯下任何抢劫罪行;他们所拥有的优越性从未通过不正当的手段取得,这正是其力量和勇气的明证。但他们所有人都随时准备拿起武器;若有必要的话,很快就可以集结一支军队:因为他们兵马众多,即便是不行动也能维持其军事威望。

另一方面,同一作者对瑟斯坎人则作了如下评价[第三十六章]:

> 他们,出于敌人的缺乏,总是怀念一种过于持久和脆弱的和平;这是一种与其说是得到了保障不如说是在吹嘘的状态,因为在强大而富有野心的邻邦中间所享有的安宁是弥足珍贵的;而当诉诸武力的时候,适度和诚实是只适用于胜利者的术语。因此,之前曾经被冠以刚正不阿头衔的瑟斯坎人,如今则被指责为懦弱和愚蠢的。

这就正如迪奥·克瑞索托在《演说集》(*Orations*)第一章[第27节]中所说的:"那些对战争最有准备者最有可能拥有和平。"

---

① 爱比克泰德所著书,第三卷第二十三章第4节,略有改动。——英译者注

第三章 自然法概述

1. 与先前论述的联系
2. 自然法并非对人和动物都适用
3. 自然法并非对人和动物都适用
4. 在法律存在之前不需要有自然法的目标
5. 自然法对神和人都适用吗？
6. 自然法对神和人都适用吗？
7. 自然法不依赖于国家间的协议
8. 自然法不依赖于国家间的协议
9. 自然法不依赖于国家间的协议
10. 利益是法律建立的基础吗？
11. 利益是法律建立的基础吗？
12. 自然法能够从造物的目标中被清楚地发现吗？
13. 论正当理性的命令
14. 自然法的真实基础被发现存在于人类状态之中
15. 基本的自然法
16. 对霍布斯所持立场的讨论
17. 对霍布斯所持立场的讨论
18. 对霍布斯所持立场的讨论
19. 上述自然法的基础已经足够
20. 自然法上的义务源于神
21. 论自然法上的制裁
22. 某些事物被不正确地归为自然法
23. 存在一项有别于自然法的国际法吗？
24. 自然法的分类

1. 既然我们已经明白人类的状况不允许其在一种没有法律的、通过不确定的冲动且不尊重任何规则的情况下生活，那么我们的下一项任务就是探究每个人作为理性动物应据此规范其行为的人类行为通常标准。将这一标准归入自然法或自然规范中已经成为一种习惯，这一法律规范从所有人类都有义务遵守它的角度上讲可以被称为普遍的，从其不像实在法那样可变的角度上讲可以被称为永恒的。我们必须谨慎地考察，这一法律是什么，其如何为人所知，其主要特点是什么，其应当涉及哪些内容，以及实在法应当涉及哪些内容；因为这一基础若不夯实，则所有建立在其之上的东西都必定会自行垮塌。参见柏拉图在《克拉底鲁篇》[第436页D]中的精彩论述："这就是每个人应当将其主要的思想和注意力集中到对其首要原则的考量之上的原因：它们是否被正确地设定？而当他精心挑选出所有的首要原则之后，剩下的问题就迎刃而解了。"在当前的讨论中,我们必须最为严谨地遵守拉克坦提乌斯在[《神圣的制度》(*Divine Institutes*)]第三卷第七章所做论述中体现出来的更为理性的表述:

> 由于在安排生活条件以及形成特征的过程中犯下错误是更加危险的,故而必须运用更大的审慎来让我们理解应当如何生活[……]但在这一问题上没有不同意见和错误存在的空间。所有人必须分享同样的主张,哲学本身必须众口一词地作出指导;因为如果发生任何错误,整个生活就全毁了。

阿波罗尼亚的第欧根尼在第欧根尼·拉尔修所著书第九卷[第57节]中所说的话也同样值得尊敬:"我觉得缔结任何条约者都应当确立无可争议的、简明而庄重的原则。"

〰〰〰〰〰〰〰

2. 罗马法学家曾经将自然法界定为"自然对一切动物的教导",故而其不是专门针对人类的教导,而是"还包括其他所知①的动物"。因此,基于这一假设,动物和人类被认为共同地受到自然法的调整去做或不做某事,相应的,一种共同适用于人类和动物的法律也就被制定了出来。这一观点可能是出自于那一项由某些古人所宣称的、关于宇宙灵魂的理论,依据该理论,所有其他生物的灵魂不过是宇宙灵魂的组成部分,其本身具有同样的性质,但基于其所寄居身体的不同,以及其所被分配的具有不同功能的身体组成部分的差异,而在运作上有所不同。一项与之相关的理论就是轮回理论,依据该理论,人与动物的区别仅在于身体构造,但两者具有同样的、可以从一个生物转移到另一个生物体内的灵魂。参见维吉尔,《埃涅阿斯纪》第六卷第724行及以下;奥维德,《变形记》第十五卷第75行及以下。但是有学识的人通常都拒绝自然法同样适用于人类和动物这样的观点,因为,要说一个没有理性能力的生物应当享有任何权利,的确是不可想象的。赫西奥德在《工作和日子》第一卷[第276页及以下]中说:"克罗诺斯之子已经为人类规定了这一法律,即鱼类和飞禽走兽应当互相捕食,因为它们不享有权利;而人类则享有权利。"

---

① peritia 应为 perita。——英译者注

尽管在人类通过自身履行行为来满足法律要求的时候，很多人的行为与动物的行为颇为相似，但事实上，两者存在巨大的差别，因为动物的行为源于其本性的简单倾向，而人类则可以说是在一种动物所不具备的义务感的驱使下实施行为的。因此，当学者将正义、勇敢、遗憾、感恩或者贞洁归于某些不过是具有生命的动物的时候，应当认为他们不过是在做形象的比喻，因为类似于这些美德的东西能够在动物的某些行为中被发现。参见塞尔登，《自然法与国际法》第一卷第五章。在它们脸上看起来大同小异的表情绝不会是一回事，如果这些表情源于某种不同的内在运作机理的话。格老秀斯在《战争与和平法》第一卷（绪言）[《论基督信仰的真理性》(On the Truth of the Christian Religion)，第7节]中坚称，诸如蚂蚁和蜜蜂这样的低等动物的某些行为，是以一种特殊的方式被理性的标准或者某些内在的智力原则所指示的，某些行为体现了对其后代和种群的恰当利益的真实关心。但这仅在以下意义上才能够被允许，即它们的本性已经根据作为其创造者的神的某些行为，而非根据任何像水手引导船舶一样引导它们的内在运作机理作出了改造。而要理解为什么同样的智力绝不会在除了人类之外的其他生物中出现的原因也并不困难，如果人们接受晚近学者提出的任何低等动物的设计构造都取决于其物质实体及其运动的构造和安排的观点的话。尤其是因为，即便在人类中，你也可以发现有的人在某些事情中反应机敏，在某些并不更加复杂或困难的事情中则反应迟钝，原因只能出自其特定的脾性、尤其是其大脑和情绪的特定脾性。参见普鲁塔克，《七智者之宴》(Septem Sapientum Convivium) [第二十一章]第163页E，维齐尔编。然而，那些喜欢用"一种低等动物的自然法"来指代动物在实施某些特定行为中所表现出来的天赋的人，不必要地误用了"法"这一术语。不存在能够履行人类所预期承担的全部义务的低等动物，反之，人类也没有义务去做动物所为之事；尽管通常来讲，大众看法会对某些犯罪反映强烈，如果人们发现即便是低等动物都不这样做的话。因此柏拉图在《法律篇》第八卷[第840页D、E]中说，在制定针对异乎寻常的人间罪恶的法律的时候，人们可以颇为正确地引证低等动物的本性，说明即使在后者中都找不到这样一种罪行的遗迹。忒修斯在塞涅卡的《希波吕托斯》(Hippolytus)第913[—194]行中说：

即便是野兽
也不从事乱伦，并以其本能的纯洁
维持着自然法。

还可参见奥庇安,《论追逐》第一卷第 239 行及以下;而同一作者在其《论捕鱼》第一卷第 702 行及以下中所做言论,则可以适用于薄情寡义的父母。

<hr>

3. 我猜想,有的人其实更多地是为了表现其独创力而非出于严谨的态度,才致力于从任何可能的来源处搜集理由,证明一个人类和低等动物之间的法律共同体的存在,然而,学者们对此早有回答。我们只需略微提及他们从圣经中得出的结论就可以了。《创世记》第九章第 5 节①中说:"我将向附近的每个生灵索取你的血",有的人认为这是指为被杀者复仇乃是神的旨意,不论这是经由他人的手或者武器造成的,还是由某些野兽的攻击造成的。他们会宣称,在大洪水到来之前的时代,不虔敬的人们豢养野兽并用来惩罚那些不听从其吩咐的人。也有的人从上述段落中推出,神也可以在野兽的帮助下对谋杀实施惩罚。还有的人则坚称,"任何生物"仅适用于人类,仿佛神的意思是说没有人能够不受惩罚地杀死他人似的。

在《利未记》第十七章第 23 节和第二十章第 15—16 节中,神命令,即便是男人和女人用来满足兽欲的动物,也应被用石头砸死,在年长和年幼的动物中不必考虑年龄的差别。但是犹太人认为对此应当男女有别,故而若是一名男孩不超过九岁、一名女孩不超过三岁,就不用依据该法被处死,对动物也是一样,不论其岁数几何,因为他们并不认为在这一岁数之前的交媾行为是法律所禁止的。因为当动物被砸死的时候,这不是由于其实施了任何错误行为,而部分是为了不让其存在激起任何其他人从事类似行为的欲望,部分是由于留下它们就不会让已经受到惩罚者的羞耻记忆犹新。格拉提安在《赦令》(*Decretum*)第二卷第十五章第一节第 4 目中说:"我们必须相信这些野兽是被命令处死的,因为,受到这样一种罪恶的污染,它们让这一事实的羞耻记忆犹新。"而犹太人斐洛在《论特别法》[第三卷第八章]中则给出了进一步的理由:"为了阻止它们带来或导致任何作为此种污染的自然结果的不可容忍的后果。而且,为了使那些即便是略微关注到所发生事件的人也绝不会像这些人一样为了任何生活目的来使用这些动物。"因此,神在《申命记》第十三章第 15—16 页中命令说,拜物教徒的动物应当被处死,不是因为这些动物能够被当成偶像,而是为了体现这一犯罪的严重性。而应当进一步指出的是,

<hr>

① 略有改动。——英译者注

在一个生活在犹太教徒中的异教徒与野兽交媾的情况下，只有人被处死，而对动物不会采取任何措施。还可参见塞尔登，《自然法与国际法》第一卷第四章；莫拉西斯对《学说汇纂》第九卷第三章第 7 节的评论。

在《出埃及记》第二十一章第 28 节中，一头用犄角顶人的公牛将被处死，不是由于它犯下了罪行，而部分是为了使它在以后不对他人造成类似伤害，部分是由于牛主人应当为他人的损失负责，原因是他未能看管好公牛。出于后一项原因，他们也不会吃这头牛的肉。当牛主人只是犯下轻微过错或者没有注意到这头牛的烈性的时候，他以这种通过损失其牲畜的方式被处罚；但如果牛主人明知这头牛有问题的话，他自己就要被处死。然而在这一问题上，犹太人认为仅当公牛杀死的是一名犹太人而非异教徒的时候才应被处死，而确实，在某些其他民族中毁灭某些恶行或者厄运的工具也并非是不正常的。因此从狄摩西尼反对贵族政治以及埃斯基涅斯反对忒西丰的演说中可以清楚地看出，根据雅典法律，如果一块石头、一段木材、一把刀或者类似的东西是导致某人死亡的工具的话，其会被带到公民大会的法庭上，就好像其将遭受惩罚一样。萨索斯人曾经命令，将倒下砸死人的特阿真尼造像拖出来并扔进海里。参见迪奥·克瑞索托，《演说集》（*Rhodiaca*）第 340 页，莫雷利编。圣·安布罗斯在其《上帝创世之六日》（*Hexaemeron*）第五卷第三章中说，驴和马交配生出骡子的行为是禁止的，这不是由于动物这样做就犯下了任何罪恶，而是由于在《利未记》第十九章第 19 节中，人类被禁止保障任何此类杂交行为的实施。参见塞尔登前引注；安东尼斯·马特乌斯，《犯罪学》（引论）第二章第 1 节；以及其他学者的著作。色诺斯在其所著书第六卷中对勃艮第人提出的设立一项针对骡子的诉讼程序的建议，不过开个玩笑而已。

我们可以用这样的说法来与罗马法学家的说辞相抗衡，即他们在《学说汇纂》第一卷第一章第一节第 3 段中肯定是不正确地使用了"自然法"这一术语来表示那些有利于保护自然本身，即保护物种和单个动物的神的命令。出现这种情况的一项理由是，在其法律的特定部分中，他们仅讨论了交配、生养和教育后代以及自卫等问题。还有很多人也几乎以相同的方式误用了这一术语，比如伊沃·帕瑞斯那斯在其论文《作为神为万物所定制度的自然法》（*De Jure Naturali a Deo Rebus Creatis Constituto*），以及笛卡尔在其《哲学原理》（*Principia Philosophiae*）中。普鲁塔克在《论对后代之爱》（*On the Love of Offspring*）[第三章第 495 页 B、C]中已经论及了这一点：

因为在诸如野生葡萄、无花果、橄榄等野生植物中，自然已经将结出果实的运作机理设定下来,尽管这些运作机理是粗糙和不完善的;同样地,她也已经将对幼仔的爱赐予野兽,尽管这种爱是不完善的、尚未达到正义的程度、且不过是出于功利性而实施的。但是在她所创造的具有理性和政治性的,倾向于正义、法律、宗教、城邦建设和友谊的生物中间,她已经为那些慷慨、公正和卓有成效的事情埋下了种子——那就是,伴随着进入其身体构造的首要运作机理而来的对其子女的爱。

4. 有的学者将那些作为自然法对象的行为视为其本身具有某种道德上的必要性或卑劣性,因此其本身具备要求的或者不合法的属性,且由此有必要被理解为是被神所要求或禁止实施的。他们认为,在这一方面,自然法不仅有别于人定法,而且有别于神定法或者实在法,后者并不要求或禁止实施其本身具有义务性或者非法性的行为,而是通过禁止让它们成为非法的,或者通过命令让它们成为义务性的。但是被自然法所禁止的东西不是由于神禁止它们才成为不正确的,而是由于其本身不正确神才禁止它们;同样地,自然法所命令实施的行为不是由于神命令实施之它们才成为正确的或者必要的,而是由于它们本身是正确的神才命令实施之。参见格老秀斯所著书,第一卷第一章第 10 节。

即便这一定义被接受了,何种行为本身是非法的、其与其他行为如何被明确地区分以及它们成为这样的主要原因是什么,仍然是非常不确定的;除了这一事实之外,前引书第一卷第二章第 6 节已经表明,没有任何行为本身就是义务性的或者非法的,除非法律让它们成为这样。任何人也都没有必要为如下这样的问题而感到困惑:"如果人类行为的全部道德性都依赖于法律的话,难道神能够制定一项使其命令正好与当下主流道德相悖的自然法;比如,规定人有义务实施谋杀、偷盗、通奸、伪证等行为,禁止人们的感恩、守信、偿债以及类似的行为吗?"

尽管在神实际上做了什么是清楚明白的情况下询问神**可能**怎么做似乎是愚蠢和幼稚的,但无论如何,如果这符合人们驱除这些怪异行为的想法的话,人们可以立即回应说上述问题隐含着一种明显的矛盾。因为尽管神在造人的时候不受任何拘束[而可以肯定的是,那些认为若神从未创造世间万物则其荣光就无论如何都将减弱的人,对神的力量仅有肤浅的认识;参见《约伯记》(*Job*)第三十八章第 7 节],然而,当他一旦指示将人创造为一种理性的和社会的动物的时候,自然法就不可能与人的构造不相一致,并且这不是出于一项绝对的而是出于一项假设的必要性。因为如果人类受到相反义务的约束的话,那就不是社会动物而是某种野蛮和恐怖的生物将被创造出来了。但不管怎样,在存在任何法律之前每一种行为都一样,这仍然是正确的;因为神通过其创造人这种行为迥异的动物的决定,也为自己制定了一项法律。但我们的这一主张并不意味着,在法律规定面前所有人类行为都是一样,即,如果神愿意的话,他本可以让亵渎和藐视神灵的人来崇敬他,就如同伐斯克斯在《著名辩论》(*Controversiarum Illustrium*)第一卷第二十八章第9部分以及下内容中所宣称的那样,根据拉克坦提乌斯在其所著书第一卷第二十一章中的说法,林多斯的赫拉克勒斯的仪式,正如其他学者所描述的那样,是蠢人们的谎言。因为一个理性的生物,即,神赐予了认识事物真实本质能力的人,除了将神想象为一个对自己不仅拥有无限的优越性而且拥有最高权威的存在以外,没有其他的方式来想象神;否则他就只能想象到一个偶像,或者任何不是神的东西。但这显然隐含着以下的这些意思,即:人们想象的是一个既最为卓越又最为凄苦的同一个存在;神发出命令,而我则能够正当地炫耀他;我为了显示自己对神的伟大本质和力量的卓越之处的欣赏而作的某些事情,直接或者间接地指向了其对立面。当人们确实认为神不能通过法律制裁这些行为的时候,这与其说是对其无所不能的一种贬抑,不如说是他对于已经发生的事情不能让其消失、不被发现或者不发生。

这里还应当提出另一项警告。如果自然法的定义建立在某些行为应有的好名声或者坏名声的基础之上的话,它就不能避免模糊性和反复性,就好像在一个循环中一样,这对于任何重视格老秀斯对自然法所作界定的人来说都是显而易见的。理查德·坎伯兰在《论自然律》第五章第9节中正确地坚称,在自然法的定义中,"善"必须被理解为自然的善而非道德的善,因为在预设所界定的事物为已知的术语中界定一件事物确实是荒谬的。

〰〰〰〰〰〰〰

5. 那些在神的身上寻找自然法原型的人本身可以被分为两类。一种人在神的意志中找到了自然法的主要来源,且由于这具有最高意义上的自由性,他们得出结论说自然法能够被神所修改,而且其对立面能够被要求实施,就跟实在法的情况一样。另一种人坚持认为,自然法建立在神的实质意义上的伟大和正义之上,因此自然法像副本一样表现了神的属性;从中也就产生了自然法的不可改变性,因为神的正义和伟大拒绝所有的更换和改变。

我们必须对上述第一种观点作如是评价,即,神的意志确实有能力创造或不创造一种与自然法相一致的动物。但是当人类一旦被神所创造出来之后,作为一种除了遵守自然法别无其他生存途径的动物,认为神将会废止或改变自然法就不再有可能让人相信了,只要神不改变人的本性,且只要自然法所要求实施的行为在一种自然的结果之下造就了一种让人类从中找到一种短暂幸福的社会秩序,而在一种类似的必要性之下,与自然法相违背的行为将摧毁这一秩序;也就是说,只要仁慈、人道、忠诚、感恩以及类似的行为具有赢得人心的力量,而背信弃义、伤害以及忘恩负义则遭人痛恨,就会是这样的结果。且由此,建立在自然与人类的世界始终如一这一前提之上,自然法即便最初是在神的意志之下形成的,也仍旧维持了固定不变的状态;跟与神的意志紧密相连的法律迥然不同的是,自然法看起来并不像是维持人类普遍生存条件的**必需品**。再者,通过这一主张神被认为是自然法的创造者,这一事实是任何理智的人都不会质疑的,尽管神的意志**如何**能够被发现以及在何种证据之下我们才能够确定神有意将此物或彼物纳入自然法的范畴之内仍然是存在疑问的。

类似地,在第二项主张中也存在着同样的令人费解之处。肯定没有人会对神不敬到敢于宣称自然法本身包含着任何与神的伟大和正义不一致之物的程度——欧里庇德斯在《赫卡柏》(*Hecuba*)第 800 行中的话就是这个意思:"我们通过法律了解神。"①而要展示自然法如此地表达了神的伟大和正义以至于神对其所缔造的万物、尤其是对人类的行为方式,正是人类依据自然法的指示对他人所应当采取的行为方式,则是困难的。还可参见理查德·坎伯兰,《论自然律》,(绪言)第 6 节以及第五章第 13 节。一项使人类天生具有同等力量的权利如何从一项神对其所造万物的最高权力中产生出来;也就是说,一项对人类施加相互义务的法律如何能够成为没有任何法律和义务能够限制的神的权力的对立面,是不甚清楚的。

从圣经中所得出的人是按照神的形象被创造出来的论断对于这个问题没有影响,因为即便是那些承认这一形象已经丧失的人也认识到对自然法的感念已经常驻人间。在众人之中,我们通常将那个避免更大侵害并履行义务的人称为伟大的。但是谁会通过这样的一项标准来设想神的伟大呢?在众人之中,意图不伤害他人并让每个人各得其所的人被认为是正直的。然而神有权摧毁自己创造的东西,即便这必然伴随着苦难。也不能够说神对人类负有某种义务,以至于如果其拒绝履行此义务的话就可以被认为对人实施了某

---

① "通过法律"这一短语被无意漏掉了。

种伤害。如果神对凡人作出了任何承诺的话,他信守他的诺言,但这不是由于他们从他的承诺中获得了任何针对他的权利,而是由于让人类对至善至伟的神圣诺言的信任落空是不值得的。因为当一个人不履行约定的时候,这或者是由于他没有能力这样做,或者是出于其之后所产生的导致其背信弃义的反复无常的或者邪恶的想法,抑或当他作出承诺的时候不知道在履行承诺的时候环境会是怎样。所有的这些原因都隐含着某种不完善性,因此神**能够**并唯有信守其承诺,人**应当**并唯有信守其承诺。再者,人类的承诺是在其义务之下被履行的,而神的承诺则完全是在其雅量之下被落实的。理解神所遵循的报复正义超出了我们的能力范围。至少可以肯定的是,这与法庭的裁判并不完全相似。亚里士多德在《尼各马可伦理学》第十卷第八章中就这一点所做的言论是不恰当的:

187

> 我们应当将何种类型的行为正确地归于神呢?这些行为是正当的行为吗?但是,设想神从事类似订立契约、收回存款的行为会让神显得可笑。那么这些行为是大胆的行为吗?神是为了荣誉而忍受危险和恐惧吗?或者这些行为是自由交易行为吗?但是他们应当把钱给谁呢?设想他们拥有一种货币或者类似的东西是荒谬的。还有,他们有节制的行为的性质是什么呢?显然,赞扬神有节制是在贬低他们;他们已经脱离了低级欲望。我们在审视所有类型的美德之后所能够发现的是,一切与道德行为有关的范畴在神面前都是渺小和微不足道的。

卡图卢斯[《布兰诗歌》(*Carmina*),第六十八章,《致马里乌斯》(*To Mallius*),第142页]说:

> 将人与神相提并论是不恰当的。

看来,根据人和神不应当被允许享有一项共同权利这一事实,就可以很容易地对那些某些人想要从中总结出神通过自然法分派给人类任务的例证作出回应,比如神命令亚伯拉罕将自己的儿子献祭,以及命令以色列人从埃及人手中夺走满载金银的大船一样。的确,对于作为万物最高主宰的神来说,他对其创造物所享有的权利要比人对生来就是平等的其他人所享有的权利高得多。且由此,准确地说,当人类仅仅通过神的明确命令来实施神赋予人类的权利的时候,自然法并未被分派到人类中。参见格老秀斯所著书,第一卷第一章第10节。我相信,没有人会头脑简单到坚持认为,基于对象或者环境的某种改变，法律也会发生某种改变。当一名债主解除了一笔其债务人的债务的时候，这个案件就不再受到欠债还钱这一法律的规范，因为这笔债务已经不存在了。但在前一个例子中，当被交付保管的财产被充公的时候，法律和对象都没有发生改变。因为法律的规定是："保管者必须将保管物归还存放人或者任何继承其此项权利的人。"且由此这一法律不适用于盗贼，因为被存放的东西不是他的，也不适用于被放逐者，因为他的财产权已被收归国库。

<hr />

6.《论正当与得体的原则》一书的作者［维尔萨森］在书中第254页所做的论证看起来并没有更好地说明这一点，即我们确立了一项双重意义上的"自然法，其既是神法亦是人法，而在当前的世界秩序中这两部分是一致的"。因为既然每一项权利或法律中都隐含着一项预设了某种固有和更高权威的义务，那么将这样的一项义务加诸于神看起来就是荒谬的。同样地，"神受其自己或者自身本质的约束"这一主张是软弱无力的。你也不能从《罗马书》(Romans)第一章第32节中推断出在神的身上存在着这样的一项法律，因为既然异教徒能够通过理性来理解自然法，那么他们要理解的下一件事情就是神作为立法者不会允许对该法的任何违反。且由此，当自然法被违反的时候，神就获得了一项权利——如果这样一种论证形式是正确的话——来实施一项制裁；或者，换言之，当一项犯罪被实施的时候，神就正当地落实了其予以惩罚的威胁。但是谁能够从中得出结论说，神受制于任何权利，也就是说，受制于任何法律呢？

然而下面的说法也是含混不清的："神对其创造物的最高权力通过那些在人类中形成自然法和公平之基础的运作机理而为自然理性所知。"如果这是指，在很多事情中，神都以同样的态度对待人类，即他希望凡人引导彼此互不侵犯的话，那么没人会提出反对。参见《路加福音》第六章第35节。因此神通过自然法命令人类信守其承诺，正如他也会坚定地信守其对他们的承诺一样。参见《罗马书》第三章第4节；《希伯来书》第六章第17—18节。他禁止无辜的人被人类的法官定罪，而他自己也不会这样做。参见《历代志》（下）(2 Chronicles)第十九章第7节；《罗马书》第二章第2节。但若作者指的是神除了已经赋予人类的针对彼此的权利之外对其创造物没有更多的权利的话，那么如果要让我们相信一个至高无上的主宰对其仆人，并不具有较之后者对另一个生来就与其平等的仆人更多的权利；或者，用格老秀斯的话说,"发号施令者与平等者之间的权利"完全一致的话,我们就需要看到更为令人信服的论证。

而该作者在其所著书第52页中所做的言论则应被批评:"神应当有必要视自然法为正当的,视其为如今展现在每个人眼前那样的得到建立和形成的这个宇宙的秩序;他必须承认每一项违反自然法的行为是非正义和不恰当的。""神应当有必要"这样的傲慢话语毫无疑问是与万能的立法者的荣耀不相符的;而且在神的身上除了其本身意愿之外找不到任何其他的必要性。他所补充的理由也难以令人满意地支持他的论点:"因为我们思维中所能够想象的一切事物,总是具有某种源自事物内在本性的、在正当判断之下不能与事物相分离的联系";因为事物并不具有这样的一项本性以及与之相伴随的联系,相反他们是在造物主的意志之下拥有这些范畴的,而神的意志决定不能够被正确地称为法律。因此,在人类中间,一项恩惠之所以让人有义务感恩,以及违约、残暴、自满、无礼之所以永远不能成为合法行为的原因,是在于神已经赋予人类一项社会属性,只要这一属性不被玷污,则与其相一致的就是值得赞扬的,与其相悖的就是非法的和卑劣的。但这并不暗示着存在任何人神共享的权利,或任何并非建立在神的意志基础之上的禀赋或者事物联系。

〰〰〰〰〰〰〰

7. 那些将自然法的基础置于所有人或所有国家、或者至少是大多数国家以及大多数的文明社会的普遍协议之上的人,是在亚里士多德的权威论断之下这样做的,后者在《尼各马可伦理学》第五卷第十章中将"自然正义"界定为"在任何地方都具有同样权威性的、不受主观观点左右的正义"。他在《修辞学》第一卷第十三章中还说:"即便没有交往和约定,也存在着某种所有人都能够领悟的、自然的和普遍的对与错。"西塞罗在《图斯库兰谈话集》第一卷[第十三章到第十四章]中说:"在任何情况下所有国家的同意都应当被视为一项自然法。所有人的同意就是自然的声音。"这样一种证明自然法的方法不仅仅是一种完全不体现自然法为何如此构成的**后验**的主张,而且实际上是一种不牢靠的、包含无数含混内容的主张。看起来,霍布斯在《论公民》第二章第1节中是不恰当地求诸于所有人的协商一致,因为如此一来,如果一个人真的运用其理性的话,他就不可能犯下违背自然法的罪恶,因为,当其作为人类的一份子打破自身约定的时候,人类之间的协议就由此受到了损害;更何况从那些破坏自然法比遵守自然法更加频繁的人类所达成的协议之中推出自然法是不恰当的。因为,正如伊索克拉底在《致菲利普》(*To Philip*)[第35节]中所说的:"我们被自然塑造成了这个样子,以至于犯错的时候多于做对的时候。"

求诸于**所有国家**之间的协议也不会令人感到更为愉快;因为谁懂得古代和现代所有民族的语言呢?更不用说他们的习惯和制度了。如果我们说文明国家间的协议就足够了、而不必考虑野蛮人的话,情况也不会变得更加乐观。因为哪一个被赋予了足以维持其生存的判断力的民族,会愿意承认自己是野蛮人呢?或者哪个国家能够自作主张地宣布,要求其他国家按照她的习惯来衡量和判断与之有别的野蛮人呢?在以前,希腊人出于骄傲将所有其他民族都视为野蛮人,后来罗马人继承了这一傲慢自大;如今在欧洲,我们中的某些人声称自己在文明发展方面优越于其他民族,而另一方面,还存在着一些自视远高于我们的民族。中国人长期认为欧洲人只有一只眼睛,而其他所有民族都被说成是瞎子。还可参见沙朗,《论智慧》第二卷第八章,以及第一卷第三十九章,在一系列愚蠢的概念之中他习惯性地谴责某些习俗并拒斥其为野蛮的和卑劣的,仅仅因为它们与我们的普遍习惯和看法不一致。同上注,第二卷第二章第7部分。

还有一些人怒斥我们花了这么多力气才取得的知识,仿佛其证实了我们的愚蠢似的;因为某些其他民族具有一种无师自通的天赋。而学识也并非总是与良好的习惯相伴。柏拉图在《书信》(*Epistles*)第十卷[第358页C]中说:"依我看,坚定、忠诚和真挚,就是真正的哲学。"再者,有的国家最乐于不厌其烦地展示无用的或者多余的东西,而轻视那些带来一种更为简单生活的东西;而后者时常在行为的纯粹性上胜于前者。参见贾斯汀在其所著书第二卷第二章中对斯基泰人所做的评论:

> 如果自然赋予希腊人不通过其智者长期的指导以及其哲人长期的规诫就不能取得的知识的话;且文明人的道德与未开化的野蛮人①的道德相比较处于劣势的话,那听起来真是妙极了。一个民族对于罪恶的闻所未闻比起另一个民族对于美德的耳熟能详具有更好的效果。

参见瓦勒留·马克西姆斯在其所著书第一卷第一章第2节末尾的论述。在塞克图斯·恩皮里克斯的《皮罗主义概要》第二卷第五章中,也存在若干能够在这一主题上被引用的论述。

---

① barbaric 应为 barbarici。——英译者注

对于此种所有人之间的协议无甚价值这一主张的一项进一步的论证是，有证据表明多数人不是聪明的而是愚蠢的，鲜有人将其观点建立在对事物真实本性的调查之上，多数人不经过自己的观察和判断就在盲从中照着前人的做法依葫芦画瓢了。

最后，还会出现的情况是，尽管从多数人所达成的一项至少触及自然法一般原则的意见中能够获得一项比较明确的看法，且尽管我们能够基于其通常的类似性而用我们所了解国家的处世之道来判断我们所不熟悉的国家的通常意见，然而从他们自己的公民所遵循的做法而非与被他们所普遍仇视并且总是认为应将其视为敌人的其他民族的关系中①来搜集他们的意见，才是更为稳妥的。还可参见米歇尔·蒙田，《文集》第一卷第三十章。

～～～～～～～～

8. 尽管很多民族的习惯能够被更为有效地用于展现什么是自然法所允许的而非什么是自然法所命令的，然而诸多著名民族在体制上的不一致性和差异性显示，即便是要得出前面那样的结论也并不总是安全的。苏格拉底在柏拉图的《亚西比德》(Alcibiades) 第一部 [第 110 页 E] 中所言是如此的正确以至于其完全可以被适用于此："我不能说我对你的老师有很高的评价，当你向很多老师求学的时候。" 同样的观点出现在普鲁塔克《底米斯托克勒》 (Themistocles) [第二十七章] 中："人类的②习俗各异；不同的民族推崇不同的行为。" 塔西陀在《历史》第三卷 [第三十三章] 中也说："在一支语言和行为方式各异，由罗马公民、盟国民族以及海外附属国的民族所组成的军队中，所有情绪上的差异都被展现了出来。每个民族对于错与对都有着自己的概念；每一项概念都不是非法的。" 下面的论述可以作为这种差异的例证。③ 亚里士多德在《尼各马可伦理学》第七卷第六章中讲述了 "某些黑海附近的野蛮部落如何互相交换孩子烹食"。在稍后一点的地方他称这些民族为 "不可理喻的、野蛮的、过着一种仅靠感官的生活的"。尤西比乌在《福音护教论》(De Praeparatione Evangelica) 第一卷第三章中讲述为《福音书》(Gospel) 所纠正的可耻习惯的时候，提到了波斯人与母亲和女儿的近亲相奸行为，这在第欧根尼·拉尔修在其所著书之序言 [第一章第 6 节] 中论述索蒂翁的权力以及作为宗教仪式存在于赛亚人中间的吃人肉和杀婴行为的时候也被提及；马萨革

---

① quit 应为 quid。——英译者注
② mortalibu 应为 mortalibus。——英译者注
③ spec minis 应为 speciminis。——英译者注

泰人和德比克斯人如何杀死他们的长者并吃掉他们；提巴热力人如何将其年老的人从悬崖上扔下去；希尔加尼亚人如何将其死去的人扔给鸟啄食，以及卡斯比人如何将其死去的人扔去喂狗。以神的名义沉醉于声色犬马并以人献祭的腥膻的宗教仪式前夜，也属于这些习俗之列。同一作者在其所著书第六卷第八章[第十节第 275 页 D 及以下]中对于叙利亚的巴尔德撒纳斯的权力提供了如下的事实：

> 在格力人①中间，女人与任何她们挑中的人、尤其是陌生人睡觉是合法的，她们不会因此而受到其丈夫的指责，也不会被称为淫妇。同样的习俗也曾经在大夏人中盛行。另一方面阿拉伯人不仅处死所有淫妇，而且甚至会惩罚仅仅被怀疑从事通奸行为者。在帕提亚和亚美尼亚，杀死妻子、儿子、女儿或者未婚的兄弟姊妹甚至不会被指控，因为他们的法律就是如此规定的。在安萃人中一个即便是盗窃了价值仅一便士财产的小偷也会被用石头砸死。在大夏小偷小摸者被唾弃。在希腊人中即便是有恋童癖的智者也不会被指责。很多英国人是一妻多夫；而在帕提亚，则是一夫多妻。②

塞克图斯·恩皮里克斯在《皮罗主义概要》第三卷第二十四章[第 199 页及以下]中，搜集了大量混杂着相互冲突的制度，以体现在好与坏之间是如何不存在明确界限。但当他这样说的时候，则他在一开始就陷入了严重的误区："在我们中间，沉溺于同性性行为的人是可耻的，而且在相当程度上是有罪的，但是在日耳曼人中间，如他们所说，这不仅不可耻，而且是一项普遍的习惯。"因为希腊人士如此地沉溺于那种罪恶以至于柏拉图在其《法律篇》第八卷中觉有必要指出原因以表明该罪恶能够被立法所禁止。涅波斯在《艾帕米农达》(Epaminondas)第四章中明确指出，皮奥夏人不能从上述缺点中解脱出来，除非实际情况是其在之后的底比斯人中逐渐消亡了，因为下面的观点似乎在暗示："不仅如此，有时在底比斯人中这也不被视为不光彩的。"③

但是他对日耳曼人所做的评价则是一项如此粗制滥造的谎言，以至于人们会诧异任何哪怕是对日耳曼人有一点了解的人怎么会怀有这样的观点。

---

① 不是格图力人，正如普芬道夫已经修正的那样。——英译者注
② 对原文做了高度总结。——英译者注
③ 该引注出自前引塞克图斯·恩皮里克斯书，第 199 页。——英译者注

他还说,犬儒主义哲人、基提翁的芝诺、克莱安提斯以及克吕西波都觉得鸡奸没什么大不了。某些印度部落认为在公共场合与妻子寻欢作乐没有问题。很多埃及人认为他们的妻子从事卖淫、他们的女儿通过皮肉生涯在婚前攒下点嫁妆再结婚,是颇为正确的。斯多葛学派提出卖淫或者嫖娼并非是不合理的。波斯人与自己的母亲结婚,埃及人与自己的姊妹结婚,对此基提翁的芝诺认为前一种做法并非是不合理的。(还可参见前引书第二十五章中芝诺最为①厚颜无耻的言论。)克吕西波允许父亲让女儿怀孕,母亲为儿子怀孕,兄弟让姊妹怀孕。在很多野蛮民族中吃人肉是一项既定的习惯,这一习惯甚至得到了斯多葛学派的认可。在很多种族中奸淫被视为一件无关紧要的事情。斯基泰人将陌生人献祭给戴安娜,并杀掉其中六十岁以上的年长者。一项梭伦的立法允许任何雅典人处死自己的儿子。在罗马人中,杀死对手的角斗士被授予特殊荣誉。斯巴达人惩罚偷盗者,不是因为他们偷盗,而是因为他们被抓到了。如果亚马逊人生出任何男婴,他们会将其弄成残废以令其不能做一个强壮的男人所能够做的任何事。他还补充了大量关于神,关于宗教仪式、丧葬习俗以及死亡的不同主张。还可参见第欧根尼·拉尔修在其所著书第九卷[第 23—24 节]中对皮洛的评论。西塞罗在《图斯库兰谈话集》第五卷[第二十七章]中说:"埃及人的意志已被有害的观念所污染,他们宁愿承受任何苦难也不愿杀死一只朱鹭、一条蛇、一只猫、一条狗或者一头鳄鱼;而如果任何人不小心伤害了任何此类动物,他将可能领受任何形式的惩罚。"布斯贝克在《信札》(Letters)第三卷中讲述道,偷盗在克尔吉人颇受推崇;弗朗西斯科·阿瓦瑞兹说阿比西尼亚人有个习俗,只要窃贼将部分赃物献给国王,就可以毫不羞耻地保留剩余的部分。犹太人斐洛在《论醉酒》(De Temulentia)②第 208—209 页[第四十七——四十八章]所做的如下具有启发意义的论述也属于这种情况:

还有就是,难道那些遍布全世界的、导致希腊人和野蛮人作出错误判断的事实未曾告诫我们耳听为虚眼见为实吗?而这些事实是什么呢?它们当然就是我们从孩提时代就得到的指示,以及我们的民族习惯和古代法律,其中人与人在力量上的不平等得到了承认;但是那种人类力量依据其国家、民族、城邦而不同,进而在每个村庄和家庭中、甚至在男人和女人以及婴儿等每一方面都不一样的说法,则是臭名昭著的。我们视

---

① inhil 应为 nihil。——英译者注
② 通常被称为《论醉》(De Ebrietate)。——英译者注

为羞耻的所有事情,在其他民族看来都是光荣的;我们觉得合适的他们则觉得不合适[……]如果一群迷惑糊涂的、作为不论如何建立起来的习俗和法律的可耻奴仆的人,从一开始就习惯于像服从主人和君主那样服从和遵守它们,而自己的灵魂却像完全无法构想任何幸福坦荡的想法一样被摧毁,一下子就相信了任何摆在其面前的习惯,不经任何恰当的训练就放弃了思考,不经检查和考虑就承认或否认主张,那么我也不会感到奇怪。但是如果一群被称为哲学家的、装作正在真正地寻求事物确定性和精准性的、被分为不同级别和群体的人,[……]就几乎所有的、不论大小的事情,得出不一致的甚至时常是直接对立的意见的话,那我就觉得奇怪了。

还可参见米歇尔·蒙田,《文集》第一卷第二十二章,以及沙朗,《论智慧》第二卷第八章第4、7节。

❦

9. 但是从民族习惯中推出自然法的主张还面临这一项困难:不存在完全受自然法规范的国家;相反每个国家都有各自的法律,不论是成文的还是非成文的,这些法律被国家用作对自然法的补充,并在其公民之间交往的时候使用。再者,国家之间的关系也经常依据一项共通的国内法、或者披上附加了诸多实在法因素的外衣的自然法来决定。因此,确定这些国家如何看待自然法、如何看待实在法和国内法并不容易。而当习惯长久建立之后,其不是呈现出一种貌似合理的自然法的面貌吗?阿伽提亚斯在其所著书第二卷[第十章第23节]中说:"显然,法律对任何人民所做的任何长期的规定,都必定被视为最佳的和最公平的,而如果任何相反的规定被作出,他们会觉得该规定应当被拒绝,并且是荒谬的和难以置信的。"

希罗多德在其所著书第二卷[第38节]中所做的著名论述阐释了阿伽提亚斯的这一主张:

> 大流士将其帝国内的某些希腊人召到跟前并问他们愿意为了多少回报吃掉自己死去的父母——一项某些印度野蛮人的习俗。他们回答说任何代价都不能让他们这样做。于是他又问一些印度人愿意为了多少回报将他们的父母烧死,正如希腊人所做的那样,但之后不吃掉他们。他们大声抗议并要求他不要这样说。

194　再者,耳濡目染具有如此强大的影响力,以至于即便有关观点是荒谬的,如果人们不具有超出常人的智识的话就几乎肯定不会去质疑它。亚里士多德在《论问题》第十八章第 6 问中说:"在任何人们先入为主并养成习惯的事物中,他们都无法判断什么是更好的,因为思维已经被有害的定势所侵蚀。"西塞罗在《论学院派》(Academics)第四卷[第二章第三节]中说:

> 首先,有的人在能够判断何为最佳之前已经被捆住了手脚;其次,在他们的年龄和心智成熟之前,他们或者遵循了某些朋友的意见,或者受到了他们所听过的最为雄辩者的夸夸其谈的蛊惑,从而被引导着对自己不理解的事物形成了一种判断,而如今他们就像风暴中的水手抱着石头一样抱着自己所属的任何学派不放。

在稍后一点的地方:"但是,我不明白多数人怎么会宁愿犯错、以最大限度的斗志来维护他们热衷的观点,而不愿不带任何偏见地以最大限度的一致性来探究所争论的问题。"还可参见米歇尔·蒙田,《文集》第一卷第二十二章;犹太人斐洛在《亚伯拉罕》(On Abraham)[第三十四章]中说:"一项长期的习惯在多数情况下就像自然一样强大。"而塞克图斯·恩皮里克斯在《皮罗主义概要》第三卷第二十四章[第 235 节]中的论断则包括了更为常见的情况:"他不假思索地遵循了生活中的惯常做法";还有欧里庇德斯在《酒神》(The Bacchanals)[第 201 页及以下]中的论断:

> 我们父辈的传统,尽管年代久远
> 但我们认为:没有理由放弃它们,
> ——即便我们的智慧发展到最为机敏的程度也不会如此。

使徒在《哥林多前书》第十一章第 14 节中所说的话也适用于此,而柏拉图在《法律篇》第七卷[第 749 页 D、E]中所做的论述也在一种较低的程度上表达了同样的意思,其大意是我们成为右撇子只是出于习惯,因为自然对于两只手的配置是相同的。同样的,很多人不觉得蓄络腮胡子有什么特别,参见阿里安,《爱比克泰德》第一卷第十六章[第 10—14 节],而多数美洲人[美洲印第安人]认为蓄这样的胡子像野兽。参见罗什福德,《安的列斯描述》(Descriptio Antillarum)第二部分第八章第 6 节以及第九章。但我们绝不要将这种被视为能够如此地扭曲和削弱判断力以至于令其无法理解关于自然法的真相的力量归于习俗。还可参见塞尔登,《自然法与国际法》第一卷第六章。

10. 这些不同民族的法律和习惯的差异性无疑给了某些人作此论断的借口,即不存在诸如自然法这样的东西,一切法律都源出于单个国家的便宜行事而不能通过其他任何方式来衡量。因此贺拉斯在《讽刺诗集》第一卷第三首诗[第98和第111页及以下]中说:

> 功利性,是正义和权利之母,或者与之差不多的范畴[……]。如果你审视世界历史的变迁你就将不得不承认,正义的渊源乃是对于非正义的畏惧。自然不能够以其在有利与不利之间划出界线的那种方式,在正义与非正义之间划出界线。

奥维德在《情书》第一卷第四章[第131页及以下]中说:"那些老套的对善的关注即便在农神的治下都是老土的,并注定会在接下来的时代中消失。朱庇特规定善就是从任何带给我们欢愉的东西中产生的范畴。"卢肯在其所著书第八卷[第488页及以下]中说:

> 如同众星与地球相隔十万八千里、海水与火焰泾渭分明一样,有利的和正当的东西也是大相径庭的。王权如果开始权衡什么是正当的就会完全归于消灭;对荣誉的关注将瓦解城堡。实施旨在保护一个遭人怨恨的政权的犯罪乃是当权者的自由。

阿瑞斯提普斯在第欧根尼·拉尔修所著书第二卷[第93节]中,以及皮洛在其所著书第九卷第61节中,也都用了异常冷酷的说法来表达正义与非正义的起源。卡尼底斯就这一点做了长篇论证,拉克坦提乌斯在《神圣的制度》第五卷第十六章中将其论证略缩为以下文字:

> 人类出于自身利益为自己制定法律,的确与他们的本性以及同一个人时常在不同时间改变主意的状态不相符;但是,这里并不存在自然法:也就是说,人和动物在自然的指引下都生来就是为了自身利益;因此不存在正义,或者如果存在的话这也是最愚蠢的事情,因为这是损己利人的。[……]所有从领地中获益匪浅的国家,即便作为世界之主的罗

马人自己,如果想要变得公正,即返还他人财产的话,就必定会一贫如洗。①

还可参见格老秀斯,《战争与和平法》第一卷绪言。

在直面并回应这些论证的时候,从西塞罗在《论义务》第二卷[第三章]中所做的以下论述开始是比较便利的:"与'权宜'这一术语有关,习惯已经如此地降格并偏离了将善与权宜区分开来的正确轨道,其规定某些善的事物是非权宜的,而某些非善的事物则是权宜的;没有什么比这更为有害的原则能够被引入人类生活之中了。"在前引书第三卷[第三章]中他进一步论述道:"苏格拉底曾经诅咒那些最早在理论上将与自然相一致的事物割裂开来的人。"这些人肯定是通过运用"功利性"这个模糊的、从不同的角度来看具有双重用途的词将其主张强加给不明就里的人们。第一种用途是通过那种显得关注眼前的暂时利益而忽视长远利益的杂乱情绪被错误地判断为有用的;第二种用途是通过不仅关注眼前利益而且关注长远利益的正当理性被判断为有用的。其接下来关注的是,什么事情在所有情况下以及在所有时间内都是真正有利的范畴(马可斯·安东尼斯[奥勒留]在其所著书第七卷第74节中说:"遵循自然法行事就是其自身利益。")。无论如何一项会带来长久不幸的短暂享受会被认为是可欲的;正如发烧者饮冰水是一项极度危险的欢愉一样,这样做只会很快遭受到最为强烈的痛苦。

的确,与自然法相符合的行为具有这样的特点,其不仅是值得尊敬的,即其倾向于维持和提高人的身份、荣誉和地位,而且是有用的,即其保障了人的某些利益和好处并有利于人的幸福。这一品质与某种高贵的特征是如此地契合,以至于在《圣经》中"神圣"甚至被说成是"惠泽万物",理由是其得到了现在以及将来的生命的承诺[《给提摩太的第一封信》(I Timothy),第四章第8节]。而与自然法相违背的行为则确实总是卑劣的,尽管有时它们看起来也会产生某些好处,更多的时候会带来某些欢愉,然而后者永远不会持久,并且伴随着大量更为严重得多的恶果。参见《箴言》(Proverbs)第二十章第17节;第五章第3—4节;第九章第17—18节;第二十一章第6节。西塞罗在《论义务》第一卷[第四章]的一段论述也体现了同样的观点:

然而人与野兽之间最大的差异在于,后者仅受本能的驱使,并仅仅让自己应付当下的对象,而几乎感知不到过去和将来的对象;但是人,由

---

① 出自西塞罗《论共和国》(The Republic)第三卷第十二章第21节。——英译者注

于被赋予了理性,可以借助理性分辨结果,考察事情的原因和进展,并熟悉先例,他考察其类似性,作出调整并将未来将要发生的事情与现实联系起来。他可以很容易地预见自己全部人生的未来走向,并由此为度过人生做好必要的准备。①

因此,若要说各国的法律也是在对这种错误的和暂时的功利性的警惕中被制定出来的这一点并不为错的话,其特定目的也是阻止那些国家的公民通过那种功利性的观念来权衡自己的行为。因为如果一个人希望仅仅通过个人利益来检验所有事情而不考虑他人利益的话,那么所有其他人就都将被允许采取相同的做法,这除了将导致最大的混乱和一种所有人针对所有人的战争之外,没有别的结果。除了这种状态以外,没有什么会是更为不利的、更加不适合人类的,因为,从另一方面来讲,很显然,人可以通过遵守自然法,学会将他人置于对自己的义务之下,从而保有一份更加确定的希望,即他会从他人处得到某些好处而并非仅仅相信自己的力量并决定对他人做任何自己喜欢的事情。还可参见理查德·坎伯兰,《论自然律》第二章第29节第2部分。

对凡人而言,设想任何不能够拥有一项普遍价值的功利性确实是不可能的,因为自然没有给予任何人利用某些权利对抗他人而他人则不能针锋相对的特权。② 因此相信盗窃或强取他人劳动果实对你有好处是愚蠢的,因为他人可以抵抗并且可以享有针锋相对的特权,或者相信打破既定承诺符合你的利益也是愚蠢的,因为你会被以彼之道还施彼身。参见《箴言》第一章第13节。伊索克拉底在《雅典最高法院》[第34节]中说:

> 在那些不诚实信守协议的行为之下,穷人比富人承受了更大的伤害;对后者而言,如果他们停止放贷的话,只会丧失一小部分的收入,而前者如果得不到任何资助的话,就将处于最严重的窘迫之中。

同一作者在其《论和平》(*On Peace*)[第26节]中,将以下意见规定为其建议的基础,即其他公民让自己相信"和平较之事端、正义较之非正义、各得其所较之强取豪夺,更为有用也更有好处"。他在其著作中很好地阐述了这一原则。

而一个人要靠自己的力量建立起那种足以使自己相信其不会在他人对

---

① adeamque 应为 ad eamque。——英译者注
② previlegii 应为 privilegii。——英译者注

自己的报复行为中被消灭的物质储备，也是不可能的。事实上，一切力量都来自与他人的联合，而这些人是你仅靠自身力量无论如何都不能让其集中到一起的。因此，如果任何事情都可以通过那种错误的功利性的标准来衡量的话，那么每个人，无论其有多大的力量，只要别人觉得其死亡对自己是有利的，其安全就是没有保障的；而任何遵循这一进路的人，也通过自己的示范向他人展示了应该如何以彼之道还施彼身。且由此，不是正义而是非正义是最为愚蠢的，即便一个人的恶行看似得逞一时也不会带来普遍和持久的好处，且其必定会打破由合作维持着的人类普遍安全。这不仅仅适用于单个的人，而且适用于整个国家，没有人能够配置起如此强大的资源，或者能够如此安全以至于不需要他人的帮助或者至少不会被其敌人的联合所伤害。昆体良在《雄辩》(Declamations)第二百五十五章中说："没有任何恶劣先例具有任何善的性质；即便在特定的时间其以某种方式①取悦了我们，其最终仍然会带给我们大得多的伤害。"狄摩西尼在《奥林西亚科斯》(Olynthiacs)第二卷[第10节]中说："通过非正义和伪证②以及谎言来获取一项稳定的权力是不可能的。"

伽桑狄在《伊壁鸠鲁哲学体系》(Syntagma Philosophiae Epicuri)第三部分第二十四至二十五章中提供的伊壁鸠鲁对正义所做的论述，也与上述观点相一致：

> 正义不仅不会伤害任何人而且会赋予人某些利益，这首先是基于其本身的力量和性质，因为其抚慰心灵，其次是通过对于一项没有堕落的本性能够得偿所愿的期待。如果非正义占据了任何人的心灵，后者就会禁不住被其存在所扰乱，且即便其秘密地实施某些行为，也永远不能肯定能够一直不被发现。既然正义是为了普遍利益而设立的，那么接下来的结论就是，不论其性质如何，凡是旨在为社会群体或个体谋利益的行为，就是正当的或正义的。因为每个人，在自然的指引下，都可以欲求对他有好处的东西，并依据自然欲求正当和正义的且由此被称为自然的东西。这一自然法不过是功利性得到承认的标志，或者是那种在一项普遍协议的基础上被提出的、包含人类相互之间不实施和遭受伤害且由此生活在安全之中的利益。既然这就是善的和有利的，则每个人都在自然的引导之下寻求它。

---

① quadam 应为 quodam。——英译者注
② per juria 应为 perjuria。——英译者注

但他之后所说的关于不同民族之间优点的不同类型,以及由此产生的关于正义的不同种类,仅能适用于国内法而不能适用于自然法。狄奥多·苏格罗斯在其所著书第二十五卷第一段诗歌中简明扼要地说:"伊壁鸠鲁[……]在其名为《黄金律》(Golden Maxims)的书中说,正当的生活是免于一切纷扰的;而不正当的生活则是充满麻烦和忧伤的。"卢克莱修在其所著书第五卷[第 1151 页及以下]中说:"暴力和伤害将所有做此种事情的人一网打尽,并总是还报到肇事者身上,而那些实施了违反普遍和平承诺的人要过上一种宁静与和平的生活也绝非易事。"再者,任何人都能够认识到,在大家看来通过功利性来衡量所有行为与通过正义来衡量之是多么的矛盾。比较一下柏拉图的《普罗泰戈拉》(Protagoras)[第 323 页 A、B]中那位微不足道的诡辩家普罗泰戈拉的贴切言论:

> 正如你所了解的,在其他情况下,如果一个人说他是一名出色的笛子演奏者,或者在任何自己一无所长的艺术领域内说自己是行家,人们或者会嘲笑他或者会对他发火,他的亲属会觉得他是个疯子并责备他;而当不诚实尚未认定之时相反的情况则是真实的,因为即便他们知道他是不诚实的,但若一个人当众说出自己不诚实的真相,那么在这种情况下人们会认为这个人疯了。他们认为人不论是否诚实都应当宣称诚实,如果有人不这样做他就是疯子。他们的概念是,人必须具备某种程度的诚实性;如果完全不具有诚实性的话他就不应当留在世上。

昆体良在《辩学通论》第三卷第八章[第 44 节]中说:"没有人邪恶到愿意显得邪恶的程度。"而且,没有人不是说的比想的和做的更漂亮。

然而通过如此腐败的一项原则的结果,神圣的上帝有效地揭开了该理论鼓吹者的真面目,我们可以通过从浩如烟海的例子中信手拈来的一两个例子来展示这一点。著名的莱桑德,"作为一个异常狡猾、时常运用精心设计的伎俩和冠冕堂皇的骗局将一切正义和荣誉置于利益和好处的范畴之内的人,他会承认,真话确实比谎言更好,但是两者的价值和地位要依据其对于我们事务的有用性来界定";……他说:"男孩必定被接球游戏所欺骗,男人必定被誓言所欺骗",正如普鲁塔克在《箴言》[第 229 页 A、B]以及普利纳斯在《论策略》(Strategemata)第一卷[第四十五章]中对他所作的描述那样。然而莱桑德难道将其财富建立在了一项比起他通过真相和诚实来规范其所有事务更为稳固的基础之上吗?参见科尼利厄斯·涅波斯,《莱桑德》(Lysander)。同样地,在其所有言论中一贯坚称"正义是所有善的源泉,因为显然如果正义不站在那一边勇气是没有价值的"的阿格西劳斯,用以下貌似有理的论证来为菲比达斯占领卡迪摩辩护:"人们必须认识到该行为是否提供了任何好处;因为为了任何对斯巴达有利的事情而冒险都是正当的,即便没有人命令要这样做。"[普鲁塔克,《阿格西莱》第二十三章第 4 节。]然而不正是这一行为导致斯巴达人失去希腊霸主地位的吗?

※※※※※※※

11. 通过由此确立的这一基础,这里所介绍的争论就有了一项简单的答案。下这样的结论是愚蠢的,"既然国家已经在利益的基础上制定了不同的法律",那么就不存在自然法和永恒法。的确,所有国内法都预设了或者起码纳入了自然法的一般原则,依据该原则人类的安全应当得到维持;而自然法绝不会被仅仅作为每个国家所取得的独有优势而附加到其之上的国内法所消除。我们承认,刑"法",或曰刑罚,毫无疑问是在单纯的自然法要求被发现不足以约束人类的恶性之后,"从对非正义的恐惧中设想出来的"。我们确实认可贺拉斯对这一观点的否认,即自然能够分辨何为非正义,如果这里所指的限于那种人与动物共享的、动物通过感觉而不必有任何对错概念就能够知晓什么对其身体是好的什么对其身体是坏的自然的话。但是我们拒绝将其观点适用于理性的自然。卡尼底斯的论点,"如果罗马人希望成为正义的,即如果归还原属他人之物的话,他们就将一贫如洗",且由此正义是愚蠢的,这一论点在乌合之众看来有一些说服力,但在那些仔细考量它的人看来则无足轻重。因为既然他人能够对我们以牙还牙,那么暴力夺取他人财产且由此惹得他们来劫夺①我们的财产,肯定是没有好处的。

在界定利益的时候,人们所关注的不应当局限于那些看起来暂时让这个人或者那个人受益而让别人受损的事物,而应当关注对每个人都永久有利的事物。因此让我们假设一下某个人通过劫掠积累了大量财富的情况。他认为归还不义之财而让自己回到以前的贫困状态是愚蠢的。但是后来他的君主发现了他的劫掠行径,没收了他的财产,将这个诡计多端的重刑犯送上绞架或者投入监狱,难道我们能够相信他选择了一条比起宁愿满足于诚实地赚取的一笔微薄财产的人更为明智的道路?因此我怀疑,对于罗马人而言,比起其在劫掠世界之后自断经脉并让这个脆弱的国家被哥特人和汪达尔人撕成碎片,满足于其微薄的且正当获取的资源未必不是一个更好的结果。

---

① repienda 应为 rapienda。——英译者注

对于拉克坦提乌斯在前引书中所提到的卡尼底斯的其他论点,也没有必要作出煞费苦心的回应。因为如果任何人觉得,一个房屋的卖家若是掩盖该房屋受到瘟疫感染的事实以便将其卖个好价钱是明智的,那么买家若是在支付的时候用假币取代真币、或者在其察觉这一欺诈行为之后以最严厉的方式惩罚卖家,当然也是明智的。最后,我们应当在另一种背景下讨论,在一艘沉船上,一个强壮的人是否可以从一个瘦弱的人手中夺走一块木板,或者一个正在逃命的健康的人是否可以将一名伤兵从他的马上拖下来以便保住自己而非他人的性命。在此指出这一点就够了,即出于必要或者处于在某种迫在眉睫的危险即将到来的状态下的手忙脚乱之中,而不经批准的、有着更为直接借口的紧急行为,绝对不能够被拿来作为一项一般的行为规则。还可参见《论正当与得体的原则》一书的作者[维尔萨森]在第 114 页及以下中的论述。

<p style="text-align:center">~~~~~~~~</p>

12.《论正当与得体的原则》一书的作者在考察自然法的时候采用了以下的方法。他一开始就假设存在着神且其以才智创造了世界,这是一项任何理智的人都无法质疑的主张。他补充道:"神的旨意是他在对世界的控制中践履正义的善和真理。"参见《诗篇》第九十六章最后一节[第 13 节]。但既然神的真理和正义很难以美德的方式被恰当地构想出来,那么很显然的就是,被归于神的正义的事物与在人类关系中应当被遵守的正义是大相径庭的,因为前者代表着至善至伟的造物主统治全宇宙生灵的方式,而后者属于那些生来平等且隶属同一主宰的人类的行为方式。关于这一神的正义应当用与人类正义同样的标准来衡量的主张,绝不是由这一事实确立的,即在《圣经》中,我们经常被指示看神在《路加福音》第六章第 36 节;《马太福音》第五章第 44—45 节;第十八章第 33 节中的例子,因为这些段落是从次要主张中推出重要主张。① 从上述初步论断中他归纳道:"在创造②世界的时候神为自己设定了一项目标;且最终:人类如果背离那一项为达致神为自己和人类设定的目标而指示人类遵守的计划的话,就将遭受惩罚;而任何根据神所指示的这一计划规划自己的生活和习惯的人,都将得到奖赏,因为神的正义除了一种恰当的奖惩分配之外,并不暗示着别的东西。"

对于这些言论,我怀疑声称**神为自己和人类设定了一项普遍目标**,或者

---

① 人们希望的是从重要主张中推出次要主张。——英译者注
② increando 应为 creando。——英译者注

声称神为人类所确立的秩序,即对自然法的遵守,产生了神为生物所设定的目标,是否有任何实际意义。人们也不能轻易接受随之而来的观点:"神身上的自然必要性,将扬善抑恶的必要性加诸于人类之上。"然而,即便我们完全接受所有这些观点,并进而得出一项确立了如下基本原则的自然法:"每一项就其性质而言构成对神在创造万物时所指定目标的妨碍的事物,都是自然法所禁止的;而任何具有这样一种上述目标离开它们就无法实现之性质的事物,则都是自然法所要求的";而要清楚明确地理解每一项自然法戒律与该目标之间的内在联系也是不可能的,因为该目标本身还没有被足够明确地界定下来。因此,比如说,对我而言,要知晓创造万物的目标离了其本源就无法实现、或者知晓劫掠是与这一目标不一致的,需要一个很长的推导过程。而且,将自己局限在这种类型的普遍术语而不求助于更为稳定和清晰的原则的人将得不出任何结论。因此,如果一个人除了重复这些术语之外不会做任何其他事情的话,他仍然是将自然法的基础置于模糊不清的状态之下,"因为世界是在智慧中被规定的,且因为在这个宇宙中行为方式已经被赋予人类,这一秩序有必要让人类懂得每个人在其人生每个阶段的义务是什么"。

~~~~~~~~~~~~~~~~~~~~~~

13. 多数人同意这一观点,即自然法应当在人类本身的理性中被推演并引申出来,如果后者未被污染的话。迪奥·克瑞索托在《论奴隶》(*De Servis*)第十章[第28节,第110页C]中说:"既然你有思想,你就能够自己知晓应当做什么和怎样去做。"出于同样的理由,《圣经》宣称其书写在人的心中。但我们认为,这体现了,即便神的启示将最伟大最明确的光亮照耀到自然法知识之上,其仍然是需要被探求和被确定地证明的,这即便在没有上述帮助的情况下,也要通过造物主所赋予人类并继续存在的理性的力量来实施。但尽管如此,我们并不觉得有义务坚称,自然法的一般原则在人出生的时候就进入并被印在人的脑海中,其是如此的清晰明确以至于一旦人获得语言能力就能够不需要探究和思考地将其制定出来。因为任何人都会乐于承认,若要着手去有目的地仔细地考察自己逐渐从婴幼儿时期的无知发展起来的不同阶段的话,不过是一种幻想。而《圣经》不时将婴幼儿阶段描述为一种对于对和错无知的状态并将成人阶段描述为一种知晓同一范畴的状态,这一点也是值得引起关注的。参见《约拿书》(*Jonah*)第四章第11节;《申命记》第一章第39节;《以赛亚书》第七章第14—16节。

理查德·坎伯兰在其《论自然律》(绪言)第5节、第7—8节中清楚地展示了,即便不承认上述观点,自然法知识已经事实上被神作为人类存在的首要来源印在人类的脑海中了,由此任何人都能够知道,人类依据该法生活乃是神的旨意和命令。被多数学者反复强调的《罗马书》第二章第15节中的语句,是一种修辞说法,除了意味着这一知识是清楚的、根植于心的、每个人在其自身良知之中都具有这一印在内心的渊源之外,并不表示别的意思。同样地,《耶利米书》(Jeremiah)第十七章第1节中的言论,即罪恶"是刻在他们心中的"仅仅是指它们是真正的罪恶,而不是指它们是与生俱来的。还可参见《路加福音》第二章第51节;《箴言》第七章第3节。同样地,儿童和目不识丁者得以轻松分辨对错是源于其经验,因为从其表现出对理性的某种运用的早期开始,他们就会看到好事被准许和奖励,坏事被禁止和惩罚。他们日复一日地践履着这样的善并用这种方式来规范其生活的每个细节,这样一来他们的思想就变得如此稳定以至于几乎没有人想到是否可以以其他方式来做事情。的确,如果任何人着手仔细考察这一问题,就会发现对很多大众毫不迟疑去做的事情给出明确的解释是多么的困难。例如,《论正当与得体的原则》一书的作者[维尔萨森]宣称[第81页]:"如果任何人被发现正在偷窃,所有群众都齐心协力地想要抓住窃贼,而如果有人出于愤怒实施了谋杀行为,每个人都希望溜走,没有人主动协助来抓捕凶手。"一般人并不知晓这一问题的原因,即"对于一名能够盗窃任何人财产的窃贼,每个人所承担的风险较之一名纯粹出于因被侵害而产生的愤怒而杀死侵害者的凶手更大"。因此自然法仅在这种意义上可以被称为正当理性的命令,即人类的思维具有能够从其对环境的观察中清楚地理解其有必要用该法来规范其生活的能力,并同时拥有寻找其命令能够被令人信服地和清楚地阐释的原则的能力。参见理查德·坎伯兰,《论自然律》第四章第3节。

多数人不知道或不理解用来阐释自然法命令的方法,且他们中的大多数通常通过训练或者遵循社会的普遍做法来学习这一法律,这并不与我们的理论相矛盾;因为我们平常也看见工人通过模仿、或者通过他们无法解释其使用机理的工具来做很多事情,然而这些行为还是能够被称为精确的和建立在理性之上的。从中可以明显地看出,产生自然法的理性的恰当性是如何衡量的,以及在何种基础上能够确定某些命令是出于一项正当的还是错误的理性。

正当理性的命令是与被正确考察的事物本性相一致的真实原则,并且是由源于主要的和真实的原则的逻辑顺序推导出来的。另一方面,当人们或者提出错误的原则或者通过不恰当的推理形成了错误的结论之时,这就是一项错误理性的命令。因为说自然法通过事物本性印在我们的脑海中,就暗示着①其是真实的,因为本性只会表现出真实存在的范畴,而这也就是其不包含任何不真实事物的原因,因为虚假确实仅仅源于人类的谬误,它们将原本相互联系的观点割裂开来,或者将原本毫不相干的事物混在一起。还可参见理查德·坎伯兰,《论自然律》第五章第 1 节。如果遵循了这一点,就不必再担心任何人用他病态的头脑中产生的奇思怪想或者其思维的无序渴望来冒充自然法了;因为只要真实性和精确性在于概念和术语与其将要提出事物的一致性,若其不能证明自己的主张是源于合法的并且与事物本性相一致的原则的话,其诉诸理性就是毫无意义的。如果一个人如此缺乏智商以至于不能理清一项论证思路的话,若其要求人们对其想象出的背离人类既定信念的结论予以任何关注,则是非常厚颜无耻的。但显然,那些理解证据的真实本质的人很清楚,原则不仅应当是真实的和基本的,而且应当以一种特殊的紧密方式与所讨论的主题联系起来,他们也很清楚,当思维了解到提出主张的理性是从那些原则中得出来的时候,就会感到满意并不再寻求更多的证据。这一引出正当理性的真实命令的法律不仅被那些我们之前所讨论的声称其自然法基础是如此的人所违犯,而且被那些相信自己已经为自然法确立了充分基础的人所违犯,当后者声称"自然的好名声在于理性与欲望的和谐;且这一好名声的衡量标准是人类本性的优秀和庄严,而其目的就是最为崇高的、我们为此被自然指定去拥有整个宇宙的那一项"的时候。因为即便我在论证中如此地强调,某些行为与人类的优秀和庄严相一致且由此是值得尊敬的和将要付诸履行的,我仍然不能获得一项能够让我的思维得到确信的清楚明白的体系;对于优秀包含什么以及为何它与人类本性相一致,我还是不能确定。因此,如果一个人对一个神父说:"你时常光顾声色犬马的场所是不恰当的",他说的当然是正确的,但是他没有给出不容置疑的最终原因。② 参见雷切尔,《西塞罗论义务之绪言》(*Prolegomena to Cicero, On Duties*),第 38 页及以下。

尽管通过正确的推论从其首要原则中推导出自然法,并不是随便什么人都能享有的权利,然而有关的证据足以让我们宣称,其能够被所有有推理能力的人所理解这一点能够从这一事实中被发现,即,就算是只具有平常智力的人,当他人向其展示自然法的时候,他们都能掌握其表现,且当他们将自己的自然状况与之相比较的时候都能够清楚地认识到其真相。至于往往通

---

① insinuntur 应为 insinuatur。——英译者注
② postquam...expressi 应为 post quam...expressit。——英译者注

过日常信息和普遍习惯熟悉自然法的普通大众,监督着自然法在国家中的遵守的上位者的权威,应当首先足以令他们对自然法产生确信;其次,事实上不存在能够干扰或者毁坏自然法之真相的似是而非的理论;最后,事实上自然法的具体价值能够在日常生活中被遵守。在这些基础上自然法被视为普遍知识,没有任何成年的或者理智的人能够用一种难以克服的无知来反对它。

  为了表现知晓自然法所命为何是多么的容易,霍布斯在其《论公民》第三章第 26 节,以及《利维坦》第十五章中推荐了以下的规则:"当任何人怀疑自己将要对他人实施的行为是否与自然法相一致的时候,让他站在对方的立场上想一想。"因为,通过这种方式,当强有力地压倒天平一端的自爱和热情被转移到另一端的时候,就很容易看出天平会转向那一头。我们的救世主在《马太福音》第七章第 12 节中也认可了这一规则。莫斯考斯在《艾迪利亚》(*Idyllia*)第五章中说:"若你为人所爱,则去爱爱你之人。"还可参见塞尔登,《自然法与国际法》,第七卷第十二章。当亚里士多德在第欧根尼·拉尔修所著书[第五章第 21 节]中被问到我们应当如何对待朋友的时候,他回答道:"就跟我们想让他们如何对待我们一样。"参见《学说汇纂》第二卷第二章第 1 节以及第 4 节。塞涅卡在《论怒》第三卷[第十二章]中说:"让我们设身处地地为我们对其发怒的人想一想:眼下对我们自身财富的一种过度的自大让我们容易发怒,且我们很愿意让他人来承受我们自己不愿意忍受的东西。"正如马丁尼斯在《中国史》(*Historia Sinica*)第四卷第二十五章中给出的孔子的教导那样:"己所不欲,勿施于人。"正如加尔西拉索[德·拉·维加]在《印加王室述评》(*Comentarios Reales*)第一卷第二十一章中所描述的,秘鲁王朝的缔造者印加·曼科·卡帕克对其国民制定了同样的法律,以期其国民能够提升到一种更高的文明程度。

  然而,沙洛克在《论自然法随附之义务》(*De Officiis secundum Jus Naturae*)第二章第 11 部分中,并不觉得这一规则是普遍的,因为在这一规则之下,一名正要对某些公路劫匪作出宣判的法官就不得不宣告他们无罪,因为他非常肯定,如果换位思考的话,自己也希望保全性命;我将借给一名贫困的求助者他所希望借到的钱,因为如果我自己处于困顿中的话也会希望如此;我将不得不为我的仆人擦鞋,因为我总是要求他为我做同样的事。然而如果认识到不仅仅是一个人而是一群人将被纳入考虑范围的话,规则就将保持不变;也就是说,我必须不仅考虑什么适合我,而且考虑他人承担何种义务,以及我能够在不破坏我们之间的相互义务的前提下要求他做什么。然而,我们承认,这一规则不能被视为自然法的一项基本原则,而只能被①证明为**一项从事实推断而出的结果**,因为我们应当视自己与他人处于同一等级乃是法律的正当推论。

~~~~~~~~~

14. 对我们来说,除了仔细考察人类自身的性质、状况和欲望之外,似乎没有更恰当的和更直接的方式来学习自然法了,尽管在这样一种考察中其他处于人类自身以外的、尤其是那些对其有利或者不利的事物也应当被考察。因为无论这一法律是否是为了增加人的幸福或者限制可能导致其自我毁灭的罪恶秉性而被加诸于人类,除了考察人什么时候需要帮助以及什么时候需要限制以外,不会有更加简便的方法了。

首先,人类与所有生物一样都意识到了自己的存在,他对自己抱有最大的爱,试图通过任何手段来保护自己,试图确保自认为对其有利的东西,并避免自认为对其有害东西。西塞罗在《论道德之目的》第三卷[第五章]中说:"动物一生下来就本能地被引导和激发着去维持自身及其生存条件,对那些具有维持这一条件倾向的事物怀有好感;而对破坏这一条件的事物以及看起来孕育着这种破坏的环境抱有厌恶之情。"瓦勒留·弗拉库斯在《阿尔戈船英雄记》(*Argonautica*)第五卷[第 643 节]中说:"所有事物都保护自己所爱。"还可参见第欧根尼·拉尔修在其所著书第七卷[第 85 节]中对芝诺的评论;马可斯·安东尼斯[奥勒留]所著书第十一卷第 8 节;爱比克泰德的《手册》(*Mannual*)第三十八章第 2 节。这种每个人对自己的爱总是如此的强大以至于任何对他人的爱都要服从于它。确实存在这样的情况,即有的人显得比珍视自己还珍视他人,为他们的成功比为自己的成功还高兴,对他们的不幸比对自己的不幸还难过,正如笛卡尔在《情绪论》第八十二章中所言:

> 一个好父母对自己的孩子们的爱是如此的纯粹以至于他不打算从他们那里得到任何东西,对他们始终如一、永远亲近。他视他们为另一个自己并像谋求自身利益一样为他们谋利益;或者为他们谋求更大的利益,因为他觉得自己与他们构成一个整体,他在其中不是更好的一部分,故而他宁愿放弃自身利益来维护他们的利益,为了救他们即使牺牲自己也在所不惜。

---

① 巴贝拉克的翻译是:"且由此应当被证明为一项特权",但没有给出解释。然而我们认为,如果我们准确地理解了该论证的进路的话,上面翻译的文本就是正确的。——英译者注

参见《撒母耳记》(下),第十八章第33节;欧里庇德斯,《阿尔克提斯》(Alcestis)第653—705行。

但是即便不谈这种爱并非始终如一这一事实,父母往往希望将其子女的不幸转嫁到自己身上,因为他们觉得自己能够比自己的孩子更好地承受这些不幸,或者因为后者的年轻令他们更值得活下去。再者,当父母为其子女的成功如此动容的时候,这主要是因为他们认为这是对自己生下这些子女的认可。参见《路加福音》第十一章第27节;维吉尔在《埃涅阿斯纪》第一卷[第606节]中赞道:"生出如此高贵的孩子的父母是多么伟大啊!"另一方面,艾帕米农达曾经说在他所经历的所有成功之中,最让他高兴的是他在其父母在世的时候在路克特拉击败了斯巴达人。参见普鲁塔克,《箴言》[《艾帕米农达》(Epaminondas),第十章第193页A]。但众所周知,很多其他人为了他们所深爱的人,或者与他们关系很深的人,平静地面对死亡。对于这些人而言,他们觉得自己是整体的一个次要部分,因此宁愿选择死亡以保全更为重要的部分。参见笛卡尔前引书,第八十三章,以及在恺撒《高卢战记》第三卷[第二十二章]中的士兵的话;普罗科庇乌斯在《波斯战记》(Persian War)第一卷第三章[第6节]中说:

> 在厌哒佬中的富有公民惯于让二十个或者更多的朋友依附于自己,这样一来,这些人就成为其永久的食客,对其所有的财产拥有一定份额,并在这一事务上享有某种共同的权利。于是,当组建这个团体的人死去的时候,所有这些食客将根据习俗为他陪葬。

弗朗西斯·卡伦在《日本人描述》(Descriptio Japoniae)第七章中写道,那样一种人的牺牲乃是当今日本人的习俗。关于埃塞俄比亚人的习俗,参见狄奥多·苏格罗斯所著书第三卷第七章。其真实情况是,这些人对友爱以及从中产生的荣耀引以为荣,将其置于最高地位,并觉得即便是用自己的性命来换取也是值得的。再者,有的人舍命是为了避免厄运,他们认为既然其寄托了全部希望的人已死,那么从今以后的生活就将是悲惨的了。毫无疑问的是,在一个人为他人所做的任何事情中,其都没有忘记自己,人们的普遍感受在《约伯记》第二章第4节撒旦的话中得到了很好的表现。

除了这种自爱以及竭尽所能自保的欲望之外,我们还可以察觉到人类本性中最大的弱点和与生俱来的无助,以至于试想一个人被剥夺了来自世间所有其他人的帮助的话,则其会认为生活是一种惩罚。同时显而易见的还有,在神赋予人类帮助和抚慰之后,就再没有比其他人所提供的更大的帮助和抚慰被给予他了。尽管个人自保的力量是如此的微弱以至于他们若想活得舒服安稳就需要很多人和物的帮助，因为如果没有若干人将其力量联合起来的话，其自己的力量和时间是无法为人们提供最为有用和最为必要的事物的；然而从另一方面来讲，个人能够提供很多东西供他人使用，这些东西他们自己并不需要且如果不给予他人就没有用处。塞涅卡在《论怒》第一卷第五章中说："人类生来就要互相帮助。"马可斯·安东尼斯[奥勒留]在其所著书第二卷第一章中说："我们生来就是相互合作的，就像双脚、双手、上下眼皮、上下排牙齿一样。"然而人们能够、也确实经常对他人实施伤害，这或者是因为后者的卑劣欲望、或者是因为他们被迫自卫以抵御他人的伤害。此类行为我们经常看到，并且已经在本书第二卷第一章中得到了更为充分的描述。还可参见坎伯兰，《论自然律》第一章第 14 节和第 18 节。

由此，还应指出的是，在考察人类状况的时候我们将首要的位置赋予了自爱，不是因为人应当在任何情况下只顾自己而不顾所有其他人或者只用自身利益来衡量每件事情、将自身利益与他人利益分开并设为最高目标，而是因为人就是被构造成在考虑他人利益之前首先考虑自身利益这个样子的，原因是在考虑他人生活之前首先考虑自己的生命乃是其本性。另一项原因是照顾自己乃是自己的而不是别人的事情。尽管我们将共同利益设定为我们的目标，但既然我也是应当对其自我维护给予某种关心的社会的一部分，那么可以肯定的是，没有别人能够比我自己更适合对自己提供明白和特殊的关照了。

❖❖❖❖❖·❖❖❖❖

15. 在做了以上的论述之后，发现自然法的基础就是容易的事情了。很显然，人类是一种极度渴望自我保护的动物，其本身暴露在资源匮乏之下，离开他人就无法生存，显著地适合对共同利益作出贡献，然而其又总是恶意的、任性的、易怒的、有能力立即造成伤害的。这样一种动物要生活并享受与其条件相适应的世界上的好东西，就需要其具有社会性，也就是说，愿意加入与之类似的其他人的行列，并以这样的方式来对待他人，从而使得后者没有任何理由来伤害他并觉得有理由来维护和增加他的好运气。西塞罗在《论法律》第一卷[第五章第 10 节]中说："如果你探究人类联合与社会的本质的话，你就会认识到这一事实，即法律不是经由意见而是经由自然确立的。"杨布里科斯在《劝诫》第二十章[第 123 页 A]中说："人类应当生活在一起且同时这又有悖于法律是绝对不可能的。因为在那种每个人都自力更生的情况下他们将遭受更大的苦难。"由此,"每个人就其自身而言,应当养成并维持一种对待他人的社会态度,这种态度是和平的并且总是与人类的本性和目标①相符合"。我们不认为使用一种社会态度这一说法,是特指一种组建特定社会的倾向,后者甚至能够出于一种邪恶的目的并以一种邪恶的方式组建,比如公路劫匪结伙打劫,就好像任何目的都足以令其组成团伙似的。相反,通过使用这种说法,我们所指的是一种每个人对他人所采取的态度,在这种态度之下,每个人都被认为通过仁慈、和平、爱,以及由此产生的相互②义务与他人联系在一起。且由此,宣称我们所采取的社会态度与一个好的社会和一个坏的社会没有关系,是绝对错误的。

我们说每个人都应当培养,并用其一生来提升,一种"就其自身而言的"社会态度。因为,鉴于我们没有能力让所有其他人都以应有之道对待我们,如果我们没有遗漏任何能力范围之内的能够促使他们转而以社会态度对待我们的事情的话,我们已经由此履行了自己的义务。这一论断的一项必然推论就是,既然约束一个人的目标也会约束目标赖以达成的手段,"则所有必然对这一社会态度有效的事物都被认为是自然法所命令的,且所有背离或破坏它的事物都是被禁止的"。很显然,这种得出自然法的方式不仅是最清楚的,而且多数学者认为其是最贴切和恰当的。这里没有必要举出大量例证了。塞涅卡在《论利益》第四卷第十八章中的话足以代表所有其他学者:

> 如果不是在相互的协调之中,我们能够相信什么是安全的呢?只是通过这种利益的交换,我们才获得了一些自保的手段,以及能够抵御突降灾难的安全。若是独身一人,我们将变成什么呢?野兽的猎物和美餐、美味而容易捕食的对象。[……]人类被一层柔软的皮肤所包裹,[……]本身是弱小的和无力自卫的,通过联合方才强大起来。[神]已经赐予他两项礼物,理性和联合,从而使他由弱小变得拥有最强的能力。且由此,这个若被剥夺了上述两项礼物就会比任何其他生物都低等的生物,得到了最高的主宰地位。联合赋予他对所有动物的主权[……];是联合察觉到了疾病的侵袭,为老人提供帮助,并给予我们免于痛苦的救济。[……]失去联合,人类赖以维持其生存的社群就会四分五裂。因为是人在救人,城在救城;一只手洗另一只手,一个指头洗另一个指头;

---

① scope 应为 scopo。——英译者注
② mutaque 应为 mutuaque。——英译者注

我们所有的安全都有赖于同伴。①

参见普林尼,《自然史》第九卷第四十六章。还可参见马可斯·安东尼斯[奥勒留]所著书第四卷第 4 节,和第五卷第 16 节,在其中他言必称"符合理性生物利益的社会",以及第五章第 29 节,和书中多处地方,在其中他将人类描写为"天生的社会动物"。还可参见前引书第七卷第 55 节。利巴尼乌斯在《演说词》第十九卷[第十三章第 30 节]中说:"自然已经指派人类成为其同类的帮手和伙伴。"

尽管还可以增加一些其他的原因,然而这些原因并不是那么重要,或者并不有助于论证人类的社会属性。这些例子包括诸如没有什么比人长期与世隔绝更为令人沮丧的事情等事实。因此西塞罗在《论道德之目的》第三卷[第二十章]中说:"没有人愿意一生与世隔绝,即便是被无穷无尽的享受所包围也不会。"因此,"我们生来就要与人交流合作,并形成天然的联合体,就是很容易理解的了"。否则的话,舌头这个最为高贵的、在所有动物中仅有人类能够凭此在清晰的发音之中表达思想的工具,就没有什么用处了(参见昆体良,《辩学通论》第二卷第十六章)。若非如此,每个高尚的人所感到最为高兴的,就将是其因作出有价值的行为而显得卓尔不群。因此,西塞罗在《论义务》第一卷[第四十四章第 158 节]中所说的话,肯定应当仅仅被列入社会性的第二层原因来考虑:

> 正如他们所言,如果我们能够借助一种魔力而衣食无忧的话,那么每个具备优越天赋的人,就会放下所有其他的工作,投身于知识和学习中。事实并非如此;因为他需要走出隔绝的状态并在其追求中寻找伙伴;他需要有的时候教有的时候学,有的时候听有的时候说。

他在别处也谈到了这一点,在《论义务》第三卷[第五章第 25 节],西塞罗说:

> 为了保护或帮助所有国家而经历可能出现的最艰辛的劳动与不安宁——仿效人们口口相传并感念其好处的、已经位列仙班的赫拉克勒斯——比起离群索居更加符合自然,这不仅没有任何不安宁,而且处于

---

① 在此,出自希腊语录的最后一句话,并不在塞涅卡的这本书中,而是引自米南德,《座右铭》(*Monastichoi*)第 29 节,以及第 543 节(略有修改)。——英译者注

最大的幸福中,各种财富享用不尽,尽管你已经拥有了过多的美貌和力量。如此一来,每个具备最佳和最为高贵品质的人都非常想过这样一种生活。

同一作者在《莱利乌斯》(*Laelius*)[第八章]所做的如下言论,要是更为恰当地讲的话,那么比起我们通常所说的社会态度更加适用于特定的友谊:"与其说友谊和社会是源于自然,不如说是源于一种匮乏感,进而言之,与其说是源于一种思想情感,不如说是源于一种他们能够从中获得多少好处的算计。"

正如理查德·坎伯兰在《论自然律》第一章第 4 节中所论证的,自然法与对公共福祉的热情和以不背离我们基本法律的方式对待他人的最大限度的善意的释放息息相关。因为在说人是社会动物的时候,我们不是在暗示其美德在于其应当维护自身利益并与他人利益划清界限,而是指其同时要维护他人的利益,任何人都不应该压制或忽视他人利益来寻求自身利益,而一个人如果不关心和伤害他人的话也不应该指望自己获得幸福。

从人类的社会性,以及从其生来就不仅是为了自己而且还是为了全人类这一事实之中,维鲁兰男爵培根在《知识的进步》第七卷第一章中做了一些精彩的引申,比如:应当选择积极的而非沉闷的生活;人类的幸福应当在善行而非享乐中寻求;我们不应当由于不可预知的事情而停止积极的生活或者与世隔绝;最后,我们不应当出于羞怯或者对安抚他人的厌恶而拒绝社会生活。在同样的背景下他还指出,在任何时代都没有任何哲学、宗教、法律或者信仰体系像基督信仰那样如此地提升了公共福利并压制了个人私欲。

~~~~~~~~~~~~~~~~

16. 下面让我们来考察一下,霍布斯在其《论公民》第一章第 2 节中提出的观点是否与我们的上述观点相对立。可以肯定的是,他的立场已经被一些博学之士以一种非常不赞成的态度给予了表述,比如他坚称"自然为人类所规定的是纷争而非联合",在他们看来接下来的结论就是"每一种类型的人类社会都是与自然的宗旨相违背的"。为此可参见康林,《论审慎的公民》(*De Civili Prudentia*)。这就好比我说人类生下来的时候没有语言能力故而所有后天取得的语言能力都与自然的宗旨相违背;或者人类生下来的时候并没有疾病故而当他们通过饮食和药物治愈疾病的时候也与自然相违背一样。

乍看起来霍布斯的理论是非常自相矛盾的,尤其是如果人们不仔细地注意自然这个词的模糊性的话。人们不应被引导着去犯同样的错误,故而应当首先指出的是,自爱与某种社会态度绝不应当彼此对立,相反,前者之倾向应当以这样的一种方式受到限制以至于后者不为前者所束缚和破坏。[阿里安在《爱比克泰德》第一卷第十九章(第十四章)中说:"一个人为了自己的利益做任何事情不能够再被视为非社会性的。"①]当不受限制的许可打破了那种约束,且每个人都决定损人利己的时候,各种各样的混乱就会产生,人类也将分裂为相互战斗的集团。为了避免这样的一种事务状态,对自身安全的考虑要求关于某种社会态度的法律得到遵守,因为离了后者前者就得不到保障。对于霍布斯非常巧妙地从自保的愿望中推出自然法的阐述,我们应当首先指出,这样的一种证明方法,确实最为清楚地表明,人类依照这种理性的命令来生活对其安全是多么的有好处。但是不应当干脆得出结论说,人类有权利运用这些命令作为其生存手段,且由此依据某些法律他有义务遵守它们;如果那些理性的命令要具有法律效果的话,它们肯定必须从某些其他原则中得出来。

接下来还应当花人力气去防止任何人下结论说,当其觉得自身安全已经得到完全保障的时候就不必再考虑他人安全,或者其真的可以随意地蔑视任何无助于其安全或者无力对其造成伤害的人。我们称人类为一种社会动物是因为他们被塑造成比任何其他生物都更加能够互相帮助,就好像没有其他生物能够比人类更容易遭受来自人类本身的伤害②一样。而且,当人有助于他人利益的时候,其伟大和完善愈发显著,而具有此种性质的行为被视为最高贵的和展现了最高智慧的,而另一方面,任何不值一提的人和愚夫都能够烦扰和侵害他人。再者,如果将人类自身利益视为其人生目标之一是恰当的话,那么当几个人都认为其最高利益与同一事物有关的时候,接下来所发生的,或者是几个人之间相互对立的目标被宣称在正当理性的作用下在同一时间达成了一致,而这显然是荒谬的;或者是,由于无人能够声称其目标应当优先于他人,那就不得不承认,人不能将其自身利益作为目标,除非其同时考虑了他人的利益。而且,若有人忽视所有其他人而试图让所有事物都为其自身利益服务的话,他将徒劳无功,因为所有人和事都按照一个寻求相反目标的人的欲望来处置是不可能的,他还会因此引来其他人的攻击。再者,如果仅仅符合自身利益才是对人类有好处的话,那么接下来的结论就是,这对他人是罪恶的,因其不符合他人利益。因此同样的事物会被一个人所寻求而被所

---

① 删去了一个错误的句号。——英译者注
② commodo 应为 incommodi。——英译者注

有其他人所反对——这一局面只会导致人类之间的冲突。更详细的讨论参见理查德·坎伯兰，《论自然律》第五章。培根在《杂文集》第二十三章中明智地指出："人的行为以自己为中心是不足道的。"①

最后，就算有的人不能给予我任何好处或损害且其本身也不值得我畏惧或渴望，然而根据自然的旨意，即便是这样的一个人也应被视为与我地位平等的亲属，正是这个而非其他原因，将一个友好社会的培养加诸于人类。而且如果有任何民族致力于内部的和平与正义，并具有令所有其他民族畏惧的力量，基于这一原因他们不会因担心自食其果而被约束着不去伤害其他民族；然而，如果这个民族只是因为其觉得这是符合其利益的，就肆意欺凌弱小民族、袭扰、劫夺、杀害以及抢掠为奴的话，我们就应当说他们显然是违反了自然法。然而这一我们所假设的民族，即便无视其他民族的权利，也仍然有权自保。西塞罗在《论道德之目的》第三卷[第十九章]中说："一个叛国者也不会比一个为其私利或个人安全而背弃公共利益或公共安全的人更应受到谴责。"没人能够以同样的方式评价盗匪的生活，因为他们在相互之间维持着某种初级正义并遵守着某种规则，也因为匪首平等地分割赃物，还因为公开或秘密劫夺其同伙即便在这个行业内部也没有容身之地。参见西塞罗，《论道德之目的》第二卷[第十一章]。对于一个非常强大的人基于其能够自给自足、已经足够安全且已经没有理由去使自己以一种和平而友好的方式对待他人，而被引导着去破坏自然法而言，情况越是看起来如此就越是需要强调这一点。

总之，正如对自身利益的关注并不排除对某种社会态度的关注一样，前者也能够与后者并行不悖，当我们的造物主命令我们对待邻人就像对待自己一样的时候，我们可以从其话中清楚地得出这个意思。克吕西波在西塞罗的《论义务》第三卷[第十章]中说：

> 赛跑者应当用尽全力、竭尽所能地争取成为胜利者；但他绝不应当绊倒或者推搡竞争对手。因此在生活中每个人都寻求对其有好处的东西并不是非正义的——而他夺走他人的东西则是非正义的。

而且，理性也明白地宣称，关注自身安全和生命者不能不顾他人。因为既然我们的安全和幸福很大程度上依赖于他人的善意和帮助，且人类的本性就是希望其善行得到某种类似的回报，故而当他们的仁慈最终并没有得到此

---

① 普芬道夫将培根的"自己"换成了"自身利益"。——英译者注

种回报的时候,没有理智的人会提出不顾所有其他人的利益来保护自身利益。而相反,他越是爱自己,就越会努力通过善行让他人来爱自己。因为无人能够没有任何理由地希望,人会自愿地希望尽一切努力来增加那些坏心肠的、奸诈的、寡廉鲜耻的以及不人道的人的幸福;人们肯定宁愿相信,其他人会找机会压制和毁灭这种人。

17. 再有,这并不意味着个人一旦进入某种社会或团体就有特定的人来照看某种会降临到其身上的个别利益;因此,人的本性不是为了社会而决定的,我也不希望在一个自己无从期待个别利益的社会中生活。对此可以很肯定地说,当某些人组成一个特定类型的组织的时候,这是由于某种同质性,尤其是其本身的思维和其他品质意气相投,或者是由于他们觉得在这些伙伴而非其他人中间他们能够更好地确保某项特定目标。再者,假定无人应当在某种社会形态之外生活是一项可接受的规则的话,那么只要更有拘束力的义务尚不可能存在,这种包含避免非正义伤害、利益与好处①的相互发展与划分的普遍社会态度与和平,在那些除了某种普遍人道主义之外没有其他纽带联系的人们中间,就应当同时得到鼓励。

18. 所有这一切都让对以下反对意见所应作出的回应变得显而易见:"如果一个人自然地爱作为个人的另一个人的话,每个人就没有理由不平等地爱每一个作为平等人类的其他人,或者将自己与那些比其他社会给予其更多荣誉或利益的社会更紧密地联系起来。"在这一主张中,普遍的社会态度与特定的和更为限定的社会混在一起,博爱与源自特定原因的爱混在一起,而事实上,这种博爱不需要除了人性之外的任何原因。的确,作为上面提到的原因,自然实际上已经在人类中间规定了某种普遍的友谊,无人应当被剥夺这种关系,除非某些骇人听闻的罪恶让其不值得拥有之。然而,尽管在造物主的智慧之下自然法被调整得如此的适应于人类本性,以至于遵守自然法总是与人类的利益和好处相联系,且由此这一博爱也倾向于实现人类的最大利益,但在对这一事实给出一项原因的时候,人们所指的并不是由此产生的好处,而是所有人的共同本性。例如,如果对人不应伤害他人必须给出一项

---

① commodo 应为 commoda。——英译者注

原因的话,你不会说,这是由于这对其有利,尽管这的确可能是最为有利的,而是由于其他人也是与前者在本性上具有联系的动物——人,伤害后者是一种犯罪。卢西恩在《弥诺斯》[第二十七章]中说:

> 我们不像野兽那样喜好独来独往的生活,相反,由于我们联合在一种友好的群体之中,我们的祝福更为动听,我们的负担在为大家所分担的时候更加减轻,而当我们交流欢乐的时候我们更加幸福。

迪奥·克瑞索托在《演说集》第十二章中说宙斯曾经被称为"朋友的保护人"和"同伴的保护人",因为"他将所有人集合为群并命令他们互为友邻、不得彼此敌对;同时他也是'陌生人的保护人',因为他要求人即使是对陌生人也不能漠不关心,并不得将任何人视为敌人"。

确实,存在不少让一个人对此人而非彼人怀有更大好感的超出这种普遍友谊的情况。比如,由于在其某种行为方式中存在着更大的思维一致性;由于某人较之其他人更加适合也更加倾向于令你受益;或者由于他们在出生或居住地方面具有更为紧密的联系。然而一个人之所以更乐于将自己与那些在社会中给予其更大荣誉或更多利益的人而非其他人联系起来的原因在于这一事实,即无人能够免于将自己的注意力设定到其自身的发展上。但是这种个人注意力的设定绝不会与人类的社会属性相违背,只要其不干扰社会的和谐。因为自然没有要求我们具有社会性到不关心自己的程度。相反,人们培养社会态度乃是为了通过众人之间在帮助和财产方面的相互交换而让自己获得更大的收益。即便当一个人在加入任何特定社会的时候最先关注的是自己的利益,之后关注的才是同伴的利益——因为若没有集体利益则其自身利益也就无法保障,然而这并不妨碍其有义务在社会利益不受损害或者社会其他成员不受伤害的前提下形成自身的利益。

这与那种情况,即宣称大规模而持久的社会,即国家之起源不在于人类之间的相互善意而在于其相互畏惧,是没有关系的,后一种说法被视为未来的恶之前景或者针对其的预防措施。因为,即便忽略我们如今所关注的不是市民社会的起源而是普遍的社会态度这一事实,这也是与人类的本性状态完全一致的,对于会受到那些只顾自身利益而不顾他人死活的人的伤害的单个人或者小群体而言,很多个人或群体会联合起来以保护自己免受这些伤害。这并不是要求,一个社会只有建立在相互善意的基础上才能够被称为与自然相和谐的。然而这一动机在国家的形成中并非完全不起作用,因为的确,至少多数确立国家建立之基础的人是在一种相互善意的感觉下联合起来的,即便后来其他人的压倒性动机是畏惧并且是被引导着加入他们的。但在作为国家联系纽带的畏惧以及争端的问题上,人是否生来就是某种政治动物,我们需要在讨论国家起源的时候深入探讨。

～～～～～～～

19. 我们觉得,这种界定自然法的方法不仅是纯正的和清楚的,而且是如此地充分有力,以至于没有任何影响其他人的自然法戒律不是最终建立在以这种方法所探寻出来的范畴的基础之上的。然而正如我们后面所要展示的,若要让这些理性的命令具有法律拘束力,就有必要预设所有事物、尤其是人类社会受其规制的神以及天意的存在。当格老秀斯在其所著书绪言中说自然法"将有一席之地,即便我们假设——这仅在最不虔敬的情况下才能如此——神是不存在的,或者他并不关心人类事物"的时候,我们不能赞同。因为如果有人可以采用一种如此大不敬和荒谬的理论,并假设人类社会是自己产生的,则理性的命令就绝不会具有法律拘束力,因为法律必定以一个上位者的存在为前提。西塞罗在《论神性》第一卷[第二章]中说:"我甚至不知道如果我们抛弃掉对神的虔敬的话,那种信仰、和所有人类生活的联系以及最为优秀的所有美德、正义,是否都将随之消灭。"利巴尼乌斯在《演说词》第三卷[第五章第 79 节]中说:"善意与对神的不敬是背道而驰的。"尽管可想而知,其规则可以出于对利益的关心而被遵循,就像医生为了维持人的健康而开出的药方一样。格老秀斯的看法似乎可以从马可斯·安东尼斯[奥勒留]所著书第六卷第 44 节的一段话中总结出来:

> 如果神完全不与任何事物商议——一项大不敬的观点——我为什么不可以跟自己商议呢?考虑我的利益仍然在我的能力范围之内。并且那种与个人自身构造和属性相一致的行为是符合每个人利益的。但是我的本质是理性的和市民的;我的城邦和国家,作为安东尼斯①,是罗马;作为一个人,则是世界的。于是,仅有那些对这些社会有利的事物而非其他事物,对我才是善的。

按照某些学者的观点,若是不为坚忍不拔的美德设定一项灵魂不朽的基础,其在我们所提出原则的基础上就不能得到证明,因为若非如此,很多为了

---

① Antonius 应为 Antoninus。——英译者注

一项有价值的理由而牺牲性命的人就无法得到回报,依我看,他的论点并不难辩驳。尽管否认或者质疑这样的一种信仰是不虔敬的,但还是可以指出,即便没有它,一名士兵也可以被命令去为其祖国而拼死战斗。且不提每一项正确的行为必定是为了某种所谓的外在奖励而作出牺牲这一点尚未得到明确证实这一事实,人们肯定赞同的是,武装人民、宣称不得开小差且违者处死,乃是最高权力机关能力范围之内的事。两相其害,人们总是会选择较轻的那一个。而冒死战斗、甚至战斗至死,比起被以某种方式处死而言,是较轻的恶。因此,一名士兵不是宁愿战死在敌人手中而是宁愿带着耻辱被自己人处死,就是最为愚蠢和懦弱的。杨布里科斯在《劝诫》[第十三章第76页 A]中的话适用于此:"勇敢者直面死亡乃是出于对更大①坏处的畏惧。"但不管其动机是什么,人们勇敢而全力地拼杀似乎就足够了;而为了保卫国家和社会也不总是需要每个人都被赋予面对死亡镇定自若的精神,这种精神肯定不能指望每个人都具备。而且,勇气的使用不仅见于视死如归之时,还主要见于积极反抗死亡威胁之时。因为经常发生的情况是,加害乃是避免被加害的唯一手段,而"死神既不会放过开小差者,也不会放过懦弱少年的肢体和胆怯背影。"[贺拉斯,《歌集》第三卷第二章第15页]。

也不能得出结论说,除非假设灵魂不朽,否则人的**至善**就在于感官欢愉之中。且不提在上述自然法体系之中灵魂不朽并未被否认而只是未被考虑这一事实,那种流行的被伊壁鸠鲁视为**至善**的感官欢愉,对于保护、社会态度、和平以及人类社会的稳定不仅没有好处,相反却是与之针锋相对的。从这一自然法体系之中产生的是与之完全不同的基督信仰的心灵与范围,且由此使徒在说这种话的时候是完全正确的,即如果基督徒仅在这一世信仰基督的话,那就是所有人中最为悲惨的[《哥林多前书》第十五章第15页、第19节]。

---

20. 然而如果这些理性的命令要具有法律拘束力的话,还需要一项更高的原则;因为尽管其优势是非常明显的,但仅靠其是无法对人们的精神施加一项如此稳固的限制的,后者若在无视这一好处中得到满足、或者相信以其他方式维护自身利益更佳,就不会遵循这些命令。一个人也不会仅仅通过其自身不愿任性而为的意愿就能够完全地管束自己。尽管很多被赋予了自

---

① plurimum 应为 plurium;但译成"更严厉的"更好。——英译者注

然自由的人同意遵循理性的命令,但其终究只会在彼此之间的协议保持有效的条件下才会遵守之。该义务也不会终止,除非所有订约人一致决定废弃之——这是如今通过相互的不同意来废弃条约的惯例——但即便协议得以确立,在此也不存在强制执行协议的权力,因为正如这种情况所预设的,前述维持协议的理性命令尚未体现出法律拘束力;且由此,每个有关的人只要愿意就能够退出此项协议,无论其他成员同意与否。

最后,仅靠人类的权威看来也不能赋予这些命令以拘束力。因为既然这一权威只能通过协议的方式产生,且协议通过法律确保其效力,则在此我们就看不出任何人类权威如何才能在产生中被赋予权力去宣称自己的拘束力,除非理性的命令率先具有法律拘束力。即便你设想世俗政权只建立在人类同意的基础上,且通过这一同意,对理性命令之遵守得到了法律强制力的保障,理性命令仍然不会比来源和效力期间依赖于立法者意志的实在法具有更大的拘束力。参见塞尔登,《自然法与国际法》第一卷第七章。

因此,无论如何都要坚持说,自然法义务是对于神,即造物主和人类最终主宰的义务,后者通过其权威为作为其创造物的人类设定这些义务并要求其遵守之。这一主张能够通过理性来证明。鉴于这一点早已通过人类的辨别能力被确定,且没有虔诚的人对此提出异议,我们可以认为神是宇宙的创造者与主宰。既然神把世界和人类的本性塑造成这个样子以至于后者离开社会生活就无法生存,并为此赋予他能够掌握达致这一目标的思想,且既然神建议这些首要缘由出于神的思想经过自然事件而进入人类思维之中,并清楚地体现出其必要联系和真相,那么我们必定能够认识到的是,神还要求人类通过那种其自己似乎是通过某种有别于动物的特殊方式赋予人类的与生俱来的天赋来规范其行为。且既然这一目标除了通过遵循自然法就无法以任何其他方式实现,那就可以理解,人类也受到造物主的约束去遵守这种法律,其不是一种由人类意志所表述的并以人类意志为转移的手段,而是造物主自己为了确保其目标所做的明确规定。因为任何有权力要求他人实现某种目标的主体也被认为有权力约束此人使用除此以外就无法确保该目标实现的手段。参见马可斯·安东尼斯[奥勒留]所著书,第九卷第1节。

某种社会生活已经通过神的权威被加诸于人类这一点,可以从以下考量中清楚地看出来:因为人类具有如此的一种本性,以至于若不牢固地建立这一信念其就无法安全地生存;还因为,作为第一项原因的自然后果,就导致了人类的幸福通过被自然法所要求的行为而实现、而其不幸则由自然法所禁止的行为所造成这样的局面;尤其是因为,除了人类以外,在其他动物中找不到任何宗教信仰或者对神的敬畏。可以加入到这些考量之中的是正直的人们心中的感性良知,其让他们相信,犯下违反自然法的罪行就是冒犯控制人类心灵的神,即便没有迫在眉睫的对于他人的畏惧也仍然是要担惊受怕的。这一点在塔西陀讨论提笔略的《编年史》第六卷[第六章]的话中得到了阐述:

> 他本人的罪行和不人道行径是多么严重地报应到他的身上啊! 伟大的古代圣贤[苏格拉底]的话是多么的正确,即如果能够将暴君的灵魂揭露在外的话,就会发现挫折和扭曲的痕迹;因为正如身体留下伤痕一样,思想也会被冷酷、贪婪和邪恶的目的留下痕迹。

西塞罗在《论道德之目的》第一卷[第十六章]中说:

> 然而如果任何人自己显得足够对外隔绝并不受人类良知的影响的话,他们仍然畏惧神的知识,并认为那些令其食不甘味夜不能寐的焦虑正是不朽的神为了惩罚他们而施加到其身上的。

塞涅卡在拉克坦提乌斯所著书第六卷第二十四章中说:"愚蠢的人类啊!如果你认识到了自己的良知的话,不去证实这一点能给你带来什么好处呢?"阿尔布里科斯①在《论想象性》(De Deorum Imaginibus)第22节中说:"恶意从不以直白的方式表达。"还可参见玉外纳,《讽刺诗集》第十三卷[第193节]。关于一种善的良知的好处,马提雅尔在其所著书第十卷第二十三章中说:"一个善的人延长了其生命;能够享受大家生活的一部分就等于活了两次。"还可参见斐洛斯特拉图斯,《图亚纳人阿波罗传》第七卷第十七章。

自然法规则应当对人们具有充分的拘束力,即使神在其被揭示的箴言中未再提及它们,因为人类有义务服从其造物主,不论其以何种方式向人类揭示其旨意。为使一个理性生物认识到其处于万物最终裁判者的命令之下,一项特定的启示并非必需的。事实上,没有人会否认,即便是那些不知道《圣经》的人也会犯下违反自然法的罪行——而如果仅通过《圣经》所宣称的获取法律拘束力的话,这一主张就不能成立。

出于这一原因,我们不能赞同霍布斯在《论公民》第三章中为论证以下观点所提出的以下主张:"因为那些我们称之为自然法的法律[……]除了某些通过理性所理解的关于作为与不作为的结论之外什么也不是;而准确地说,一项法律,就是有权要求他人作为或不作为的人的话语,因此,法律作为

---

① 或称为"阿尔贝里科斯"。——英译者注

话语,并不源于自然,而不过是神在《圣经》中所宣示的话语。"因为我们不认为,法律的本质在于其被构成话语的语句所宣示或者公布;相反,上位者的意志只要以任意一种方式被传达和理解就足够了,不论这是通过源于我们本性状态的思维的内在命令,还是通过将要实施的行为的特点。他本人在同一本书的第十五章第 3 节中也承认了这一点:"神的法律以三种方式被揭示:首先,通过不可言明的正当理性的命令",等等。

但是通过理性进路发现的自然法只有在命题的形式下才能够被构想,从这个意义上讲它们可以被正确地称为命题。但正如在国内法中无论法律是通过书面还是口头形式被公之于众都没有区别一样,神圣的法律无论是由神自己以可见的方式、用一种类似于人类的声音来表达它并将其公之于众,还是通过得到某种特定神启的伟人来揭示;无论其最终是否通过研究人类状况所得出的自然理性而被发现,都将具有同样的拘束力。因为准确地说,理性本身并不等于自然法,而仅仅是指通过其正确运用借以发现自然法的手段。此外,颁布法律的方法并不体现其真实性质。如果一个人通过语言所明确表达的命题让其意愿在他们心中留下印象,这就是一种更清楚的、并且可能更便利地对他人解释自己意愿的方法;而当有这样的一个机会通过恰当感官的思考和权衡将一件事情介绍甚至是灌输给一个人的时候,一件事情就被视为已经被充分地揭示了。且由此,已经在造物主的仁慈之下被赋予理解自己和他人行为、并判断其是否符合人类本性能力的人类,只有一次机会以他人的存在为前提来判断这些行为与人类本性是否一致。还可参见理查德·坎伯兰,《论自然律》第一章第 11 节;第五章第 1 节。

尽管为使一项法律有拘束力就有必要让其公之于众,而且并不是每个人都有权力从正当理性中推断自然法并承认其与人类本性之间的必要联系,然而这并不是自然法不再拘束所有人、或者不可能被视为通过理性之光所获得之知识的理由。一项公开的、简单的知识就足以让法律具有拘束力,为此并不需要详尽的阐述和推断。尽管最重要的自然法原则有可能是由神给予最初的人类以便通过教导和习俗传给其他后来人的,然而在其必要的真相能够通过思维进程或者自然理性的运用而被搜集的范围内,关于该法的知识无论如何都能够被称为是自然的。且由于界定自然法的命题是通过对事物本性的描述而对人类思维起作用的,它们反过来涉及自然的创造者乃至神。还可参见理查德·坎伯兰,《论自然律》第一章第 10 节。

最有见识的学者将自然法的起源归于神。普鲁塔克在《论聆听演说》[第一章第 37 页 D]中说:"服从神与遵从理性是一回事。"西塞罗在《论共和国》(On the Commonwealth)第三卷[第二十二章第 16 节]中的一段精彩论述被拉克坦提乌斯在所著书第六卷第八章中引用。

　　这确实是一项真实的法律,正当理性与自然相一致,在所有人中传播,永恒不变,令行禁止;而这种令行禁止不会让好人吃亏,也不会让恶人逍遥法外。替换该①法律的条款是不允许的,我们也不被允许去更改它,更不用说完全废止它。事实上,我们也不能通过议会表决或者公民投票而被免除该法之下的义务;其他人也无权阐述或解释它。该法不会在罗马一个样在雅典又是另一个样;现在一个样以后又是另一个样;而是始终如一的,永恒不变的,永远约束所有国家的;该法是所有人共同的主人和统治者,即便是神、即便是该法的缔造者、仲裁者和发起者也不例外;不遵守该法者将背离自己,并将因蔑视人类本性而遭到该法最为严厉的惩罚,即便他可能逃脱了可能存在着的其他法律的惩罚。

索福克勒斯在《俄狄浦斯王》(*Oedipus the King*)[第865页]中说:

那些天命之法
源于明亮飘缈的上天。
它们并非出自凡间,
而是来自天堂。

塞尔登在《自然法与国际法》第一卷第八章中表示,即便异教徒们认为自然法似乎不时被人类离经叛道的行为所违背和颠覆,然而他们也相信,天命之下的真正正义的东西是永恒不变的并永远保持着同样的拘束力。这一信念就是异教徒中占主流的折磨下属领地中那些犯下违反自然法之重罪的恶人的主张的来源;因为既然他们相信神要求对违反自然法的行为作出补偿,那么他们就必定会相信神乃是该法的缔造者。同样地,从另一方面来讲,至少异教徒们相信好人所展示的美德并非没有得到上天的眷顾。杨布里科斯在《劝诫》第十三章[第83页A]中说:"这一点必须被认为是正确的,即厄运不应在一个好人的生前和死后降临到其身上,且其②命运不会被不朽的神所忽视。"欧里庇德斯在《伊翁》(*Ion*)[第1621页及以下]中说:

---

① Huc 应为 Huic。——英译者注
② 正确的写法应为 τούτον。这一句话实际上引自柏拉图的《申辩篇》第41页CD。——英译者注

> 好人将最终胜利,将最终获得其权利;
> 而根据自然法,邪是永远不能胜正的。

塞尔登进而指出,早期基督徒中间的普遍观点认为,即便在创世纪和十诫的间隙期间,自然法和普遍法也由神赋予人类,之后又被并入摩西律法中。这导致克瑞索托在《演说集》第十二章《致安提阿人民》(To the People of Antioch)中作出了这一精彩论述:神在界定父母、谋杀、通奸以及盗窃的时候并未在法律上给出理由,因为它们已经作为自然法的一部分广为人知;但由于关于安息日的法律是实在的,故而其给出了一项理由。还可参见上引书第一卷第九章;以及第七卷第九—十章。总之,最明智的立法者已经承认,所有法律都从宗教中确保其最大限度的稳定性,故而总是在法典中将对神的崇敬放在首要位置。参见狄奥多·苏格罗斯所著书第十二卷第二十一章中所给出的对赞鲁克斯法律的介绍。

❧❧❧❧❧❧❧❧

21. 更加仔细地探讨自然法上的制裁也是有意义的。由此,除了上面已经提出过的一般意义上的法律制裁以外,我们将通过考察能够被分为三种类型的属于人类状况的好与坏来展开我们的讨论。在好的事物中,有的是出自造物主的自愿赐予,或者出自其他人的自愿惠赐,或者是通过从事非强制的、自愿的劳动而获得的。这种类型的好处显然并非源于对法律的遵守。第二种类型的好的事物源于一项法律所要求的行为的自然结果,因为造物主已经将对人类有利的、自然而规则的结果赐予每一项符合其法律的行为。这些好处被理查德·坎伯兰称为"自然回报"。第三种、也是最后一种类型的好的事物是基于立法者的意志或者人类之间的协议而产生于特定行为之后的;其中前者属于对卓越贡献的回报或者任意性的回报,后者则属于协定报酬。

同样的,某些坏处是源自人类的特定本性和状况的——这一状况是怎样初次发生的不得而知——或者它们不涉及其所归属的人的罪恶。对于这些坏处你可以正确地称之为**厄运**,即不是违背神的安排而是涉及承受此坏处者的特定罪恶。另一种坏处则是基于一种自然的因果关系和背景而从罪恶中产生的;这些坏处有时被称为天谴。最后一种坏处则出自对立法者的特定决定和安排的违反,而非出自一系列的自然后果;在这种情况下,坏处的品质、程度、地点和时间取决于立法者的意志。最后一种坏处,准确地说,就是我们所称的惩罚,或者在一种更为松散的意义上,被称为任意性的惩罚。

通过上述介绍我们可以宣称,尽管至善至伟的造物主可能,通过其力量,要求我们给予当然的、不折不扣地服从,然而将世界和人类的本性构造得如此,即某些好的事物源于一种与遵守自然法之间的天然联系而某些坏的事物源于对自然法的违反,是符合神的旨意的。与遵守自然法相伴随的,是一种轻松的、好的后果,和一项善的确信、一种有序而平静的思维以及保护身体不受各种非致命伤害并维护能够通过相互的善意与他人的关注所确保的诸多好处。因此塞涅卡在《论怒》第二卷第十三章中称之为"对于一种幸福思想的稳定而安宁的一项巨大回报"①;且:

> 要走上幸福之路很容易。[……]有什么比心灵的安宁更加惬意,有什么比怒火冲天更加辛苦呢?有什么比宽恕更加轻松,有什么比冷酷更加伤神呢?谦让令人闲暇安逸,而罪恶令人疲于奔命。具有任何上述优点的文明都容易维持良好状态,而作恶将付出巨大代价。

还可参见上引书,第二卷第三十章,以及最后一章;第三卷第五章和第二十六章。同样的观点在色诺芬的《追忆苏格拉底》第二卷[第一章第21页及以下]中通过罗迪科斯所讲的关于赫拉克勒斯的故事以两种方式被描述出来。参见《箴言》第二章第4节;第八章第18节;第十章第9节;第十一章第3、5、10、18、19、25节;第十八章第20节;《西拉书》(Sirach)第六章第5节;第七章第37节、第39节;第三十一章第28节。

另一方面,从对该法的违反中会自然而然地产生良心的不安、思想的痛苦与堕落、身体的荒废以及能够从他人挑衅性的暴力及其援助的撤销中产生的无尽的坏处。马可斯·安东尼斯[奥勒留]在其所著书第九卷第4节中说:"非正义者对自己也是非正义的,因为他让自己变坏。"西塞罗这样说一个堕落的人:"他自身的习惯会让他咎由自取",[《致阿提格斯的信》第九卷第十二章]《箴言》第五章第9—11节,第六章第33—35节,第十二章第13节,第十四章第14、22、32、34节,第十七章第13节,第十九章第29节,第二十章第1节,第二十二章第5节,第二十三章第20、28节及以下;《西拉书》第十九章第3节,第三十一章第22节及以下,第39、40节。

有的人说这些好处和坏处仅在较小的确定性上源于善的和恶的行为,因为很多人只是以怨报德,而另一方面,其他人则未受惩罚地享受着其恶行的果实,故而不能完全准确地认定善有善报(尽管在我们自己中间结出的善果

---

① 这些话在塞涅卡论及这一点的原话中并未出现。——英译者注

是不会受到干扰的);即便如此,我们仍然可以肯定的是,从善的和正义的行为中,我们能够有理由以某种程度的确定性来预期得到好处,而若指望从相反的恶行中得到这些好处则是没有正当理由的。参见《箴言》第十一章第31节。即便这些善行不能确保任何基于事物本性而适于确保的东西,也仍然存在一种明显的可能性,即某些好处会随之而来,或者这些好处无论如何会比能够从恶行中所期待得到的更多。在这一点上我们不仅仅是在为了自己的安全提出建议,而且能够设想一种更为可能的希望,即我为人人、人人为我,较之自私自利、不顾别人,尤其是较之损人利己更有好处。因此,就这一争论而言,在所有事物被正确衡量的情况下,从一项善行中产生的回报,其价值是超过从一项违法行为中获得的利益的。

我们应当谨慎地注意到,在讨论善行与恶行的后果的时候,是不考虑我们前面所提到的第一种类型中的、不能预见也无法通过努力来获得或避免的好处或者坏处的。因为这些事物能够、且的确是一视同仁地降临到好人与坏人头上的。因此一个恶棍可能天生就有强健的体魄,而一个好人则天生体弱多病。同样地,人不论好坏都难免一死。但在此我们所关心的只是那些通过人类理性能够预见且由此在某种程度上依赖于我们行为的后果。

尽管某些为我们所努力通过遵循自然法而从他人处获取的利益是建立在善意和他人荣誉基础上的,且由此显然不在我们控制范围之内,然而由于他人与我们之间仍然有可能怀有同样目的,我们就有充分的理由,来至少期待那些依赖于他人的后果,即便它们不能以同样的准确程度被提前确定。几乎没有任何人见过对人如此有敌意的以至于其认识不到自己十分仰仗他人善意的人。可以肯定的是,从人类中间产生的罪恶永远无法包含毁灭人类的能力;而这恰恰证明了善行的履行往往较之其不履行更有效果。因此,即便通过一项不可见的外在原因的集合,很多源于他人的利益似乎是主动地降临到一个忽视自然法的人身上,然而由于这种情况下的后果对他来讲仅仅是视情况而定的且肯定是极少发生的,故而很显然,理性不会要求、法律也不会规定实施这些行为。事实上,理性很明确地教导我们,带着思考中的目标且通过我们能够任意支配的最佳手段行事,较之毫无远见而完全靠碰运气行事,更加可能达致幸福。而所有这一切都由理查德·坎伯兰通过《论自然律》做了一目了然的、最为充分的论证。

因此,这里剩下的问题就是,是否除了这些恶行的自然后果以及那些源于国内法上的惩罚后果之外,还存在其他由神的意志所规定的、将通过其至高无上的力量实施的后果;或者是否自然法是由神通过进一步的任意性的刑罚来实施制裁的;尤其是在人们发现恶行的自然后果有时被中断,且有人的罪行部分地转变成了利益的情况下。在这一点上《圣经》给出了明确的证言。而对这个问题的确证还可以由在多数民族中所发现的关于复仇女神涅墨西斯以及对地面世界的惩罚的特定远古信仰来提供。对该内容的描述出现在《约拿书》第一章第 7 节和《使徒行传》第二十八章第 4 节中,这其中,在约拿的罪恶与海上的风暴之间,以及在谋杀和毒蛇噬咬之间,确实没有自然的联系,由此巴勒斯坦水手和马耳他人民就认定罪恶是由神通过其至高无上的力量来惩罚的。还可参见格老秀斯,《论基督信仰的真理性》第一卷第 19—22 节;第二卷第 9 节。事实上,既然人类遵守这些法律肯定是神的旨意,而这些法律的效果至少是部分地被某些人规避了;尤其是既然降临到邪恶者头上的良心自责以及安全缺乏,看起来并不总是与其所造成危害的严重程度相当,那么很可能神将以某种其他的方式惩罚其邪恶。还可参见理查德·坎伯兰,《论自然律》第五章第 25 节。但既然这样一种**先验的**推论看起来并不具有充分的证据,而仅仅是极具可能,既然这样一项任意性的刑罚以一项实在的神的旨意为前提,而这是不经确定的启示就无法理解的,且既然一项经验的归纳或证明仍旧是不完善的,故而我们不得不承认,对于那些仅仅遵循理性之光的人而言,这一问题仍然处于模糊不清的状态。

<hr/>

22. 关于自然法的素材,格老秀斯在其所著书第一卷第一章第 10 节中指出,很多事物通常被归于自然法,这并不是准确的,而是**大而化之的**,原因不过是自然法与它们并不对立;正如不仅是通过正义所拥有的事物而且是以不违背正义的方式所拥有的事物都被称为正当的一样,尽管你可以更准确地称之为被允许的。然而你可以更为便利地将这种区分适用于那些由追求和平与安宁的意志信念依据某种人类社会状态所引入的制度,以及依据这些制度而实施和完成的行为之上。你可能会在法学家那里听到如下被讨论的问题:例如,事物的所有权、取得时效、意思表示、购买与销售制度是否属于自然法。这些问题无法直接回答,除非你将那些自然法通过直接的令行禁止而设定的制度,与那些因对社会关系的渴望而促使人类所设定的制度、或者直接基于这些制度而对于实施行为的允许区分开来,从而令后者仅仅被大而化之地认为属于自然法。因此事物的所有权并非直接源于自然,任何明示的和确定性的命令也都不足以导致所有权,然而其被认为是源于自然法的,因为初始的社会形态无法满足迅速增长的人类状况和秩序的需要。同样地,对于取得时效的存在也没有任何明确的自然法规定,然而在有差别的事物所有权逐

渐确立以后,人类社会的和平倾向于采用这种制度以使得财产所有权不总是处于未决状态。自然也没有要求人们立遗嘱、购买、销售,但是在自然的生活中,从祖先的所有权中产生了这样一种制度,即一个人临死的时候可以处分其财产,或者,还有一项制度就是,任何人都可以通过协议出售其财产或者从他人处购买财产。

格老秀斯在同一段中进一步指出,有时候事物被认为具有理性所宣称的高于和优于其对立面的自然法属性,而实际上它们并非如此。很多超乎寻常的慷慨大度的行为,仁慈怜悯的行为,以及个人在不承担义务的情况下放弃自身权利的情况,都属于这种类型。使徒在《哥林多前书》第十章第23节;第六章第12节;第七章第38节中对此作了描述。因此乌尔比安在《学说汇纂》第四卷第七章第4节第1段中写道:

> 然而,执法官认为急于想摆脱财产者的行为没有过错,其目的在于避免被置于与此有关的诉讼之中——事实上这样一种[……]源自当事人对法律诉讼的敌视而产生的解决方法,并不应受到谴责。

苏格拉底拒绝将一个伤害了他的卑鄙小人传召到法庭中,觉得那不过是一个蠢货踢了他一脚而已。故而卡托说,"当他被人打了脸的时候,他没有发怒,没有报复,甚至没有宽恕这一伤害,而是否认他被打了"。"他认为否认伤害比报复伤害更好。"[塞涅卡,《论怒》第二卷第三十二章;《论智者的坚定不移》第十四章。]

～～～～～～～

23. 最后还有一个问题要考虑,那就是,是否存在一种与自然法相区别的特定的、实在的国际法;在这一点上学者们是完全对立的。很多人认为自然法与国际法是一回事,仅在其外在名称上有所不同。因此霍布斯在《论公民》第十四章第4、5节中将自然法分为"人之间的自然法和国家之间的自然法,后者通常被称为国际法。两者的指令",他补充道,"是一样的;但由于国家建立伊始就具有人格属性,故而我们在谈及个人义务的时候所称的自然法一旦适用于整个国家或民族的时候,就称为国际法"。我们完全赞成这一主张。我们也不认为还存在任何其他具有法律约束力的,准确地说就好像是从一个上位者中产生的对国家具有强制力那样的,意志性的或者实在的国际法。还可参见博赛尔对格老秀斯所著书第一卷第一章第14节;第二卷第四章第9节的评论。因此，实际上我们不会与那些喜欢将自然法界定为与自然理性相一致、将国际法界定为源自对于主要借助社会态度的帮助而实现的我们的要求的考虑的人相对立；因为我们否认任何源出于上位者的国际法的存在。对于任何能够从人类本性的要求中推导出来的规则，我们都将其归于自然法，因为在理性通过这样一种程序而被确定为其自身规则的范围内，如果通过与合理本性相一致的方式所作出的任何一种关于自然法的阐释都不过是循环论证的话，我们就不愿作出推论。

很多罗马法学家和其他学者所提及的范畴，诸如取得方式、契约之类的范畴，或者属于自然法或者属于不同国家的市民法，多数国家的法律在这些建立在所有人类社会共同的普遍理性之上的问题方面，规定都是一致的。但是从这些范畴中不能正确地构成一个法律部门，因为，那些法律确实为国家所共有，但这不是出于任何相互间的协议或者义务，而是出于不同国家立法者的个人偏好，各国碰巧采取了一致做法。因此，这些法律能够且很多时候确实被某些国家擅自改变。福尔登在评论格老秀斯所著书第二卷第二章第20节、第二卷第八章第1节中的观点更是不能不予考虑，他指出，对罗马法学家而言万民法是属于在罗马境内的外国人行事和经商的权利，而市民法则是专属罗马公民的权利，外国人不在其列。因此遗嘱的制作和婚姻的订立被认为属于市民法的调整范围，而契约则属于万民法的调整范围，因为只有公民能够享有前一种权利，而在罗马的外国人也能享有后一种权利。

在很多学者的观念中，国际法这一术语之下还汇集了一些在多数国家之间通行的习惯，那些习惯本身至少在比较单纯和人性化的事件中具有某种威望，并通过某种默示的协议得到了遵守，尤其是在战争中。因为自从更为发达的民族在战争中确保荣誉，即在战斗中展现个人相对于他人的优越性被视为一件关乎重大尊严的事情之后，由于其具有杀死很多人的勇气和技能，故而不必要的和非正义的战争时常被匆忙地发起；因此，当伟大的战士在一场正义战争之中被授予全权来行事的时候，为了阻止他们不恰当地展示其技能，对很多民族而言最好的方法似乎就是通过某种人道的和宽宏大量的方式限制过分的战争行为。这就是关于某些人和物免受战争侵害、关于战争手段、关于俘虏待遇以及类似问题的习惯的起源。马基雅维利在其《君主论》（*Princeps*）第十二章中说这一习惯是由阿尔布里科斯·康门赛斯·佛莱明尼亚①引入的,并在此前的几个世纪中在意大利与雇佣骑兵的战斗中得到了遵守,据此"其将领们竭力消除其自身和士兵们的所有畏惧和暴行,确保没有屠杀行为,相反每一方只能抓捕对方的俘虏,并在不索要赎金的情况下释放这些人。不能在夜间用密集的投石器来袭击被围困的城市,守城部队也不能向攻城部队的帐篷射击。② 而且,其兵营不得围以任何围墙或藩篱,也不得在冬季使用。所有这些都是其军事纪律及其自订制度的一部分"。我质疑该习惯是否与士兵的职业相适应。斯特拉波在其所著书第十卷中讲述了一项埃列特里亚和高昔斯公民之间的类似协议,据此他们将不使用投石器。你还可以将阿里安在《印迪卡》(Indica)[第十一章]中所描述的印度人的习俗归入这一类中,据此在内战中农夫将不受任何伤害。

　　尽管这些习惯似乎具有一种源于某种形式的默示协议的义务,然而,如果一个发动正义战争的人忽视了这些习惯并宣称自己不受其约束,假设一种与之相对立的做法在自然法上是可行的,那么他将由于未令自己适应那些视战争为某种人文艺术者所订立的规则,而被谴责为不够绅士,但除此之外他并无任何过错。同样地,在角斗士之间,违反角斗艺术的规则而击伤他人者被谴责为没有真本事,因此,任何发动正义战争者都可以不遵守这些规则,而仅受自然法的指引,除非他为了某种自身利益愿意选择遵守它们,因为那样的话他会发现敌人对他和他的部队没有那么残忍。但是发动残暴而非正义的战争的人,则有可能认真地遵守这些规则,以便让自己的无赖行径看起来具有某种正确的表象。然而,既然这些理由并非普遍的,那么它们就不能构成任何普遍的法律并约束所有人民。尤其是因为看起来,任何人都能够从这种仅仅建立在一项默示协议之上的义务中解脱出来,如果他明确宣称不准备受其约束也不会抱怨其他人在对待自己的时候不遵守这些规则的话。因此我们看到对这些规则的遵守随着时间的发展很多成为绝对性的义务,要不然就是一项对立的规则取代了它们。任何人都没有理由抱怨说这种说法破坏了安全保障、利益、和国家安全,因为这些范畴肯定不存在于这些习惯之中,而是存在于对更为神圣的自然法的遵守之中。如果后者是完好无损的,人类就不需要任何前者。再有,如果任何习惯是建立在自然法之上的话,那么无疑其较之仅仅源于国家间协议的规则具有更高的地位。

　　格老秀斯将关于使节的法律列入最重要的意志国际法的行列之中。在

---

① 马基雅维利书中称其为"阿尔布瑞奥·达·康里奥,罗曼格鲁诺";或者通常称为"阿尔布瑞克·达·巴比亚诺,罗曼拉的库里奥伯爵。"普芬道夫所用的"康门赛斯"可能是源于先于1848年版本中"达·科莫"的打印错误。——英译者注

② intentioria 应为 tentoria。——英译者注

这一点上我们认为,使节仅根据自然法就已是不容侵犯的,只要他们行使的是使节而非间谍的职责,就算在敌对国家之间,只要他们没有对驻在国构成威胁;尽管一般而言,他们可能通过磋商寻求派遣国而非驻在国的利益。既然在通过条约和协议来协商、保护和加强那种自然法本身要求人类通过所有合理手段来维护的和平的过程中这些人是必需的,那么各国必定会同意,自然法已经对这些离了他们就无法达致上述目标的人的安全提供了保障。还可参见马热莱尔,《使节》(*Legatus*)第二卷第十三章。这一权利还应增加一项内容,即使节在行使职责的时候免受驻在国的管辖和拘禁,因为不如此,如果他们在这一点上不得不依赖于其君主之外的任何主宰的话,他们就无力以适当的热情为其君主服务。但是其他普遍允许使节享有的特权,尤其是那些更多是为了刺探他国机密而非维护和平而被派驻到宫廷中的使节的特权,则完全依赖于驻在国君主的耐性,因此如果有必要的话,他们可以拒绝给予这些特权而不违反任何法律,只要该君主愿意看到自己的使节也受到同样的对待。

看起来,被格老秀斯以类似的方式将其列为国际法中专门一章的野蛮人的权利,也可以被归为人道主义义务之列。还可参见安东尼斯·马特乌斯,《犯罪学》(引论)第三章第5节。

其所列举的其他重要情况也无法构成一个特殊的法律部门,因为它们能够很容易在自然法中对号入座。然而有的人将通常被界定为盟约与和平协议的两个或者多个民族的特定协议归入国际法的做法在我们看来是很不合适的。因为尽管关于约定必守的自然法要求这些协议得到遵守,它们也仍然不能被正确地列入法律这一术语的范围之内。何况它们实际上不计其数而且其中多数是暂时性的。它们不会像单个公民之间的协议属于其市民法的一部分那样构成法律的一部分;相反它们不过是历史为其自身所主张的主题。还可参见塞尔登,《海洋闭锁论》(*Mare Clausum*)第一卷第二章。关于未成文法或习惯法的问题,尤其可参见博赛尔对格老秀斯所著书第二卷第四章第5节的评论。

~~~~~~~~~

24. 我们认为那种自然法的划分是最佳的,即考虑根据自然法的命令,一个人应当如何首先对**自己**、其次对**他人**实施行为。自然法的命令,就其对于他人而言,可以被进一步分为绝对的和假定的。前者是那些约束所有人的命令,不论其状态如何,也不管构建或者引入的制度如何。后者则以人类构建或者接受的某种状态或制度为前提。这在格老秀斯前引书中被阐述如下:"自然法所调整的不仅有存在于人类意志联系之外的事物,而且有很多与其意志行为相伴随的事物。"因此,尽管人类意志已经确立了如今那样的财产所有权,然而众所周知,自然法本身就可以宣布违背他人意志夺取其财产是违法的。参见《学说汇纂》第四十七卷第二章第 1 节第 3 段;第五十卷第十六章第 42 节。如今存在很多涉及①行为实施的任意性事物,或言之,其处于人类判断的范围之内,不论人们是否有意实施某项行为;但是当该行为被着手实施的时候,一种源自某种自然戒律的道德上的必要性或者义务就随之而来,或者其模式和状态将据此被确定。例如,尽管自然法并未要求我们从他人处购买物品,但若我自己选择购买的话,该法就要求我不得损人利己,也不得欺诈交易。因此,若非假定财产的单独占有和市民权力的存在,很多自然法戒律就没有存在的理由或依据。

但这并不意味着,由于我们通过同意将自己置于自然法规定我们要遵守其命令的另一个人的指引之下,故而所有的实在法都是自然法的一部分。确实可以肯定,违反国内法的人也间接地违反了通过这样一项协议所推导出来的自然法。然而,在推定性的自然法和实在性的国内法之间存在巨大的差别,即,前者存在的理由是从作为一个整体的人类状况中来寻找的,而后者存在的理由则是从看起来属于某些特定城邦的利益或者仅仅从立法者的意志中来寻找的。且由此实在的国内法不是推定性的自然法规范,但它们借助一项推定性规范的力量而在法庭中变得具有拘束力。

我们认为,推定性规范赖以建立的那些制度中,最为重要的三项乃是语言、对事物的占有及其价格以及人的主权;而且我们之后的讨论将建立在这样一种分类的基础之上。

---

① quo ad 应为 quoad。——英译者注

第四章 人在陶冶情操以及照顾自己身体和生命中对自己的义务

1. 自我发展对人是必要的
2. 与自我发展相关的问题
3. 思想必须首先被导入信仰之中
4. 无信仰的观念必须被清除
5. 对自我的认知是必要的
6. 人应当知晓其思想和义务
7. 人应当知晓其力量的界限
8. 人不应欲求超出其力量范围的东西
9. 人应在何种程度上追求名誉
10. 人应在何种程度上追求财富
11. 以及人应在何种程度上追求幸福
12. 热情应受理性的支配
13. 论文化学习
14. 论身体的保养
15. 论生命之运用
16. 是否存在任何保存生命的义务
17. 一个人的生命应在多大程度上被用来为他人服务
18. 或者一个人的生命应在多大程度上因他人而被置于危险之下
19. 自杀是否合法

1. 尽管人与其他动物一样，对于自我保护存在利益并且生来就乐于处在尽可能优越的状况之下，然而人的这种利益应当比野兽所关注的利益要升华和高级很多，这不仅是因为其接受了比后者多得多的、使一种更加高级和更具生产力的文明的存在成为可能的天赋，而且是因为，若非其通过教化加速发展其天赋并令其适于作出有价值的行为，其就无法适当地履行自己所承担的义务。另一项理由是，由于个人在自我发展中所付出的劳动并非仅及于其本身，而是将其成果散步到全人类的最广泛利益中，且对个人利益而言其最为卓著的方面乃是其被视为世上更为高贵和杰出的公民之一。因此，正如人类按照造物主的旨意学会了贯彻这一有关社会性的法律一样，他应当恰当地将其首要的关注给予自身，因为其自身的完善将使得其对他人义务的履行更加令人满意。而从一个本身就无用和懒惰的人身上，他人是无法预期获得什么好处的。

然而这一对自身的关注既是必要的也是困难的,这不仅是由于人生来就是完全无知的,其不成熟的思想很容易被罪恶的念头所占据,而之后要移除这些念头却很困难,而且是由于人类与生俱来的罪恶愿望以时大时小的力量驱使着他远离正当理性的命令,除非它们受到限制,否则它们会在其一生中造就一系列的恶行。人们一贯认为,欧里庇德斯《哀求者》[第 1080 页及以下]中老生常谈的抱怨是没有什么作用的:

> 我的天啊,为什么不赐予人类,
> 两次年轻和两次年老呢?
> 如今在我们的家中,如果任何事物出了毛病,
> 我们可以通过智力迅速地修补。
> 而我们的生命则无法修补。
> 如果我们能够年轻
> 和年老两次的话,
> 如果任何人犯了错,
> 就可以在第二次生命中修补。

既然人类由灵魂和肉体两部分构成,前者是个人行为的源泉和激励,而后者则是其工具,那么对前者的关注和培养就应当成为我们首要考虑的东西。

〰〰〰〰〰〰〰

2. 思想的培养,是所有人都必须从事的且其对于充分贯彻人类义务是必要的,其主要包括以下内容:关于正确实现义务的个人结论,关于通常会导致个人欲望被正确构建的个人判断和观点,以及受到正当理性规则的调整和规范的个人思想冲动。

〰〰〰〰〰〰〰

3. 在所有人都应当接受的观念中,首要的是关于神作为造物主以及宇宙主宰的观念:即事实上存在着一种最高的存在,其他所有物质都源出于此,后者的运动机理并非像重力移动钟摆那样出于某种非生命性的力量,而是出于被赐予的智力和自由;该最高存在对整个宇宙、全体人类甚至单个人都实施着控制;其洞悉一切;其至高无上的权利通过自然法将某些义务加诸于人

类，对义务的遵守受到许可而对义务的违反和忽视则不被允许；出于这一理由神会一视同仁地要求对每个人进行最终审判。

由于人类的第一项义务与这一信念有关，而我们已经在其他地方[《人和公民的义务》第一卷第四章]详细地讨论过该义务并认为这里没有必要再重复，故而人类思想中所充斥的东西正是来自这一宁静的源泉，而且这也是应当对他人所表现出的全部正直之保障，离了这一源泉就无人能够被认为是以正确的意图做了一件好事，其他人也不会认可任何人是出于正确的意图而为之。波修斯在《哲学的慰藉》(The Consolation of Philosophy)[第五卷第六章]中说："做好被加诸于你的事是十分必要的，因为你是在掌握一切的主宰的眼皮底下生活。"格老秀斯在《智慧之书评注》(Commentary on the Book of Wisdom)第十二章第1节中说：

> 尽管人们冠冕堂皇地谈论着好的名声应当如何被培养，然而我们所见事物对思想施加的力量是如此之大，以至于缺了一种关于会对人类行为施加报应的神圣天命的信仰、缺了将人们引入正途的法律，人们就难免会误入歧途。因为当情绪被诱惑性的行为所点燃或激发的时候，人的理性就不能延续，其很容易为罪恶的想法找到借口，并拒绝听从其内心的劝告，直至对所有的劝说无动于衷。因此，那些不认真关注对神及其神圣天命的信仰，反而允许每个人在这一点上随心所欲地作出我所主张的不仅对善良道德而且对国家最为有害之事的人，被认为是愚蠢的。

尽管从基督信仰的指令中还看不出这些东西，即神能够被人类通过任何形式的崇拜来满足，神有意用其恩典来使人类受惠并赐予人类永恒的幸福，这一结果只会在其本身为人类规定的崇拜得到遵循之后才会发生，然而一项关于神的存在及其神圣力量的任何性质的严肃信仰，不论以何种特殊形式或者以何种崇拜态度来信奉，都具有让人们更加谨慎地遵守其义务的效果。卢西恩在《论表象》[第十七章]中说："那些最为严谨地崇敬神的人极易成为在与人交往中最为正直的人。"这一论断的证明在于这一事实，即古往今来沉溺于诸如伊斯兰教或者其他异教等有害于心灵之宗教的人，出于其对神的力量之信仰而体现了一种对于规则和义务的积极关注，以至于至少就其外在行为而言，他们并不落后于多数基督徒。的确有些人在周游四海后声称其已经发现，基督信仰并未影响人们从事某些罪恶的特定倾向，且其讲授者的外在言行不能体现这一宗教的奥义。但是据我判断，这一状况的原因在于这一事实，即多数人并非出于个人归信，而是像接受其生长的国家的习俗那样接受了基督教,因此多数人将这一宗教挂在嘴上而非放在心里,而鲜有人真心地遵照其指示来提高自身品格。因为我可以肯定,如果他们真心致力于以配得上其职业的方式引导自身行为的话,他们至少能够限制其国内罪恶的外在行为。

❦❦❦❦❦❦❦

4. 因此,正如这一信仰以及任何与对神的崇敬有关的其他原因或者特定启示所教导的观念,应当早于所有其他范畴被灌输到一个被正确教育的思维之中一样,所有与之相悖的观念都应被审慎地排除。由此我们认识到,这些观念不仅包括无神论和享乐主义,还包括一些其他有害于真正信仰、善良道德以及人类社会,且其完全移除符合人类最高利益的宗教。这其中就有斯多葛学派的命运理论,或者万事万物甚至人类的顺序不变的理论,据此人就成为纯粹的行为工具,其纵使竭尽全力也无力改变这些行为。如果这一观点站得住脚的话,那么我们就看不出为什么人类的行为能够被归于自己而不像钟的走动那样被归于齿轮;或者宗教、正义、法律和刑罚有什么用处。塞涅卡在《俄狄浦斯》[第 1019 行]中说:

你的罪孽是命运的过错。
一项注定的罪行并不具备罪恶的禀赋。

还可参见前引书第 980 行及以下。荷马在《伊利亚特》(*Iliad*)第十九卷[第 86—87 节]中说:"然而原因不在于我,而在于在暗处操纵的宙斯、命运之神和复仇女神。"在第欧根尼·拉尔修所著书第七卷[第 23 节]中,这一信条与其说是被芝诺所坚持了,不如说是被其所避开了:"他有一次鞭打了一名被他发现正在偷东西的奴隶;当后者对他说,'我偷东西是命中注定的'的时候;他反驳说,'是的,而且你被打也是命中注定的'。"马可斯·安东尼斯[奥勒留]在其所著书第二卷第十一章中的话更是切中肯綮:"神将不落入犯罪深渊的问题完全留待人们自己去处理。"

一项与之类似的观念是,在因果之间的顺序,或者那种造物主构造的事物之间的联系之上,具有一项如此稳固不变的法律以至于神没有为自己预留任何灵活处理的余地,即便在特殊情况下也是如此。这样一来,源于神的奇迹和特殊帮助,以及源于祈祷、忏悔和悔过的后果,就显然不存在了。

属于同一思想框架的观念还有那种非常古老和普遍的观念,即天象对人类行为和事件施加了某种无可避免的必要性，或者生辰八字决定了人一生的全部进程。马尼留斯作为对这一观念的拥护者之一，在其所著书第四卷[第79页及以下]的下列语句中提出：

> 一个疯狂迷恋特洛伊的人会发动战争，
> 或者游过洪水从远处望着火焰；
> 另一个人则决心坚守。
> 子弑父，父杀子；
> 兄弟鲁莽地相残。
> 那些争斗都证明了统治力量的威力，
> 因为它们跟人类的力量相比太不正常了。

这一错误观念仍然盛行于整个东方的大部分地区，在那里不首先咨询占星家就不能做任何重要的事情，正如有格言称，"他们能够读懂上天所写下的文字"。伯尼尔在描述莫卧儿帝国生活的时候讲述了一个与此有关的有趣故事，波斯国王阿巴斯的园丁将国王在一名占星家的建议下在最吉利的时间种下的一些树挖了出来。在国王的威胁之下他找到占星家并说："你选择了一个不好的时间，因为中午种下的树晚上被挖了出来。"他还讲了另一个故事，一名从热那亚逃跑的奴隶，每当他看一下被他们称为所谓最为高贵的工具的航海罗盘和他的关于**时间**的书，就会为德里人民颇为准确地预言很多大事件。而当一些认识他的人对他的新职位和设备表示惊讶的时候，他会回答说，"因为占星家就是这样的"。

然而这种占星术实际上不过是一种华而不实的诈取轻信者钱财的欺骗手段。通过对未来大放厥词，他们更多地依赖于他人的轻信而非自身的技能；如果事情被他们言中，他们就会得到极高的评价，而如果未被言中，他们的预言就会被忘记。塔西陀在《编年史》第一卷[第二十二章]中称那些伪数学家为"对君主是危险的，对有志者是靠不住的人"。还可参见霍布斯，《论人》第十四章第12节。阿伽提亚斯在其所著书第一卷[第一章]中说：

> 我不相信罪恶的原因在于星宿的运程、命运以及不合理的必要性。[……]因为如果命运高于一切事物的话，那么道德选择和自由意志的要素就会从我们身上被夺走，我们将不得不认为所有的告诫、艺术以及指导都是空洞无用的，且那些过着最为正直生活的人们的希望将付之东流。而且在我看来，将神视为谋杀和冲突的造就者是不恰当的。

还可参见格劳秀斯,《论基督信仰之真理性》第四卷第 11 节。而且除了与这一信仰有关的其他弊端之外,还存在这样的后果,即那些过于痴迷星象的人很少关心使自己的行为适应于理性的规范。欧里庇德斯在《海伦娜》[第 757 页]中所言非虚:

> 谨慎而聪明的头脑才是最准确的预言者。

斯塔提乌斯在《底比斯之歌》(Thebaid)[第二卷第 582 页及以下]中说:

> 只有那些已经丧失所爱之物者,
> 才去探究万能的朱庇特的忠告。
> 因此就有了虚伪,不满以及不虔敬的暴怒,
> 因此就有了与当代有联系的每一项罪恶。

那种观点也是有害的,即认为神控制着有关人类罪恶的某种市场,并允许人们通过金钱或者其他供奉,以及通过某些空洞的仪式或者形式固定的说辞,来洗刷罪恶而不使生活产生任何改变。同样的,那种认为神乐于见到那些在适应于理性和自然法方面与人类和市民社会不相一致的人类发明和人定生活制度的观点,也是有害的。这其中最为明显的就是不仅存在于某些基督教国家而且存在于伊斯兰国家和其他异教国家中的修道院制度。与之类似的还有任何对神的不重视以及迷信,因为与之相反,每一个理智的人都应当"敬畏神而不迷信"。参见马可斯·安东尼斯[奥勒留]所著书第六卷第 30 节。还可参见培根,《杂文集》第十八章。

那种观点也是有害的,即认为人类只要表现出一种对于神的虔敬就足够了,而无须关注对于诚实和他人义务的践履,或者认为虔敬的表现以及对于崇敬上帝之形式的严谨遵守,能够弥补带给人们非正义生活之过错;以及认为人通过善的或恶的手段敛财是恰当的,只要其在临死前出于所谓敬神的缘由留下某些东西。还可参见沙朗,《论智慧》第二卷第五章第 25 节及以下。

那种观点也是不正常的,即认为单个人不仅能够履行自己对神的义务,而且能够为自己储备一些额外的、可以让与他人的功绩,从而可以说,一项未被履行之义务的缺陷,是能够被另一个人的功绩①所弥补的。而那种认为人类由于基督的满意和功绩,而在培养其行为的正当性和纯洁性的义务上承担

---

① mendum 应为 meritum。——英译者注

了任何更小的责任，或者人可以因信神而逍遥法外的观点，也好不到哪去。因为当令一个人相信其罪恶可以通过他人的功绩来得到宽恕的时候，他难免会放松对自己的约束，除非同时令他相信其负有一项个人义务去深切关注神圣的生活。

而坚持认为神性藐视精明以及对某项罪行的放弃，并将某些罪恶仅仅视为玩笑的做法，比兽性的危害不会更小。因此那些声称神放任恋人之间的非正义并且不在乎他们偷鸡摸狗行径的古代诗人是在胡说八道。提布鲁斯在其所著书第三卷 [第六章第 49—50 节] 中说："朱庇特嘲笑恋人之间虚情假意的山盟海誓，并打赌说其必将随风逝去无果而终。"他们的疯狂达到了这样的程度，以至于他们不怕宣称这些行为是由众神身体力行的，并且为这些罪行设立了某些神作为其守护者。因此傅箴修在《神话集》(*Mythology*) 第一卷 [第十八章] 中颇为正确地说："如果存在掌管偷盗的神的话"（商业之神与盗窃之神），"就没有必要让法官来惩罚此类犯罪了，因为盗贼们有了一个神作为其罪行的创造者和守护者"。

塞涅卡在《希波吕托斯》[第 195 页及以下] 中说：

众神！这种有害的欲念
造就了其神性；而且，其目的
将更为充分地实现，其已经分配了
一个貌似有理的名字给其放纵的爱欲
神性！

欧里庇德斯在《伊翁》[第 449 页及以下] 中说：

称人类为无耻是不正当的；
如果我们只不过是在模仿
众神的罪恶的话；那么他们教我们这样做也是无耻的。

当一个印度人如此回应一个宣称自己是基督徒以及作为天堂和世界创造者的上帝的子民，并且是来宣讲上帝法律的西班牙人的时候，其理由并不算太坏："如果你的上帝命令你以这样一种方式侵入他人领地，掠夺、焚烧、杀戮和实施任何你能想到的出格罪行的话，那么可以肯定我们永远不会信仰上帝或者接受其法律。"参见吉拉尼谟·本佐尼，《新世界之历史》(*History of the New World*) 第二卷第十三章。

而相信神会被一个人不断作出的祷告所取悦,以至于后者能够有机会牟取不当利益而其他人则会因此遭受不应有的损失,也是错误的。比如一个住在海边的人祈祷很多船只残骸出现在该处。而当一个人对他人发动非正义战争或者当在该战争中胜利向他招手的时候,我也不能认定此人所作的那种祈求是更加神圣的。

那种认为出于对神的信仰和崇敬而违背任何自然法命令去伤害他人是可允许的观点也是卑劣的。这种做法的例子就是某些人相信应当对不属于同一宗教的人维持敌对态度;应当通过武力来传播①宗教;对异教徒不应维持善意,也不应表现出所谓的政治友谊或者人道主义行为;或者任何与他们的接触都应当避免,就好像他们是肮脏的一样;任何犯罪、背叛、不义、谋逆、叛乱都是合法的,而且甚至是值得赞扬的,只要是为了宗教利益而实施的。

那种认为一个人无论是培育优点还是堕入罪恶其所获得的真实幸福并无二致,且正义并不会比非正义带来更好状况的观点,也是有害的。西塞罗在《论神性》第三卷[第三十五章]中说:"可以肯定的是,如果好人和坏人之间毫无差别,就不存在规范着世界的神圣力量。"同样的,认为人类灵魂与肉体将同时毁灭,人除了及时行乐之外没有更好选择的观点也是有害的。还有,认为所有的法律,包括被称为自然法的法律,不过是人类的一种工具,既不能被认为是神所缔造的,也不能从神的任何权威或者制裁中得到保障的观点也是不对的。因此,这些观点以及与之类似的观点都必定会被连根拔除,因其破坏了人对神所负义务的基础并且阻碍了使行为符合正当理性的任何努力。

❀❀❀❀❀❀❀

5. 人在自我发展中另一项主要关心的问题就是仔细审视并熟悉自身及其本性。文物古迹中记录了很多对这一问题的探寻,其仿佛打通了一条通往真正智慧的道路,就好像"认清你自己"这样的话被刻成金色大字竖立在特尔斐神庙中一样。对于这一格言,西塞罗在《图斯库兰谈话集》第一卷[第二十二章]中评论道:

> 我不认为阿波罗建议每个人认清自己的规诫仅仅是要求我们认清自己的身体组成部分、自己的身高以及构造;因为我们不仅仅是肉体。

---

① propogandum 应为 propagandum。——英译者注

因此，当他说，"认清你自己"的时候，他所指的是"认清你自己灵魂的本质"；因为肉体不过是某种灵魂的载体或者容器，你的灵魂的一切所作所为才是你自己的行为。

还可参见卡佐邦对佩修斯的《讽刺诗集》(Satires)第三章第67行所做的评论。

基于这一对自身的认识，且当该认识能够确保其正确性的时候，个人就被引导到一项有关其自身状况的知识，以及其在这个世界上有义务履行的职责上面，因为他发现他不是自己冒出来的，而是源于一项更为崇高的理由；他被赋予了比自己在动物世界中所见之更加高贵的能力；且最终，他不是为自己而生，而是作为人类社会的一部分，为了他有义务以一种社会态度承担责任的社会而生。可以说，从这些源泉中，可以很容易地得出有关人类义务的知识。参见马可斯·安东尼斯[奥勒留]所著书第十卷第6节；佩修斯在《讽刺诗集》第三章[第133行及以下]中说：

> 我们在天堂将做什么，以及我们的位置在哪里，
> 在这个统一的宇宙中，是由神的指令所决定的。

任何了解自己的力量有多大以及其能力范围及于何处的人，也了解如何扩展其行为以及他下一步应当做什么，这也是自我认知的一部分。与之有关的是色诺芬在《追忆苏格拉底》第四卷[第二章第24节]中对苏格拉底的高尚言论所做的解释。还可参见培根，《杂文集》第三十六章。这一观点的必然结论是，人应当知晓每一项人类行为的后果，以及人身外之物对于人本身具有何种联系和用途。

❖❖❖❖❖❖❖❖❖

6. 从这一认知中可以得出，人类会认识到自己处于神的主权之下，为了回报神的恩赐，人有义务宣扬神的伟大，并使自己与他人友好相处。既然人被神赐予了智力之光，他显然就应当得出这样的结论，即其不能出于盲目的冲动或者毫无既定目标地去做任何事，相反，其所做的任何事都应当是首先经过仔细思考和计划的。由此可以得出，其将为自己提出一项适合其本性的目标，接着恰当地运用自己的行为和其他手段来实现该目标。这样一来他就不会在尚未确立目标之前就采取手段，也不会确立一项无法实现的目标。

239 与上述观点有关的主张是,既然真理性和正当性总是一致的,个人就应当以一种在类似问题上总是会得出类似结论的方式来作出判断,而一旦他作出一项正确的决定,就应当始终坚持它。一项进一步与之相关的主张是,意志和意愿不是先于,而是后于一项正确的判断,且不会拒绝后者的决定。因为遵循这一进路的人会既以智力、又以恒心、还以适度来行事。卢肯在其所著书第二卷[第381页及以下]中就塑造了卡托这样一个的人:"恪守适度,坚持目标;依循自然的指引,为国家献身;相信其不是为了自己、而是为了全世界而生。"行事方式与之背道而驰的人不会一帆风顺,相反他是在这世上撞大运,且"总是与有序的生活格格不入"[贺拉斯,《使徒书》第一卷第一章第99节];他也永远不会得到幸福。正如索福克勒斯在《安提戈涅》(*Antigone*)[第1348节]中说:

> 幸福最主要的部分
> 就是一颗明智的心。

---

7. 如果一个人了解自身的能力和力量,他就会认识到其是有限的而且会为其所不能及的事物设定界限,他由此也会认识到,在这个宇宙中有大量的事物是他无论如何也无法掌控或拥有的。然而,有的事物并非完全处于人力所能及的范围之外,而是能够通过其他力量的此消彼长和对冲来防范的。最后,还有一种类型的事物仅在娴熟技巧的帮助之下才处于我们力量掌控的范围之内。这些类型的事物与斯多葛学派的著名分类是一致的,根据这一分类,某些事物被称为人力所能及的,其他事物则被称为人力所不能及的。

看起来,首先处于我们掌握之中的,就其被用于引出适于人类的行为而言,就是我们的自由意志及其力量了。尽管意志为某些顽固的倾向所萦绕,诸如令其失去平衡之类的倾向等,然而没有什么比这一范畴更加接近一个人、或者较多地作为人的一部分,或者较少受到外力的干扰,没有什么比意志运动更加属于一个人并且更加能够归于一个人了。因此每个人都应当特别注意,以最审慎的态度、以符合正当理性命令的方式,来运用其才能和力量;这样一来,他自己至少会有一项稳定而持续的决心,去做有助于实现其目标和义务的事情。最后就是每个人都应当由此被拿来衡量的标准,以及衡量其内在价值和正直性的标准了。阿里安在《爱比克泰德》第一卷第一章中说:

"接下来如何呢？我们必须尽最大努力做好力所能及的事情,并将其他事情作为自然所赋予的而予以接受。"

❖❖❖❖❖❖❖❖

8. 至于我们身外的其他事物,人们会竭力让它们不处于其控制范围之外,并朝着一个对其适当的目标前进,如果其费力追求的事情是值得的话。他不会抱着无谓的希望、付出徒劳的努力去苦苦追求其力所不能及的事情,他认为竭尽全力去追求一项明知仅仅通过眼下可正当期待的手段无法确保实现的目标是愚蠢的,除非至少能够肯定,这一目标所可能实现的希望,比起他付出自己的劳动所能够同时产生的任何后果都要更有价值。他可以实施任何神圣力量之外的行为,可以坚定决心,在无可奈何之中尽可能地接受它们;他不会让自己受到业已发生的或者非因其过失而发生的不幸的困扰;因此他会提前避免大部分的促使人作出错误行为或者经常由悲伤、愤怒、恐惧所引发的徒劳的希望所带来的损害。阿里安在《爱比克泰德》第二卷第七章中说:"还有什么比在神看来是善的更好的呢?"利巴尼乌斯在《演说词》第二十一章[第十节第535页C]中说:"一个善的和有价值的人是由其意图和道德目标来判断的;即便最后的结果与其所采取的手段并不一致,他仍然是一个有价值的人。"

从上述内容中可以得出这一结论,即对一个仅受理性之光指引的人而言,其在这个世界上不应当将任何非源于自身能力的审慎指引以及非源于我们所知的神在统治这个世界中的神圣力量所给予我们的帮助之幸福,塑造并确立为自己的目标。但是对上述主张的另一项考虑是,正如在人类预见准确性存在概率的情况下没有什么东西可以杜绝偶然性一样,故而如果我们已经竭尽所能,那么我们就不必为一件若非碰巧就无法预见的、且我们无法控制其走向的事情负责。正如所有的聪明人都应当将普利纳斯在《论策略》第三卷[第九章第17节]中给出的伊菲克拉特斯的话,即"一个将军是不会说'我不这样认为的'"记在心里一样;诗人还曾说:"我祈祷,让以成败论英雄的人失败而归吧。"[奥维德,《情书》第二卷第85页。]然而据说这一观点在伊斯兰教徒中占主流,因此他们认为成功就是正当理由的一个确凿证据和上天的一种支持,由此这一事由就得到了批准。然而这一立场被其他民族正确地归为无知者的愚蠢主张之一。因为正如玉外纳在《讽刺诗集》第十三章[第104—105节]中所言:"很多人犯了同一罪行其结果却大相径庭。窃钩者诛,窃国者诸侯。"

241 　进一步的结论自然就是:正如一个聪明人不会只顾眼前而是会有远见①,全力坚持业已正确达成的意见,并且不让自己为恐惧或者及时行乐的诱惑所动摇一样,一个傻瓜的特点,就是去与主流对抗而不是去让自己适应世界,因为他们不愿意让自己去适应它。马提雅尔[《演出》(De Spectaculis)第三十一章第1节]说过:"好汉不吃眼前亏。"

　　最后,就那些人类无法预知的即将到来的事件而言,其不处于人类可以掌握的能力范围之内,尽管其最后的结果通常比预料的要好——斐奥多鲁斯②在其所著书[第310—311节]中称其为"即将发生的捉摸不定的事情"——既不应对现状过于自信也不应对未来过度焦虑和担心。而基于同样的理由,成功就目中无人、失败则丧失信心的情况也是应当谨慎地避免的。

　　通过博学者数不胜数的论述,是很容易阐释这一主张的。可以说,只要从中信手拈来一些就足够了。阿里安在《爱比克泰德》第二卷第一章中说:"相信所有处于意志控制范围之外的事物,当心所有建立在意志之上的事物。"普鲁塔克在《论迷信》(On Superstition)[第八章第169页C]中说:"神是善的希望,而不是懦弱的托词。"③玉外纳在《讽刺诗集》第十章[第365节]中说:"神力所在之处不会缺乏神性。"④贺拉斯在《歌集》第三卷第四首诗[第65节]中说:"匹夫之勇难以持久。深入人心的力量,甚至神都会让其更强大。"卢克莱修在其所著书第三卷[第1000页及以下]中说:"为了寻求一种仅仅是名义上的且从未被赋予的力量,并为此忍受最难以忍受的煎熬,就好像是在朝山顶扔石头一样,其最终会从山顶滚回来,并径直掉到水平线以下。"贺拉斯在《歌集》第二卷第三首诗[第1节]中说:"记住,当人生道路崎岖不顺的时候,要保持一个坦然的⑤心态,而同样地,在成功的时候要避免得意忘形。"上引书第二卷第十首诗⑥[第21节]:"让你自己在压力面前表现得勇敢坚决!但哪怕在和风细雨的岩礁中你也要小心行驶。"上引书第三卷第二十九首诗[第41页及以下]:"过一天算一天的人可以自作主张并开心地说:'我已经活过了今天;明天就让上帝令天空乌云密布或者艳阳高照吧!'"上引书《讽刺诗集》第二卷第七首诗[第83页及以下]:

---

①　特伦斯,《两兄弟》,第386—388节,略有改动。——英译者注
②　Thryphiodoro应为Tryphiodoro。——英译者注
③　θειλίας应为δειλίας。——英译者注
④　引注有误。这一行的原意为:"如果我们只有聪明才智的话,尔等就不会有神性或者命运。"——英译者注
⑤　Aequum应为Aequam。——英译者注
⑥　Odyss应为Od。——英译者注

第四章　人在陶冶情操以及照顾自己身体和生命中对自己的义务　　261

> 那么谁是自由的呢？只有聪明的人，他是一个对自己很严厉的主人，他不受贫困、死亡或拘束的阻吓，他有勇气反复对欲望说"不"，有勇气蔑视野心所追求的目标，他本身是完整的、平和的和圆滑的，在他身上外在事物找不到落脚点。

玉外纳在《讽刺诗集》第十三章［第20页及以下］中说："然而我们相信那些在日常生活中已经学会耐心忍受生活中不便，而不去摆脱该束缚的人也是幸福的。"上引书《讽刺诗集》第十章［第347页］："若你接受建议，你会允许诸神来决定什么是对我们适宜的以及什么是适合我们条件的。因为神会给予我们一切最合适的东西而非取悦于人的东西。人对它们比对自己还亲。"

242

～～～～～～～

9. 教育最重要的内容在于让一个人学会如何在特别刺激人类欲望的事物上设立某种正确的价值。因为这会决定一个人应当在多大程度上关注每一项这样的事物。这其中被认为是最伟大的，更适合以一种特殊的方式吸引着更为高尚的人的事物，就是价值上的崇高以及产生荣誉和光彩的卓越了。对此思维应当被塑造成如此这样，以至于其用尽方法来努力获得一种纯粹的①尊重，或者一个好人的声望；且作为一项规则，这一结果出自对自然法及其义务的遵守，而对其的忽视将给我们带来诸多不良后果。而若我们的声望被无耻之徒的诽谤和谎言所抨击的话，我们应当注意恢复其原有的荣耀。但是当击退关于我们的诽谤和错误观点超出我们能力范围的时候，我们良知的正直将成为我们的慰藉，而我们清白无辜的事实神早已看在眼里。还可参见安东尼·勒格朗，《笛卡尔哲学原理》，第八部分第十条第420页。

诸如荣誉和光彩之类的强烈好评，就其源于有价值的行为而言，应当通过与理性相一致的、着眼于人类社会利益的方式来寻求，其也为这些方式的履行提供了途径。但无论有多么有价值的理由，我们都应当注意让思想不沾染骄傲自大的情绪。普林尼在《颂词》［第七十一章第4节］中说："已经达到顶峰位置的人只有一种方式可以进一步上升，那就是他出于对自身伟大的充分自信，自愿将位置让给别人。"而使自己依附于某种空洞之物且形不成任何体现自身价值的稳固依据的想法，则被视为最为愚蠢的事情之一。因此，

---

① 关于这一术语的解释，参见第八卷第四章第2节。——英译者注

举个例子说,卢西恩在《德谟纳克斯》(*Demonax*)[第四十一章]中告诉我们,当德谟纳克斯有一次看见一个人在吹嘘自己穿的紫色织物是如何厚的时候,他把脑袋凑近此人的耳旁并指着该衣物说:"听着,一只羊在你之前也穿过这个,不过它终究还是一只羊"。而当我们没有机会体现自身价值,且我们没有能力提供这种机会的时候,我们不应烦恼,因为我们没有理由为此而受到责备。贺拉斯在《歌集》第三卷第二首诗[第 18 页及以下]中说:"真正的价值,不会在不光彩的打击之下被埋没,它总会发光,它也不会在反复无常的愚民的要求之下被实施或者搁置。"克劳迪安在《瑟奥多公国执政官曼利厄斯赦令赞》(*Panegyrius Dictus Manlio Theodoro Consuli*)[第 1 页及以下]中说:

  美德就是其自身的回报;其以自身耀眼的光芒嘲笑着命运;其荣耀无以复加且其不从愚民的赞誉中寻求光荣。外在的财富无法激起其欲望,其不要求任何赞赏而为其自身所拥有的财富感到自豪,其居高临下地俯视着这个世界而不为一切意外所动。

  另一方面,由于缺乏内在基本因素而破坏荣耀的外在形象,显然是愚蠢和邪恶的,而拼命想通过罪恶的计划和违背理性的行为来确保荣誉和地位,或者意欲胜过他人以便侵害其利益并令其成为肆意妄为的对象,也显然是疯狂和可憎的。且由于随心所欲地掌控①自身命运并非总是在我们能力范围之内,就其依赖于外在原因而言,一个人应当这样来设置其思想,即当其已经做了力所能及之事的时候,其可以接受降临到其头上的运气,并可以毫不苦恼地看待其无力掌握之事,就好像它们与其无关一样。参见瓦勒留·马克西姆斯所著书第七卷第二章第 1 节末尾。塞涅卡在《阿伽门农》(*Agamemnon*)[第 102 页及以下]中说:

  最平庸的事物在命运中活得最久。
  知足常乐者
  在安全中寻求一个最可能实现的目标;
  害怕离开安全的海岸,
  他小心翼翼地划着桨,
  满足于下层社会的安全。

---

① frabricari 应为 fabricari。——英译者注

同一作者在《发疯的赫拉克勒斯》(*Hercules Oetaeus*)[第 691 页及以下]中说：

> 由此伟大的命运就与
> 强大的厄运联合在一起。
> 那么让其他人成为幸运儿
> 成为被称颂的伟人吧；我希望自己不享有
> 大众的声望。我的小船
> 破烂不堪亟待靠岸。
> 别让强劲的风迫使我的木船
> 飘到海上去；因为命运会饶过
> 安全靠港的小船，而去追索大船
> 它们骄傲地航行在海中，
> 上桅帆直冲云霄。

还可参见同一作者的《俄狄浦斯》第 882 行及以下。

❖❖❖❖❖❖❖❖

10. 一个人为了生存就对外在事物有所需求，保障其对这些事物的获取通常也属于其他人的义务范围。因此，只要与个人的力量、机遇和诚实相一致，致力于获取这些事物是合理的。维吉尔在《农事诗》第一卷[第 186 节]中所提到的为其长者提供所需的蚂蚁，也被《圣经》称赞为纯洁行业的表现之一。参见《箴言》第六章第 6 节。欧里庇德斯在《伊莱卡》(*Electra*)[第 80—81 节]中说：

> 无所事事者——尽管其嘴上夸夸其谈上帝
> ——是不能不劳而获的。

但由于我们的需要不是无限的而是极为合理的，故而对这些事物的欲望应当被限定在合乎自然的标准和节俭之上。参见《箴言》第十三章第 7 节。第欧根尼·拉尔修所著书第二卷[第 25 节]告诉我们，当苏格拉底以前看见很多待售商品的时候，他常会自言自语道，"这里有多少我不需要的东西啊！"玉外纳在《讽刺诗集》第五章第 6 节中说："没有什么比合乎自然的欲望更容易满足的了。"同一作者在《讽刺诗集》第十四章［第 316 页及以下］中说："但若任何人来问我收入中的多大比例足以满足这些欲望的话,我会告诉你,其正好与干渴、饥饿和寒冷所要求的满足一样多。"阿普琉斯在《辩护词》(*Apologia*)［第 19 节］中说：

> 我在与赞同一件衣服同样的原则之上赞同财富,赞同是基于衣服合身而不是基于衣服的长度惊人。［……］的确,在所有生活必需品之中,任何超出适度范围的都是多余的,与其说对我们有用倒不如说是我们的一种负担。因此,不适度的财富,就好比一个巨大而比例失衡的船舵一样,更容易让船沉没而不是引导船前进,因为在这种情况下人们背上了一个无用的包袱,一个有害的多余之物。

卢肯在其所著书第四卷［第 381 节］中说："人应当学会懂得,我们用以延续生命的力量是多么渺小,而自然所要求的力量是多么强大。人只要有清水和面包就足够生存了。"卢克莱修在其所著书第五卷［第 1117 节］中说："但若一个人通过真正的理性观点来掌控自己生活的话,那么平心静气地过着简朴的生活乃是一个人的巨大财富。"克劳迪安在《驳鲁弗留斯》(*Against Rufinus*)第一卷［第 215—216 节］中说："简朴的生活是最佳的。自然已经将幸福的机会给予了所有人,就看各人如何运用这一机会了。"贺拉斯在《歌集》第三卷第十四首诗［第 39 页及以下］中说：

> 通过节欲我增加了匮乏的收入,这比起我像阿利亚特王朝继续其米哥多尼亚计划一样穷奢极欲要好。要得越多,缺的就越多;祝福那些神通过其仁慈的手给予其刚好足够东西的人吧!

同一作者在《使徒书》第一卷第十封信［第 32 节］中说："朋友'你在低人一等的屋檐之下可以过着比王侯幸福得多的生活。'"该作者在《使徒书》第一卷第十二封信［第 4 节］中说："物尽其用者非贫也。"昆体良在《雄辩》第十三章中说："无欲则富足。"特普琉斯在普里西安的［《论特伦斯戏剧之韵律》(*De Metris Terentii*),第 16 节］中说："毫无疑问,知足者常乐。"因此控制我们占有欲的那根弦不能放得太松;我们更不应该以卑劣的手段去急于寻求财富并伤害他人。贺拉斯在《讽刺诗集》第一卷第一首诗［第 92 页及以下］中说："我的回答总而言之就是,让我们在某处停止攫取钱财。让你对贫困的恐惧随着财富的增加而减少;当你已获得自己所欲求之物的时候停止你的辛劳工作。"尤门尼斯[因切尔蒂①]在《颂词》(Panegyric)[第十五章]中说:"没有任何命运的恩赐能够满足那些欲望不受理性限制的人,因此幸福与他们擦身而过却没有带给他们欢乐,尽管一度满怀希望,但却缺乏慰藉,他们失去了现在并期待着未来。"还可参见沙朗,《论智慧》第一卷第二十一章。

再者,我们已经获取之物不应在任何程度上被视为不过是有助于满足我们的需要并且意味着从他人处强取豪夺的东西。思想决不应当被视为仅仅与单纯的占有和照管财产有关系或者满足于此,并且对积累财富有着无限度的关心。玉外纳在《讽刺诗集》第十四章[第 136—137 节]中说:"平时节衣缩食,死后留下大量财富,显然是愚蠢的。"斯塔提乌斯在《诗林》(Silvae)第二卷[第二章第 150—153 节]中对聪明人作出了绝佳的称赞:"你的财富并未淤积在一个吝啬的箱子中;你的心灵并未因丧失贪婪所得而受到折磨。你的富足是正大光明的,你的欲望是适中的,并且懂得享受。"希波达木斯在《祝福》(De Felicitate)[片段 1,姆莱赫]中说:"光占有事物是不够的,人们还应当享用它。"还可参见忒奥克里托斯,《田园诗集》第十六章。贺拉斯在《长短句》(Epodes)第二章[第 1 节第 33—34 段]中说:"我不会像守财奴一样把财宝贮存起来或者埋到土里,也不会像某些挥金如土者那样奢侈浪费。"同一作者在《歌集》第四卷第九首诗[第 45 页]中说:"多占者无法被正确地称为幸福的人;懂得如何利用智慧来使用天赐之物的人更应该获得这一称谓。"同一作者在《使徒书》第一卷第二首诗[第 56 节]中说:"贪婪的人永远都是乞讨者。试着为你的欲望找到一条明确的界限吧。人应适可而止。"该作者在《使徒书》第二卷第二首诗[第 190 页及以下]中说:"我应量入为出,而不必担心后人入不敷出。"还可参见格利乌斯所著书第十卷第十七章。

还必须铭记的是,自然从未停止制造满足人类所需之物。阿里安在《爱比克泰德》第三卷第二十四章中说:"没有人是孤儿,相反所有人都始终拥有一个一直关照他们的父亲。"还应指出的是,被贮存起来以备未来之用的物品容易遭受各种各样的变故;以至于保护这些物品要求付出跟取得这些物品同样大的努力。贺拉斯在《歌集》第三卷第十六首诗[第 17 节]中说:"财富增长遭人惦记。"

最后应记住的是,一旦我们死去,每一项供养我们之物就总是必定会留给一个不肖子孙。比昂在《牧歌》(Idyl)第三章②[第 7 节]中说:"我们在强

---

① 真实作者不详。——英译者注
② 第五章应为第三章。——英译者注

烈的攫取财富的欲望中,如此艰苦地劳作、把大好光阴耗费在获取与制造上面已经多久了? 难道我们都忘了自己终究要死的吗?"因此,正如当诚实地获取财富的机会被提供给人们的时候其不应被忽略一样,思想应当被训练成这样,即一旦出现意外,个人财富的损失不会导致其勇气的崩溃。贺拉斯在《歌集》第三卷第二十九首诗[第 53 页及以下]中说:"当财富女神降临之时我赞美她;但若她离我远去,我就放弃她的惠赐,用我自身的优点武装自己,追求诚实的贫困女神,尽管后者没有嫁妆。"还可参见沙朗,《论智慧》第一卷第三十九章第 11 部分第 9 节。

另一方面,关于财富的处分,思想应被培养成这样,即其将高兴地支付其有义务给付的财产,而不会超出必要与合理的限度去挥霍。贺拉斯在《使徒书》第二卷第二首诗[第 195—196 节]中说:"区别在于你是在肆意挥霍自己的财富还是不愿付出任何成本或者急于增加自己的储备。"玉外纳在《讽刺诗集》第十一章[第 37—38 节]中说:"当你的钱只够买一条白杨鱼的时候就不要想着买一条鲻鱼。① 因为在你的钱包空了而贪欲却增加了的情况下,会有什么后果等着你呢?"不愿将钱投入能够产生财富的目标,而是鲁莽地将在别处有更佳用途的钱花掉,也同样是愚蠢的;尤其是因为,前者通常与对义务的违反相伴随,而后者则为诸如债务、耻辱的贫困、抢劫、欺诈和偷盗等罪恶和坏处铺平了道路。卡图卢斯在[《诗集》(Poems)第二十六章]中说:"我的小农场不怕四面来风的打击,就怕五千两百个塞斯特斯的召唤。这可是带来恐惧和瘟疫的暴风啊!"卢肯在其所著书第一卷[第 181—182 节]中说:"因此就有了食利者,有了对利润无时无刻的贪婪,信誉沦丧,大发战争财。"奥维德在《情书》②第一卷第十五封信[第 66 节]中说:"其通过罪恶手段所浪费的财富多于其通过罪恶手段所获得的财富。"还可参见培根,《杂文集》第二十八章和第二十九章。

〰〰〰〰〰〰〰

11. 而且,避免不必要的悲伤并且尽量远离之也是符合理性的,因为其对身体有害;一个人不仅可以免于悲伤,而且可以让对象适应并迎合感觉的需要。参见沙朗,《论智慧》第二卷第六章第 1—2 部分。但是思想不应被训练得急于追求一种单纯的和物质上的感官欢愉,因为这或者让人衰弱,削减其身体和意志的力量并令其难当重任;或者让人无暇顾及更好的和更必要的

---

① multum 应为 mullum。——英译者注
② Horoid 应为 Heroid。——英译者注

事情；或者耗费掉本应用于更好用途的个人及其身体的必要储备，或者常与过错相联系而带来伤害、损失、羞耻或悔恨。因此，正如不必要的自怨自艾近乎疯子一样，对合法而无害的欢愉浅尝辄止而非沉溺其中则是合理的。但是绝不能为了欢愉而忽视或者取消义务。

∽∽∽∽∽∽∽∽

12. 最后，思想应当分外注意控制其情感，因为其中的多数不仅将完全破坏身体的力量和意志的活力，而且将打乱和扭曲智力判断并以极大的力量令其偏离义务和理性的轨道，因此可以说，冷静的情绪，乃是人们之间的审慎和正直的天然源泉。昆体良在《雄辩》第二百九十六章中说："过于情绪化则忽视法律。"

提及一些不同类型的情绪在此并非是离题的。**欢乐**就其本身而言是完全与自然相一致的。但应当注意令其不要表现得过分，或者基于诸如他人不幸之类的错误原因而表现出来，并导致懒惰、虚荣以及卑劣或者不当之事。**忧郁**，就像病毒一样消耗着思想和身体。因此，为了最大限度地发挥个人能力，其应当被废止，除非是基于人道义务而对他人的不幸或者逝世表示遗憾，或者是作为对恶性的悔恨表示的一部分。**爱**是一种符合人类本性、但是必须通过理性来控制的情感，其可以对一个有价值的对象表达，而不可以对一项被完成的恶行表达或者以罪恶的方式寻求爱情，其既不能成为延迟履行其他义务的理由，也不能蜕变成一种疾病，更不能当其与某些过去或失去的事物相关的时候对后者如此依恋以至于一旦失去之思想就不能自持。索福克勒斯在《安提戈涅》[第648节]中说："永不要让女人消磨掉你的才智。"欧里庇得斯在《希波吕托斯》[第253页及以下]中说：

> 别让心弦紧挨在一起，
> 也别让其缠在一起不分开
> 爱的红线，只是轻轻相连
> 像织物般分分合合。①

还可参见培根，《杂文集》第十章。
仇恨是一种既害人又害己的情绪。因此，在可能的情况下，其应当被压

---

① 作为对最后两个词的一种不同的翻译，普芬道夫这里加上了："或者增减"。——英译者注

制和约束,以防在其挑动之下我们对他人作出违反义务之事。即便我们所仇视的对象完全是罪有应得,为了自己,我们也不应因为这个原因而惹是生非。

嫉妒确实是一种卑劣的、且往往导致对他人的恶劣后果的情绪,而这一恶劣后果也总是让产生这一情绪的人咎由自取;因为嫉妒者会像铁被锈蚀一样被其自身的习性所毁灭。奥维德在《变形记》第二卷[第781页及以下]中说:"她不愿见到别人的成功,看到别人成功她就难过;她折磨别人也折磨自己,她自己就是自己的惩罚。"贺拉斯在《使徒书》第一卷第二首诗[第58—59节]中说:"西西里岛的暴君所发明的事物再没有比嫉妒更糟糕的了。"

希望,尽管是一种更为文雅的情绪,但也应当被如此地控制以至于思想不会为其癫狂,并且不会为了异想天开的、不确定的或者超出能力范围之内的事情而白白耗费自己,也不会变成一个亚里士多德在第欧根尼·拉尔修所著书第五卷[第18节]中所称的"白日梦"。还应注意不要让卢克莱修在其所著书第三卷[第1085页及以下]中所描述的事情降临到我们头上:"而只要我们没有得到自己所渴求的,其就显得比其他所有东西都重要;之后,当我们得偿所愿,我们就会渴求其他东西,这种贪婪的饥渴一生都在困扰着我们。"

畏惧是人类思想的敌人,是一种毫无用处的东西。因为,被认为源自畏惧的谨慎,无需畏惧的帮助就可以通过审慎以及不过分担忧或者焦虑的注意而产生。

愤怒是一种最为强烈和有害的,需要尽一切可能予以抵制的情绪;其在危险面前甚至会蒙蔽和摧毁人们所普遍认为其原本应当支持的勇气和忠诚。色诺芬在《骑术》(*Art of Horsemanship*)[第六章第13节]中说:"愤怒是一种常让人作出后悔莫及之事的莽撞之物。"斯塔提乌斯在《底比斯之歌》第十卷[第703—705节]中说:

> 不要放任自己头脑发热,
> 允许一点内在的、短暂的停留:
> 莽撞往往将我们引入歧途。

贺拉斯在《使徒书》第一卷第二首诗[第62页及以下]中说:"不会控制怒火的人眼下会想要撤销令其恼怒的事而且当时的那种感受让他匆忙行事,以满足其报复心理。愤怒是一种暂时性的癫狂。"还可参见利巴尼乌斯,《前期训练:庭审辩驳》(*Progymnasmata*:*Vituperatio Irae*)[《驳斥》(*Vitupera-*

tiones)第七章]。

与愤怒相关的是**复仇欲**,当其超出合法的以及对自己和自身财产的正当防卫的限度,以及个人针对任何违法行为所能够主张的权利的限度的时候,就显然是一种犯罪了。还可参见安东尼·勒格朗,《笛卡尔哲学原理》第八部分第十二章。

～～～～～～～

13. 在这些义务中存在着所有人都被要求实施的对于思想的培养,而为了获得那些业已存在的思想,其他人的教化就尤其值得关注。这种培养的缺乏,或者一种对其敌视的态度,是有悖于人类义务,或者是对其义务的履行构成了不小阻碍①的。因此任何缺乏这一能力的人都应当受到指摘。

还有一种特殊的思想发展,其构成了关于各种事物、艺术与科学的知识,但其对于人类义务的恰当履行并非是绝对必要的;因而个人可以根据其能力,在机遇、紧迫的缘由,以及获得这一发展的好处的指引下来寻求它。没有人会质疑艺术就其服务于人类生活之必需和好处方面是有用的。然而很多人对于学术追求有顾虑,理由是它们不仅无用而且有害,故而在很多国家,在超出读写算的知识范围之内发展这一能力是被禁止的。而且很多国家还相信这使得人不适合从事商业事务。伊拉斯谟在《使徒书》(*Epistles*)第十七卷第十二首诗中对某个博学者作出评论的时候补充了这一论断:"他对于通常事物具有受过较高教育者所普遍欠缺的那种预见能力。"每个人都熟知适用于知识分子的那些术语。一个很好的例子就是普罗科庇乌斯在《哥特战记》(*The Gothic War*)第一卷[第二章第 12 节和第 14 节]中所做的广为人知的言论:"学问与男子气概相去甚远,老人的说教很大程度上导致了一种懦弱恭顺的思想[……]。狄奥多里克[……]曾经对他们所有人说,如果被俘的恐惧一旦征服了他们,他们就永远不会找到蔑视剑和矛的方法。"柏拉图在《理想国》第七卷[第 536 页 E]中的主张也是相差不大的:"一个自由人应当在获得知识方面也是自由的。"塞涅卡在《希波吕托斯》[第 459—460 节]中说:

> 我们与生俱来的能力是更为丰硕的果实
> 为赞扬和荣耀所承载,如果自由,

---

① remore 应为 remorae。

不受限制和无止境地,滋养高贵的灵魂的话。

柏拉图在《论修辞》[第484页D]中这样评论哲学家们:"当他们让自己致力于政治或者商业的时候,他们是可笑的。"阿里安在《爱比克泰德》第一卷十一章[第39节]中称一名学者为"一个受嘲弄的生物"。还可参见米歇尔·蒙田所著书第一卷第二十四章;沙朗,《论智慧》第一卷第三十九章直到文末;第三卷第十四章第19部分及以下。

如果我们要对此事有一个清楚的认识,并由此了解落在字面上的恰当价值的话,若我们首先毫不质疑地确认单纯的对于字面的认识不足以确保预见性和智识,而一种与生俱来的天赋是一项绝对的需要;而且若缺乏这一天赋你就无法仅通过书面文字来确保获得智识,就像你无法在贫瘠的沙土上获得丰收一样,那么结果就会大不相同。读书很多是一回事,理解它并变得审慎又是另一回事。一位古代诗人曾说:"若不求甚解,学习又有何用"[米南德,《座右铭》第557节]。昆体良在《辩学通论》第六卷第六章第32节[第六卷第五章第11节]中断言:"可以肯定的是,只判断不学习要比只学习不判断更好。"因此,一个生来愚钝的人没有在书面文字的帮助之下变成一个审慎和聪明的人这一事实,丝毫无损于正当学习的价值,就好像药物不能让人起死回生丝毫无损于其药效一样。"给他其所应得的。"[《马太福音》第二十五章第29节。]"文化提高了先天的能力"[贺拉斯,《歌集》第四卷第四章第33节],但是当不存在先天能力的时候这也就没什么用了。

已被进一步指出的是,通过对书面文字的掌握,天生愚钝者不会变得比天生邪恶和不虔诚者不那么地不可救药和令人讨厌,而是更甚于后者,因为从某种程度上讲,文字给予蠢人维护其罪恶和不虔敬的武器并令其公开使用之。霍布斯在《利维坦》第四章中指出:"作为一项规则,没有文字,人类既不会变得特别聪明也不会(除非个人的思想偶然被疾病或者病变组织损坏了)变得特别愚蠢。"还可参见培根,《杂文集》第四十八章。

且由此,并非所有在书面标题之下出现的事物都具有同样的性质并且不应被视为具有同样的价值。我们将有的学识称为**有用的**,将有的称为**精妙的和古怪的**,最后还将有的称为**无用的**。有用的学识可以被分为三种类型:道德科学、医药科学以及数学。因为真实而正当的神学是建立在其自身价值之上的,除非人们选择将其置于第一种类型。道德科学与思想的培养和社会生活的进步有关;医药科学与身体健康有关,具有显著作用的数学则与各种对人类生活具有极大好处的艺术有关。通过精妙的和古怪的学识,我们认识到了学习那些确实并不是很重要的、并非一旦缺乏人类生活就将不那么具有社会性或者便利性的,而是值得一个自由人学习的知识的用处,因为其或者引导我们深入研究大自然的杰作,或者见证人类思维的非凡与独创,或者保存关于人类及其行为和成就的记忆。对于这一种类型的知识我们可以通过数种语言、对大自然杰作的细致探寻、高等数学、所有领域内的历史和批评来熟悉之,只要其将诸如诗歌、修辞之类的人类思维的最佳作品保存得完好无损。这些研究本身绝对是卓著的和值得称道的,并作为人类发展的佐料和装饰起作用,基于这一标准其应当被允许享有应有的培养和价值。

通过无用的学识这一说法,我们所指的不仅是与虚假和错误的事情有关的认识,而且是与信口开河者或者百无一用者的观点相伴随的、由此扰乱思想并阻止其达致对事物的本质认识的麻烦本身。不仅古代哲人的很多完全与事物性质背道而驰的观点应当被归于这一种类型,而且在刚刚过去的黑暗世纪中,学院里面所充斥的,以及至今仍被很多对更好事物一无所知的人所强烈维护的多数内容,也应当被归于这一种类型,这或者是由于他们耻于推翻自己费尽心力所学到的东西,或者是由于让活跃的思想忙于思考各种琐事符合教皇专制的利益。参见霍布斯,《利维坦》第四十六—四十七章。普鲁塔克在《亚历山大》(Alexander)[第七章第5节]中如是评论亚里士多德的玄学:"事实上他关于玄学的论文对于讲授或者学习科学的人是没有用处的。"马提雅尔在其所著书第二卷第八十六首诗[第9—10节]中说:"让消遣变得困难是荒谬的;而在愚蠢的事情上耗费力气则是幼稚的。"一个人越是熟悉正当的学识,就越是蔑视这些无用的学识。最后,迂腐的学问和头脑不清的伪博学者的罪恶是不应被列入书面文字的范围的。参见沙朗,《论智慧》第三卷第十四章第21部分及以下。因此对于在哲学家乌诺斯的学院中取得任何智力和审慎方面的进步的人而言,正如阿伽提亚斯在其所著书第二卷[第29节]中说:

> 当他们举行会议的时候每个人都大谈自己乐于见到崇高的主题和神圣的推断,尽管他们永远对这些问题争论不休,他们绝不会被别人说服,也绝不会放弃心中业已存在的任何观念,不论其内容如何。然而这些人总是固执己见,到辩论的最后阶段他们非常恼火,并公然用赌徒的下贱语言辱骂对方。因此当论争结束的时候,把他们隔离开来是非常困难的;他们既没有付出也没有得到任何好处,并从朋友变成了最为仇深似海的敌人。

以下极尽挖苦的描述则击中了那位院长[前引书第30节]的要害:"作

为'一个一无所知者中的一无所知者'①,他仅在厚颜无耻和喋喋不休方面超过了其他人[……]。"一种类似的说法在卢西恩的《二次控诉》(Bis Accusatus)得到了描述,其言语堪与卡戎相比。

但是谁会怀疑说,一个被赋予了善的智识的人在立足于确定的学识之后,会比仅靠其天生能力的人在行事中取得更为迅速的进展?普鲁塔克在《论儿童教育》(On Education of Children)[第十章第8页A]中说:"只说不做的人是没有用处的;只会做事而完全不懂哲学的人是粗俗的,并会干出很多荒谬的勾当。"一位古代诗人曾说:"人必须获得学识并在此之后运用判断力。"[菲洛尼底斯在斯托比亚斯《诗集选》第三卷第三十五章第6节a,以及在米南德《座右铭》第96节中的话。]萨勒斯特在《尤古尔塔》(序言)[第二章]中说:"由此,我们不得不惊诧于那些让人类本性中比起其他任何部分都要美好和伟大的思想因为疏忽和不作为而变得愚钝的人的不可理喻。"艾立安在《史林杂俎》第七卷第十五章中说:"当米提勒涅的人控制了海洋之后,他们通过禁止为后代教授文学和音乐的方式来惩罚背叛他们的盟友,并视在对人文艺术的无知中生活为所有惩罚之中最严厉的。"还可参见西塞罗,《论义务》第一卷[第六章],其中他谈及了追求真理的热情问题。

但是那些从事书面文字研究的人应当注意,第一点,要将这一研究与其生活中的某些用途、及其思想的培养和提高联系起来,而不要让其成为一项白费时间的徒劳工作。正如第欧根尼·拉尔修在其所著书第二卷[第80节]中所描述的,当阿瑞斯提普斯被问到出生良好的年轻人应当学习什么的时候,他回答道,"当他们长大成人时发现有用的东西"。而一个在思想中具有如此好的想法却并未比普通人向社会提供更多服务的人是可耻的。巴库维在格利乌斯所著书第五十三卷第八章[第十三卷第八章]中说:"我痛恨具备哲学修养但却懒于行动的人。"伊索克拉底在《海伦赞》(Praise of Helen)[第4页]中说:

> 学者视其义务为"将其追随者带入一种实践政治的知识中,让他们经历这些事情并得到锻炼,牢记这一点,即对有用东西的一项正确的主张比起对无用事物的准确认识要好得多,优先从事具有重要性的事情比起去做对于生活没有现实好处的小事情要好得多"。

卢西恩在《飨宴》(Convivium)[第三十四章]中说:"若不同时改善生活

---

① 见于柏拉图,《论修辞》第506页A之后。——英译者注

方式,了解人文艺术是没有用处的。"在埃及人中曾经有一座图书馆被称为"灵魂诊所",见狄奥多·苏格罗斯所著书第一卷第四十九章。那些被阿里安在《爱比克泰德》第四卷第五章中所描写的人们属于没有教养的人:"在讲堂上是狮子,在外面则是狐狸。"

那些人应当关注的第二点是,其所有的学识并非都仅仅建立在权威和一种聆听习惯,以及对未知术语的模仿的基础上,而是建立在深入探究事物牢固根基的基础之上的。就让这里不再有对于尚未获得明确证明的问题的固执己见,让人们的先前立场在更好和更多的确定事实被呈现出来之时乐于进行转变吧,因为他人的智识超越我们、并且先前的情况在一天之内就发生改变是很有可能的事。这确实是一项高贵思想的明证。索福克勒斯在《安提戈涅》[第710页]中说:

> 最聪明的人会让自己在其他人的智慧之下
> 被说服并很快放轻松。

普林尼在《自然史》第三卷序言中说:"一个不过是凡夫俗子的人不能洞悉一切是不足为怪的。"上引书第十一卷第三章[第6节]:"就我而言,每当我考虑这一问题的时候,我总是相信对自然来说没有什么是不可能的。"因此我们就有了第欧根尼·拉尔修在其所著书第十卷[第87节]中的评论:"问题不在于为自然的解释设定**一项先验的规则**;唯一引导我们的是表象本身。"西塞罗在《论神性》第一卷[第五章]中说:"教师的权威往往对那些想要学习的人是不利的。因为他们拒绝运用其自身的判断力,并毫无保留地依赖于教师的选择。"

昆体良在《辩学通论》第三卷第一章[第6节]中说:"他们的追随者赞同任何他们选择的道路,你要改变被灌输①到年轻人头脑中的先入为主的观念是不容易的,因为每个人都宁愿墨守成规而不愿学习新的东西。"同上书,第七卷第十一章[第十二卷第十一章第6节]:"没有人会喜欢那种令曾经伟大的自己变得衰落的艺术。"贺拉斯在《使徒书》第二卷第一首诗[第83页及以下]中说:"他们或者认为除了取悦于他们自己的事物之外没有正当的事物,或者认为被年轻人领导并在年老的时候承认年轻时所学的东西是不值一提的玩意儿是可耻的。"但可以肯定,正如柏拉图在《理想国》第五卷[第480页A]中所说的:"人不应为真相而恼怒。"[昆体良,《辩学通论》第三卷第六章

---

① juculcatas 应为 inculcatas。——英译者注

第65节]:"如果我们不能自由地发现一些比以前更好的东西的话,更长时间的研究也是多此一举。"

那些人最后需要关注的是,不应如此沉浸于书中以至于疏忽了其他义务并变得与社会生活的精神格格不入。卢西恩在《飨宴》[第三十四章]中说:"教育使人们远离正确的思考,因为他们除了书和自己的观点之外对其他任何事情都总是漠不关心。"迂腐的思想不是一种局限于学术追求或者任何宗教派别的罪恶,而是渗透到了每个种族、职业和位置的人群之中。

14. 即便最为崇高和辛苦的锻炼是与思想有关的,然而对身体的关注也不应由此而被忽略,因其是思想的支撑,如果身体状况紊乱,思想也难有所成。因此,我们应当尽一切努力让一个健康的思想存在于一个健康的体魄中,并将后者锻炼得能够承受困难而不会被花天酒地和悠闲的生活所摧垮。参见狄奥多·苏格罗斯所著书第一卷第四十五章。卢西恩在《拉帕苏祝辞》(*De Lapsuinter Salutandum*)①[第十一章]中说,皮洛士在其日常献祭中除了身体健康之外对神别无他求,因为这就包含了所有的善。还应当注意的是,身体的精力不应为无节制的饮食、不合理与不必要的劳作或者任何其他方式而损害。基于这一理由,暴食、酗酒、纵欲等类似情况都应当避免。玉外纳在《讽刺诗集》第十一章第34行中说:"你应适可而止。"②还可参见在色诺芬的《追忆苏格拉底》第一卷[第三章]中苏格拉底反对生活无节制的论述。在普鲁塔克的《保持健康之建议》(*Advice about Keeping Well*)[第二十四章第135页E]中,德谟克利特指出:"若身体能够将灵魂传召到法庭提起一项不公正待遇之诉,则灵魂将败诉。"尽管可以回应说思想关于身体维持和感官愉悦以及其他与照顾身体有关的错误是出自这一事实,即思想未经理性之警告就折服于肉体欲望和情绪,而绝非其本身将事情弄糟的。狄奥弗拉斯图在普鲁塔克前引书中所说的话是再著名不过了:"灵魂对作为其宿主的身体仅支付了微薄的房租。"还可参见培根,《杂文集》第三十章。

15. 我们的生命是由造物主赋予我们来做一场角逐的,我们的力量应

---

① 通常被称为《致拉帕苏的欢迎辞》(*Pro lapsu in Salutando*)。——英译者注
② 现代的版本写成:"让个人决定自己的标准……"脸颊这个词在上句中被删去了。——英译者注

当在理性的命令之下被展示①,因此其必定不能够在人的传承之下、而应当在善行之下被衡量。因此,每个人必须注意不要成为一个"地球上的累赘"[荷马,《伊利亚特》第十八卷第104节],或者一个唯一的生存理由就是吃饭的人。西塞罗在《论神性》第二卷[第十六章]中说:"任何完全无所作为的事物在我看来都根本不存在。"奥维德在《来自蓬托斯》第一卷第六首诗[第一卷第五章第44节]中说:"我将赋闲视为死亡。"西留斯·伊塔里求斯在其所著书第三卷[第145节]中说:"默默无闻的生活跟死人有什么分别?"忒奥克里托斯在《田园诗集》第十四章[第70节]中说:"我们必须振奋精神并趁早有所作为。"还可参见格利乌斯所著书第十九卷第十章。

既然人类的行业或者在探寻何为维持生活所必须之中,或者在践履社会和市民生活义务之中大体上展示了自己多种多样的、并非千篇一律的方面,由此即可知,每个人在其一生中都应尽早选择并实施一种诚实的、有利的并适合其才能的生活方式。在多数情况下,一个人的生活方式通常是由个人天赋的冲动、某些身体和思想的特定倾向、个人出生状况、运气所赋予的好处、父母的权威、有时是国家的命令、机缘巧合或者纯粹是出于必要而设立的。伊索克拉底在《雅典最高法院》[第45节第255页]中对古代雅典人做了如下描述:

> 让所有人都去追求一个目标是不可能的,因为他们在生活中的位置是不同的;但是他们命令自己从事与自己的手段相适应的工作。那些资质相比他人较为不佳者,知晓自己手段的缺乏源于愚钝、而自己的恶习源于手段的缺乏,故而从事农业或商业;由此,通过移除那些罪恶的根源,他们被认为使自己远离了随之而来的其他侵害。另一方面,那些掌握充分手段的人不得不将其时间投入到赛马、体育锻炼、打猎和哲学之中,人们认识到这样做的结果就是有的人出类拔萃,而其他人则远离多数罪恶。

在埃及人和印度人中每个人都被要求子承父业,参见狄奥多·苏格罗斯所著书第一卷第七十四章;第七卷第四十一章。伊索克拉底在《布西里斯》(Busiris)[第20节]中为这一习俗给出了理由。秘鲁人在印加王朝时期也实行了同样的做法,只有贵族而非普通民众被允许学习文化,参见加尔西拉索·德·拉·维加,《印加王室述评》第四卷。色诺芬在《居鲁士的培养》第

---

① enserendis 应为 exserendis。——英译者注

二卷[第一章第21节]中的话适用于此:"不三心二意而专心致志于一件事情的人将在这方面成为最好的。"前引书第八卷[第二章第5节]:"一个人同时做很多事情并且要把它们全做好是不可能的。"因此,不仅是那些靠流氓无赖行为谋生的人生活在一种与正当理性相悖的状态下,那些毫无必要地从生活中的普遍义务中抽身而出的人也是如此,其中很多人是隐士和僧侣,还有一些古代哲人。那些身体健全的化缘者也是如此,他们从事一种配不上这一神圣称谓的职业,并使得神在某种意义上为他们上贡;如果他们自残肢体以便让自己在未来即便是有意振作的情况下也无能为力,他们就更是罪大恶极。值得一提的是,在中国人中,身体健全者不允许从事乞讨,就算是瞎子,也要靠推磨来养活自己。参见马丁尼斯,《中国史》第一卷第三十四章。

既然时光飞逝、生死无常,而无人能够超脱其外,人们就应当尽早把一生中最拿手的东西展示出来,而不要制订一个无所不包的行动计划。马提雅尔在《警句》(*Epigrams*)①第一卷第十六首诗[第一卷第十五章第11—12节]中说:"相信我,聪明的人不会说,'来日方长'。时不我待,只争朝夕。"西留斯·伊塔里求斯在其所著书第三卷[第141—142节]中说:"正在流逝之时光的短暂令我不敢怠慢。"贺拉斯在《使徒书》第一卷第四首诗[第12页及以下]中说:"在一个充满希望与关心、畏惧和愤怒等情绪的世界上,你要把每天都当成自己的最后一天来过:你预计之外的时光就会成为一份惊喜。"前引书第一卷第四首诗[第15节]:"生命之短暂让我们不能做长远打算。"

最后,我们还应当总是以平常心面对生命的终结,并及早坚定我们的意志以面对死亡的恐怖,由此,我们可以在造物主的指令之下,无惧无怨地将其赋予我们受用一生之物还给他。西留斯·伊塔里求斯在其所著书第九卷[第376页及以下]中说:"勇气是个空洞的称谓,除非是那种授予视死如归者的名誉。"②普林尼在《自然史》第七卷第四十章中说:"后一日是前一日的裁判;而归根到底只有最后一日才能让一切盖棺定论。"阿里安在《爱比克泰德》第一卷第一章中说:"之后有一天我会死去。那么如何死去呢?作为一个归还了身外之物的正直的人死去。"还可参见马可斯·安东尼斯(奥勒留)所著书第十二卷最后一节[第36节],以及培根,《杂文集》第二章。

〰〰〰〰〰〰〰

16. 如今每个人都知道个人是如何珍爱自己的生命,以及生命的维持

---

① Epist 应为 Epigr。——英译者注
② 普芬道夫所引用的文本被严重篡改,但可能并未损及其大意。——英译者注

是如何地依赖于其心灵。但是,那种人与动物所共有的自然本能是否迫使其这样做,或者是否事实上存在着额外的自然法上的指令,对此是存在某种疑问的。因为既然人除了自愿之外没有义务做任何事,那么该项仅在我自己这里停止实施的法律究竟有何功效,以及我遵守这一随时可以规避的、而对其违反不会对任何人造成伤害的法律的必要性,就变得不清楚了。再者,在这样一件事情上通过一项法律似乎是多余的,因为即便没有它,通过自爱的极度关怀,个人也不得不去关心和保护自己,而这可不是他想改变就能够轻易改变的。塞涅卡在《论利益》第四卷第十七章中说:"迫使我们去做我们本来就要做的事情是多此一举的,正如没有人需要被催促着去爱自己一样,因为其一出生自爱的本能就作用于他。"而且,如果一个人生来就是为了自己的话,则我们承认让他完全自主地决定自己的事务是恰当的。但是既然所有聪明的人都同意至善至伟的造物主创造人类是为其服务并通过提高其惠赐而令其荣耀发扬光大的,且既然除非每个人都最大限度地提高并维持其能力否则人类得以被创造的社会关系就不能实现并维持善的好处——因为若个人的安危无关紧要则全体人类社会的安全就没有意义——则显然,当个人忽视了对其自身的关心的时候,他实际上不是对自己,而是对神、对其造物主、对整个人类造成了伤害。不过还可以比较安东尼斯·马特乌斯,《犯罪学》(引论)第三章第4节。

然而,此项论证不能进而得出这样的一项结论,即自然法不要求个人保护自己的生命,因为本能已经在这一方向上作出了强烈的指引;相反,本能可以说是作为对理性命令的一项帮助而出现的,就好像后者本身无法构成足以维持人类社会的支撑似的。可以肯定的是,如果考虑到伴随着人生而来的、在程度上远超过与之匹配的乐趣所带来的、仅仅略微引人高兴甚至令人厌恶的短暂和微小的欢愉的苦难;以及考虑到多少人的生命延长只是为了面对更多的不幸的话;若非其本能如此强烈地作出要求,或者若非认为与死亡相伴随的是深重苦难,那么谁不会一有机会就自行了断呢?或者,若非万能的造物主的命令所阻止,谁不能够克服该项本能呢?昆体良在《雄辩》第四章中的话显然是切中肯綮的:

> 噢,肉体凡胎能够用何种满足将灵魂维系这么多年呢,或者,如果自然允许的话,其如何会在最大的不开心中被无止境地束缚在身体之内呢?如果你仔细考量我们所有的快乐、所有的愉悦以及全宇宙中任何我们喜闻乐见或者服务于我们需要的事物的话,你就会发现整个人生不过是日复一日而已。对这一永恒的重复乐此不疲者必定是糊涂和可怜之

极的;故而已经通过交流知晓了人文艺术、祈祷的目的以及幸福的真正构成的人,永远不会担心自己会死得过早,对于那些将领悟的原因归于灵魂和思想的人而言,每天的生活不过是一种多余。你现在想要我再讲一遍在这短暂人生中我们还应当避免多少事情;从而消除对应于我们的欢乐和成功的畏惧和不幸吗?让我们还是权衡一下那些我们在祈祷中烦扰神,并为此抱怨人生短暂的事情吧。它们除了虚荣、欲望、奢侈和贪欲还有什么?难道我们不为这些带来弱点、悲痛和痼疾的东西感到羞耻吗?难道我们即便是能够摆脱也要宁愿选择这些东西吗?

而在略微靠前的[第三章]中:"自然保护人类最有效的工具就是我们自己的求生欲望,及其沉着耐心地对我们承受这样一堆不幸所给予的帮助。"苏格拉底在色诺芬的《追忆苏格拉底》第一卷[第四章第 7 节]中说,"神将这种繁衍后代的情绪根植于我们,这种情绪在母亲那里就是要抚育幼孩,在生物自己那里就是生来就具有强烈的求生欲望和畏死心理,这可谓是能工巧匠之巧夺天工之作"。

现在来说说使得每个人的生命不受他人侵害的因素中的最后一条。若非死亡是如此痛苦,那么杀人就会是多么轻而易举啊!因此,不要命的人就是他人的主宰,而别人的安全就是对自己的保护。还可参见沙朗,《论智慧》第二卷第十一章第 8 部分。

※※※※※※※

17. 至于个人究竟是否对自己的生命具有任何权力,如果是的话这种权力达到何种程度;个人是否能够有意将自己暴露于真实的危险面前,或者一点点地磨损掉其生命,或者最后以某种激烈的方式终止它,则是一个值得更为深入探究的问题。可以肯定的是,很多古人曾经允许个人如此自由地享有这一权利以至于他们相信,个人可以用自己的性命为他人担保,也可以在不具有任何救人性命之目标的情况下出于自身利益牺牲自己的性命;而且,在厌世的时候,甚至可以在自然的或者注定的死期来临之前自行了断。在普林尼的《自然史》第二卷第七章①中,自杀的能力被称为"生命中如此严重的惩罚里面之万幸"。然而如果个人胆敢对神最伟大的恩赐如此看低的话,那么其绝不能被免除不虔敬的指控。我们的任务是探究什么做法才是看起来

---

① b.应为 c.。——英译者注

最符合自然法原则的。

首先,毫无疑问的是,由于个人能够并应当在为他人服务的过程中运用其能力,且由于某些种类的任务或者其所追求目标所要求的审慎性可能会如此深刻地影响个人的力量,以至于衰老和死亡都比在悠闲生活的情况下来得快,那么个人完全可以恰当地选择一个略微短暂的寿命以便更大限度地利用其能力为他人服务。既然我们活着不单纯是为了自己,还是为了神和社会,那么可以肯定,如果神的荣耀或者社会的安全要求我们付出生命,我们应当乐于为此付出生命。斯塔提乌斯在《底比斯之歌》第十卷[第615节]中说:

其死重于泰山者将获得三倍的幸福,
并在如此巨大的一项奖赏中停止呼吸。

贺拉斯在《歌集》第三卷第二首诗[第13节]中说:"为国捐躯是甜蜜和光荣的。而死神既不会放过开小差者,也不会放过懦弱少年的肢体和胆怯背影。"伟大的庞培的话也具有同样的意思,当罗马发生饥荒、主管谷物供应的官员和其朋友正想尽一切办法劝说他不要冒着一场暴风雪出发的时候,他回答道:"我需要的是出发,而不是苟活。"[普鲁塔克,《庞培》(Pompey)第1节。]阿基里斯在荷马的《伊利亚特》第九卷中,宁愿选择光荣而短暂的一生而不愿选择默默无闻的一生,不愿苟安于家而终老。

~~~~~~~~~~

18. 其次,既然可以肯定,若非有人为了维护他人利益将自己暴露在可能的生命危险之下,诸多个人的生命就总是无法保护的,那么显而易见的是,在一个正直统帅的命令之下,一项不得拒绝遭遇此种危险的义务就能够被施加给个人,除非其愿意面对最严厉的惩罚。士兵的义务就建立在这样一项原则之上,这一问题在恰当的地方将详细阐述。在柏拉图的《申辩篇》[第28页D]中记载着苏格拉底的庄重格言:"无论一个人的位置在哪里,无论是他自己选择了这个岗位还是被一名指挥官安排到这个岗位,他都应当在危急时刻坚守岗位;除了羞耻之外,他不应当考虑死亡或者任何其他事情。"但是要求个人为了志同道合者而献出生命,即个人基于自愿而非这样一种特定的命令,为了帮助他人而将自己暴露在可能的生命威胁之下,似乎并不违背自然理性或者《圣经》,只要有希望证明这样一种做法有利于他们的安全并且他们是值得付出如此高昂的代价去援救的。当从中得不到好的结果、或者一个有价值的人死在某些从未产生效益的状态下的时候,去为另一个铁定要死的人垫背则是愚蠢的行为。格老秀斯在《评〈约拿书〉》(On Jonah)第一章第 12 节中说:"正如福基昂告诉狄摩西尼的,如果个人为了保全众人而献出生命是正当的话,那么这件事情比起个人承认自己是导致他人危险之原因要好多了。"

  因此,我们认为,个人用生命来保护他人、尤其是一个清白而有价值的人的安全,或者以自己作为人质来担保他人安全,即便一旦被控告者没有出现或者条约没有被遵守其就将有性命之忧,也仍然是恰当的。尽管我们之后会阐明,以这种方式让自己作为担保或者人质的人,他人不能正当地处决之。然而我们要毫不犹豫地宣称,那种常见于日本人中的、除了空洞地展示我们在前面业已提及的信心和勇气之外没有任何其他目的的牺牲类型,是违反自然法的。因为任何胡乱逞强的行为都是愚蠢的。我们的确认为,自然法绝不会规定,一个人应当将他人的生命置于自己的生命之上,尤其是在其他方面彼此平等的时候;实际上,与之截然相反的结论,即每个人都最关心自己,显然可以从人类的共识中推导出来且从未见有任何例外。参见《哥林多后书》第八章第 13—14 节;《学说汇纂》第十九卷第五章第 14 节;第三十三卷第三章第 6 节;第三十九卷第三章第 2 节第 9 段;这既未被《学说汇纂》第十三卷第六章第 5 节第 4 段所否定,也未被《学说汇纂》第二十九卷第五章第 1 节第 28 段所否定。还可参见《论正当与得体的①原则》一书的作者[维尔萨森]在第 122 页及以下所说的话。

<hr />

19. 还要讨论的一个问题是,当一个人或者为了避免巨大不幸或者为了抢先于随时可能降临的耻辱性的死亡而放弃生存之幸福的时候,其是否能够出于自愿选择而亲手加速自身的死亡。对这一问题,柏拉图在《斐多篇》(Phaedo)[第 62 页 B]中所做的甚至得到基督教学者称道的经典论述是可以适用的:"人就是一个囚徒,其无权打开牢门溜之大吉。"同样的观点在拉克坦提乌斯《神圣的制度》第三卷第十八章中得到了更为充分的阐述:

  由于我们的生命并非我们自己所赋予的;因而在另一方面,我们只有在将我们置于所寄宿的身体内的神的指示之下,才能脱离这个被安排

---

① decorip 应为 decori p。——英译者注

给我们并让我们加以维护的身体躯壳,除非他命令我们离开它。

而详尽地提及柏拉图是如何在《法律篇》第九卷[第 873 页 C]中描述被其谴责为一种可耻的野蛮行径的自杀行为是有价值的:

> 自己以暴力剥夺其被安排之寿命的自杀者,既非出于国家法律的强迫,也非出于某种降临到头上的痛苦和不可避免的苦难的刺激,更不是由于其不得不遭受无法挽回和无法忍受的羞辱,其不过是一个被懒惰和懦弱施加了一项不公正的惩罚的人。

亚里士多德在《尼各马可伦理学》第三卷第十一章中也说:"然而,以死来从贫困或者爱情或者任何痛苦之事中解脱,不是一个勇敢者的行为,而是一个懦夫的行为。因为逃避困难是女人气的做法。"塞涅卡在《腓尼基女人》[第 190—192 节]中写道:

> 逃避生命不是勇敢[……]
> 相反,应当与最艰巨的恶劣环境作斗争
> 直面困难,绝不畏惧或者退缩。

马提雅尔在《警句》①第十一卷第五十七首诗[第五十六章]中说:"在逆境中放弃生命是很容易的;真正的勇者是能够忍受悲惨生活的人。"维吉尔在《埃涅阿斯纪》第六卷[第 436 页及以下]中,为那些"畏罪自杀以及仇视光芒而在癫狂中结束生命者"在地狱里留了一个位置。普罗科庇乌斯在《哥特史》(Gothic History)第四卷[第十二章第 2 节]中说:"断然终结人的性命是没有用的,尽管在死亡面前无法控制的癫狂与不合逻辑的无畏看似勇敢,但在聪明人眼里看来这是愚蠢的。"阿米安·马赛林在其所著书第二十五卷第四章中说:"可以公正地说,在本不应该如此的时候寻死觅活、并在恰当的时机到来之前就离世者是胆小懦弱的。"还可参见亚伯拉罕·罗杰鲁斯,《犹太始祖记》(De Braminibus)第二部分第十八章;尼古拉·特里戈,《中国年鉴》(De Regno Chinae)第一卷第九章;沙朗,《论智慧》第二卷第十一章第 18 部分。

格老秀斯在其所著书第二卷第十九章第 5 节中指出,在非犹太人和犹太人中间,是禁止为自杀者举行葬礼的。还可参见约瑟夫,《犹太战争》(Jewish

---

① epist 应为 epigr。——英译者注

War)第三卷第二十五章。但是有的犹太人为禁止自杀的法律找到了一条例外,即在某个人确定自己继续存在将令神蒙羞的情况下,他可以以某种恰当的方式离开人世。因为既然他们确定我们生命的主宰不是我们而是神,他们就认为可以将宽恕先期死亡推定为神的意志。他们举出发现真正的宗教在他的人民中被嘲弄的参孙的例子,以及拔剑自刎以免自己成为对他和他的神都采取敌视态度的人的嘲弄对象、以免因自己的被捕而导致其人民被奴役的扫罗的例子。因为他们知道后者在士师的幽灵向他预言了他的死期之后就恢复了神智,尽管他明白如果参战的话等待他的是什么,但他为了自己的国家和神的律法而没有临阵退缩;因此他值得被人们、甚至被大卫永久地称道,后者对礼葬扫罗的那些人的正当行为也给予了肯定。

261 　　有的人将这一原则也适用于类似的例子,并将其观点建立在以下论断之上:既然没有人会对自己负有义务,那么自杀者也就不会对自己构成伤害。每个人都负有保护自己的自然法义务这一事实是出于这一理由,即其受命于神去建立一个人类社会,这一义务是他绝不能像一个逃兵或者掉队者一样去逃避的;因此保护自己的义务并非对自己的责任,而是对神和人类社会的责任。(亚里士多德在《尼各马可伦理学》第五卷第十五章中指出自杀不是因为对自己构成伤害而有罪,而是因为对国家构成伤害而有罪,故而该行为也就被贴上了耻辱的标签。)由此,如果除开与神和社会的联系的话,个人就似乎仅仅是在通过感官本能来约束自己了,而既然这一本能并不具有法律拘束力,那么任何与之相违背的事情都不构成犯罪。由此他们认为,那些自杀身亡者具备一项恰当的、值得怜悯而非谴责的诉求,因为他们以某种道德上绝对可靠的确定性预见到,一种痛苦而耻辱的死法将在短期内通过敌人之手加诸于他们身上,而他们命丧他人之手对公共利益绝无好处;或者因为他们发现对手正威胁以某种令人作呕的方法羞辱他们。以下就是那些预见到自己将死于一个野蛮的敌人或者一名残暴的君主之手的人的例子,他们宁愿选择提前结束生命以避免折磨和侮辱或者避免刽子手的耻辱性对待,或者通过此种行为确保其友人或家庭的某种利益。

　　塔西陀在《编年史》第六卷[第二十九章]中给出了一个基于上述最后一项理由而自杀的例子:

> 因为人们借助这种死法来摆脱对执行死刑的恐惧;也因为如果一个人被判处死刑的话,他的财产将被没收而且他的葬礼将不得举行;反之,如果他自行了断,就可以入土为安并得到尊重。自杀的好处是如此之大!

从以下论述中显然可以看出，马提雅尔在其所著书第二卷第八十首诗中所说的话并不总是得到赞同：

> 当法尼乌斯真的逃出敌手之时，
> 他亲手杀死了自己：
> 还有谁听说过比这更傻的事呢！
> 因为怕死而结束生命！

正如埃斯基涅斯在《论使馆》(On the Embassy) [第181节] 中所言："人们担心的不是死，而是不体面的死。"另外的例子就是妇女或者幼童为了维护其贞操而自杀的情况。参见保罗·沃纳福瑞德在其所著书第十五卷中对一名阿奎莱亚妇女杜格纳的评价。参见尤西比乌《基督教会史》(Ecclesiastical History) 第八卷第十四章和第十七章。

人们觉得那些人能够为自己给出一个合理的解释。因为他们所面对的是如此万不得已的情况并且若非出现某种奇迹就无法摆脱，故而他们认为其已经被主宰者除名了，并且也能够获得其业已以死相报的社会的谅解；他们如此早地先行死去以便不必忍受甚至可能令其犯下大罪的折磨和虐待没什么不好；而不必要地逆来顺受、任人宰割似乎也不是一种好的品格态度。西塞罗在《图斯库兰谈话集》第一卷[第三十章]中说：

> 卡托以这样的方式离开了这个世界，他似乎很高兴找到这样一个去死的机会；因为统辖我们心灵的神禁止我们未经其允许就离开人世。但是当神自己赋予了我们一项正当理由的时候，正如其此前对苏格拉底、后来对卡托、且时常对其他人所做的那样，——在这种情况下，每一个理智的人必定会乐于以生的黑暗来换取死的光明：他不会强行摆脱肉体的束缚，因为那是违反法律的；相反，他就像是一个被法官或者某个合法机构从牢笼中释放出来的人，因此他也可以在神的释放或者遣散之下离开。

还可参见《学说汇纂》第四十八卷第二十一章第3节第6段；第四十九卷第十四章第45节第2段；昆体良，《雄辩》第四章；安东尼斯·马特乌斯在《犯罪学》第五卷第一章第9节中对《学说汇纂》第四十八卷的评论；格老秀斯，《论法官》(On Judges) 第十六章第30节。

然而有些问题是悬而未决的。那些或者仅出于对日常生活琐事的厌倦，或者出于对其不应当承受的成为社会所蔑视对象之灾祸的厌恶,或者出于对他们若是天生有勇气就能够在其中以身作则的考验的畏惧,而终止自己生命的人,不能够对其犯下违反自然法的罪行的审判提供有效的抗辩。托马斯·莫尔在《乌托邦》(*Utopia*)第二卷中显然想法迥异,但是我不能够同意他的结论。

不过那些由于某种已经摧毁其理智的疾病而自杀的人显然是可以被排除在自杀罪之外的。还有很多匆忙自杀的人,出于其惊惶失措的严重程度,也得到了圣贤的谅解。格老秀斯在其所著书第四卷第十六章[第四卷第十七章]中说:"惊惶失措令人们对比他们想要避免的危险大得多的危险熟视无睹。"卢肯在其所著书第三卷[第689—690节]中说:"在一千种已经开始消亡的死法中,其唯一目的就是成为令人畏惧的对象。""怕得要死"是苏埃托尼乌斯在《尼禄》(*Nero*)第四章[第二节]中的说法。还可参见米歇尔·蒙田,《文集》第一卷第十七章;《学说汇纂》第四卷第二章第14节第3段。

在此应当指出的是,一个人是亲手还是让他人结果自己都是一样的。因此黛安妮拉在塞涅卡的《发疯的赫拉克勒斯》[第996页]中说:

尽管我命丧你手,
但那却是我的意愿。

当下不应该死去之人不会因为假他人之手死去而得到宽恕;因为,个人通过它人实施的行为理所当然被认为等同于他自己所实施的行为。而帮助他人实施自杀行为的人也会与前者共同犯下此项罪行。因此我们不赞成佛罗鲁斯在其所著书第四卷第七章中的以下观点:

谁会禁不住想弄明白这些最聪明的人(布鲁图和卡修斯)为什么没有亲手了结自己呢?但也许这是从原则上被禁止的,即他们不能够在释放其最为纯洁和虔诚的灵魂的过程中弄脏了自己的双手,相反,在运用自身判断力的情况下,完全可以让他人来执行这一罪恶。

如果他们在当时结束自己生命是错误的话,那么他们是亲手还是假他人之手来毁灭自己是没有区别的。但若这样做是正确的话,那么将这一罪行交给其仆从来实施则是不恰当的。佛罗鲁斯的话可以通过以下出自埃斯基涅斯《驳忒西丰》(*Against Ctesiphon*)[第244节]中的观点得到阐释:"当一个人自杀的时候,实施该行为的那只手要与身体分开埋葬。"

但既然我们否认个人对自己的身体拥有绝对的权力，则显然，那些要求或者允许公民自行了断的法律是不能获得通过的。狄奥多·苏格罗斯在其所著书第二卷第五十七章中提到了锡兰人所颁布的这样一项法律："他们有一项法律规定他们可以活到一定的年头，当年头到了的时候，他们躺卧在一种能够无痛苦地杀死一个人的植物上面，以这样一种奇怪的死法结束自己的生命。"①还可参见前引书，第三卷第三十三章中对一个名叫米格巴拉的穴居部落的民族的论述。因此在西恩人中有一项法律宣称超过六十岁的人应当服下乌头毒草，以保障其他人有足够的食物，参见斯特拉波所著书第十卷［第十一章第 3 节］；赫拉克里德斯，《政治学》。② 尽管艾立安在《史林杂俎》第三卷第三十七章中给出以下说法作为理由："因为他们认识的，由于他们的思维已经因年龄而失灵，故而他们在促进国家利益方面已经没有进一步的用处了。"还可参见瓦勒留·马克西姆斯所著书第二卷第六章第 7—8 节。关于希瑞利人的习惯，参见普罗科庇乌斯《哥特史》第二卷［第十四章］，在他们中间因年老多病而虚弱者将自行了断，他们的妻子也将在自杀的丈夫的坟墓旁边自缢身亡。关于撒丁人和博比西人的情况，参见艾利安前引书第四卷第一章；关于马萨格泰人的情况，参见斯特拉波所著书第十一卷［第 513 页］，以及希罗多德所著书［第一卷第 216 节］。

---

① 最后一句显然是从原文中高度浓缩而来的。——英译者注
② 实际作者为亚里士多德，边码第六百一十一卷第二十九章。——英译者注

第五章 自 卫

1. 武力自卫是合法的
2. 自卫是否应在自然法的命令之下实施
3. 在自然状态下何种自卫方式是恰当的
4. 在国家中何种自卫方式是恰当的
5. 对犯错的人实施自卫是恰当的吗？
6. 自然状态下实施此种自卫的时机
7. 在一个市民国家中自卫如何确立
8. 在一个市民国家中自卫如何确立
9. 在一个市民国家中自卫如何确立
10. 论致残
11. 论贞操
12. 关于打耳光
13. 人是否应当逃跑
14. 基督教信仰是否作出相反的教导
15. 为自卫而杀人不是一项犯罪
16. 论财产的保护
17. 论夜盗者
18. 论夜盗者
19. 论首先实施伤害者的自卫

1. 为每个人对自己最为热切的爱以及理性本身所认可的自我保护，还与自卫、或者避开他人所威胁实施的对个人造成伤害的罪恶有关联。这种防卫有两种情况：其或者不伤害意图侵害我们的人，或者导致其受伤或死亡。没有任何理智的人会质疑第一种情况是合法的和完全无罪的。但对第二种情况，有的人提出了反对，因为通过这种方式，一个我们被要求与之在培养一种社会生活的过程中进行合作的同类被伤害或者杀死了，而显然他的死跟我们的死一样都造成了人类的损失。但若我们拒绝以暴制暴而选择逃之夭夭，或者可能的话逆来顺受，显然也会造成极大的社会混乱。

然而理性明显地显示出，且聪明人与未开化者之间的协议也赞成这一点，即自卫不仅可以一开始就实施，而且在必要的时候可以预先实施。可以肯定的是，人生来就是要维护与他人之间的和平，以及关乎他人的涉及和平之确立与维持的所有自然法的。然而当我们在他人的侵犯之下无法以任何其他方式维护自身安全的时候,自然也时常允许我们诉诸武力。当然,遵守自然法以及维持和平的义务是相互的,且其平等地约束所有人;自然不会允许个人拥有优越于他人的特权,以至于前者能够违反这些关于他人的法律而他人则有义务与其保持和平。相反,一项义务性规范对双方都具有拘束力,并使得维持和平成为一项相互的义务。因此,当一个人违反维持和平的法律并对我实施旨在毁灭我的那种行为的时候,如果他要求我不侵害他,即我牺牲自己的安全而让他不必为恶行付出代价,那就是再厚颜无耻不过的了。赫罗迪安在其所著书第四卷第五章中说:"一个将要遭受某种灾难的人进行自卫而拒绝接受灾难,是合理的和必要的。否则灾难的受害人也会被谴责为懦夫。"当别人对我表现出不友善,并令其不再适合接受我的和平斡旋的时候,我所有的利益就转变为保护自身安全了,而在不伤害他就无法保障自身安全的情况下,他就只能是咎由自取了,因为是他让我不得已而为之的。贺拉斯在《讽刺诗集》第二卷第一首诗[第44—45节]中说:"当我想要和平的时候别让人攻击我。但那些激怒我('最好别碰我!'我大叫)的人将为此后悔莫及。"若非如此,要是自然或者我们的劳动所赋予我们的所有利益不能够以武力保护其不受他人侵犯的话,那它们就都将是一场空;而诚实的人也将成为邪恶的人所轻易捕获的猎物,如果他们永远不能对后者使用武力的话。因此,为了达致和平而禁止在自卫中使用武力,将意味着人类社会的终结。事实上也不能够认为,为了维护人类安全而设立的自然法,会赞成一种这样的、将导致人的直接毁灭且不会为人们带来一种社会生活的和平。还可参见格老秀斯所著书第一卷第二章;第一卷第三章第3节。

---

2. 一项武力自卫以及一项造成侵害人伤害或死亡的自卫的实施是否也是一项义务,是不太清楚的。我们所关心的不是杀死敌人或盗贼以保护国家和自己的士兵或警卫,也不是那些其被指派去保护的人;这些人可以被涵盖在塞涅卡在《腓尼基女人》[第294节]所说的话中:

> 你是在草菅诸多人命,
> 如果你自己拒绝活下去的话。

我们所关心的是那些仅在自身受到威胁才被迫自卫的人。在普鲁塔克的《福基昂》(*Phocion*)[第三十二章]中可以发现对这种情况的阐释：

> 当福基昂因为放走尼加诺并且没有扣押他而受到抨击的时候,他说他信任尼加诺,并且不希望亲手犯下罪孽;但不管怎样,他会都被认为是在承受错误而不是在实施错误。这样一种言论对于仅考虑个人利益者似乎是光荣的和高贵的;但他置国家安危于不顾,而且我怀疑,他作为国家总指挥,违背了对其国民的一项更大且更崇高的法律义务。

有的人会支持这一即便在国内法中都不会被废除的规范,并主张原本能够自卫但却让自己被杀的人应当与自杀者一样受到同等程度的谴责。参见齐格勒对格老秀斯所著书第一卷第三章第3节的评论。这在某种程度上有点类似于斯巴达执政官因为很多人伤害斯拉菲达斯而惩罚他的情况。参见普鲁塔克,《斯巴达人的制度》[第三十九章第239页C]。《论正当与得体的原则》一书的作者[维尔萨森]在该书第33页中也倾向于同一观点。他的论证是这样的,在其他有助于保护人类的因素以外,我们身上还有着一种迅速沉浸于其中的悲观,一种如火的复仇欲望,以及一双适合伤害他人而保护自己的手。既然这些赋予我们的东西并非毫无用处,那么就可以推断,我们使用它们来保护自己乃是神的旨意。因此,如果我不用我的双手进行斗争、甚至杀死对手的话,那就跟我自己把它们砍掉差不多。尽管他在该书后面的第118页中承认,这一项有关自卫的法律并不具有一种如此大的拘束力以至于既不存在允许个人不遵守它、也不存在允许个人相机行事的情况。

我们似乎有必要考虑,首先,被攻击者的生存是否是他人所非常关心的问题,或者是否事实上其显然是自生自灭的。我们认为在第一种情况下个人**有义务**竭尽所能地保护自己,但是,在后一种情况下我们认为个人仅仅是**被允许**保护自己。而如果其对手该死,尤其是很多人都想取后者性命报仇雪恨的话,那么就存在这样一种可能,即其如果以这种草率的方式死去的话,就将承担额外的遭受永恒天谴的风险。当然,迫在眉睫的可怕事件的重要性不允许如此仔细地审查个人的特点,而深思熟虑也很少被作出,尤其是对于在他人的盛怒之下面临风险、不再愉悦并将受到损失的人而言。伊索克拉底在《驳卡里玛库斯》[第39节]中说:"他在自己尚能控制局势、且即便如今都能够脱险的这种危机中来请求你的怜悯,难道不是荒谬的吗?"利巴尼乌斯在《演说词》第二十三章[第八章第10节]中说:"如果一个人不犯错,就不会遭受这种率先犯错而令自己遭受的损害。"然而这一项对他人施加如此巨大伤害的、应当被视为一项义务且不被视为一项犯罪的行为,看起来并不能达到一种恰当的平衡,尤其是正如老话说得好:"只要无损于第三人,一个人就可以放弃其特权。"这项原则在昆体良的《雄辩》第七章[第4节]中通过以下的方式得到了阐述:

> 所有捐赠的性质都是一样的,即它们并非施加一项义务而是赋予一项权力。如果你将其强加于人的话,任何给予之物就都将不再是一项特权了。若你愿意的话,通览一下所有在列的权利;没有法律会如此强求我们履行其所提供给我们的权利。

3. 但若要在自卫应当如何被限制以及在何种程度上其能够被恰当地实施这一问题上得出准确结论的话,我们就必须首先分清楚自卫者是处于自然状态下还是市民国家状态下,因为人们认为后者的自卫范围比前者要狭窄得多。很多学者都没有仔细地研究这一区别,故而他们针对无辜者的自卫做了一些泛泛之谈,而这仅对上述状态中的一种是真实的。然而在清楚地表明自然状态下存在着何种权利之后,此项权利在何种程度上、何种基础上在国家之中受到限制,就是一清二楚的了。

以下是一项很好的审慎规则:"聪明的人应当在诉诸武力之前用尽一切其他手段。"就每一场战斗都具有偶然因素而言,当一个人面对他人伤害之威胁的时候,最好是在开启战端之前试试那种更为安全的方法——三十六计走为上。利巴尼乌斯在《演说词》第一章[第三章第24节]中说:"先运用理性尽力去明确什么是正确的,不要贸然诉诸暴力,越是这样才越像一个男人。"因此,如果我能够切断未来对手接触我的途径,那么我在不必要的情况下与他打斗就非常愚蠢了。如果围墙和大门能够保护一个人,那么将自己暴露在敌人的打击面前就是极不谨慎的。特伦斯在《宦官》(*Eunuch*)[第761节]中说:"当你能够阻断某种危险的时候,让它靠近你是愚蠢的。"

再者,一个人如果在方便的情况下忍受某种微小的损失从而放弃一小部分自己的权利,而不是让自己过早地暴露在一项更大的损害面前、尤其是在被索取之物可能很容易得到修复或补偿的情况下,那么他就是谨慎的。普劳图斯在《阿尔克墨涅》(*Amphitryo*)第二幕第二场[第703—705节]中说:"你不要在一个醉酒的女人浑身充满酒精的狂躁的时候反对她,你这样只会令她更加疯狂,她会更加疯狂地打击你;迁就她,她过一阵子后就会平静下来。"同一作者在《粗鲁汉》[第 768 节]中说:"用拳头狠揍别人,自己的手最痛。"马提雅尔在其所著书第六卷第六十四首诗[第 6 节]中说:"怜惜你自己吧,别像条疯狗似的去咬一头鼻孔喷出难闻气味的熊。"而在我看来,一个人与另一个人就后者拖欠其十个金卢布一事达成某种和解,比起通过一场艰难的法律诉讼来努力确保获得全部欠款要明智得多,尤其是如果必须为律师付出十五个金卢布作为其雄辩的代价的话。马提雅尔在其所著书第七卷第六十四首诗[第 65 节]中叹道:"可怜的、昏头昏脑的人啊!佳吉里亚斯,有哪个能够选择放弃诉讼的人会持续争讼二十年呢?"忒奥克里托斯在《田园诗集》第二十三章[第二十二章第 180 节]中说:"我料想在这种情况下,微小的损失最终将导致一场激烈斗争。"这一主张是正确的,尤其是因为"要从跟比我们强大的对手的斗争中全身而退是困难的",参见品达,《奥林匹亚颂》第十章[第 39—40 节];而且"即便当人们真的尽力争取的时候,不到最后时刻结果都不会见分晓"。参见同一作者的《地峡运动会颂》(Pythian Odes)第四章[第 31—32 节]。因此伊索克拉底在《论变化》(De Permutatione)[第 27 节]中的自述应当被给予最高的赞赏:"我的政策是,永不害人,并且当我受到他人伤害的时候不是通过诉讼而是通过朋友的调停解决争端。"卢西恩在《宦官》(Eunuchus)[第一章]中说:"不论事情有多重要,哲人们在其本应与他人和平解决争端的情况下与他人争讼,实在是荒谬的。"还可参见《学说汇纂》第四卷第七章第 4 节第 1 段。波利比乌斯在《文摘节选》(Excerpta Peiresciana)[第四十卷第五章第 12 节]中对与自己短暂交手后的亚该亚人所做的评价也往往适用于其他地方:"若非我们消亡得如此之快,就不需要被拯救。"塞涅卡在《论怒》第二卷第十四章中说:

> 理性总是让人忍耐而愤怒总是让人报复,这就让原本能够从首次厄运中幸存下来的我们暴露在更大的厄运面前。有的人只有由于不耐烦地说出一个轻蔑的词而被流放;有的人由于不愿默默忍受最微小的误解而陷入最深重的灾难深渊之中,还有的人因过于骄傲以至于不愿放弃一丝自由而让自己受到强制性的奴役。

还可参见斯托比亚斯,《诗集选》第十九章。对这一问题可以适用格老秀斯在其所著书第一卷第二章第 8 节对《马太福音》第五章第 17 节所做的解释,尽管其他人会坚称这一说法适用于出于压迫且无法获得正义的人。可对照《耶利米哀歌》(Lamentations)第三章第 28—30 节。而在一个强大的国家中个人应当在法官面前要求损害赔偿(《利未记》第五章第 1 节),这不是为了报仇（《利未记》第十九章第17—18节），而是意图支持正义和国家法律，从而使流氓无赖们从其恶行中得不到收获或者快乐。吕西阿斯在《驳舍摩尼斯塔斯》(Against Theomnestus)第一章[第十章第2节]中说："我觉得为了指控别人诽谤而打官司是不开明的和好讼的。"赫拉克里德斯在其《政治学》[第18节]①中证实了昔兰尼人中间存在着一种法律，根据该法"掌政官应对好讼的和恶毒的人提起诉讼，惩罚他们并剥夺其公民权。"阿里安在《爱比克泰德》第一卷第十五章中说："如果一个人充耳不闻的话，造谣中伤者还能得到什么好处呢？"塞涅卡在《论怒》第二卷第三十二章中说："伟大的思想总是蔑视对其的错怪；最为轻蔑的复仇形式不是作为其对手采取报复措施。[……]像一头巨兽那样对向其狂吠的疯狗不为所动的人是伟大和高贵的。"

但是受害方确实在对待加害方上面不承担太多的限制，因为后者在其能力范围之内，已经打破了所有与其自身安全和思想安宁相关的社会联系。且由此，当任何人被怒火或痛苦而刺痛并超出了上述这些范畴的限度的时候，他并未对侵犯者造成伤害，而不过是被认为做得有点过火或者不明智。

然而，当我的安全通过这些方法无法获得并完全确保的时候，事情就必须用武力来解决了。在这种情况下，如果对方坚持蓄意伤人，不为其罪恶想法感到忏悔并愿意回到开放与和平的关系中来的话，那么抵抗甚至杀死他都是恰当的。即便他并未直接要我的命，假设他只是想痛打我一顿，或者砍掉我身上某些不致命的器官，或者只是想劫我的财，但不管怎样，在他打破了与我之间的和平之后，我就已经无法确保他在有此开端之后不会对我造成更大的伤害了，我可以为了反抗这一伤害而采取任何极端措施。因为他通过公开宣称是我的敌人——当他攻击我并造成我的伤害且无任何悔意的时候就是这种情况——他在其能力范围之内，给予了我一项无限制的对其采取行动的自由。安梯丰在《演说集》第十一章[第4B节第3段]中说："侵略者不应当得到同等的惩罚，而应当得到更严重的和更多的惩罚。"

可以肯定的是，有的人不赞成有关反抗的"无限自由"这一术语，因为"防卫和反抗一项伤害的权利从来都不是一项自然权利，更不用说就自然秩序及其安全而言，社会性已经将确保其目标放到首要位置上。因为对反抗的自然权利而言有这样一项例外"——除非社会秩序被反抗所违反了——"这是自然所首要和最多关心的。且由此，如果这一预防措施未被遵守的话，社会将变得不具有社会性，不能由一种对必要的和自然的秩序的关注来维持"。参见博赛尔对格老秀斯所著书第一卷第四章第2节的评论。

---

① 实际作者为亚里士多德，边码第六百一十一卷第十八章。——英译者注

但是绝不能够说这样一种自由,即竭尽所能反抗的自由,应当在任何情况下都完全得到允许——因为很多制止受害人走向极端的因素将会出现——而如果肇事者被采取了极端措施则没有任何理由去抱怨。但毫无疑问,如果对那些处于自然自由状态中的人的反抗自由设定任何限制,则生活将成为极端非社会性的。因为如果一个人总是持续不断地给予我轻微打击、而我除了以死相威胁之外没有任何其他方法来制止或击退其恶行的话,那我将会过上一种什么样的生活?或者如果一个邻居总是以抢夺或毁坏我的庄稼的方式惹恼我,而我却无权在赶他走的时候杀死他,那我该怎么办?既然社会的目标是保证所有人的安全,那么就不应当制定那种法律,从而使得每当其适应了某些恶棍违背自然法的要求的时候就必然会令所有老实人都总是处于悲惨的状况。而人类社会生活建立在承受伤害的必要性之上则将是荒谬的。因此,一个放过一直与其做对的敌人、宁愿自己毫无意义的死去也不杀死他人的人,是一个傻瓜和对自身安全的无知背叛者。因为自然法已经规定,对敌人实施礼节和人道仅限于这种程度,即如果他表示自己已经悔过、非常愿意停止伤害我,并且如果他对损害作出赔偿并保证未来不再重犯,我就应当放过和饶恕他,并在恢复和平之后与他一道维护和平。赫西奥德在《工作和日子》第二卷[第711页及以下]中说:"但若他要求你再次与他做朋友并准备满足你的要求的话,那就欢迎他吧。"因为自然已经禁止在人们中间出于残酷的烙印而实施纯粹的、除了让侵害人受苦和死亡之外别无目的的复仇。由此得出的结论是,关于过错的记忆是应当尽可能被抹去的。而这就是西塞罗在《论创造力》第二卷[第三十三章]中所给出的论述的要点,该论述是关于底比斯人如何由于在战胜拉西代蒙人后制作了一座铜制纪念品而被近邻同盟会议以"希腊人为其与希腊人之间的冲突设立永久性纪念碑是不适当的"为由审判的。因为根据习惯他们只能以木材制作纪念品,以便这些纪念品不会维持很长的时间。还可参见佛罗鲁斯所著书第三卷第二章至其末。塞涅卡在《发疯的赫拉克勒斯》[第362页及以下]中说:

> 如果持续的仇恨
> 被人们感觉到,如果怒火极其严重,
> 一旦在心头升起,就永不停止;
> 如果成功的人必须不断通过战斗来实施统治,
> 而那些失败的人服从统治因为他们别无选择;
> 那么剩下的就是永无止境的战争。

但是自然状态下的人不仅能够反抗某些当下的危险,而且在已经排除这些危险之后,他们还能够继续对抗侵犯者直到他们满意地认为未来不用再害怕他。就这种安全而言,必须指出以下几点:如果任何人在伤害我之后立即出于懊悔而请求原谅并作出损害赔偿,我就有义务与之和解,而不能正当地向他要求任何较之一项新的承诺更进一步的安全。因为他为自己的行为感到懊悔、并主动寻求宽恕这一事实,已经构成了其完全不再具有伤害我的意图的一项充分证据。但当忏悔是费了很大的劲才强迫某个人作出、且其仅仅是在其抵抗能力已经耗尽的情况下才寻求原谅的时候,其仅仅作出承诺就显得不太安全了。因此,对于这样的人,必须剥夺其实施伤害的能力,或者必须对其施加某些其他限制,从而令其在未来不会成为一个令我们畏惧的对象,因为其恶意一旦表达出来并且没有得到恰当的改造的话,就将令其成为一个经常被怀疑的对象。

~~~~~~~~~~~~~~~~

4. 但是对那些生活在自然自由中并依靠自身力量和判断来确保其安全的人而言是合法的行为,绝不能被允许由生活在国家中的人、尤其是在针对其他公民的情况下来实施。因为他们被要求永远地或者暂时地抑制对其他公民的武力自卫,只有当时间和空间不允许他们寻求地方官的帮助以避免其生命、或某些跟生命一样宝贵的东西、或某些不可挽回的利益①受到持续伤害的时候,才能使用武力自卫。而即便在那个时候人们也只能反抗危险,至于复仇和未来不会再出现重复侵犯的保证,则留待地方官决定。尽管在其他情况下法律在国家之中是最高的,正如西塞罗在《论法律》第三卷[第十八章]中所言:"在一个正当的且符合宪法的政府中没有什么比通过暴力和骚乱来实施任何行为更违反法律和正义的了[……]",然而仅在这种情况下,"他们不希望自己在沉默中举起双手,而等待着自己的是,在能够实施一项理所当然的惩罚之前,不得不遭受不应得的劫难。"[《为米罗辩护》(*For Milo*),第四章。]还可参加格老秀斯所著书第四卷第十四章;昆体良,《雄辩》第十三章[第2节]:"出于这个原因我们沿袭了祖先的法律和规定,即,人不应为自身的冤屈复仇;而如果报私仇导致冤冤相报的话,那么无数罪恶的事实就会让其本身难以自圆其说。"

通过像这样的一些原则,是很容易解决学者们所不时提出的关于自卫限

---

① damnum 应为 bonum,正如普芬道夫在《人和公民的义务》第一卷第五章第 16 节中自己对这句话所做的更正一样。——英译者注

度的问题的。

<hr />

5. 有的人提出了这样一个问题,即一个无意加害于我、意图攻击他人而非攻击我的加害人,是否应当被以一种包括杀死他的方式来反抗。对此格老秀斯在其所著书第二卷第一章第 3 节中确立了一项基本原则,即自卫的权利主要地并且本质上是出于这一事实,即自然将每个人托付给其自身故而他免不了要竭尽全力地保护自身安全,而非出于危险所将要带来的非正义和损害。由此我的反抗的正当性通过这一事实得到确立,即他人无权攻击和杀害我,而我没有义务毫无反抗地被杀。再者,既然自爱在这种情况下超乎其他所有考虑,那么当一个人暴露在与他人同样的危险之下的时候,若其依循自然法而为,则除了只顾自己不顾他人之外没有更好的选择;且既然我不应遭受由他人带给我的伤害,那么出于这个理由,以其人之道,还治其人之身就显得不那么让人看不惯了。

在充分确立这一原则之后,决定一个特定的属于该项原则范围之内的案件就很容易了。因为如果一个疯子、或者某个梦游者、或者一个极端分子(就是那些据说在晚上持械穿过大街的人)威胁杀死我的话,那么基于其无权攻击我、且我的生命恰恰是我最大利益所在,我就没有理由将自身安全置于其之下。然而这一说法当然是建立在这一前提的基础上的,即我除此之外别无他法来避免将要被实施的危害,这一点在那些恶意攻击我的情况之中并未得到严格遵守。同样的说法还适用于一名士兵忠实执行命令却错把我当成敌人来攻击的情况。因为既然敌人都可以反抗他,那么为什么我这个与他无怨无仇的人就应该束手待毙呢?而他在本应该弄清楚自己交战对象的时候却敌友不分,正是其不审慎的明证。同样的原则还适用于准备伏击敌人但却阴差阳错与我遭遇的人,凭什么我要出于加害人的错误而被置于一种比他真正的敌人还要糟的状态之下呢?事实上加害人已经因违反《关于谋杀罪的科尔奈里亚法》(Lex Cornelia de Sicariis)①而犯了罪。因为不论他弄错了什么,他在实施罪行的时候并没有弄错,且他具有实施谋杀的意图并采取了行动。还可参见《学说汇纂》第四十七卷第十八章第 18 节第 3 段;格老秀斯在《〈查士丁尼法典〉赞》中对《学说汇纂》第四十八卷第八章第 14 节的评论。

<hr />

① 罗马最著名的关于谋杀罪的法律。——英译者注

6. 作为一种实施行为的指引,正当防卫通常要求一种迫在眉睫的危险即将降临到某个人身上,且正当防卫不允许某种纯粹的怀疑或者不确定的恐惧成为足以攻击他人的理由。的确,就这一点而言,在自然自由和公民法律身份之间并未作出完全准确的区分。尽管在两者之间,所谓的危险之处只有通过某种自主选择才容易为人所理解,但无论如何,对于那些生活在自然自由中的人而言,他们比起由国家保护其安全的那些人,在实施武力自卫方面被允许拥有更大限度的自由。

既然我们被自然赋予了与他人维持和平的义务,那么就可以假定,每个人都要履行该义务,除非他明确地表现出相反的想法,并且除非他显然不会遵循促使他这样做的正当理性。但既然大量的人都具有违反该义务的倾向,那么任何关心自身安危的人都会及早用合法的自卫方式将自己保护起来,比如阻塞意图采取敌对行为者前进的道路,为抵抗袭击或者反戈一击准备武器以及诸如此类的军需品,为自己寻求盟友,仔细观察他方举动并采取类似的预防措施,等等。由此,居危思安的国家被恰当地认为是明智的。尽管对于清白的人而言,一种强大的保护已经在神圣的天堂中得到了确立,然而陷入迟缓呆滞之中、对自身事务不够关心,并期望上天来替自己干预的人仍然是愚蠢的。而且,即便是生活在国家中、财产通过刑罚的实施而得到可靠保护从而免受盗贼流氓侵犯的我们,也认为如果房主晚上不关门不锁橱柜那就是他的过失。因此罗马人以前常常在最平常的器皿上盖上指环印戳以防止仆人监守自盗,尽管他们对后者有着生杀予夺的权力。参见塔西陀,《编年史》第二卷第一章。

尽管这种保护的使用并不会对他人造成真正的伤害,然而我如果要以自卫的名义攻击他人的话,就需要构成某种道德确信的表现,通过这些表现可以看出其针对我的罪恶念头以及其伤害我的意图,从而我若不先发制人就会首先遭到攻击。在这些我由此确保自己当机立断地使用武力的权利的表现之中,绝不应当仅仅包括单纯的、出类拔萃的且远胜于我们的个人力量,尤其是当其是通过个人的正当经营或者神的恩赐而并未欺压他人所获得的时候。去嫉妒或者试图毁灭一个人以此种方式取得的资源是野蛮的恶意。而有的人坚持认为有能力对我们实施伤害的人同时也会希望这样做,故而若珍惜自身安全就要在没有任何进一步理由的情况下杀死他;这显然是不合逻辑的。这样的一项原则肯定会破坏所有类型的人类社会生活,而那些为此被作为权威引用的人或者不值得听信,或者他们所描写的是合法的预防措施或者有充分证据证明其具有实施伤害的意图的情况。西塞罗在《致友人信》(Letters to Friends)第十一卷第二十八封信中所说的话:"当然,就算是奴隶也总是具有出于自身意志而非在他人命令之下而恐惧的自由",在昆体良的《辩学通论》第八卷第五章[第15节]中被维比乌斯·克里斯普斯以同样尖锐的言辞所反驳:"谁给了身处恐惧中的你这么大的自由?"而正如昆体良在其所著书第五卷第十三章[第21节]中所引证的,西塞罗自己在《为图留斯辩护》(For Tullius)的演说中也讲道:"谁曾经确立这样的一项箴言,或者说谁会被允许由于自称担心被别人杀死,而在后者对整个社会并无危害的情况下杀死他呢?"而一两个人所犯下的此种罪行也不应当被用作行事规则。还可参见阿尔贝里科·真提利,《战争法》(De Jure Belli)第一卷第十四章。但既然一个人可能会错误地使用其力量,那么他们所称的合法的预防措施就应当及早采取。

但即便一个人既有意愿又有能力来实施伤害,这一事实仍然不能赋予我与之针锋相对的直接理由,如果其并未将其害我之意图付诸实施的话。因为一个人曾经伤害他人并不足以成为其将要伤害我的证据,特别是由于可能有特殊原因鼓动他伤害他人,而此种原因在我这里并不存在。而一项施加于他人的伤害也仍然不能赋予我一项充分的理由去攻击加害人,只要受害人与加害人跟我之间仅仅通过人道纽带产生联系。尽管我完全可能对受害人负有某种特定的义务,比如在我答应其求援请求的情况下。的确,对于一个人而言,就算未受伤害、就算其与实施伤害的人仅具有某种一般意义上的人道联系,也仍然能够同意对他人施以援手以令其免遭非正义的暴力伤害,这是与社会关系的本质最为相符的。对那些旁观者而言,人遭受伤害总是能够唤起他们的同情和援助,人施加伤害总是为其所不允;因为《出埃及记》第二章第14节所采取的立场仅在市民社会状态下才成立。但若再增加一项有充分依据的怀疑,即那个人在杀死他人之后会来对付我,并借其首次成功之利来进行下一次尝试,那么我就应当最为迅捷地回应受害人的召唤,因为他的生存就是我的安全保障。而如果一个人竭力扑灭其邻居房屋的火灾以免该房屋被烧毁后火势蔓延到其自己的住处,那么他就是聪明的。

的确,在有明确证据证实某人有意对我实施某种伤害的情况下,即便其尚未对此作出任何公开的尝试,那些生活在自然自由状态下的人也应当被立即允许采取先发制人的武力自卫措施,只要证明以下结果无望实现,即当与他友善接触的时候他就会放弃罪恶念头,或者证明这样的一种劝说有损于我们自身的利益。因为无人有义务先等待或者遭受他人的攻击,以便将自己的武力自卫建立在必要请求的基础上。因此,在这种情况下,首先对他人实施武力的人、或者首先想出伤害他人的计划并准备将其付诸实施的人应当被视为加害人,尽管对方一旦发觉其准备情况就可以在其计划延误之时迅速采取行动并杀死他。因为自卫并不要求人们首先遭受打击或者只能躲避将要降临的打击;相反人们有权主张对正在计划实施侵害的人采取先发制人的自卫行动。狄摩西尼在《菲力皮克集》(Philippics)第三卷[第17节]中说:"任何意图征服我并为此作出准备的人,在其掷出标枪或射出弓箭之前就与我处于交战状态了。"修昔底德在其所著书第六卷[第三十八章]中说:"敌人的念头在成为事实之前就必须被惩罚。你不先发制人,你就被先发制人。"普罗科庇乌斯在《波斯战记》第二卷第三章[第50节]中说:"他们破坏了和平,不是因为率先使用武力,而是因为被发现在和平时期对其邻国从事间谍活动。意图犯罪者已经实施了犯罪,即便尚未获得成功。"犹太人斐洛在《论特别法》[第三卷第十五章]中说:"我们必须不仅将与我们在海洋和陆地交战的人视为敌人,而且将那些为任何其中一种战争做准备①的人视为敌人。"还可参见阿尔贝里科·真提利,《西班牙辩护状》(Pleas of a Spanish Advocate)第一卷第九章;《西哥特人的法律》第九卷第四题第6章。

※※※※※※※※

7. 但是事实上,那些生活在国家中的人绝不能被允许享有一项同样的行事自由。因为在对待外来者方面,他们总是能够主动地反抗侵略者,但在未获君主命令的情况下,他们不能在其准备阶段就攻击他,或者在其已经实施伤害之后寻求报复,以免国家偶然间就被卷入无休止的战争中。而在对待其他公民方面,则应该以更加注意的态度遵循同样的规则。如果我听说其他公民正准备伤害我,或者如果我发现其对我造成了严重威胁的话,那么我无论如何不能攻击后者,相反,其应当被带到我们共同的君主面前并被要求作出维持和平的保证。如果他拒绝这样做,那么我以生存在自然自由状态下的那种方式来确保自身安全就是恰当的了。因此格老秀斯在其所著书第二卷第一章第5节中所列举的那些卫道士就是极端荒谬的了,他们认为"如果已经确定一个人图谋不轨、或者正准备发动突然袭击、或者正在暗算我们、或者正打算作出虚假的控告和伪证并且正在破坏司法程序,就可以合法地杀死他"。而他们的荒谬也绝不会被其所添加的限制所缓解,"若非如此就不能

---

① 普芬道夫的"正在准备"是不正确的。——英译者注

够避免危险,或者危险的避免就不够明确",因为事实上,略微的延迟在很多情况下会引发诸多的逃避和偶然,而很多事情都并非是十拿九稳的。他们必定假设①一个市民国家的存在,因为不正义的裁决、控告和证言只能在国家中找到。但若我们赋予市民在反抗此类事物中杀人的权利,那么还要地方官做什么呢?而事实上,如果一个人能够证明自己被无端诽谤的话,他也不会处于被谴责的危险之中。但若一个人不能令人满意地证明这一切,却仍然选择杀戮的话,他将难逃《关于谋杀罪和投毒罪的科尔奈里亚法》的惩罚。而如果一个人事实上正在被武力攻击,并处于无法向地方官或其他公民求救的极端情况下的话,为让自己免受攻击者的猛烈袭击,他就可以竭尽全力地与之对抗,但这不是出于杀死攻击者以报偿自己所受伤害的意图,而仅仅是由于不杀死攻击者他就自身难保。且由此,在危险被避免之后,他紧追攻击者并在打斗中将其杀死就是不被允许的。参见《学说汇纂》第四十八卷第十六章第9节。

---

8. 从中可以明显看出,在国家内部实施正当防卫的时间被限定在非常狭窄的范围之内,甚至被归结到一个时间节点上,而其中不存在某种令法官可以对防卫时间略微超出限度的情况予以忽略的自由度。由此,尽管一个明辨是非的法官可以轻易地从每个案件的具体案情中就正当防卫作出一项裁决,然而确立这样的一项规则似乎是有可能的,即一个人能够不担心惩罚地在自卫中杀死他人的时间之发端,就是在加害人明确表示出取我性命之意图、具备了实现此目的的能力和武器、并已经进入能在事实上对我造成伤害的位置之时,此时情势②紧迫,我若不攻击对方就得被对方攻击。例如,如果某人拔剑冲向我,并且有充分证据可以证明他想杀死我而我无处躲避,而我手上有一把枪的话,那么我就有权利在他离我仍然有一定距离、他的剑尚未刺到我的时候向他开枪,以免他靠得太近我就没有机会使用自己的武器了。同样的道理也适用于弓箭和类似的在近距③格斗中失去作用的武器。还有,如果一个人怀着杀死我的意图、手持短刃迎面扑来,而我有一把长刀,我当然不想等到他进入能够用其短刃刺杀我的距离的时候才动手,相反,在他进入该距离范围之前我就可以用自己的武器来迎战。这就是罗马法所称的"及

---

① sopponunt 应为 supponunt。——英译者注
② spacio 应为 spatio。——英译者注
③ spacium 应为 spatium。——英译者注

时应对危险比受害后再寻求复仇要好",《查士丁尼法典》第三卷第二十七章第 1 节。这一正当防卫的时间节点①一直持续到加害人被打退、或者其自己退却之时,这或者是由于后者在实施其行为的过程中充满懊悔,或者是由于其尝试失败了——假设他的剑断了、或者枪哑火了、或者没有击中目标——故而在当时他已经不能够再实施任何伤害了,而我们则有机会将自己带到一个安全的地方去。因为对任何所造成损害的报偿,以及对未来的安全保证,乃是法官的事情。参见《学说汇纂》第九卷第二章第 45 节第 4 段。

任何国家中的公民超越这一时间节点杀死加害人都不能让其防卫行动免受谴责。因此斯查德斯在前引《学说汇纂》段落中所给出的巴尔达斯的言论是毫无意义的:"如果任何人对我说,'下次再看到你我就要杀了你',那么我就可以不受惩罚地取其性命,或者在他作出此项威胁之时,或者在最利于我动手时。"因为即便我不希望等待他将其威胁付诸实施,在国家之中仍然存在着另一种能够并且应当让我保住性命的方法,即便是从其过往行为中大家都知道他在将其威胁付诸实施的时候是说到做到的。有的人将最后这一项条件添加进来以便修正巴尔达斯所表达的观点。

❦❦❦❦❦❦❦❦

9. 对于有的人对此所补充的这一主张,即"因自卫而杀人仅在以其他方法无法避免危险的时候才能被原谅",不应做过于狭隘的解释,而应该被允许有一定的容许人的思想处于兴奋状态的自由度,这种状态通常在如此巨大的危险迫在眉睫之时发生。这种状态不允许一个人以与置身危险之外者同样的注意力来考量所有的逃生方式,并拥有一个冷静的头脑。正如为了遭遇一个威胁或者挑战你的人而从安全的地方走下来是鲁莽的一样,如果一个人在公共场合攻击我,我并不负有一项明确的逃跑的义务,除非碰巧有一处我能够不受伤害地退避其中的避难所,而且我也不总是必须退让。因为这样的话我的背后就必定暴露在他面前,一不小心就会危险大增,而一旦你被逼退了一步,要重新夺回这个位置就不容易了。

我的自卫也不会由于我并未中断某些通过我的义务而从我处享有的、或者属于我的自由范围内的行为而变得有缺陷。因为,举个例子讲,如果我在街上杀了一个攻击我的人,就我自己而言,我是完全不应受到指责的,即便人们可以说我若是选择待在家中就不会遭遇任何危险。如果公共安全或者我

---

① spacium 应为 spatium。——英译者注

们自由的神圣不可侵犯性不能够在他人以流氓无赖的方式、用难以预见的危险威胁我们的时候产生作用的话,那么它们还有什么用呢?

西奥多·巴尔萨蒙在《教会正典以及使徒书信中的教律述评》(Commentaria in Canones... et in Epistolas Canonicas)之教律 43 中所做的以下言论无疑是荒谬的:"任何在自卫中杀人的人都不会因谋杀而受罚,若他杀死攻击者是由于后者对其造成了某种致命的或者类似的伤害;但若其在仅遭受某种微小的和可治愈的伤害之后就杀死加害人,则应被认为是犯了谋杀罪。"作为如此热切地关心这一问题的人,他们展示了一种毫无用处的关注,"武器的对等是否对于一项正当防卫的成立是必要的。"就好像攻击者总是在发起袭击之前会宣布其进袭行动以及其将使用何种武器,以便让对方有时间准备恰当的武器似的!或者就好像此种自卫只能在角斗规则之下来实施,在那种规则中那些为了尽可能保障表演的精彩性而捉对厮杀致死的人,都配备同样或类似的武器!

然而在此还应当提到的是,如果一个人被另一个人挑战进行决斗,那么他就不能将正当防卫作为其所宣称的主张,因为只要出现在决斗场上他就处于一种不是你死就是我活的状况之中。而法律禁止他置身于此种危险之中。因此,在权衡这种情况的时候,危险是不被考虑的,参加决斗的人可以恰当地由于谋杀罪以及仅为决斗双方所指定的规则而被处以刑罚。

<center>~~~~~~~</center>

10. 我们经常会进而提出,在无法以其他方式反抗侵害行为的时候,杀死一个无意夺人性命而只想致人伤残的人是否是合法的?当这个问题涉及的是自然状态的时候,对此就可以安全地给出肯定性的答案,因为自然将我们身体组成部分的完整性以一种如此关心的态度托付给我们以至于我们不得不以任何可能的方式来保护它,而我们身体的任何部分、尤其是更为高贵的部分的残废,其损失被视为不亚于整个生命的丧失。而且,在这样的一种残疾之下生存本身也受到威胁,而他人是否不会对我实施进一步的伤害并不总是那么清楚的。进而得出的一点结论就是,对我实施此种威胁的人就是我的敌人,其行为赋予了我与之对抗的充分权利。并且,在一个市民国家中,法律似乎很少约束公民的反抗到了令其任人宰割而非最大限度地反抗他人暴力的程度,尤其是由于这种忍耐似乎对人的决心要求过甚。可以肯定的是,有利于恶意的加害人就是对人的忍耐要求过甚。然而一旦已经受到加害人的这样一种伤害,对其的追诉则应当留待地方官解决。

11. 在实践中被所有民族所公认的与对于生命的保护同样重要的就是对于贞操的保护,为了维护贞操即便杀死侵害人也并不为过。给予贞操如此的重要性,是因为维护贞操被视为妇女的最大荣誉,而妇女的弱小更是一项必须以任何可能的手段反抗淫邪之徒之卑劣行径的补充考虑因素。昆体良在《雄辩》第三百四十九章中说:"你用暴力带给一个女孩最为严重的伤害。"而既然国家立法者可以正当地对强奸犯处以极刑,他们当然认为允许一切优秀的妇女保卫自己一旦失去就无法挽回的贞操是恰当的,即便是为此而杀死加害人。正如塞尔登在其所著书第四卷第三章中告诉我们的,在希伯来人中,对身体和贞操的保护被赋予如此大的宽容程度,以至于不仅被攻击者可以杀死加害人,而且其他人也可以对无辜的受害人提供保护甚至杀死加害人,这不仅适用于个人生命受到威胁的情况,而且适用于加害人企图实施鸡奸或者侵害他人未婚妻的情况。参见《西哥特人的法律》第三卷第三题第 6 章:《西克拉姆宪令》(*Constitutiones Sicularum*) 第一卷第二十二题。出于这个原因,盖尤斯·马里乌斯的决定得到高度称赞,因为他释放了杀死担任军事保民官的自己外甥的那个士兵并为其戴上桂冠,后者在马里乌斯的外甥对其发起不当攻击的时候杀死了他。参见普鲁塔克,《马里乌斯》[第十四章第 413 页]。柏拉图在《法律篇》第九卷[第 874 页 C]中说:"受害人或者其父亲或者其兄弟或者其儿子杀死任何对一个自由妇女或幼童施暴的人的,都应当免于处罚。"奥古斯丁在《上帝之城》(*On the City of God*) 第一卷第十八章中说:"只要思维尚在,即便身体遭受暴力也不应失去其纯洁性。"[还可参见格拉提安,《赦令》第二卷第三十二章第 5 节第 1 段,第 4 节;普劳图斯,《阿尔克墨涅》(第 1142 节):"她的无礼行为应该受到你的批评;我要狠狠教训她。"塞涅卡,《希波吕托斯》(第 735 节):"任何情况下都绝不失贞。"]但从中并不能得出这一结论,即不能够以个人所能够采用的任何方式来反抗强奸犯,正如不能因为一个虔诚的人在死后要升入天堂就得出他不能奋力反抗劫匪这样的结论一样。

不过在此我们还可以指出,正如吕西阿斯在《演说集》第一章[第 33 节]中所言,根据雅典法律,通过花言巧语诱奸妇女者比强奸犯所受的处罚要重得多。他为此补充了以下理由:

> 因为雅典法律认为,那些通过暴力达到目的的人将为受害人所怨

恨；而那些巧言令色者对思想具有如此巨大的腐蚀性，以至于妻子们对他们而非她们的丈夫着迷，而且他们控制了整个家庭，并让人难以分辨家里的孩子是丈夫还是通奸者的后代。

利巴尼乌斯在《演说词》第二章第 193 节[第四章第 71 节]中说："花言巧语诱骗妇女失贞比起暴力强奸更加卑劣。"

<hr />

12. 还有一个众所周知的问题，即是否遭到打耳光或者类似侵犯的危险能够产生杀死加害人的权利。格老秀斯在其所著书第二卷第一章第 10 节中认为这"并不妨碍补充正义"。他的立场如下：就补充正义而言，当未将某人完全有权利享有的东西给予他、或者将某人完全有权利不接受的东西加于他的时候，因威胁扇别人耳光而被杀死的那个人就不能抱怨说补充正义在这种情况下被违背了。因为任何对他人施加伤害的人本身就不再有权利免受其他人对自己所实施的最高惩罚；或言之，他赋予了受害人最充分的对抗他的权利，尽管其他因素时常会阻止一个人将其权利用到极致。而其他人也不可能提出在其他情况下应当遵守的平等原则来作为一项反对主张。因为平等原则主要是在商品交换以及共同财产分配中起决定作用。而在类似于战争状态下的互相实施的恶行，通常并不会、也不需要与平等有什么具体联系。格老秀斯的主张，即"战争中杀死敌人的方式应当依据民事习惯以及报偿和复原的状态而设定"，其限制条件是"在可能的情况下"，且由此这种适度性不是源于任何敌人之间固有的权利，而是源于对方的宽宏大量与美德。格老秀斯进一步补充道："严格说来宽厚并不要求我们默默忍受①这样的一种侮辱而让加害人得逞"，即便②"《福音书》中的教诲并不允许通过这样的武力手段来抵抗这种性质的伤害"。③

以上我们已经表明，在一种自然状态下，人们就算只是遭受微小的伤害也不愿意排除用极端的手段来反抗之，尤其是对于一项反复出现的伤害。据说就算是最贤明的国王也会通过一场战争来为其大使所遭受的侮辱报仇雪恨。参见《撒母耳记》（下）第十章第 4 节及以下。

但是对于在国家内部是否可以允许为了反抗打耳光而杀人这一问题，则

---

① de vorandam 应为 devorandam。——英译者注
② Venum 应为 Verum。——英译者注
③ iniuriatam 应为 iniuria tam。——英译者注

存在很大的疑问。的确,被扇耳光是一种很大的侵犯,其原因显而易见,即在很多欧洲民族中间这是被用来对待仆人或者某些负有仆从义务的人的。因此很多地方有对取得携带武器权利者或者学徒期满出师者打一记耳光的习俗,以便让他们记得自己的最初状况并认识到从此以后这种待遇不再适用于他们。因此打耳光意味着最大的侮辱,就好像一个携带武器的人不配这样做或者不被视为自由民一样。但在此应当指出的是,如果这样的一记耳光是赏给已经准备好要挨打的人的,那么其看起来就并非是一项侮辱,因为仆人和仍旧不能携带武器者的标志,就是不得不任人打耳光。因此,准确地说,如果人们在争吵中相互打耳光,或者如果一个人在防御的时候被打了耳光,这就不属于那种性质的打击。由此就很难说清楚一个携带了武器并准备以此自卫的人如何能够将挨上这样一记耳光视为一项侮辱。

再者,人的尊严不应在遭遇这种侮辱的时候被冒犯,因为如果人的尊严任由心血来潮的鲁莽青年冒犯的话,那么其肯定会处于一种不稳定的状态。而任何在此种行为中所体现出的藐视,都可以由地方官通过对加害人重金处罚并令其公开表示对被冒犯者的尊敬而轻易地消除或补偿。至于通常被认为被这种冒犯——尤其是在针对士兵作出这种冒犯的时候——所伤害的勇敢的名声,这不是仅仅通过一场私下决斗或者面对面的斗殴就可以得到维护的。因为竭尽全力坚守国家所分配岗位的人才是真正勇敢的,这里有很多比起失控发怒、违反理性和国家法律或者涉险于毫无意义的打斗更加光荣的展示个人勇气的机会。但若正如时常发生的情况那样,在这样的一种冒犯中双方突然拔剑相向,并且在之后的打斗中肇事者被重伤或被杀死,那么对另一方施以相应的轻微处罚则是合理的。但是有的人所坚持的立场无论如何不应被允许,即不仅为了避免被打耳光而杀人是正当的,而且在一方打完耳光逃走之后另一方甚至还可以杀死他以恢复自己的荣誉。参见博赛尔对上引格老秀斯的论著所做的评论。

但还应当补充的是,尽管事情应当以聪明人的判断、而非大众的判断来衡量,然而,如果在任何国家中伴随着任何特殊伤害而来的是奇耻大辱的话,则那些对他人施加此种伤害的人应当被处以最严厉的惩罚,因为并不是所有人都有足够的意志力成为多数公民眼中被藐视和嘲讽的对象,而很多人在一个国家中的社会地位也不允许他们成为这样的对象。由此,我看不出地方官怎么能够有权利因为任何人在额外经历了那种与其在公众心目中的身份大相径庭的伤害之后长期被人们嚼舌头而对其恼怒不已。因此,想要禁止单个公民之间的决斗和搏斗的地方官,必须对那些打别人耳光或者对别人施加在国家内部被视为奇耻大辱的侵害的人制定最为严厉的刑罚。因为市民生活的习惯并不支持格老秀斯的这种高度概括,即,既然"荣誉是一种关乎卓越的意见,而忍受这样一项伤害的人体现了自身超凡的耐心,故而他就由此增加了而不是减损了他的荣誉"。参见《使徒行传》第十六章第 37 节。

◆◆◆◆◆◆◆◆◆

13. 从他的言论中,就可以理解是否一个被他人袭击者被要求尽可能的逃跑,且由此杀死袭击你的人是非法的,除非一切逃命的路径都被切断了。这里很显然,在自然状态下,加害人并不具有一项要求他人通过逃命来躲避其袭击的权利。因为即便在人们觉得三十六计走为上的时候,这也不是为了攻击者的利益,而是由于这样似乎对被攻击者更为便利;"脚底抹油就是野兔的武器"奥庇安在《论追逐》第四卷[第 35 节]中说。因此,既然国家在相互关系中处于一种自然状态,就没有人会坚持主张,比如说,当一个国王非正义地攻击另一个国王的时候,后者有义务尽可能地逃跑,以免其进行抵抗的话就会杀伤攻击者的部队。

但是在市民政府中,尽可能地逃跑总是比杀死加害人要好。事实上,这样的逃跑并不可耻,且即便对一名军人而言也并非是不体面的,因为逃跑不是出于懦弱或者不履行义务,而是由于理性在这种情况下找不到展示勇气的基础,如果在地方官可以轻易地让我免受他人伤害的情况下不必要地杀人的话。但我们必须补充一项逃跑的条件,那就是逃跑必须是便利的和可能的。一个人面对着攻击者必须总是转身逃跑或者在其面前退却是让人难以置信的,因为前一种情况让他暴露于伤害之下,后一种情况一不小心就会令其遭受危险,而一旦我们转过身来危险则更大;而当一个人一旦开始逃跑的时候,如果他碰巧已经无路可退或者攻击者跑得比他快的话,他就不能够如此轻易地获取一个应对对手挑战的位置。因此,当附近没有能够让人全身而退的避难所的时候,一个挺起胸膛直面攻击者而非在逃跑中任其追打的人,并未逾越正当防卫的界限。

最后,格老秀斯在前引书中还恰当地谴责了那些主张"如果有人散布某些被认为有损于我们在正直的人中间的地位的言论的话,那么就可以正当地杀死他"的人。就好像,若其所言为虚则没有更好的方法来消除由其诽谤所造成的污点,而若其所言为实则应当通过实施其他犯罪来掩盖罪行一样!柏拉图在《法律篇》第九卷[第 872 页 C]中的建议就好得多:

如果任何人杀死了一名未曾犯错的奴隶,原因是担心其泄露自己的某些卑劣和丑恶行径,或者出于某些类似的理由,在这种情况下应当让他承受谋杀罪的刑罚,就像他杀死的是一个公民一样。

~~~~~~~~~~~~~~~~

14. 上述结论是很容易从理性中推出来的。但是有的人在这一问题上产生了某些顾虑,原因是基督教的律令规定,尽管杀死一个无权威胁你生命的人是允许的,然而宁愿被杀也不愿杀人者的行为是更值得称颂的。其理由在于,如果一个人在实施某种道德罪行的时候被杀死,他将遭受堕入地狱的危险;以一项对别人施加的更大伤害来抵抗对我们施加的伤害似乎是不符合正义的。

尽管解决这一难题是别人的任务,那些希望提出此问题的人仍然应当认识到,在这样的一种惊惶或者与死亡的激烈斗争中,是没有闲暇时间让人仔细考量这种事情的,因为其所有念头都集中在如何避免迫在眉睫的死亡上面。再者,被攻击者并不总是有如此充分的准备以至于他并不觉得自己需要一些时间①来让自己的精神平静下来并为自己的行为举出原因;换言之,就好像瓦罗在《论农耕》(*On Farming*)第一卷第一章中所说的那样,"他可以在离开人世之前收好自己的行李"。

再者,我对他人灵魂的关心比他人对我灵魂的关心更多,看起来也几乎是不可能的。且由此,如果他不顾自己的灵魂威胁我的生命的话,我为什么要用自己最珍贵的、同样不可弥补的灵魂来为他的灵魂买单呢?普林尼在《书信》(*Letters*)第二卷第十封信中说:"任何人指望别人为自己做自己不愿做的事情,总的说来都是不明智的。"而在即便他当时没有被杀、但他是否能够至少逃脱谴责尚不确定的时候,情况就尤其如此。人们普遍接受这一观点,即在一个人因自身过错而面临那种只要其自己愿意就能够摆脱的危险的情况下,就不必再管他了。在这种情况下,至少就当下而言,只要他以这种主动的方式停止对我的攻击,就不会有危险威胁他的灵魂。而且可以肯定的是,这种观点赋予恶徒比起虔敬者更大的好处,因为由此人就似乎成了不可侵犯的,因为正直的人将总是被迫在邪恶的劫匪面前束手待毙,以免一旦反抗的话就将冒上永堕地狱的危险。对照格老秀斯所著书第一卷第二章第 8 节,以及第三章第 3 节。

---

① spacio 应为 spatio。——英译者注

284 命令我们"爱你的邻人犹如爱你自己"的救世主的话,似乎可以不那么借助爱的忠贞程度来解释,因为没有人会给予自己一种虚情假意或者矫揉造作的爱。而"如你自己"这样的表达似乎是一种意指某种真诚而强烈的爱的众所周知的表达方式。参见《撒母耳记》(上)第十八章第1节第3段。但这绝不能推断出,如果对自己和对邻人的爱不能同时满足,前者就要让位于后者。参见《哥林多后书》第八章第13节;西塞罗在《图斯库兰谈话集》第三卷[第二十九章]中说:

> 我们爱自己也爱那些跟我们最亲的人,这既是非常好的也是非常真实的;但是要爱他们胜过爱自己则是完全不可能的;在友谊中要让我爱朋友胜过爱自己或者让他这样做,也是不可欲的;因为这会给生活造成极大的混乱,并打乱所有的生活义务。

从《出埃及记》第二十三章第4节、第5节和《申命记》第二十二章第4节中也不能得出这一结论,即对邻人的仁慈应当优先于我们的自身利益。因为你绝对无法得出结论说,如果我们的驴也掉进沟里了,我们应当先救邻人的驴而非自己的驴;或者在我们对其施以援手的过程中所必定会耽误的事情比驴本身重要得多的情况下,我们有义务帮助他。更何况我们完全可以质疑,一个以上述方式袭击他人的人是否应当被归为邻人之列。参见《路加福音》第十章第29页及以下,从中可以认为,邻人就是每一个需要我们帮助并且我们有机会对其提供帮助的人。

拉克坦提乌斯在《神圣的制度》第六卷第十八章中因西塞罗在其《论义务》第三卷[第十九章]中作出如下言论而对其进行了批判:

> 好人就是那种尽可能帮人,且仅在被激怒的时候才伤人的人。①
> 噢,他是怎样地通过加上两个词就破坏了(拉克坦提乌斯说)一种纯粹和真实的情感啊!加上"除非被伤害所激怒"这样的话有什么必要呢?……他说一个好人若被激怒就将对他人实施伤害。如果他真的这样做的话,他就必定由于这种情况而失去一个好人的称谓。因为坏人更多地也只是以牙还牙而不是实施伤害。除了对非正义的难以忍受时常激起盛怒之外,产生于人之间的打斗和争吵从何而来呢?但若你以一种最为真实的、人间最值得称道的美德忍受非正义的话,它就会立即消失,

---

① 西塞罗的原话为:"除非被伤害所激怒。"——英译者注

就好像你往火焰上浇了水一样。

正如完全可以避免的不必要的斗争经常源于受害人的不愿屈服一样,邪恶者即便在屈服的情况下也并不总是能够改邪归正。而被基督徒们如此看重的忍耐之美德,也并不会构成一项承受任何的和所有类型的伤害的义务。不折不扣地实施自卫的人并非为了伤害他人而这样做,相反是为了保护自己生命才这样做,不是反抗错误的人、而是犯下错误的人在实施伤害。主张正当防卫是一回事,计划非人道的复仇则是另一回事。后者可以被视为与着手实施伤害的侵害行为具有同样的恶劣性质,而前者则不能被视为如此。

而且,那些坚称被杀比杀人更值得称道的人还补充了这一例外:"除非被袭击者较之袭击者是一个更加有用的人。"但可以肯定,在面临这样一种危险的时刻,几乎没有时间让自己对这些事情作出良好的区分,即谁对更多的人来讲是更有用的,那些依赖我的人是否比依赖袭击者的人更加需要我的服务。的确,这一点是显而易见的,即很多人的安全依赖于他、并有义务保护他人的人,不应为了姑息一项非正义的袭击而放弃自己的生命,即便他是一个如此淡定的人以至于会像皮索一样觉得"杀人与被杀都是同样痛苦的",参见塔西陀,《历史》第一卷第二十九章;因为他的死将破坏很多人的安全。可以肯定,那些旅行者的保镖;以及君王、军队指挥官和其他此种类型的人的死,将造成大量人的死亡。对于这些人,可以适用卢肯在其所著书第五卷[第685页及以下]中的话:"既然如此多的国家之生存与安全都依赖于你的生命,且如此伟大的世界已经令你成为其首脑,那么你想要去死就是残忍的。"还可以适用寇提斯所著书第九卷第六章[第8节]中亚历山大的朋友的话:"当你出于贪念如此频繁地让自己处于明显的危险中而忘记了这样一来你就将如此众多的追随你的公民的生命暴露在极大的危险之下的时候,上天如何能够保证你这个马其顿的中流砥柱和希望之星持久闪耀呢?"

但从中并不能得出这一结论,即如果没有人或者只有少数人的安全依赖于一个人,他就不能正当地杀死一名其生命可能关系到更多人的袭击者。要是这样的话一个没有结婚或者没有生育的人,将永远不能杀死一名拥有一个家庭的袭击者,因其会担心后者的老婆孩子将孤苦伶仃。而如果对自己的老婆孩子的关心不能够限制这样的一个人实施罪行,那么其他人为什么要以自己的生命为代价来缓解他们的难处呢?柏拉图在《法律篇》第九卷[第869页C]中所做的结论仍然是值得考虑的:"一个儿子,即便是在保护其生命、并且就要被自己的父母杀死的时候,也不被任何法律允许杀死赋予自己生命的父母,而是被要求忍受任何极端的后果。"他在[第869页C]中进一步补充道:"若在内斗或者其他类似情况下一个人杀死了自己的兄弟,如果是对方先动手且其只是自卫,就应令其无罪,就好像其杀死的是一个敌人一样。"但是他接下来在[第869页D]中补充的法律就具有其所处时代的缺陷:"如果一个奴隶在自卫中杀死了一个自由人,就应令其被置于与处罚弑父者同样的法律之下。"

〰〰〰〰〰〰〰〰〰

15. 从在此之前早已说明的内容中可以明显看出,处于正当防卫限度之内的杀人不会构成行为瑕疵,由此也就不会带来惩罚。这也不属于那种情况,即尽管行为本身有错,然而实在法出于对人类情感和愤怒所引发的暴力的考虑而允许免于处罚行为人,就像丈夫被允许杀死通奸者那样。参见《学说汇纂》第四十八卷第五章第20、22、24、32节,以及吕西阿斯《论厄拉托西尼之被杀》(*Pro Caede Eratosthenis*)第一章,从中他展示出雅典法律不仅允许杀死与人妻子通奸者,而且允许杀死与情妇通奸者;而事实上正如狄摩西尼在《驳亚里斯多克拉底》(*Against Aristocrates*)[第五十六章]中所展示的那样,任何被发现与别人母亲、姊妹或者女儿通奸的人都可被杀死,其中给出的理由是:

> 在保护那些我们为令其免受侵害和侮辱而与敌人战斗的人的过程中,法律甚至允许我们杀死自己人,如果他们违法侵害并激怒我们所保护的人的话。由于敌友并非依照种族而是依照人们的行为划分的,故而法律允许我们将那些实施敌对行为者视为敌人来惩罚。

在波斯人中间,如果一个人杀死了自己的妻子及其奸夫,他将得到一件崭新的衣服作为奖赏,参见奥利阿瑞斯,《旅行指南》(*Itinerarium*)第五卷第二十二章。还可参见瓦勒留·马克西姆斯所著书第九卷第一章第13节;安东尼斯·马特乌斯在《犯罪学》第三卷第三章第13节及以下部分对《学说汇纂》第四十八卷的评论。

因此,如果在某些地方,任何刑罚或者补偿被施加于那些正当地杀死某些人的人,那么这或者与因正当防卫而杀人无关,或者在没有理由的情况下被施加;抑或该刑罚制定的宗旨是让人们认识到在非正义的谋杀中让人流血是多么严重的一项罪行,因为即便是正当的剥夺生命似乎也需要满足一些条件。犹太人斐洛在《摩西的生活》(*Life of Moses*)第一卷[第五十七章]中写

道,摩西据说

> 命令祭司长净化那些刚刚结束与敌人的战斗而返回的人的心灵;因为即便杀死国家的敌人是合法的,但杀人者仍然因为让一个跟自己一样源于一个最高的和共同的造物主的人流血而显得有罪,尽管自卫是正当的,而且他也受到了攻击;出于这些理由,那些杀死敌人的人需要净化仪式以荡涤那种被视为污秽的东西。

但是涉及短暂流放惩罚的庇护之好处,似乎并不有助于通过杀死加害人而保护了自己生命的人,而仅仅有助于非出于本意、若表现出应有谨慎的话本可避免该后果的杀人者。《民数记》(Numbers)第三十五章;《申命记》第十九章;《历代志》(上)第二十九章第3节与自卫毫无关系,而大卫被禁止修建庙宇似乎并不是由于他从战争的杀戮中沾上了任何血污,而是由于他这个从战争中确保了自己无上荣耀的人不应剥夺其子通过达致和平获取荣耀的机会。

欧里庇德斯《奥瑞斯忒斯》(Orestes)[第820节][荷马《奥德赛》第十一卷第109节等]的评注者指出,那些刚刚杀了人的人要在事后对着太阳举起自己的剑以证明其无罪,就好像"洞察和听闻一切"的神被呼唤来为其行为作证似的,乃是一项古老的希腊习俗。而且这些人还需要作出某种补偿并被流放一年。一个此种流放的例子就在柏拉图的《法律篇》第九卷[第865—866页]中;参见《学说汇纂》第四十九卷第十九章第16节第8段,以及前引格老秀斯《〈查士丁尼法典〉赞》中的论述。而正如狄摩西尼在《驳亚里斯多克拉底》和阿里斯托芬所著《骑士》(Equites)的评注者所告诉我们的,在雅典人中,坚称自己乃是正当地杀人的谋杀嫌疑犯将在一种被称为德尔斐尼姆的、源自阿波罗·德尔斐尼斯的特殊法庭中受审。还有在埃塞俄比亚人中,任何实施了一项过失杀人行为的人都会被流放,直到其通过修行而得到净化。参见斐洛斯特拉图斯,《图亚纳人阿波罗传》第六卷[第五章]。在维吉尔的《埃涅阿斯纪》第二卷[第720节及以下]中,埃涅阿斯说:"刚刚从一场血腥的战斗和杀戮中走出来,就去触碰(圣物),将令我犯下十恶不赦之罪,除非我已经在一条流淌的小溪中洗净了①自己。"在南特会议所制订的《教令》第18条中,教皇福莫斯②认为应当这样处理该问题:

---

① Abulero 应为 Abluero。——英译者注
② Fromoso 应为 Formoso。——英译者注

若任何人在偶然中无意中杀了人,让他忏悔四十天并只靠面包和水为生,这段时间过后两年内让他不得参加信众的公开祈祷,不得领圣餐或献祭;两年之后让他在公开祈祷中献祭,但是不得领圣餐;五年之后让他领圣餐,但是可以根据神父的自由裁量让他继续吃素。

但即便是该教令也不涉及自卫问题,而且这可能与其说是正当的不如说是残酷的。同样的,《伦巴底人的法律》(*Law of Lombards*)第一卷第九题第19章,以及《查理大帝法令集》(*Capitularies of Charles*)第四卷第二十七题、第七卷第二百九十五题中的事项,似乎也不一定需要被适用于属于正当防卫范围的或者确有充分理由采取如此严厉手段的蓄意杀人行为。德·莫雷在《学说汇纂》第一卷第一章第3节中也说,法国法官们至今以最大的谨慎遵守着这一规则,即这种案件中的被告人如果不同时被要求对穷人作出特殊贡献,或者有时同时为死者的灵魂作出友爱的献祭,就几乎从来不会被宣告无罪。尽管认为实施此种蓄意杀人的必要性应当成为正直的人悲痛的原因是合理的,然而这最后的一项规则似乎还是带有某种迷信的意味。

◆◆◆◆◆◆◆◆◆

16. 对个人生命和肢体以及一旦失去就不可弥补的个人美德的保护,具有如此的自利性以至于其不受有关安息日的实在神法的限制[参见《马卡比书》(上)(*I Maccabees*)第一章第32节及以下;约瑟夫,《古犹太人习俗》(*Antiquities of the Jews*)第十二卷第八章]。而那些怀有不同想法的人并非没有理由在普鲁塔克的《论迷信》和约瑟夫在其前引书第十二卷第一章中告诉我们的阿加沙契德斯所做的冷嘲热讽面前保持立场。还可参见格老秀斯对《马卡比书》(上)第二章第37节的评论。由此我就奇怪,约瑟夫怎么能够在其《驳阿丕安》(*Against Apion*)[第一卷第1050页E]中觉得,他们将自己的生命和国家的自由之价值置于遵守此项神法之价值之下是多么值得称道的一件事;除非你仅将该判断适用于他们的意图。

对于那些肯定可以恢复且其对人也并非绝对至关重要的财产的保护,可以提出这一问题,即是否可以采取极端措施以保护财产。很多人会赞同塔格西来斯在普鲁塔克的《亚历山大》[第五十九章]中所说的话:"亚历山大,如果你不来劫夺我们的水和生活必需品等这些理智的人不得不拼死保护的东西的话,我们又怎么会相互交战呢?"欧里庇德斯在《哀求者》[第775节及以下]中说:

> 因为这种损失
> 乃是凡人永远无法弥补的,
> ——即人的生命,即便财富是可以再度获取的。

所有民族对这一问题的判断和习惯都是明确的,因为他们允许杀死[①]侵害人来保护自己的财产。而且可以肯定的是多数战争都是为了掠夺他人财产而非他人性命才爆发的;而如果敌人为了避免刀兵相见而急于宣称自己只是来劫财的,将显得荒谬可笑。因此可以肯定,杀死图谋盗窃或者毁坏他人财产的人是无害的,即便这些财产比不上人的性命。因为在一种自然状态之下,任何在恶意之下威胁实施任何伤害的人都将成为敌人,由此后者本身不受任何法律的保护去免遭极端后果。且既然他人在剥夺我的财产方面并不较之剥夺我的性命方面具有更多的权利,故而我在保卫财产方面并不较之保卫生命方面具有更少的权利。而且,既然我的生命缺了财产就无法维持,试图掠夺我的财产者也就侵犯了我的生命权。而且很显然的是,除非市民社会和人类有权力以极端手段来避免人们在珍爱中苦苦寻求的东西被夺走,否则就绝不会拥有安全与和平。

那些在此问题上以极为沮丧的心态自寻烦恼者将他们的情况建立在两点假设之上:第一,一项正当的惩罚应当总是与罪行如此的相当以至于罪犯所被剥夺的财产应不高于另一方所遭受的伤害或损失。这将在别处被说明是错误的。第二,在保卫自己生命财产的过程中加诸于不正义的侵害人的损害被恰当地称为惩罚,且由此应当依据报复正义的规则来实施。这也是错误的。因为一项基于主权自上而下施加的惩罚及其程度都是基于公共利益的考虑而设定的。但是自卫早于公民主权并且早已存在于互不隶属的人们之中;并通过人们保护自身安全的本能以及保护自身财产的必要性来得到适度控制。然而在那些生活在同一个国家的人们中间,那种天然的自卫许可受到了显著的限制,因为如果每个人都被赋予对任何类型的伤害以牙还牙的权利的话,则国家的内部稳定将无以为继。因此公民只有在市民社会的守护者以及国内法不限制其权利的情况下才能够使用武力来自卫。尽管一个公民可以被允许在击退一个攻击他的公民的时候,对侵害人施加比其所威胁要施加于他的伤害更为严重的伤害[据狄摩西尼的《驳亚里斯多克拉底》(第60节)记载,在雅典人中有这样的一项法律,根据这项法律"若任何反抗非法劫夺或者暴行的人当场杀死了侵害人,法律规定这一杀人行为不应受到惩

[①] necemusque 应为 necem usque。——英译者注

罚"];然而这里的规则仍然是,作为私人的公民不能在反抗指向可补偿的事物的伤害的时候使用极端手段。因为通过公权力的实施就可以毫不费力地实现补偿,但是在国家之外要从不情愿的人们中间获得补偿就只有通过战争了。因此我们没必要对格老秀斯所著书第二卷第一章第 11 节中通过对自卫者的同情和对掠夺者的憎恨来在被盗物品和盗贼的性命之间取得平衡的说法那么热心。除非我们愿意附和博赛尔在前引注中所说的观点,即,既然在这种情况下决定何为法律范围之内何为法律范围之外往往是十分困难的,那么自然纵容并且忽略了这种类型的蓄意杀人就并非是让人厌恶的。如此一来,在国家内部,一个人若是不逾越国内法所设定的自卫界限就足够了。若其逾越了界限的话,也并非构成了一项针对侵害人的伤害,而仅仅构成一项对国内法的侵犯。

但若一个人因偷盗一件可补偿的东西而被杀的话,这难道不会成为一项违反宽容原则的罪孽吗?在这一点上我们觉得,只有在能够合理预期通过这些手段,那些开展敌对行动的人会得到感化、忏悔其恶行并回归和平生活的情况下,才存在宽容的空间。当这一期望破碎之后,对敌人宽容就是对自己残酷了。但如果理性劝服我,对一件没什么价值故而不值得关注的财产不应当如此狂热地保护的话,那么这并非出于对小偷和强盗的任何照顾,而是因为我不想为一件无甚价值的东西大费周折,或者是因为我不想显得如此小肚鸡肠和贪得无厌。

〰〰〰〰〰〰〰〰

17. 在此还应当对《出埃及记》第二十二章第 2 节中所给出的最为著名的法律做一些讨论,该法涉及的是杀死夜盗者的权利,而不涉及杀死白天行窃者的权利。这与梭伦所制订并由此为狄摩西尼在《驳提摩克拉提斯》(*A-gainst Timocrates*)[第二百十三章第 735 页]中陈述的一项法律颇为相似:

> 如果一个人在白天盗窃了价值超过五十德拉克马的财物,他可以在最后时刻被放走,而如果他在晚上盗窃了任何东西,则另一方选择在追捕中杀死他或打伤他或者在最后时候放走他,都是合法的。

雄辩家乌尔比安[在对狄摩西尼的《驳提摩克拉提斯》第二百十三章第 735 页第 1 段第 28 行所做的旁注中]给出了该法的理由:"因为在白天人们可以叫人帮忙,而在晚上则不能。"柏拉图在《法律篇》第九卷[第 874 页 B

中说:"如果一个人发现一个贼摸黑溜进他的房屋行窃,然后抓住并杀死了他[……]则其应当是无罪的。"同样的法律规范也写入了《十二铜表法》(Twelve Tables)[布农斯版,第八卷第十二章]:"若任何人夜间行窃并被杀,则为罪有应得。"盖尤斯在《学说汇纂》(Digest)第九卷第二章第4节第1段中评论该法道:"《十二铜表法》(Twelve Tables)总是允许任何人杀死被捉住的夜盗者,只要当事人以一声呼叫表示了其意图。"雅克·戈德弗鲁瓦在《论十二铜表法》(On the Twelve Tables)中指出那些关于"呼叫"的最后几个词是特利波尼安加进去的。这几个词并不在《十二铜表法》之内得到了西塞罗《为米罗辩护》[第三章]中的话的映证:"《十二铜表法》允许以任何方式杀死夜盗者,但只有在使用武器自卫的时候才能在白天杀死强盗。"M.塞涅卡在《论争端》(Controversies)第十卷[第六章]中说:"允许杀死夜盗者的法律不管以何种形式出现,其所指的都不仅仅是那个已经被宣判有罪的盗贼,而纯粹就是一般意义上的盗贼。"在格利乌斯所著书第十一卷[第十八章]中,他讲述了德拉古是如何对盗贼施以极刑而梭伦是如何只要求双倍返还财物,并补充说罗马行政官①在严厉的前者和宽大的后者之间采取了一种折中的做法:"他们允许处死被抓了现行的盗贼,如果其在夜间实施掠劫,或者如果,当其被抓的时候使用任何武器来反抗的话。"《十二铜表法》仅在盗贼在白天使用武器放抗抓捕的情况下才要求呼叫[布农斯版,第八卷第十三章]:"若有人在白天实施盗窃并使用武器抗拒的话,叫上其他公民并高声呼喊。如其被杀死,则无人应受处罚。"②比较《学说汇纂》第九卷第二章第4节第1段,在其中特利波尼安以同样的方式加入了"同等的"这个词。尽管正如居雅士在《观察报告》(Observations)第十四卷第十五项观察中所承认的,在当时并且在专家的权威之下,该法的严厉性被部分地降低了。这从乌尔比安《论诏令》(Ad Edictum)第五卷中可以清楚地看出,其话语完整地保存在由皮埃尔·毕都首先出版的《摩西法与罗马法汇编》(Collatio Legum Mosaicarum et Romanrum)中。这些法律以一种缩略的方式出现在《学说汇纂》第九卷第二章第5节中。还可参见《学说汇纂》第四十八卷第八章第9节。

  作出此番改变的原因可能是,有的人会冲出自己的房屋袭击路人,之后又声称自己是在他们实施抢劫的时候杀死他们的;或者是由于不存在那么合适的机会去打劫紧挨在一起并守卫森严的房屋,以至于若是没有屋主的某种

---

① Decem viros 应为 Decemviros。——英译者注
② 《十二铜表法》中唯一可以确定的词语是:在白天[……]若其使用武器抗拒[……]发出呼喊。——英译者注

过失抢劫就几乎不会发生。比较贾斯丁所著书第二卷第二章第 6 节。因此居雅士在前引书中认为《十二铜表法》中的这一规则在城镇中已经不再有效，而仅在乡村有效，他将自己的主张建立在《查士丁尼法典》第三卷第二十七章第 1 节的基础上。尽管从以下的原因中可以明显地看出，这最后的规则不涉及偷鸡摸狗的盗贼，而仅涉及打家劫舍的暴力劫匪："威胁杀死他人者将被杀，他们将自食其果。"然而，这一经常被引用的法律在盖尤斯所著书第二十卷第一章[第 8 节]中由于被赛克斯都·凯奇利斯适用于"夜盗者致命的暴力威胁"而被错误地解释了。

而对我们来说，在夜盗者与白天的盗贼之间作出区分的理由主要是这样的：白天的盗贼可以被抓住，失窃的财物也可以追回，但对夜盗者来讲，一旦其逃离屋舍，上述结果就不太可能出现；盗贼在夜间很难被认出，即便其被认出也很难被定罪，因为要在人们的卧室找到目击证人是很不容易的。但在这一主张之中，对多数人造成最大困难的似乎是这一假设，即既然有关法律并未规定对盗贼处以极刑，那么允许私人主体对盗贼采取更严厉的措施而不是让最高国家权力机关自己来采取这些措施，则是荒谬的。对此我们可以回应说，所有关于处罚盗贼的法律都预设了一个前提，就是盗贼被抓获、失窃财物被追回或者得到补偿。当这一前提能够实现的时候，这些法律认为一项视其国家的具体情况而定的双倍或者四倍的罚金，就足够了。但从中并不能得出这一结论，即由此，在可能没有补偿的情况下，法律将不允许公民享有较之自然自由状态下的更大的特权。因为立法者在设定国家刑罚的时候，并不觉得有必要遵行由自然状态下的战争法所赋予的特权。因而在有的国家通奸并非重罪，但丈夫却被允许杀死被捉奸在床的通奸者而不负刑事责任。而且，我估计无人会质疑此规定，对那些享有自然自由的人来说，红杏出墙所造成的伤害乃是一项发动战争的充分理由，而每个人都知道战争允许我们做什么。而就通奸罪来说，这些法律仍然不愿意将对该罪的惩罚扩展到允许发动战争的程度。

你可以将理查德·坎伯兰《论自然律》第五章第 26 节中的观点适用于这一问题。由于护民官时常无法认定此类性质的侵害，故而侵害人时常逍遥法外；出于这一原因，每当能够实施一项刑罚的时候，该刑罚就会异常严厉，以便越是有人因逍遥法外而胆大妄为，就越是要用极刑的恐惧来压制此类行为。但就罗马法上的主张来讲，一名白天行窃的盗贼"如果使用武器抗拒"，就可以杀死他，这显然意味着，我不仅可以在盗贼使用武器攻击我的时候杀死他，而且可以在当我上前夺回被盗财物而他想要使用武器抗拒的时候杀死他。

18. 从上述论证中可以明显看出,有的人提出这一点作为这一有关夜盗者的法律的制定依据是无用的,即若非如此一旦盗贼摸黑逃走其罪行就将得不到处罚。即便在格老秀斯所著书第二卷第一章第 12 节中也存在一些让人不敢苟同的观点。他说:"无人应当仅仅由于财产问题而被杀乃是立法者的意图。"我们无法从那些提及入室盗窃者的法律中推出这一结论。的确,有的时候在夜盗中会出现这种情况,若要保护我的财产,我的生命也会受到威胁。在这种情况下杀死盗贼从两方面来讲都是恰当的,而我的清白不会因这一点而受到损害,即我由于意图保护或夺回自己的财产而明显地让自己置身于危险之中。因为我所从事的是一件合法的且实际上非常必要的行为,事情并非因我的过错而起,从中没有什么可归咎于我。而如果一个人根本不被允许为了保护自己的财产而杀死侵害人的话,我就看不出一个并非鲁莽行事的人在保护自身财产的过程中令自己置身于这样一种不是杀死别人就是被别人杀死的危险之中,如何会是无罪的了。正如一个当受到挑衅就主动①要求决斗的人为其滥用自卫权辩护是徒劳无益的一样。

然而格老秀斯为该法提出的另一个理由似乎并不足够充分:"在夜间获取证言很困难,因此,如果发现一名盗贼被人杀死了,那么很简单,应当采信宣称出于自卫杀死盗贼的那个人的证言,尤其是如果在尸体旁边发现致命武器的话。"即便我们承认,这一希伯来词语可以被理解为"一件开刃的器具",然而如果这就是该法如此规定的理由的话,这样说将会更清楚,"如果他被发现手持凶器的话"。尽管这并不是说,若一名盗贼被发现持有武器,就意味着他意图谋财害命。但从《十二铜表法》中的该项规范中也不能得出除非盗贼使用武器抗拒否则就不能在白天杀死他的结论;因此,这里存在一项针对夜盗者的假设,即其确实使用了武器。相反,该法允许"以任何方式"杀死夜盗者。在《学说汇纂》第四十八卷第八章第 9 节中,"尽管希望遵守该条规范,但若其放过盗贼则不能保证自身安全"这样的话在以后的时代被添加到《十二铜表法》的这一规范中。在做此添加之前,该法并未体现出这个意思,即一个杀死夜盗者的人犯有谋杀罪,即便眼前有证言证明杀死夜盗者的人的生命并未受到入侵者的威胁。处女在野外被强暴的事例与这种情况毫无关系。因为在这种情况下法律明确要求认定其遭受了暴力侵犯,而在前一种情

---

① ultero 应为 ultro。——英译者注

况下,并未发现对于个人生命的任何可预见的威胁。而且,盗贼之道,与其说是使用武力,不如说是溜之大吉。但我们也承认,如果一个人抓住了一名夜盗者,在其便利的情况下,一旦其财产得到了保护就将盗贼扭送地方官,这种做法是比不必要地杀死盗贼更为仁慈的。还可参见格罗奈维根在《论废止的法律》(*De Legibus Abrogatis*)中对《学说汇纂》第九卷第二章第4节的评论,他在其中指出,荷兰法不再要求人们通过发出呼叫来通知众人自己发现了夜盗者。比较《西哥特人的法律》第七卷第二题第16章;《勃艮第人的法律》(*Law of Burgundians*)第一卷第十六题第1章和第2章;《弗里西亚人的法律》(*Law of Frisians*)第五题;《西西里宪法》(*Constitutions of Sicily*)第八题;《查理大帝和路易大帝法令集》(*Capitularies of Charles and Louis*)第六卷第十九章。

❦❦❦❦❦❦❦❦

19. 最后的问题是,一个首先对他人了实施伤害的人是否能够正当地反抗寻求报复者。有的人对此作出了肯定的回答,理由是鲜有人在根据自己的判断对伤害实施报复的时候,会按照与受害相当的比例来实施报复。但我们认为此种声明应当做得更为精确才好。依据自然法,伤害他人者将被要求作出补偿,而在其作出补偿并保证不再重犯之后,每个人都应当对这个祈求饶恕并表示悔改的侵害人给予宽恕。昆体良在《雄辩》第五卷[第九章第18节]中说:"仇恨的了结总是值得尊敬的;而且,只要仇恨除了实施伤害的欲望之外别无他物,一种向着更好事物的心意之转变就总是值得称道的。"因此马可斯·安东尼斯[奥勒留]在其所著书第一卷第7节中称赞了自己乐于"表示自己有意与那些失去理智而侵犯我的人和解,并愿意与他们在中途达成和解,只要他们看起来愿意收手"的做法。还可参见上引书,第十一卷第8节;塞涅卡,《论怒》第二卷第三十四章;第三卷第二十六、二十七、四十二章。因此,在最为推崇道德哲学的中国人中间,无人会如此残忍地意图用杀人来报复一项自己所受的伤害,而任何在他人面前忍让、容忍的人都被视为谨慎而杰出之人。参见诺伊霍夫,《中华帝国志》(*Descriptio Sinae*)第一章。因此拒绝补偿并反抗要求归还财物者,加重了对他人的伤害。而拒绝正当的补偿条件并致力于完全依靠武力来实施报复的人,是在准备不正当地使用武力并且可以被正当地抵抗。比较李维所著书第九卷第一章;格老秀斯所著书第二卷第一章第18节以及博赛尔对上述内容的评论。由达维拉在《法兰西内战》(*De Bello CIvili Franciae*)第十五卷第1027页中所描写的私战,可以作为对这一点的一项阐释。

第六章　必要性之权利与特权

1. 必要性的种类
2. 必要性之权利与特权的基础
3. 必要性赋予人何种针对自己和直接针对他人权利
4. 必要性允许何种间接针对他人的权利
5. 必要性允许何种针对他人财产的权利
6. 必要性允许何种针对他人财产的权利
7. 必要性允许何种针对他人财产的权利
8. 对自我财产的保护允许我们具有何种针对他人财产的权利

1. 出于必要是所有人都挂在嘴边的一个词,因为其不受法律的约束,并被视为构成了一项对人类所有法律规则的例外,且其附带着实施诸多违反法律并被禁止的事情的权利。M. 塞涅卡在《论争端》第四卷第二十七目中说:"必要性是对让人遭殃的指控的有力抗辩。"卡利马什在《提洛斯岛赞》(*Hymn to Delos*)[第 122 节]中说:"必要性犹如一位伟大的女神。"还可参见兰图鲁斯在李维所著书第九卷第四章中的言论。这种权力何时产生,其范围如何,是一个值得仔细研究的问题,尤其是由于有的学者显然在确定行为的道德性的时候很少或者没有考虑其效力。

首先应当指出的是,西塞罗在《论创造力》第二卷[第四十七—四十八章]中将必要性划分为两种类型:即"无法以任何理由抗拒、既不能改变又不能削弱的纯粹的和绝对的必要性;还有就是,有限的必要性"。后者又分为三种类型,即涉及**崇高行为**的必要性(这与普林尼在《书信》第一卷第十二部分中所说的"对于聪明人来讲,最大的激励就在于必要性的作用"颇为类似)、涉及**安全**的必要性以及涉及**便利**的必要性。在这三种类型的必要性之中第一种是"最高的",第二种是"仅次于前者的,而第三种,即出于便利的必要性,是最为无关紧要的",且其永远不会因前两者的满足而满足。① 尽管崇高行为优先于安全,然而人们时不时地会选择后者而非前者,如果在出于对安全的考虑而在当下对崇高行为的背离能够在以后的某个时刻通过美德和正义恢复的话。当这样做是不可能的时候,就应当选择崇高行为。还有人会争辩说,每当选择出于安全的必要性而非出于崇高行为的必要性的时候,其都不是那么容易用任何关于正义的规则,或者直接用诸如沉溺、怜悯、仁慈此类的词来表达的人类弱点作为借口来辩护的;而出于便利的必要性不论是辩护还是找借口在力量上都要弱很多,除非有关问题被提交到一个更为关注自身利益并且带有偏见、而非关注正义和智慧的法官面前。

但在这个问题上,我们首先关注的是去探寻,关于安全的必要性具有何种将某些行为从一般法律义务中解放出来的力量。换言之,在我们非出于自身过失而面临以其他任何方式都无法保证自身安全的情况下,我们是否有时可以做法律所禁止的事情,或者不做法律所要求的事情。在此,看起来任何必要性所允许的权利或特权或纵容,都不过是源于这一事实,即一个人难免要竭尽全力地保护自己,因此推定一项超过其自我保护热情的义务被加诸于其身上,并非易事。

❀❀❀❀❀❀❀❀

2. 当然,没有虔诚的人会质疑,作为我们生命的绝对主人、且只是出于其自愿将生命暂借给我们的神,有权为我们制定一项如此严格的以至于我们宁死也丝毫不能违背的规则。根据《马卡比书》(下)第七章,犹太人相信这样的一项法律是关于禁食猪肉的。而这是完全正确的,因为吃猪肉被视为等同于拒绝真实的信仰。若非如此,在没有其他食物的时候吃猪肉以免饿死,就不是一项罪恶。而同样地,国家权力也时常对个人作出严格的要求,并让他们宁死也不能背离这些要求。然而,实在法上的义务并非总是被假设具有如此的拘束力。对于任何通过这些实在法或者将特定的命令引入人们之间的人而言,既然他们的目标是通过这些法律和制度增加人们的安全或者便利,那么他们就应当总是预见到人性的弱点以及人类会如何禁不住去排斥任何倾向于导致其毁灭之事物。出于这一原因,多数法律、尤其是实在法,都将必要情况作为一种例外来处理,或者在一项义务伴随着某种对人类本性具有

---

① 这只是对西塞罗(所言的两种类型之中……)略作阐释的这段话的必要解释,巴贝拉克就是这样理解的,尽管其未作注释。换言之,普芬道夫原本用来限定与第二种类型所作比较的、涵盖前两种类型的**优先**的一词,显然被印者错印为**先验**的了。——英译者注

毁灭性的罪恶或在该义务将对人类社会的普遍稳定性造成巨大损害的情况下，不施加义务；除非这种情况明显地包括在有关事项或其本质之中。由此，在当下必要性并不会导致一项法律被直接违反，或者一项罪恶被实施，相反，必要性的情况未被包括在普遍适用的法律之中，乃是出于立法者仁慈的思想以及对人类本性的考虑。体现这一主张的一段话是《马太福音》第十二章第2节第4段。还可参见卡佐邦，《巴罗尼斯之践行》(Exercitationes ad Baronium)第一卷第9部分。《马太福音》中的话显示，该法的要点和依据并不要求作出一项如此严厉的推断，即人就是饿死也不能吃供神用的面包。帕拉迪乌斯在《论农业》(De Re Rustica)第一卷第六章中说："必要性让人没有节假日"。

不论在实在法中间这种妥协是多么轻易地得到了允许，其是否能够延伸到自然法；尤其是自然法所要求或禁止去做的事情能否在必要的情况下受到抑制，都是一个值得深入探讨的问题。对于第一个问题，肯定性指令的性质要求，为了让人们不时地对某些行为负有履行义务，其以机遇、事件以及实施行为所必要的能力为前提；而这其中并不包括那种不自我牺牲就无法实现之物，因为人们都认识到对自身关爱的消除是不可能的、超出常人忠诚度之外的事情。因此，除非在法律中明确说明，或者从行为实施的特征中可以看出，宁肯牺牲我的性命也不能忽略某项行为，肯定性的法律通常被认为是允许一项出于极端必要之例外的，尤其是当个人对身处此种必要情况之下并无责任的时候。相应的，如果我自己需要充饥，就不应将面包给一个快要饿死的人。参见《哥林多后书》第八章第13节。如果某人要被淹死，而我若去救他就自身难保，我就没有从水中把他救起来的义务。塞涅卡在《论利益》第二卷第十五章中说："我必须给予其所想要的，但仅在我自己不想要的情况下；我必须救他一命，但仅在我不会搭上自己性命的情况下。"

但就否定性指令而言，有一点是首先可以明确的：没有任何直接倾向于冒犯神的行为能够被正当地实施；比如，一个人不能为了逃避死亡而亵渎或者否认神，并放弃对神的信仰与遵从。因为考虑到神能够轻而易举地将比起自然死亡更为恐怖的灾难降临到人的头上这一原因，神也很可能会给予为了神的荣耀而献身者更大的回报。卡普里德斯①在《文集》(Anthology)第一卷〔第九卷第五十二章第5节〕中说："真正正直的人不会失去其因虔诚而得到的回报。"为了避免一项更小的罪恶而犯下冒犯神之荣光的罪行是错误的，尽管在痛苦的折磨面前屈服的人肯定是值得同情的。但应指出的是，就那些

---

① 更好的称呼是卡菲里德斯。——英译者注

涉及人类相互义务的法律而言,存在一些依某种人类行为或制度而定的自然法戒律,任何人考察一下其宗旨就会清楚地看出,这些行为或制度不应被扩展至极端必要的情况之下;且由此,在该法中也存在着同样的例外。还应当指出的是,一个人不能被直接说成是通过某种行为违反了法律,除非该行为是被正当地归于他的。

298　　一项行为可以通过两种方式从一个人身上产生,即作为主要行为人或者作为辅助行为人。后一种情况还包括两种类型,即其除了在主要行为人的强迫之下而违背其自身的自然倾向实施行为之外没有作为,如果其具有自然倾向的话;或者尽管其受到主要行为人的推动和指引,但仍然在自身内在冲动的作用下实施了某项行为。且由此,如果一个人在某些行为中以第二种辅助行为人的方式行事,那么该行为就不仅会被归于主要行为人,而且还会被归于这个人自己,就好像这是他自己的行为、是因他而起的一样。但是,如果一个人以第一种辅助行为人的方式行事,那么该行为将仅被归于主要行为人而不被归于次要行为人。这种情况下的进一步要求将在下面作出更为充分的阐释。

〰〰〰〰〰〰〰〰

3. 在这些开场白之后,让我们来关注在此背景下被经常讨论的特定问题。毫无疑问,尽管一个人总体上并不对其身体具有随意毁灭、破相或者损坏的权利,其仍然被允许在遭受不可治愈的病毒侵袭的时候、或者在其肢体因伤而丧失功能的情况下,为了保全整个身体、或者为了好的身体部分不受感染、或者为了身体其他部分的使用不受丧失功能部分的影响,而截去某个身体组成部分。这在前面阐述一项最高的必要性是否允许存在某种凌驾于生命之上的权利,即一个人是否可以安乐死以避免屈辱的死亡或者与之相伴的巨大折磨的时候,已经讨论过了。现在让我们来讨论必要性允许存在何种凌驾于他人之上的权利这个问题。

　　在极度饥饿而所有其他维持生命的方法都缺乏的情况下,以非被我们杀死的人的尸体为食,当然是一件值得同情而本身并非有罪的行为。但是在那样的情况下就很难作出明确的判断了,即在饥荒中一定数量的人被自愿地或者通过抽签选取的方式被杀死,因为这涉及关于杀人的法律与难忍的饥饿、不听说教的肚子,以及不采取这种最悲惨的权益之计大家都得死这一事实之间的冲突。荷马在《奥德赛》第七卷[第216—217节]中说:"没有什么比食人者凶残的肚子更加无耻的了。"参见《列王记》(下)第六章第28—29节;

《申命记》第二十八章第 53 节;《耶利米哀歌》第四章①第 10 节;约瑟夫,《古犹太人习俗》第九卷第二章;《犹太战争》第六卷第二十一章;狄奥多·苏格罗斯所著书第三卷第四十章。还可参见那七个英国人的故事,当他们被赶到远洋中,水和食物都已耗尽的时候,就用抽签的方式来选择其中一个人并杀死他,抽签结果无疑是不可反对的。通过饮其血噬其肉,他们缓解了难以忍受的饥渴,而他们在上岸之后被一名法官认定为不构成谋杀罪。齐格勒在评论格老秀斯所著书第二卷第一章第 3 节的时候,从尼古拉斯·图普尼的《临床观察》(*Observations Medicae*)中引用了这个例子。他认为"这对水手而言是十恶不赦的罪行,因为他们是在共谋杀害他人,并且有可能的话,也是在共谋杀害自己,并将身体所面临的危险置于精神所面临的危险之上。任何人都不应当如此轻视自己的生命以至于让自己为他人充饥。而其他人就算是饥饿难耐也不能如此野蛮地对待其同伴"。但也可以回应说,坚持认为那些觉得只有抽签牺牲一个人才能让其余的人存活否则所有人都得死的人是"谋杀共犯",有些过于严厉了。参见《约拿书》第一章第 7 节及以下。由此他们不必担心这样的一项行为毁灭了其灵魂。在不具备任何此种必要性的情况下丢弃自身灵魂者就是太过轻慢自己的灵魂了。而那种为了全体安危而被牺牲者选择自刎身亡以免遭受比被人砍头更大痛苦的情况,也算不上是残酷的。

我将审视这种例子的另一种情况。在船舶失事的情况下,如果登上救生舟的人超出了其载重限度,且在这条舟上无人享有任何特殊的权利,难道不应该以抽签来决定谁应该被扔进水里吗?难道一个拒绝遵守抽签结果的人不应被不假思索地扔进水里,理由是他是在断所有人的活路吗?但对于这种极端不寻常的例子,我们目前暂不做定论。

∽∽∽∽∽∽∽

4. 以下一种情况更为经常地发生:两个人面临着一种对其生命的真实危险,除非其中一个人作出某些举动否则两个人都得死,因为如果不这样的话另一个人终究还是会死,现在只不过是死得早一些而已。或者出于必要性我们间接地让他人面临死亡或者严重损害,我们的意图不是伤害他,而仅仅是为了实施某些可能令其从中受害的行为;但我们仍然更宁愿以某种其他方式来满足我们的必需,并尽量减少损害。我们认为这样一种性质的伤害他人

---

① 五应为四。——英译者注

的行为并未犯下任何罪恶,故而经历此伤害的人应将其视为一个由环境所造成的厄运并予以接受,并且不应对加害人产生任何敌意。下面是一些例子:如果会游泳的我与另一个不会游泳的人一同落水,通常情况下他会抓住我的胳膊,而若我没有足够的力气让我跟他两个人都爬上岸,那么谁会指责说我用力推开他以免跟他同归于尽有什么过错呢,即便我原本能够让他多漂在水上几分钟?同样的,当船舶失事的时候,我抓住了一块不足以容纳两个人的木板,另一个朝我游来的人也想爬上木板,而这显然会让我跟他一同沉没,那么很显然,没有什么会阻止我使用各种暴力手段来把他赶下木板。还有,当一名意在杀戮的敌人在战斗中对两个人紧追不舍的时候,如果两人不能同时获救的话,那么其中一个人就可以割断桥梁或者关闭城门而让另一个人的生命面临直接的威胁。这样一种必要性通常出现在战争中,为了保存大部队,小部队必须被牺牲。阿里安在《亚历山大远征》(Anabasis of Alexander)第六卷[第二十五章]中说:"在对全军的热忱中,对个人的关心被必要地忽略了。"维吉尔在《埃涅阿斯纪》第九卷[第 722 页及以下]中说:"当潘达洛斯看到他们的结局会是如何、何种罪恶的巧合已经改变了当天局势的时候,他凭借自己宽阔的肩膀所爆发出来的力量,全力转动铰链,从后面锁上了大门,将很多朋友关在门外,并任他们去拼命厮杀。"同一作者在《埃涅阿斯纪》第九卷[第 883 页及以下]中还讲述了,当拉丁骑兵被击败的时候,"有人关闭了城门;既不敢对友军打开城门,也不让他们入城,尽管后者祈求和祈祷"。对照李维所著书第二十六卷第十五章,其中图莉安人不道德地使用了这一借口。佛罗鲁斯在其所著书第二卷第十八章中这样说鲁曼提人:"最后他们决定逃跑;但他们的妻子们通过割断马鞍上的肚带而阻止了这一行为,尽管这是极大的背叛,但也是出于爱情。"同样的,塔西陀在《编年史》第十四卷[第三十二—三十三章]中批评了这样一种军事策略上的错误,即在对卡马罗杜南殖民地寺院的围困中,"老兵们[……]没有转移老弱妇孺而仅留下新兵来保护她们[……]"(还可参见李维所著书第五卷第四十章)而作为对照,他讲道:

> 苏埃托尼乌斯最终以一座城池的损失挽救了整个行省。那些恳求其保护的人的眼泪和恸哭,无法阻止他作出行军并将跟得上的人纳入队伍的指令。任何被留下的人,不论是妇孺还是老弱[……]都被踩躏于敌人的铁蹄之下。

但据寇提斯所著书第六卷第十六章[第 9 节]的记载,不受该种必要性约束的大流士高贵地拒绝了砍断莱卡斯河上的桥梁的做法,作者还补充说"他宁愿给追兵留下一条通道也不愿让逃亡者无路可逃"。

作为第一种情况的一个例子,假设一个比我强大的人在追杀我,而在一条我逃生的必经小径上某人恰好与我相遇;如果他在被警告之后还不让开,或者出于时间和空间的限制无法让开,我当然有权利将其推倒在地并继续逃生,即便他可能会由于我的袭击而遭受严重伤害,除非我碰巧对此人负有某种特定的义务从而应当主动地替他承担风险。而若一个阻挡了他人逃生路线的人,比如一个孩童、或者一个瘸子,即便受到警告也没有能力让开道路的话,那么任何纵马越过或跨过其头顶、以最快的时间让自己不暴露在敌人面前的人,当然是可以被原谅的。

但是在某些证据之下,有明显的理由可以证明这种情况并非是无罪的:"一个在敌人的追赶下从战场上逃出来的军官,在人群中杀死挡在他前面的那名士兵以便自己尽快逃生。"因为这名军官仅仅通过自己的力量就足够冲出一条路来。不过如果他是碰巧在无意之中用自己的武器给他人造成某种伤害的话,则可以被原谅。但若有的人纯粹出于好玩或者缺心眼而挡了我的路,并且拒绝让路给我逃生的话,我可以像对待一名敌人一样直接打倒他,不论其从中会受到多么严重的伤害。对照拉克坦提乌斯,《神圣的制度》第五卷第十七章,其主张与我们的结论不谋而合。但总的来说,正如每一种避免生命危险的方法都得到人们极大偏爱一样,实际上基于同一理由,如果一个人的身体受到残废或者其他严重伤害的威胁的话,逃跑总是可辩护的或者可原谅的,尽管这伴随着某种对挡住逃跑去路者的伤害。因为任何威胁施加此种伤害者都可以在对方的自由意志之下被以任何方式来抵抗,而基于同样道理,当一个人正在通过逃跑以避免危险的时候,其所造成的一项不可预见的和不幸的遭遇可以因为发出警告而得到谅解。

〰〰〰〰〰〰〰〰〰

5. 接下来让我们看看,保护自己生命的必要性是否赋予了我们一项针对他人财产的权利,从而我们可以在违背他人意志的情况下为了保护自身利益而使用该财产,不论我们是通过偷盗还是公开的暴力取得该财产的。为了准确地回答这一问题,我们似乎有必要略费一些笔墨来指出在下面会得到更为详细讨论的引入不同类型的所有权的原因。最重要的原因在于:(1)避免源于原始社会的关于所有权的争吵,(2)让人们更加勤奋,因为每个人必须凭借其自身努力来保护其财产。可以肯定的是,财产的划分并不是为了让人避免用这些财产来帮助别人,或者让人成为孤独和焦虑的守财奴,而是为了让每个人都能够自主地决定其使用,且当他决意与别人共享该财产的时候,他至少有机会让别人对自己负有一定的义务。因此,在引入了财产所有权之后,人类不仅被赋予了对所有社会都具有重大益处的从事商品交换的能力,而且在确保这些方式之后被赋予了更大限度地对他人展示仁慈和善良的能力,而在此之前,他们只能通过个人服务来帮助别人。参见《以弗所书》第四章第 28 节。

再者,一个人有能力处分属于自己的、即便是有义务交出去的财产,乃是所有权的力量所在。由此可以得出这一结论,即一个人不能直接占有他人亏欠自己的财产,而应当要求财产所有者自愿将财产交付给自己。然而,如果财产所有者拒绝自愿履行义务,所有权的力量无论如何不会强大到使得亏欠他人的财产不能够通过国家法官的权威,或者在自然自由的状态之下通过武力从不愿履行义务的所有者手中夺走的程度。尽管单就自然权利来讲,一个人仅在一项不完备义务的基础上,出于人性的美德,用自己在当时不需要使用的财产,在对他人具有极端必要性的事项上对后者提供帮助,然而这并不妨碍国内法将该项不完备的义务强化为一项完备的义务。塞尔登在《自然法与国际法》第六卷第六章中指出犹太人就是这样做的,法庭可以裁定一个拒绝给予应有救济金的人给付救济金。由此他们不允许穷人从他人处夺取任何财产为自己所用,而仅允许他们从个人或者救济金征收官那里祈求救济,也就不足为怪了。且由此,擅取他人财产,即便是出于极端的必要性,也被他们视为偷盗或者抢劫。但若在某些特定国家中没有为穷人设置这样的保障措施,如果祈祷也无法消除人们的悭吝、而人们又没有办法来帮助缺乏金钱和援助的人的话,难道你要任由他们饿死吗?有任何人类制度能够具有这样的一种权力来规定说,如果他人忽视了履行其对我的义务,我就是死也不能逾越习惯和通常的办事程序吗?因此,如果一个人在非出于自身过失而极度需要食物以维持生存、或者极度需要衣物以抵御寒冷,却不能通过乞求、或者金钱、或者提供服务以让其他生活优越甚至奢侈的人自愿向他提供这些东西,而他通过武力或者偷窃夺走这些东西,那么我不认为这个人是犯了盗窃罪;尤其是如果他打算一旦发了财就对此作出补偿的话。

否认这样的一种必要性将会出现是愚蠢的。我们可以设想一下这种情况,一个人因为船舶失事或者财物被打劫、或者当他身处国外的时候国内事业失败,而滞留在人生地不熟之处,没有钱、没有朋友,也不为人知。如果找不到愿意在他危难的时候帮他一把并给他一个工作的人,或者如果正如通常发生的那样,大家被他体面而未破损的衣服引导得相信,他没有充分的理由寻求帮助,那么这个可怜的人为此就只能饿死吗?《箴言》第六章第 30—31 节说得好,每一个偷窃了任何属于他人的财物以充饥的人都被称为盗贼,并且都应当为盗窃而受到惩罚。但是任何在某种程度上仔细审视了这段话的人都清楚,这里提及的盗贼绝不是指在我们所预设的极端必要性的驱使下这样做的人,其也不是在厄运或者非出于自身的责任和懒惰之下才进入如此一种饥饿状态之中的。因为上下文显示,主人公拥有一幢房屋和一套家具,如果他在和平富饶的时期着手寻找一个买主或者借款人以将其变卖或者抵押、之后再以七倍价格赎回的话,那是足够用度的;因为这里没有指出其盗窃行为是在战争期间、或者是出于高昂的食物价格而实施的。再者,没有其他方法维持自身生存的人可以卖身为奴。参见《利未记》第二十五章第 39 节;塞尔登所著书第六卷第七章;《箴言》第三十章第 9 节,其中最后一段话与我们的立场并行不悖。

有的人为这种必要性提出了以下的一种范例:一个身处于不为人知的异国的人受到不正当的袭击,除了逃跑之外没有其他活命的办法。在附近有一匹属于他人的马,显然他无法归还这匹马,因为他不认识马主,而这匹马肯定要被骑到遥远的地方去。

~~~~~~~~~

6. 格老秀斯在其所著书第二卷第二章第 6 节中已经着手通过以下的途径来解决这一难题:那些率先引入有区分的特定财物所有权的人被认为在排除他人对个人财产使用的所有权的权力之上设定了一项限制,即在他人不使用这些财产就无法维持生存的情况下这种权力不再有效;且由此,在这种必要性的情况下,他人不使用就必死无疑的私人财产,被认为是转化成了初始的共有财产。或言之,当人类最初引入有区分的所有权的时候,所有人就这一点达成了一致,即非经所有者的同意不得占有他人财产,但是存在一种例外的情况,即在极度必要的危急情况下,若任何个人财产不被使用就无法维持人的生存,那么该财产可以被使用,就好像其属于所有人一样。既然成文法必定允许这样的一项仅与自然公平略有出入的解释,那么在仅有默示契约所维持的习惯法之中也应当允许这样的一项解释。而显然,以当时构成其仅有希望之手段来维持自己生命的权利,对于所有人来讲都是正当的。

但是在这一理论之中也存在着一些可以被质疑的问题。因为,如果在必要性的压力之下,任何人都可以享有这种权利,即侵占他人财产为己所用、就好像该财产是对所有人开放的一样的话,那么似乎就找不出充分的理由来说明,为什么任何人,若是足够强大的话,不可以从财产所有者手中夺取这些财产,即便后者有着同样的保有这些财产之必要性。而这乃是格老秀斯所不允许的。而且可以肯定的是,这种类型的财产不需要归还,因为我有权夺取之,理由是它们对任何人都是开放的;而格老秀斯则要求作出此种归还。还需要在这两种情形之间作出区分,即一个人非出于自身过错而置身于此种必要性之下,和一个人由于自身的迟钝和过失而自食其果。如果不作出这种区分,那么显然就会赋予一个因游手好闲而缺衣少食的懒惰的恶棍一项权利,由此他们就可以使用暴力来侵占别人用劳动换来的果实;且由此,既然他们的游手好闲让他们始终处于缺衣少食的境地,这就会让勤奋劳作者处于一种违背自身意愿豢养这样一群没用的白食者的必要性之下。所有聪明的人都会同意,正如那些非出于自身过错而陷入困境中的人可以恰当地得到帮助一样,对那些懒汉的恰当回答,正如寓言所讲的那样,就跟蚂蚁在冬天对饥饿的蝗虫所做的回答一样。[《伊索寓言》(Aesop)第 401 节。]普鲁塔克在《斯巴达格言》[第 223 页 C 和 D,第 229 页 D]中所说的话正是个恰当的例子:"一个洗劫了①国家的海盗在被捕的时候说,'我没有给养提供给我的士兵,故而我就去找那些储存了这些财物且不愿自觉交出来的人,并使用武力从他们手中夺走这些财物';克里奥米尼说,'真正的恶行总是采取最为直截了当的方式'。"还可参见潘多福·克伦鲁西,《那不勒斯王国史》(History of the Kingdom of Naples)第五卷第 373 页。

因此,既然每一位财产所有者都可以在因环境而陷入困境的那些人、以及因自身过错而陷入困境的那些人之间作出区分,那么很显然,一项财产的所有者即便是对一个处于极端必要性中的人也拥有一项财产上的权利,这种权利至少可以达到这种程度,即决定这个人是否值得怜悯,且由此其是否有机会赢得一名困顿无助者所需要的帮助。因为所有人都同意,如果一项仁慈的举措缓解了极端的困顿的话,那么它应当得到最高的评价;而如果一个人仅仅给予了他人后者原本就自己有权利以武力看似轻而易举地夺取的东西的话,则是没有理由获得称赞的。

因此,在我看来,如果我们说一个有条件的人依据一项不完善的、且原则上无人应被强迫履行的义务,而应当帮助一个无辜地处于困境中的人的话,那么这个问题可以用我们的理论来更好地阐释;而最高必要的紧迫性则使得这些财物可以跟那些在一项完善权利之下应予给付的财物以同样的理由被主张,也就是说,可以对地方官提出一项特定的诉求,或者在时间不允许实施

---

① in cursiones 应为 incursiones。——英译者注

此种行为的情况下,可以通过暴力或者盗窃的方式夺取财物以满足迫切的需要。仅有不完善的权利才被允许,尤其是对于那些出于人道的原因而准备给予的财物而言更是如此,原因就在于这样一来人们才能够有机会表明,其意图是自愿地履行其义务,且同时他也拥有通过自己的仁慈①来让他人对自己承担义务的手段。当任何人觉得这样一种态度是多余的时候,难道有的穷人要因为无法通过祈求说服某些为富不仁②者而非得饿死吗?恰恰相反,任何拒绝表现出仁慈的人都应当丧失其财产和功绩。

从以上的论述中可以很容易地发现,格老秀斯在其著作中增加了一项例外是有一定道理的。因为既然仅有一项不可避免的必要性允许我们使用武力来要求得到在一项不完善义务之下可以主张之物的话,那么显然就应该尽最大努力来弄清楚一项必要性是否能够以其他的方式来避免而不是使用武力或者盗窃来满足;比如说,通过求助于地方官,或者承诺一旦我们的经济状况好转就予以归还,或者提供劳务作为交换。其次,当财产所有者也处于同等必要性之下的时候,人们就不能采取这些手段,因为我们的前提是他生活富裕。我认为,这一点是应当被进一步强调的:如果这一事实显而易见,即一旦有关财产被转移给他人其就将立即被置于同样的必要性之下,那么个人就不应在违背其意志的情况下被褫夺财产。因为在这种情况下,每个人首要的义务是满足自身需要。在这个问题上一个有趣的例证出自希罗多德所著书第八卷[第二百一十一章],其中提米斯托克利要求安德罗斯人民向其纳贡,其依据来自两位大神,"信仰之神与必要之神",而后者则针锋相对地提出两位同样强大的神,"贫困之神与无能之神"。由格老秀斯所引证的罗马法学家的规则,即"当双方的理由都同样充分的时候,占有财产的人处于更为有利的地位",在此似乎与上下文没有关系;因为只有当原告的权利尚未确立的时候法庭才会作出判决要求将财产归还给原占有者。③ 但是,在眼前的这个例子中,所有者的权利是毋庸置疑的,因为唯一的问题就是,我是否在仅仅受到人道规则规范的情况下就必定会拒绝给予他人赖以生存的东西。没有人会坚持主张这样做。无论如何,寇提斯在其所著书第七卷第一章[第33节]中所说的话显然是切中肯綮的:"我们之间的唯一区别在于,他对别人的财产提出要求,而我,在一种更高层次的正义之中,保护着我自己的财产。"

总之,我们坚持认为,当被夺取的物品具有很大价值或者具有那种所有

---

① beveficio 应为 beneficio。——英译者注
② in humanitas 应为 inhumanitas。——英译者注
③ liquidem 应为 liquidum。——英译者注

者不会无偿交出来的价值的时候,只要有可能,就应当立即归还该财产。但若该物品无甚价值或者对人的生活不会造成什么影响的话,那么我们表示,如果他愿意给予我们此项财产,则我们就欠了他的情,我们非常乐意在有机会的时候回报他的恩情,也就足够了。但是对格老秀斯来说,主张在这种情况下也需要归还财产是很难自圆其说的。因为,如果在产生了一种必要性的情况下,初始的共有财产所有权重新产生,从而任何人都可以从他人财产处夺回自身所属之权利的话,则不需要归还财产。但既然财产**必须**被归还,那么就很清楚,所有者的权利不会由于他人的必要性而中止,他只是有义务自愿地将财产给予他人,或者无偿地、或者以某种设定的价格、或者以某种其他的支付形式。但既然所有者拒绝这样做的话,源于必要性的权利就允许他人夺取该物品,但同时后者需要承担所有者对其施加的一项义务;即要求其感恩或者对所涉物品的价值作出补偿的义务。

---

7. 在这个问题上,其他人也跟我和格老秀斯一样分成两派。对[《教令集》(Decretals)第五卷第十八章]《论盗窃》(De Furtis)第 10 章[第 3 节]《对世权》(Cap. Si quis)中的注释,将该法仅适用于一般的而非最高的必要性。迭戈·德·科瓦鲁维亚斯在《原罪篇》(Peccatum)第二卷第 1 节第 3 部分中完全同意格老秀斯的主张:

> 在极端必要性的情况下,一个人可以为了缓解自己眼下的必须去夺取他人财产而不犯下偷盗或者抢劫的罪行,其原因在于这样一种状况让所有财产都成为共同财产。因为低等的事物应当被设计和引导着去适应人类的必需,乃是自然本身的规定。因此,在自然法确立之后引入的关于物品的分类并不减损那一项规定人类的极度必要性可以通过临时使用他人物品来缓解的自然理性。

他从格拉提安的《甄别教令集》(Decretals, Distinctio)第四十七卷[第八章]中引证了安布罗斯的一段话;安东尼斯·佩雷齐斯在评论《查士丁尼法典》[第六卷第二章]第 3 节的时候,为同一观点补充了以下依据:人是在更高权力的驱使之下这样做的,这既不是由于所有者被假定为不愿意,因其理当在人道的基础上同意这样做并自愿对需要的人提供帮助;也不是说人在极度的必要性之下似乎能够夺取属于他人的极度必需之物,相反其只能夺取属于所有人之物。而且他还应当在从匮乏而产生的必要性中解脱出来之后，归还其所夺取之物。

安东尼斯·马特乌斯在对《学说汇纂》第四十七卷第一章第 7 节的评论中指出，应在犯罪和刑罚之间作出一项区分，他由此也承认，在匮乏的压力之下所实施的夺取行为是一项犯罪，但他认为出于必要性的压力，应当对罪犯免于或者至少减轻刑事处罚。他着手通过以下的原因来证明，下面情况中所实施的是一项抢劫行为：一个心里谋划着由此获益的人在饥荒中夺走了他人储藏的食物。对此人们可以回应说，如果一个人在这样做的时候是为了满足其自身的极端必需、且其有意并公开宣称一旦条件允许就将归还财物的话，则此人看起来几乎不可能是为了获益而夺走他人的财物。再者，不能将处于不完善的义务之下的一方被要求交出财产的情况称为"一项对他人财产的欺诈性的掠夺"，这样的一项权利被置于另一方之手，即在其当时的状况下，其能够以任何对自己最为便利的方式夺走它。

同一作者抛出进一步的主张声称"一个聪明正直的人不会使用这种暴力来促使自己有意地、在西塞罗《论义务》第三卷[第五章]中所说的，'每个人都应当承受自身困境而并非哪怕是丝毫地贬损他人的成功'。这种情况下被任何罪恶所玷污"。①

但是对于并非置身于必要性的强迫之下的人而言，充分发表似是而非的高谈阔论则是很容易的。参见奥庇安，《论捕鱼》第三卷第 197 行及以下。显然，在这种情况下，正如我们所认定的，没有什么比杰出人物在饥荒的时候被迫放下身段食用原本只用来饲养动物的糟糕透顶的食物这一事实更加耻辱的了。而当为了阻止一个人因冻饿而死的时候，某些不那么重要的东西被从一个有钱人或者从一个不会因失去该物品而遭受重大不便的人手中夺去，也与利益的增减无关。

针对《学说汇纂》第十六卷第二章第 2 节第 2 段，他指出：

> 尽管大众的需要要求任何在家打谷的人都应当将其谷物交去充实公共粮仓，然而，这些谷物不能被分给个人从而让他们能够以自己一无所有而其他人已经拥有太多为由而随意地搬走这些谷物。因为这种事情应当在官员的全面控制下进行。

但是当没有希望从官员处获得帮助的时候，人们就只得饿死吗？

---

① 这一段话引用得有些随意。——英译者注

最后,有的人所做的那种认为"在法律的这一领域内不存在宽免"的补充是没有意义的。因为从上述论证中,已经可以举出充分的理由来说明,为什么不能推断说关于盗窃的法律不应当延伸到我们面前所提及的问题之上。

∿∿∿∿∿∿∿∿

8. 总之,一项触及我们自身财产的必要性显然允许人们毁坏或者占用他人财产,但这受到以下的限制:我们的财产受到损失的危险并未源自我们自身的过错;没有任何更加便利的方法来避免这种损失;我们不会为了自己具有较小价值的利益而毁坏他人具有更大价值的物品;如果有关物品的价值最终没有消失,则我们将返还该物品的价值;最后,如果为了维持我们的生存而被牺牲的他人财产在我们中间灭失了,则我们将分担损失。这就是《关于共同海损的罗得法》(Lex Rhodia de Iactu)作出如此规定的衡平之基础:"若商品被抛下海以减轻船舶的重量,其应作为为了全体人的利益而产生的牺牲来赔偿。"参见该法的整个标题,以及评论家对该法和海商法的评论。出于同样理由,如果别无逃生之路,那么砍断我船上用来装货的网绳则是合法的。参见《学说汇纂》第九卷第二章第29节第3段。但即便这并非出于我的过错而发生,损失也要均摊。因此,如果发生了一场火灾并威胁到我的房屋,我就有权利摧毁邻居的房屋,只要那些由此保全了房屋的人能够对损失作出赔偿。因为尽管《学说汇纂》第四十八卷第二十四章第7节第4段确立了这样的一项规则,即在火势蔓延到被摧毁的房屋的情况下,动手摧毁房屋者应当免予赔偿,然而大众情绪普遍更加倾向于衡平(还可参见《学说汇纂》第九卷第二章第49节第1段),据此,如果一幢房屋被摧毁以免蔓延的火势侵蚀其他房屋,该项损失必须由若非如此其房屋就将化为灰烬的邻居们承担,尽管他们的房屋并未被烧着。因为要我通过毁坏他人财产来保护自身财产、且要他人独自承担损失而我袖手旁观,肯定是不正义的。基于同样的原则,罗马法学家推出了这一在**潜在损害**的标题之下流传下来的结论,据此一座不结实的建筑物的主人有义务为我的财产所立即面临的从其建筑物的倒塌中所遭受的损害作出赔偿;若其拒绝这样做的话,我就可以从执政官的敕令中得到一项接管该建筑物的权利。一个类似的例子是从罗马法的解释者中间流传下来的,据此,如果一个人的房产完全被不属于其财产一部分的他人的土地包围而无法取道进入该房产,则法官可以强迫此人的邻居为他提供一条通道,或者至少提供某种补偿。

格老秀斯所著书第二卷第二章第10节从上述法律中推出了这一结论,

即一个发动了一场正义战争的人可以在和平状态下据守一处领地,如果其敌人将要夺取此地并借道对其造成不可弥补的损害、且这种危险是现实的而非假设的话;只要他没有做任何非出于其预防措施之必要范围内的事情,比如,其仅仅只是据守此地,而此地的管辖权和物产悉数留给君主,而且最后,只要其意图是一旦该必需之情势过去就交还此地。对于这些情况还应补充一点,即其应当首先劝诫君主,让他自己来据守此处并向他提供这样做所产生的费用,或者,如果君主乐意的话,也可在此地不设防。再者,如果在防卫此地的过程中产生了一些费用,正直的君主没有义务予以偿付,除非他反正也有意花费同样的成本;而所产生的费用亦不成其为必需之情势过去之后仍然占据此地的借口,因为此项费用的承担者只是有意保护自己的领土而无意长据此地。而对格老秀斯提出的这是由历代所有人民的惯例所确定的观点,博赛尔颇为正确地评论说,即便是在对敌人威胁的畏惧中,也没有人会认为自己有义务允许他人占据自己的领地和堡垒,只要自己能够阻止后者的话。且由此,如果别人这么做的话,那么这是出于非常容易主张获得宽恕的原因,而不是出于缺乏雄辩家的技巧和渲染帮助的在自然法名义下来进行辩护的原因。还可以进一步补充的是,敌人很容易怀疑此地的君主正与他人密谋对付自己,这样一来他人战争的负担就很容易落到君主身上。即便敌人相信此地是在违背君主意愿的情况下被夺取的,但无论如何,若其决意将对方逐出此地的话,君主也将暴露在其原本能够以任何可行的、他人无可指责的方式来避免的战争的破坏之下。将那么多你不管愿意与否都得跟他们搞好关系的客人收入你的住处,而你之后又无法轻易地打发他们回去,肯定是最为愚蠢的;而那些客人一旦翅膀硬了,如果某一天突发奇想的话,甚至会将你本人拒之门外。